INTRODUÇÃO *ao* ACONSELHAMENTO

BÍBLICO

JOHN MACARTHUR

COM WAYNE A. MACK *e o* CORPO DOCENTE
da THE MASTER'S COLLEGE

INTRODUÇÃO *ao* ACONSELHAMENTO BÍBLICO

UM GUIA *de* PRINCÍPIOS *e* PRÁTICAS *para* LÍDERES, PASTORES *e* CONSELHEIROS

Tradução de Markus Hediger

THOMAS NELSON
BRASIL®

Rio de Janeiro, 2023

As citações bíblicas são da *Nova Versão Internacional* (NVI), da Biblica, Inc., a menos que seja especificada outra versão da Bíblia Sagrada.

Os pontos de vista desta obra são de responsabilidade de seus autores e colaboradores diretos, não refletindo necessariamente a posição da Thomas Nelson Brasil, da HarperCollins Christian Publishing ou de sua equipe editorial.

Publisher	*Omar de Souza*
Gerente editorial	*Samuel Coto*
Editor responsável	*André Lodos Tangerino*
Coordenação de produção	*Thalita Aragão Ramalho*
Produção editorial	*Luiz Antonio Werneck Maia*
Copidesque	*Davi Freitas de Carvalho*
Cotejo e revisão	*Eliana Moura Carvalho Mattos*
Revisão	*Lucas Serniker*
Diagramação	*Julio Fado*
Capa	*Rafael Brum*

CIP-BRASIL. CATALOGAÇÃO NA PUBLICAÇÃO
SINDICATO NACIONAL DOS EDITORES DE LIVROS, RJ

M113i

MacArthur, John
Introdução ao aconselhamento bíblico: um guia de princípios e práticas para líderes, pastores e conselheiros / John MacArthur, Wayne A. Mack, corpo docente do The Master's College; tradução Markus Hediger. - 1. ed. - Rio de Janeiro: Thomas Nelson Brasil, 2016.

Tradução de: Counseling — how to counsel biblically
ISBN 978-85-7860-874-3

1. Direção espiritual. 2. Cristianismo. 3. Psicologia pastoral. I. Hediger, Markus. II. Título.

16-35513 CDD: 253.53
CDU: 2-465

Thomas Nelson Brasil é uma marca licenciada à Vida Melhor Editora LTDA.

Rua da Quitanda, 86, sala 601A — Centro
Rio de Janeiro, RJ — CEP 20091-005
Tel.: (21) 3175-1030
www.thomasnelson.com.br

Dedicado aos
conselheiros em treinamento
no The Master's College
and Seminary

Sumário

Prefácio

Este livro foi escrito para apresentar um sistema de verdade bíblica que aproxima as pessoas, seus problemas e o Deus vivo. O *Introdução ao aconselhamento bíblico* se fundamenta na convicção em três fatores: 1) a Palavra de Deus deve ser nossa autoridade de aconselhamento; 2) o aconselhamento deve fazer parte do ministério que dá início ao discipulado na igreja local; e 3) o povo de Deus pode e deve ser treinado para oferecer um aconselhamento eficaz.

Introdução ao aconselhamento bíblico foi escrito para todo o povo de Deus: líderes e liderados. Queremos que este livro seja um manual eficaz tanto no aconselhamento bíblico quanto na teologia pastoral para faculdades e seminários cristãos. Pastores veteranos com muito treinamento e experiência e pastores sem treinamento acadêmico ou muita experiência prática podem ser beneficiados por este livro. Leigos sinceros que desejam aprimorar suas habilidades de servir a Cristo e ao seu povo também encontrarão muitas informações úteis, práticas e estimulantes nesta publicação.

Durante a preparação deste livro, buscamos apresentar um material fidedignamente bíblico, e não humanista ou secular, que seja fundamentalmente pró-ativo, e não reativo ou polêmico, um material de teor prático, e não teórico e abstrato, e de fácil compreensão, em vez de técnico ou complicado. Escrevemos para informar, estimular, instruir, confirmar, ampliar e promover o crescimento espiritual e ministerial dos leitores.

Este livro foi escrito tendo em mente 11 objetivos:

1. Ampliar e reforçar a confiança do povo de Deus na suficiência, superioridade e praticidade das Escrituras para lidar com todas as questões da vida e para convencer os cristãos de que os recursos que temos em Cristo e em sua Palavra não são apenas suficientes para tratar e resolver todos os problemas pessoais e interpessoais da vida, mas também superiores aos recursos que encontramos no mundo, ou seja, responder às perguntas: "Precisamos de mais do que as Escrituras oferecem para sermos eficientes em nosso ministério de aconselhamento? O que elas dizem sobre aconselhamento? Qual é o fundamento bíblico para usá-las no aconselhamento?".
2. Encorajar os cristãos a refletir biblicamente sobre todas as questões relacionadas ao aconselhamento, isto é, responder à pergunta: "O que significa

refletir biblicamente e como podemos desenvolver uma mentalidade bíblica ou uma cosmovisão consistentemente bíblica?".[1]

3. Ajudar os cristãos a compreender as pessoas e seus problemas por meio da lente das Escrituras, ou seja, responder à pergunta: "O que as Escrituras dizem sobre quem e o que as pessoas são e por que elas têm os problemas que têm?".
4. Demonstrar como nossos métodos de aconselhamento precisam ser coerentes com nossas convicções teológicas, ou seja, responder à pergunta: "Como o que cremos deveria interagir e se relacionar com o nosso ministério de aconselhamento?".
5. Fornecer diretrizes bíblicas para aconselhar as pessoas que efetivamente estão lutando com seus problemas, ou seja, responder à pergunta: "Como se faz um aconselhamento bíblico?".
6. Motivar os cristãos a se envolverem mais no ministério de aconselhamento e equipá-los para que sejam mais competentes nesse trabalho, ou seja, responder à pergunta: "Por que eu deveria me preocupar com aconselhamento bíblico e como posso tornar-me um conselheiro mais eficaz?".
7. Oferecer aos cristãos princípios bíblicos específicos que os permitam reconhecer a diferença entre o aconselhamento que pretende ser bíblico e aquele que realmente o é, ou seja, responder à pergunta: "Quais são as particularidades do aconselhamento bíblico?".
8. Estimular uma abordagem às Escrituras que seja exegeticamente correta e, ao mesmo tempo, extremamente prática, ou seja, responder a perguntas como: "Qual deveria ser nossa atitude quando estudamos e interagimos com a Bíblia? Como devemos estudar e aplicar a Bíblia?".
9. Apresentar uma perspectiva histórica sucinta sobre o ministério do aconselhamento; discutir sobre como a psicologia secular se infiltrou e influenciou a Igreja ao longo do século 20; e relatar como o movimento de aconselhamento bíblico está avançando, ou seja, responder a perguntas como: "Quais foram alguns dos defensores e praticantes do aconselhamento bíblico? Como a Igreja deixou-se seduzir pelas descobertas da psicologia secular no século 20? Como recuperou a ênfase e a preocupação com o aconselhamento bíblico autêntico? Qual progresso está sendo feito por esse movimento?".
10. Encorajar a Igreja a aceitar a responsabilidade que Deus lhe deu de aconselhar e, desse modo, apresentar um método para desenvolver um ministério de aconselhamento, ou seja, responder a perguntas como: "De que forma o aconselhamento se encaixa no ministério da Igreja? Quem deveria se envolver no aconselhamento? Como uma igreja pode desenvolver um ministério de aconselhamento bíblico?".
11. Responder a algumas das objeções levantadas contra o aconselhamento bíblico e esclarecer o seu significado, ou seja, responder a perguntas

> como: "Não é uma postura simplicista insistir que a Bíblia nos oferece tudo de que precisamos para lidar com os problemas das pessoas? A Bíblia pode realmente fornecer tudo de que necessitamos para aconselhar pessoas com problemas sérios? Algumas pessoas não precisam de um especialista, alguém com muito treinamento psicológico para entendê-las e ajudá-las?".

O livro foi dividido em quatro partes. A primeira, dedicada às perspectivas históricas sobre o aconselhamento bíblico, define o tom da obra e apresenta algumas das razões deste livro. A segunda parte apresenta as questões teológicas cruciais que funcionam como fundamentos para o aconselhamento bíblico. A terceira parte se concentra na aplicação prática do aconselhamento bíblico. A quarta parte insere o aconselhamento bíblico no contexto de outros ministérios da igreja local. Registros de autores, passagens bíblicas e temas são fornecidos no fim do volume.

Nós, que servimos a Cristo no The Master's College e que participamos da produção deste livro, o dedicamos à honra e à glória de Cristo, e oramos a Deus para que ele o use para o bem de seu povo, o qual ele amou e pelo qual ele deu a si mesmo. Nossa oração é para que ele use este material para equipar pastores e leigos para a obra do ministério de edificação do Corpo de Cristo. Que ele se deleite em utilizar os conceitos e as informações apresentados neste livro para tornar-nos mais hábeis no preparo e no reparo dos santos, a fim de que ele receba o louvor e a glória que tanto merece.

John MacArthur
Wayne A. Mack

Introdução

A edição de 29 de novembro de 1993 da revista *Time* trouxe uma série de artigos sobre a turbulência na psicologia moderna. A capa da revista apresentava uma fotografia manipulada de Sigmund Freud, mostrando sua cabeça como um quebra-cabeça oco, incompleto e tridimensional, com a legenda: "Freud está morto?".

Um dos artigos levantava a pergunta: "E se Freud estivesse enganado?". Observando que o século 20 já havia presenciado o colapso do marxismo, o artigo sugeria que poderíamos estar prestes a testemunhar uma queda igualmente dramática do "complexo monumento freudiano".[1]

Até pouco tempo, os evangélicos teriam aplaudido com entusiasmo esse tipo de notícia. No entanto, vivemos em tempos curiosos. Ironicamente, enquanto o mundo secular tem desenvolvido um desafeto cada vez maior em relação à indústria da psicoterapia profissional, o mundo evangélico vem freneticamente tentando unir a psicologia secular à verdade bíblica. Enquanto o mundo se torna cada vez mais cético em relação à psicologia, os cristãos parecem se dedicar cada vez mais a ela. Talvez seja justo dizer que muitos membros da Igreja estão viciados em psicoterapia.

A pressa em adotar a psicologia dentro da Igreja é, francamente, incompreensível. A psicologia e o cristianismo têm sido inimigos desde o início. As pressuposições de Freud eram ateístas e céticas. Ele chamou a religião de "neurose universal e obsessiva".[2] Para ele, ela era uma ilusão que extraía sua força de um pensamento irracional arraigado no instinto humano.[3] Seus primeiros seguidores eram todos hostis à fé bíblica. As doutrinas fundamentais do movimento se baseavam, portanto, em pressuposições abertamente anticristãs. Para Freud e seus seguidores, o ser humano nada mais é do que um animal motivado pela pulsão sexual e por outras necessidades egoístas.

Naturalmente, a Igreja suspeitava dessas ideias, e com todo o direito. O freudianismo era uma de várias hipóteses ateístas, juntamente com o darwinismo e o marxismo, que estavam se tornando cada vez mais populares no início do século 20. A maior batalha da Igreja, na época, era, porém, contra outro inimigo traiçoeiro: o liberalismo teológico, um pseudocristianismo que negava a autoridade das Escrituras e questionava o sobrenatural. Era mais uma doutrina que contribuía para a rápida secularização da sociedade.

Entre os cristãos professos, apenas os teólogos liberais encontraram aliados no meio dos psicólogos ateus. Carl Jung escreveu muito sobre a religião. Todavia, em seu sistema, o inconsciente humano era divino. William James, pai do pragmatismo moderno, também misturou a teoria do behaviorismo com a religião, e criou um credo humanista que recorria generosamente à terminologia teológica. Entretanto, esses homens não eram cristãos. Eles rejeitavam profundamente o sobrenatural, repudiavam a autoridade das Escrituras e descartavam a maioria das doutrinas centrais da fé cristã histórica.

Assim, a psicologia servia perfeitamente a uma era cada vez mais secular. Nos meados do século 20, a nova disciplina já era aceita pelo pensamento popular como uma ciência propriamente dita, mesmo que o movimento já estivesse começando a se fragmentar em dezenas de escolas e filosofias concorrentes, e que suas hipóteses não pudessem ser testadas, nem seus resultados verificados por qualquer meio tradicional da ciência verdadeira. Nada disso, porém, conseguiu frear a aceitação da psicologia numa era que se tornara hostil à noção de uma verdade absoluta.

Dentro de poucas décadas, a indústria da psicoterapia e os evangélicos se acomodaram em uma convivência mais ou menos vigiada. Os cristãos pareciam intimidados pela aceitação da psicoterapia pelo mundo como uma ciência verdadeira; os psicoterapeutas acreditavam ter acesso a um conhecimento superior e a terapias mais eficientes que jamais poderiam ser oferecidos pelo aconselhamento espiritual tradicional. Eles deixaram bem claro que os conselheiros espirituais e os clérigos deveriam permanecer em seu próprio território.

Um manual sobre psicologia pastoral, escrito na década de 1950, oferece um resumo do posicionamento dos terapeutas profissionais em relação ao aconselhamento pastoral:

> É a obrigação [do pastor] tentar não exercer o papel de psiquiatra, mas deve, *o mais rápido possível, encaminhar a pessoa doente a um profissional.* Muitas vezes, precisa acatar o juízo do psiquiatra em relação aos sintomas que o indivíduo manifesta. Além do mais, *deve, nesses casos, submeter-se à direção do psiquiatra*, caso este acredite que sua assistência como religioso possa ser útil. A psicoterapia e a terapia religiosa exigem um tratamento consistente e paciente, ao longo de muito tempo, e o líder religioso raramente encontra o tempo para fornecer isso. Por isso, precisa ter um especialista como membro da equipe de sua igreja ou sinagoga, para o qual possa encaminhar esses casos. Ou, se o profissional não for membro da equipe da instituição, este pode ser um amigo ou conselheiro do líder quando necessário. Tudo isso exige tempo e dinheiro, e não devemos nos esquecer de que, enquanto o líder pode estar disposto a investir seu tempo generosamente, o psiquiatra profissional precisa fazer valer suas horas em termos financeiros. *Muitas vezes, pessoas em dificuldades procuram o pastor quando não tiveram sucesso em suas consultas com o psiquiatra, mas é inteligente aquele líder que imediatamente as devolve ao seu psiquiatra.*

> Frequentemente, o pastor e o psiquiatra podem trabalhar juntos, especialmente no caso de membros que, em determinado momento, aceitam orientações do líder religioso e, em outros, do psiquiatra. Maridos e esposas têm sido reconciliados por meio dessa técnica. Às vezes, o psiquiatra recomendará ao pastor que ele aceite um jovem convalescente como membro da organização de jovens da instituição religiosa, na esperança de que as oportunidades sociais acelerem a cura. Às vezes, o psiquiatra reconhecerá o valor da adoração divina, da leitura de livros religiosos e da execução de ritos e cerimônias tradicionais. *Em cada um desses casos, o psiquiatra precisa ser o mentor e diretor do tratamento.*[4]

Muitos pastores cederam diante desse pensamento, e, ao longo dos últimos quarenta anos, o aconselhamento tem se retirado cada vez mais da igreja e migrado para as clínicas. Agora, a psicologia "cristã" representa um negócio bilionário. No entanto, precisamos nos perguntar: o estado espiritual e emocional dos cristãos tem melhorado devido a essa tendência? Creio que ninguém defenderia sinceramente que esse tenha sido o caso.

Uma das tendências promissoras no mundo evangélico de hoje é a emergência de uma ênfase renovada no aconselhamento *bíblico*; não aquele que se apresenta como psicologia enfeitada com palavras e expressões bíblicas, mas um esforço sincero de ajudar as pessoas a solucionar seus problemas, dirigindo-as para a verdade objetiva e transformadora das Escrituras.

Afinal de contas, a Palavra de Deus reivindica ser o único recurso confiável ao qual podemos recorrer para resolver nossos problemas espirituais:

- "Como pode o jovem manter pura a sua conduta? Vivendo de acordo com a tua palavra." (Salmos 119:9)
- "Sim, os teus testemunhos são o meu prazer; eles são os meus conselheiros." (Salmos 119:24)
- "Os teus mandamentos me tornam mais sábio que os meus inimigos, porquanto estão sempre comigo. Tenho mais discernimento que todos os meus mestres, pois medito nos teus testemunhos. Tenho mais entendimento que os anciãos, pois obedeço aos teus preceitos." (Salmos 119:98-100)
- "Toda a Escritura é inspirada por Deus e útil para o ensino, para a repreensão, para a correção e para a instrução na justiça, para que o homem de Deus seja apto e plenamente preparado para toda boa obra." (2Timóteo 3:16-17)

Dezenas de passagens semelhantes poderiam ser citadas para demonstrar a absoluta superioridade e suficiência que as Escrituras reivindicam para si mesmas. Ou acreditamos naquilo que a Palavra de Deus ensina quanto a isso, ou nos abrimos para todo tipo de influências corruptas do pensamento secular. A escolha é simples assim.

Sinto-me encorajado ao ver um grande movimento de cristãos voltando às Escrituras como sua única fonte de sabedoria e correção para a alma humana. Sou grato a Deus pelos homens e mulheres que ele está usando para despertar a Igreja para essa necessidade.

Wayne Mack é um dos homens que têm permanecido na linha de frente dessa questão durante muitos anos. Sob sua sábia liderança, o Master's College está desenvolvendo um programa de aconselhamento bíblico sem igual. Ao executar essa tarefa, o dr. Mack encontrou também tempo para compilar e editar este livro. É a realização de um antigo desejo que eu tinha de produzir um manual sobre as questões com as quais os conselheiros cristãos relutam, um manual para aqueles que desejam oferecer aconselhamento *bíblico*, e não apenas conceitos reciclados da sucata da psicologia secular. Creio que este livro equipará de forma eficaz e encorajará os conselheiros cristãos que têm sido intimidados ou confundidos pelas alegações da psicologia moderna. Instruirá e ajudará também àqueles que já se dedicam ao aconselhamento bíblico, para que possam ser mais eficazes.

Não importa se você é um conselheiro bíblico experiente ou alguém que está apenas começando, tenho certeza de que você encontrará muita ajuda e encorajamento neste volume. Minha oração é que ele sirva como grande catalizador para afastar a Igreja dos conselhos seculares tóxicos e falsos da sabedoria mundana para aproximá-la do leite puro da Palavra.

John MacArthur

PRIMEIRA PARTE

O contexto histórico do aconselhamento bíblico

1. Redescobrindo o aconselhamento bíblico
2. Aconselhamento bíblico em tempos recentes
3. Por que aconselhamento bíblico e não psicologia?

1

Redescobrindo o aconselhamento bíblico

John MacArthur[1]

Desde os tempos apostólicos, o aconselhamento dentro da Igreja tem sido prática natural da vida espiritual em comunidade. Afinal de contas, o próprio Novo Testamento ordena os cristãos a "aconselhar-se uns aos outros" (Romanos 15:14), a "consolar-se uns aos outros com estas palavras" (1Tessalonicenses 4:18), a "exortar-se e edificar-se uns aos outros" (1Tessalonicenses 5:11) e a "confessar os seus pecados uns aos outros e orar uns pelos outros para serem curados" (Tiago 5:16).

O apóstolo Paulo escreveu: "Nós, que somos fortes, devemos suportar as fraquezas dos fracos, e não agradar a nós mesmos" (Romanos 15:1), e "Irmãos, se alguém for surpreendido em algum pecado, vocês, que são espirituais, deverão restaurá-lo com mansidão. Cuide-se, porém, cada um para que também não seja tentado. Levem os fardos pesados uns dos outros e, assim, cumpram a lei de Cristo" (Gálatas 6:1-2).

Todas essas instruções se aplicam a todos os membros da Igreja, não só aos pastores treinados e experientes. Aconselhamento, especialmente o que usa e aplica corretamente a Palavra de Deus, é uma tarefa indispensável da vida e da comunhão cristã. É também o resultado esperado de uma maturidade espiritual verdadeira: "Habite ricamente em vocês a palavra de Cristo; ensinem e aconselhem-se uns aos outros com toda a sabedoria, e cantem salmos, hinos e cânticos espirituais com gratidão a Deus em seus corações" (Colossenses 3:16).

Em anos recentes, contudo, tem havido um movimento forte e de grande influência dentro da Igreja de tentar substituir o aconselhamento bíblico no corpo local pela "psicologia cristã", com técnicas e sabedoria provenientes de terapias seculares e oferecidas fundamentalmente por profissionais remunerados. Aqueles que defendem esse movimento *soam*, muitas vezes, vagamente bíblicos, ou seja, eles citam as Escrituras e frequentemente misturam ideias teológicas com os ensinamentos de Freud, Rogers, Jung ou qualquer outra escola de psicologia secular que decidiram seguir. No entanto, é notável que esse movimento *não* esteja conduzindo a Igreja numa direção bíblica. Ele tem levado os cristãos a acreditar que o aconselhamento é algo que deve ser feito apenas por especialistas treinados. Com isso, uma porta foi aberta para toda a gama de teorias e terapias extrabíblicas. Na verdade, isso tem gerado em muitos o sentimento de que a Palavra de Deus é incompleta, insuficiente, ultrapassada e incapaz de oferecer ajuda para os problemas emocionais e espirituais mais profundos das pessoas. Tem afastado milhões de cristãos necessitados de seus pastores e irmãos na fé, levando-os para as clínicas de psicologia. A muitos, tem-se passado a impressão de que adaptar métodos seculares, como, por exemplo, o *Programa de doze passos para a recuperação*, pode ser mais útil do que os recursos espirituais de afastar as pessoas de seus pecados. Resumindo: esse movimento tem diminuído a confiança da Igreja nas Escrituras, na oração, na comunhão e na pregação como meios que o Espírito de Deus utiliza para transformar vidas.

Se as pressuposições subjacentes a esse movimento fossem sãs, poderíamos esperar que os cristãos de hoje compusessem a geração mais bem-ajustada e mentalmente saudável que já viveu. Afinal, eles têm a vantagem de contar com várias gerações na construção do conhecimento especializado em psicologia, aplicado por homens e mulheres que afirmam ser capazes de coordenar esse conhecimento com as Escrituras e torná-lo "cristão".

Evidentemente, porém, esse não é o caso. Um número recorde de pessoas está buscando tratamento psicológico. Mais do que em qualquer momento do passado, cristãos estão formando filas em frente às portas de clínicas à procura de conselheiros profissionais. Psicólogos cristãos, que oferecem aconselhamento ao vivo, podem ser ouvidos diariamente em milhares de estações de rádio cristãs em todo o país. Nos últimos 15 anos, a psicologia cristã tem se transformado em uma indústria bilionária. Parece que milhões de cristãos evangélicos estão viciados em terapia.

Em contraste com essas tendências, porém, outro movimento tem ganhado força entre os evangélicos. Vozes eloquentes estão começando a chamar a Igreja de volta às Escrituras como ajuda suficiente para os problemas espirituais das pessoas. Uma onda de apoio tem se formado para o retorno do aconselhamento bíblico na Igreja. A cada semana, pastores e líderes de igrejas me contam que estão redescobrindo a importância do aconselhamento bíblico. Estão começando a entender aquilo em que, na verdade, sempre acreditaram: que as Escrituras são superiores à sabedoria humana (1Coríntios 3:19); que a Palavra de Deus oferece um discernimento mais eficaz do coração humano do que qualquer recurso terreno (Hebreus 4:12); que o Espírito de Deus é o único agente eficaz de recuperação e regeneração (Efésios 5:18-19); e que todos os tesouros da sabedoria e do conhecimento são encontrados em Cristo (Colossenses 2:3).

Sabendo que essas verdades são fundamentos básicos da fé cristã, é espantoso pensar que elas possam ser atacadas dentro da própria Igreja. Mas é exatamente isso que tem acontecido repetidas vezes ao longo da história da Igreja. E está acontecendo agora mesmo, enquanto a psicologia é propagada na Igreja como uma solução necessária e até mesmo superior para a solução dos problemas espirituais.

Eu me vi na linha de frente da batalha entre a psicologia e o aconselhamento bíblico pela primeira vez em 1980, quando a nossa igreja foi processada pela primeira vez por "imperícia pastoral". A acusação alegava que os pastores da nossa equipe estavam sendo negligentes por tentarem ajudar um membro da nossa igreja — um jovem com tendências suicidas — apresentando-lhe a verdade bíblica. Foi o primeiro caso desse tipo no sistema judiciário dos Estados Unidos. Para a mídia secular, foi um deleite fazer a cobertura enquanto o processo se arrastava durante anos. Alguns noticiários nacionais chegavam a alegar que a nossa igreja havia encorajado o jovem a se matar, ensinando-lhe que o suicídio era um caminho seguro para o céu. É claro que tudo isso era mentira. Nós lhe mostramos que, do ponto de vista bíblico, o suicídio era errado. Nós o incentivamos a permitir que a Palavra de Deus o levasse ao conhecimento íntimo e à apropriação dos recursos disponíveis daquele que desejava curar sua mente atormentada. Tragicamente, ele recusou nossos conselhos e tirou a própria vida.

O caso levou ao questionamento a respeito de as igrejas terem o direito legal de aconselhar pessoas em dificuldades, recorrendo apenas à Bíblia. Os acusadores argumentaram que oferecer conselhos bíblicos a uma pessoa depressiva ou suicida é uma abordagem simplista e irresponsável para o aconselhamento. Eles convocaram vários "especialistas" que testificaram que o aconselhamento espiritual não é apropriado para pessoas com problemas *reais*. Vítimas de depressões crônicas com tendências suicidas e problemas emocionais e mentais semelhantes deveriam ser encaminhadas para um especialista em psicologia, diziam. Pastores e conselheiros de igrejas deveriam ser *obrigados* a encaminhar essas pessoas a profissionais da área da saúde mental. Em síntese, a acusação afirmava que tentar aconselhar pessoas em dificuldades, com base na Bíblia, equivalia a agir com imprudência e negligência. Portanto, os conselheiros da igreja deveriam ser moral e legalmente responsabilizados por tal conduta. Se eles tivessem vencido o processo, qualquer igreja que praticasse o aconselhamento bíblico estaria assumindo um enorme risco de responsabilidade.

Os fatos do caso que foram evidenciados no tribunal receberam pouca ou nenhuma cobertura nos noticiários. Testemunhos mostraram que o jovem esteve sob os cuidados de psiquiatras profissionais. Além da orientação bíblica que recebeu da nossa equipe pastoral, ele também passou por tratamento psiquiátrico. Além do mais, nossa equipe havia se assegurado de que ele fosse examinado por vários médicos para excluir a possibilidade de qualquer causa orgânica ou química para sua depressão. Ele estava recebendo todo tipo de terapia disponível; não obstante, decidiu dar cabo da própria vida. Fizemos tudo o que pudemos para ajudá-lo; contudo, ele recusou nosso conselho e abandonou a suficiência espiritual de que dispunha em Cristo.

Três tribunais diferentes avaliaram as evidências do caso e todos julgaram em favor da igreja. Duas vezes as sentenças foram anuladas por causa de detalhes técnicos, mas cada tribunal concordou em absolver a igreja de qualquer culpa em seus vereditos. Como consequência, o caso chegou à Suprema Corte dos Estados Unidos, que se recusou a ouvi-lo, confirmando assim a validade da sentença da Suprema Corte do Estado da Califórnia, que finalmente inocentou a igreja.

Nas três vezes em que o caso foi julgado e uma sentença foi dada, os juízes expressaram também suas opiniões ao declararem que a igreja não havia falhado em suas responsabilidades de oferecer os cuidados adequados. Segundo as respectivas avaliações, nossa equipe havia mais do que cumprido com suas obrigações legais e morais quando tentamos ajudar o jovem que havia procurado nosso conselho. E o mais importante: as cortes confirmaram a cada igreja o direito constitucional de oferecer aconselhamento fundamentado na Bíblia. O caso estabeleceu um precedente jurídico que defende um importante direito à liberdade religiosa — a sentença da corte significa que tribunais seculares não têm o direito de invadir a área de aconselhamento da Igreja.

Psicologizando a igreja

O processo de suposta prática pastoral indevida me lançou no meio do debate sobre psicologia e aconselhamento bíblico. Antes disso, eu havia percebido que os psicólogos cristãos, até então desconhecidos, estavam se tornando cada vez mais comuns e, também, se manifestando cada vez mais. Infelizmente, eu não havia dado atenção suficiente a essa tendência e a como eles estavam vendendo a psicologia na Igreja.

Durante o próprio processo, todavia, um número surpreendente de "especialistas" que foram chamados para argumentar contra o aconselhamento bíblico era de conselheiros cristãos profissionais. Fiquei surpreso e assustado durante o caso ao ouvir homens, que se identificavam como evangélicos, testificarem que a Bíblia não contém instrumentos suficientes para tratar as necessidades pessoais e emocionais mais profundas. Essas pessoas estavam realmente argumentando, diante de uma corte secular, que a Palavra de Deus não é um recurso adequado para lidar com os problemas espirituais das pessoas! O que é realmente assustador é o número de evangélicos dispostos a aceitar as afirmações desse tipo de profissionais.

Não há como negar que a psicologia tem incrivelmente ganhado terreno na cultura evangélica ao longo dos últimos 35 anos. A influência da psicologia se reflete nos tipos de sermões proferidos em púlpitos evangélicos, no tipo de aconselhamento oferecido pelas estações de rádio, na proliferação de psicólogos que atendem essencialmente a cristãos evangélicos e nos livros publicados por muitas editoras evangélicas.[2]

Ao longo das últimas décadas, vimos surgir uma legião de consultórios psicológicos evangélicos. Apesar de quase todos alegarem oferecer aconselhamento bíblico, a maioria simplesmente serve psicologia secular revestida de terminologia espiritual. Vemos isso claramente na literatura produzida pelo movimento. Como observou Jay Adams: "Quase todos os mais recentes livros de aconselhamento para pastores, até mesmo conservadores, são escritos do ponto de vista freudiano, no sentido de que eles se apoiam predominantemente nas pressuposições da ética freudiana da não responsabilidade".[3]

A ascensão dos consultórios de aconselhamento representa outro problema para a Igreja: a tendência tem retirado o ministério do aconselhamento de seu campo apropriado no corpo da igreja e condicionado a maioria dos cristãos a imaginar-se como incompetentes para aconselhar. Muitos pastores, sentindo-se inadequados e, talvez, com medo de um possível processo de negligência profissional, estão perfeitamente dispostos a permitir que os "profissionais" assumam o que costumava ser visto como uma responsabilidade pastoral vital.[4] Muitos acreditaram na mentira de que exista uma importante fonte de sabedoria espiritual além das Escrituras, e que alguma ideia ou técnica dessa fonte extrabíblica possa conter a chave real para ajudar as pessoas com seus problemas mais profundos.

O que há de errado com a psicologia?

A palavra *psicologia* significa literalmente "o estudo da alma". Um verdadeiro estudo da alma não pode ser feito por incrédulos. Afinal de contas, apenas os cristãos têm os recursos para compreender a natureza da alma humana e para entender como ela pode ser transformada. A disciplina secular da psicologia se baseia em suposições ateístas e em fundamentos evolucionários, e é capaz de lidar com as pessoas apenas superficial e temporariamente. Sigmund Freud, o pai da psicologia moderna, era um humanista incrédulo que criou a psicologia como substituta para a religião.

Antes de Freud, o estudo da alma era considerado uma disciplina espiritual. Em outras palavras, era inerentemente associado à religião. A contribuição principal de Freud foi definir a alma e o estudo do comportamento humano em termos totalmente seculares. Ele separou a antropologia (o estudo do ser humano) da esfera espiritual, e assim abriu caminho para teorias ateístas, humanistas e racionalistas sobre a conduta humana.

Essas teorias, fundamentalmente antibíblicas, se tornaram o fundamento de toda a psicologia moderna. É claro que os psicólogos de hoje usam centenas de modelos e técnicas de aconselhamento baseados em uma infinidade de teorias conflitantes, de modo que é impossível falar de psicoterapia como uma ciência unificada e consistente.[5] No entanto, a base da psicologia moderna pode ser resumida em várias ideias comuns, que têm suas raízes no humanismo freudiano. Infelizmente, são essas as ideias que muitos cristãos estão empenhadamente tentando conciliar com a verdade bíblica:

- A natureza humana é basicamente boa.
- As pessoas têm as respostas para os seus problemas dentro de si.
- A chave para entender e corrigir as atitudes e os atos das pessoas encontra-se em algum ponto de seu passado.
- Os problemas dos indivíduos são o resultado de algo que outros lhes fizeram.
- Os problemas humanos podem ser de natureza puramente psicológica, sem estarem relacionados a qualquer condição espiritual ou física.
- Problemas profundamente arraigados podem ser resolvidos apenas por conselheiros profissionais na terapia.
- As Escrituras, a oração e o Espírito Santo são recursos inadequados e simplicistas para resolver determinados tipos de problemas.

Essas e outras teorias semelhantemente ímpias têm saído de variadas abordagens psicológicas e se infiltrado na Igreja, causando um efeito profundo e perturbador em sua capacidade de ajudar as pessoas. Muitos cristãos sinceros estão se desviando em sua compreensão sobre o que é o aconselhamento e o que ele deveria realizar.

Alguns lembretes fundamentais podem ser úteis. Por exemplo: a Palavra de Deus é o único manual confiável para o estudo verdadeiro da alma. Ela é tão abrangente no diagnóstico e tratamento de cada questão espiritual, que, com o poder do Espírito Santo no cristão, ela o faz semelhante a Jesus Cristo. Esse é o processo da santificação bíblica. Esse é o objetivo do aconselhamento bíblico.

A propósito, os puritanos se referiram ao ministério do aconselhamento como "trabalho na alma". Falavam sobre a responsabilidade do pastor como sendo "a cura das almas". Eles compreendiam que a única ajuda confiável para a alma humana é a verdade infalível das Escrituras aplicada pelo Espírito de Deus. Eles sabiam que a única cura genuína, efetiva ou permanente para as doenças da alma é a transformação provocada pela graça de Deus no coração de um cristão.

Em algum momento as técnicas psicológicas são aconselháveis?

Os pontos que acabamos de citar significam que as modernas ciências behavioristas não oferecem nada de valor no tratamento de problemas emocionais ou comportamentais? Medicação, terapia de choque, terapia em grupos e outras técnicas não ajudam em alguns casos? Algumas doenças da alma não são, na verdade, problemas médicos que devem ser tratados por psiquiatras hábeis?

Certamente, é sensato que pessoas busquem ajuda médica para problemas médicos. Se alguém fraturasse a perna, tivesse problemas com os rins, cáries nos dentes ou outra doença física, nós o levaríamos ao médico. Também é verdade que alguns tipos de depressão têm causas físicas que exigem um tratamento médico. D. Martyn Lloyd-Jones, conhecido por seu poderoso ministério de pregação expositiva, teve uma formação de médico. Ele observou que a depressão e determinadas doenças mentais têm, muitas vezes, causas físicas, e não espirituais. Anemia perniciosa, arteriosclerose, porfiria e até mesmo gota são exemplos que Lloyd-Jones citou como doenças físicas que podem causar demência ou depressão.[6] É absolutamente apropriado, e até mesmo aconselhável, que o conselheiro recomende ao aconselhado que manifesta esses tipos de sintomas que procure orientação médica ou faça um exame físico minucioso que exclua tais causas.

É igualmente sensato que um alcoólatra, um viciado em drogas, alguém com dificuldades de aprendizado ou traumatizado por ser vítima de estupro, incesto ou de violência física procure ajuda para lidar com seu trauma. Tratamento médico e certos tipos de terapia podem ajudar a amenizar o trauma ou a dependência química. Em situações extremas, a medicação pode ser necessária para estabilizar uma pessoa que, sem tal cuidado, poderia ser perigosa.

No entanto, precisamos observar que esses são problemas relativamente raros e não deveriam ser usados para justificar o uso indiscriminado de técnicas psicológicas seculares para problemas essencialmente espirituais. Lidar com as questões psicológicas e emocionais da vida dessa maneira não é buscar santificação. E é por isso que tais técnicas são igualmente eficazes na alteração do comportamento de cristãos e de não cristãos.

E quanto à "psicologia cristã"?

"Psicologia cristã", no sentido em que o termo é usado hoje em dia, é uma contradição em si. A palavra *psicologia*, usada nessa expressão, não se refere mais ao estudo da alma; antes, descreve um conjunto diversificado de terapias e teorias fundamentalmente humanistas. As pressuposições e a maior parte dos ensinos da psicologia não podem ser integradas à verdade cristã.[7] Além disso, a inserção da psicologia nos ensinamentos da Igreja tem dificultado estabelecer a linha divisória entre modificação de conduta e santificação.

O caminho para a plenitude é o da santificação espiritual. Seríamos tolos o bastante a ponto de virar as costas ao Conselheiro Maravilhoso — àquele que é fonte da água viva — e nos voltarmos para a sabedoria mundana e para a água estagnada do behaviorismo?

Nosso Senhor Jesus reagiu de forma perfeita e santa a cada tentação, provação e trauma na vida, e tudo isso foi mais severo do que o que qualquer ser humano jamais sofreria. Portanto, não deve haver dúvida de que a vitória perfeita sobre todas as dificuldades da vida precisa ser o resultado da semelhança com Cristo. Nenhum "trabalhador da alma" pode elevar outra pessoa acima do nível espiritual em que ele mesmo se encontra. Desse modo, a qualificação suprema para a obra na alma reside na semelhança com Cristo.

O conselheiro verdadeiramente cristão precisa fazer o trabalho da alma utilizando os poderosos recursos da Palavra e do Espírito Santo, e não deve perder seu tempo com as superficialidades da mudança comportamental. Por que um cristão desejaria apenas modificar seu comportamento se tem as ferramentas para sua transformação espiritual (como um cirurgião causando enormes estragos com uma faca de mesa em vez de usar um bisturi)? O conselheiro mais hábil é aquele que, com todo cuidado, com muita oração e com toda fidelidade, aplica os recursos espirituais que emanam de Deus ao processo da santificação, moldando a outra pessoa à imagem de Jesus Cristo.

Nos dias de hoje, pode não haver ameaça mais séria à vida da Igreja do que a pressa em abraçar as doutrinas da psicologia secular. Trata-se de um emaranhado de ideias humanas que Satanás inseriu na Igreja como se fossem verdades poderosas de Deus, capazes de transformar vidas. A maioria dos psicólogos representa o neognosticismo, alegando ter um conhecimento secreto para resolver os problemas das pessoas. Mesmo que muitos psicólogos chamem suas técnicas de "aconselhamento cristão", a maioria deles utiliza simplesmente teorias seculares para tratar problemas espirituais, incorporando-lhes referências bíblicas.[8]

Infelizmente, esse tipo de pensamento domina a maioria das teorias de aconselhamento presente no evangelicalismo contemporâneo. O resultado é desesperador: pastores, estudiosos bíblicos, professores das Escrituras e cristãos prestativos que usam a Palavra de Deus têm sido levados a acreditar que não são qualificados para aconselhar pessoas.

Essa opinião é, muitas vezes, o núcleo e a essência da mensagem transmitida por alguns dos manuais mais lidos sobre aconselhamento cristão. Um campeão de vendas afirma que cristãos que acreditam na Bíblia como um guia suficiente para o aconselhamento são frequentemente culpados de "não reflexão e de uma compreensão simplicista da vida e de seus problemas".[9] Assim, aqueles que tentam limitar seu aconselhamento às perguntas que as Escrituras respondem são desprezados e vistos como conselheiros ingênuos, superficiais e totalmente inadequados.

A literatura sobre psicologia cristã costuma menosprezar a leitura da Bíblia e a oração, tendo-as como soluções incompletas ou superficiais para uma pessoa que está lutando contra depressão ou ansiedade. As Escrituras, o Espírito Santo, Cristo, a oração e a graça são as soluções tradicionais que os conselheiros cristãos têm apontado às pessoas; entretanto, agora, a psicologia cristã nos diz que nada disso *realmente* oferece cura para as dores das pessoas.

Na verdade, muitos querem que acreditemos que a psicologia secular pode ajudar as pessoas de maneira *mais* eficaz do que o conselheiro equipado, sobretudo, com as armas espirituais. O mesmo *best-seller* que citei anteriormente alega que a Igreja "promove ajustes superficiais, enquanto os psicoterapeutas, com ou sem fundamentos bíblicos [...], fazem um trabalho melhor do que a Igreja na restauração das pessoas aflitas, levando-as a um funcionamento mais eficiente".[10] Mais adiante, o mesmo autor acrescenta: "Às vezes, os secularistas parecem ter uma vantagem ao encarar honestamente a complexidade perturbadora da vida, enquanto os cristãos recitam clichês que afastam as questões reais do coração. Em decorrência disso, muitas vezes os não cristãos conseguem oferecer uma ajuda melhor do que a oferecida pelos cristãos às pessoas com problemas emocionais".[11]

QUÃO CIENTÍFICAS SÃO AS CIÊNCIAS COMPORTAMENTAIS?

Como observamos acima, a psicologia não é um corpo uniforme de conhecimento científico como a termodinâmica ou a química orgânica. Quando falamos sobre psicologia, nós nos referimos a uma mistura complexa de ideias e teorias, muitas das quais são contraditórias. A psicologia ainda não se mostrou capaz de lidar de forma eficaz com a mente humana e com processos mentais e emocionais. Portanto, dificilmente pode ser considerada uma ciência. Karl Kraus, um jornalista de Viena, fez o seguinte comentário perspicaz: "A despeito de sua terminologia enganosa, a psicanálise não é uma ciência, mas uma religião — a fé de uma geração incapaz de qualquer outra crença".[12]

A maioria dos defensores da psicologia supõe simplesmente que ela é uma verdadeira ciência — mas não é.[13] É uma pseudociência — a mais recente de várias invenções humanas feitas para explicar, diagnosticar e tratar problemas comportamentais sem encarar as questões morais e espirituais. Há pouco mais de um século, houve um debate feroz sobre outro tipo de ciência comportamental, chamada de frenologia. Esta alegava que as características da personalidade eram determinadas pela forma do crânio de uma pessoa. Talvez você já tenha visto antigos diagramas frenológicos: eram mapas da cabeça com rótulos para áreas específicas que mostravam qual zona do cérebro determinava uma emoção ou característica. O frenólogo apalpava os crânios das pessoas, diagnosticando problemas por meio da localização de relevos em sua cabeça.

Se você acha que a ciência comportamental tem avançado muito desde então, pergunte-se quão sensato é cercar um adulto na posição fetal com almofadas para que ele possa entrar em contato com suas ansiedades pré-natais. Ou veja o tipo de tratamento sugerido por aqueles que promovem a terapia do grito primal, uma metodologia que ensina às pessoas a soltarem suas frustrações gritando o mais alto possível.[14] Junte essa ideia à terapia em grupos e imagine o resultado! — os membros do grupo se seguram pelas mãos e gritam uns para os outros para processar seus problemas. Acredite ou não, alguns psicólogos já estão usando exatamente essa forma de terapia e afirmam que é o tratamento mais eficiente que a psicologia descobriu até agora![15] Se eu tivesse a escolha, acredito que preferiria um frenólogo apalpando meu crânio!

Jay Adams citou um ensaio escrito para um simpósio da Harvard em 1958. O autor do estudo levantou a pergunta: "Onde estará a psicanálise daqui a 25 anos?". Sua previsão ousada era: "Ela conquistará seu lugar ao lado da frenologia e do mesmerismo".[16] Infelizmente, a predição provou ser otimista demais. E, curiosamente, a psicologia parece dever sua sobrevivência a uma aliança diabólica entre a Igreja e a cultura popular.

Mais ou menos quando a Igreja estava se apaixonando pela ciência comportamental, aqueles que conheciam bem a psicologia estavam começando a se perguntar em voz alta se realmente se tratava de uma ciência. Em 1979, a revista *Time* publicou uma história de capa intitulada "Psiquiatria no divã", que dizia:

> Em cada frente, a psiquiatria parece estar na defensiva. [...] Muitos psiquiatras querem abandonar o tratamento de pacientes neuróticos cotidianos ("os preocupados de bem com a vida") e entregá-los aos psicólogos e terapeutas pop amadores. Afinal de contas, é preciso um diploma de doutor duramente conquistado [...] para conversar amigavelmente e dizer ao paciente que ele está sendo duro demais consigo mesmo? E, se a psiquiatria é tratamento médico, por que seus praticantes não conseguem apresentar resultados científicos verificáveis como os resultados obtidos por outros médicos?
>
> Os próprios psiquiatras reconhecem que, muitas vezes, sua profissão cheira a alquimia moderna, repleta de termos técnicos, ofuscação e mistificação, mas muito pouco conhecimento verdadeiro. [...]
>
> Como sempre, os psiquiatras são seus próprios críticos mais duros. Thomas Szasz, durante muito tempo o representante mais implicante de sua profissão, insiste que, na verdade, não existe algo que possa ser chamado de doença mental, mas apenas problemas normais da vida. E. Fuller Torrey, outro psiquiatra antipsiquiatria, até admite que existam algumas poucas doenças cerebrais, como esquizofrenia, mas diz que estas podem ser tratadas com apenas um punhado de remédios, que poderiam ser receitados por clínicos gerais [...]. Por outro lado, o psiquiatra escocês e poeta R. D. Laing tem certeza de que a esquizofrenia é real e que ela lhe faz bem. Laing explica: é um tipo de epifania psicodélica, muito superior à experiência normal.
>
> Nem mesmo os psiquiatras comuns têm certeza de a psiquiatria ser capaz de distinguir os insanos dos saudáveis.[17]

O artigo continua apresentando uma crônica dos fracassos da psiquiatria, observando que, "de todos os pacientes, um terço é finalmente 'curado', um terço recebe alguma ajuda, mas o último terço não recebe qualquer ajuda".[18] Mas, como afirma o artigo mais adiante:

> O problema é que a maioria das terapias, inclusive algumas das mais bizarras, também alega alguma melhoria para dois terços de seus pacientes. Os críticos argumentam que muitos pacientes iniciam uma análise após uma experiência traumática, como o divórcio ou a morte de um ente querido, e estão fadados a melhorar de qualquer jeito assim que o efeito do choque passa. Um estudo mostra melhorias em pessoas até mesmo na lista de espera para um tratamento psicanalítico; supostamente, a simples decisão de buscar tratamento já ajuda.[19]

O artigo se encerra com uma previsão pessimista de Ross Baldessarini, um psiquiatra e bioquímico do Mailman Research Center [Centro de Pesquisa Mailman]. Ele disse à *Time*: "Não encontraremos as causas e as curas para doenças mentais num futuro previsível".[20]

Vários anos mais tarde, uma conferência em Phoenix, no Arizona, reuniu os maiores especialistas do mundo em psicoterapia para aquilo que foi chamado de "maior reunião realizada sobre o assunto". A conferência, chamada de "A evolução da psicoterapia", atraiu 7 mil especialistas em saúde mental do mundo inteiro. Foi o maior encontro desse tipo na história, chamado por seus organizadores de "Woodstock da psicoterapia". Disso emergiram várias revelações surpreendentes.

O *Los Angeles Times*, por exemplo, citou Laing, que "disse que ele não se lembrava de nenhuma descoberta fundamental sobre as relações humanas que tivesse resultado de um século de psicoterapia. 'Não acredito que tenhamos ido além de Sócrates, Shakespeare, Tolstói ou até mesmo de Flaubert aos 15 anos'".[21]

O jornal continua:

> Ele disse que, em sua luta pessoal contra a depressão, cantarolar uma música favorita para si mesmo (uma de suas preferidas é "Keep Right On to the End of the Road" [Siga direto até o fim da estrada]) ajuda, às vezes, mais do que qualquer coisa que a psicoterapia possa oferecer.[22]

A revista *Time*, relatando sobre a conferência, observou que, num painel de discussão sobre esquizofrenia, três de quatro especialistas disseram que essa doença não existe.[23]

> R. D. Laing, o psicólogo preferido dos estudantes rebeldes da década de 1960, defende sua opinião romântica sobre os esquizofrênicos como corajosas vítimas que desafiam uma cultura cruel. Ele deu a entender que muitas pessoas são diagnosticadas como esquizofrênicas simplesmente porque dormem durante o dia e ficam acordadas à noite. Esquizofrenia não existia até a invenção da palavra, ele disse. [...] Num painel posterior, uma mulher na audiência perguntou a Laing como ele lidaria com esquizofrênicos. Laing se revirou, hesitou durante 27 minutos e finalmente ofereceu o único tratamento possível para pessoas que ele não considera doentes: "Trato-as exatamente como trato todas as outras pessoas. Comporto-me segundo as regras ordinárias da boa educação e cortesia".[24]

Uma verdade se tornou evidente durante a conferência: há pouco consenso entre os terapeutas. Não existe uma ciência unificada da psicoterapia, apenas uma desarmonia de teorias e terapias conflitantes. O dr. Joseph Wolpe, um pioneiro no campo da terapia comportamental, caracterizou a conferência da cidade de Phoenix como "uma babel de vozes conflitantes".[25]

E era verdade. Um especialista, Jay Haley, descreveu o que chamou de sua técnica do "cachorro peludo". Evidentemente, o que ele quis dizer é que ela se assemelha a um animal fofinho que parece ser gordo até ficar molhado; parece existir mais substância do que, na verdade, existe. Esta é a sua abordagem à terapia:

> Leve o paciente a assumir um compromisso absoluto de mudar; depois, garanta uma cura, mas não conte a ele qual é durante várias semanas. "Se você sempre adiar, jamais perderá seu paciente", ele disse. "Eles precisam descobrir qual é a cura". Uma bulímica, que devorava grandes quantidades de comida de vez e vomitava entre 5 e 25 vezes por dia, recebeu o diagnóstico de que ficaria curada se ela desse ao terapeuta um centavo na primeira vez que vomitasse, dobrando a soma toda vez que ela reincidisse. Diz Haley: "Eles descobrem rapidamente que a soma se multiplica de forma tão rápida que podem ficar devendo milhares de dólares ao terapeuta em questão de poucos dias, então eles param".[26]

Jeffrey Zeig, um organizador da conferência, disse que é possível existirem cem teorias diferentes apenas nos Estados Unidos. A maioria delas, diz ele, está "fadada ao fracasso".[27]

Os psicólogos não só vendem supostas curas por um preço alto, eles também inventam doenças que, a partir disso, passam a precisar de curas. Suas estratégias de marketing têm sido eficientes: invente problemas ou dificuldades, insista neles até as pessoas acreditarem que os sofrem, e então venda um remédio. Alguns dos supostos problemas da nossa cultura são pateticamente banais: autoimagem, aparência, codependência, abuso emocional, crise da meia-idade e expectativas frustradas.

Antigamente, as "enfermidades" de hoje eram vistas sensatamente como as dores do egoísmo. O egocentrismo se tornou uma grande estratégia de marketing para os psicoterapeutas. Ao alimentar a tendência natural das pessoas à satisfação própria, a psicologia tem se vendido a um público faminto. E a Igreja tolamente endossou essa ideia.

A psicologia não é mais ciência do que a teoria ateísta da evolução, na qual ela se baseia. Assim como a evolução teísta, a "psicologia cristã" é uma tentativa de harmonizar dois sistemas de pensamento inerentemente contraditórios. A psicologia moderna e a Bíblia não podem ser misturadas sem um sério prejuízo, ou o completo abandono do princípio da suficiência das Escrituras.

Apesar de ter se transformado em um negócio lucrativo, a psicoterapia não pode solucionar os problemas espirituais. No melhor dos casos, pode, de vez em quando, usar o conhecimento humano para modificar superficialmente o comportamento. Ela funciona ou falha igualmente com cristãos e não cristãos, porque é apenas um ajuste temporal, um tipo de quiropraxia mental. Ela não consegue mudar o coração humano, e até mesmo os especialistas reconhecem isso.

O FRACASSO DA PSICOLOGIA CRISTÃ

Enquanto isso, entretanto, a postura dentro da Igreja em relação à psicoterapia é mais favorável do que nunca. Se as mídias cristãs servirem como barômetro para a Igreja como um todo, podemos afirmar que estamos passando por uma mudança dramática. As rádios cristãs, por exemplo, que antigamente serviam como bastião do ensinamento bíblico e da música cristã, estão saturadas de *talk shows*, psicologia popular e psicoterapia por telefone. Pregar a Bíblia se tornou coisa do passado. Os psicólogos e conselheiros das rádios são os novos heróis do arraial evangélico, e a rádio cristã passou a ser a principal ferramenta de propaganda para vender psicologia, lucrando bilhões.

Como consequência, a Igreja tem ingerido doses pesadas de dogmas da psicologia, adotado sabedoria secular e buscado santificá-la, chamando-a de cristã. Os valores fundamentais do movimento evangélico estão sendo redefinidos substancialmente — "saúde mental e emocional" é o novo lema —; evidentemente, não se trata de conceito bíblico, mesmo que muitos o equiparem à plenitude espiritual. O pecado é chamado de "doença" para que as pessoas acreditem precisar de terapia, não de arrependimento. O pecado habitual é chamado de "vício" ou "comportamento compulsivo", e muitos supõem que a solução esteja na ajuda médica, e não na correção moral.[28]

As terapias humanas são abraçadas com maior força pelos espiritualmente mais fracos, por pessoas superficiais ou que ignoram a verdade bíblica e que não estão dispostas a aceitar o caminho do sofrimento, que leva à maturidade espiritual e a uma comunhão mais profunda com Deus. O efeito infeliz disso é que essas pessoas permanecem imaturas, refreadas pela dependência autoimposta de algum método pseudocristão ou pelo psicocharlatanismo que, na verdade, impossibilita o crescimento verdadeiro.

Quanto mais a psicologia secular influenciar a Igreja, mais as pessoas se afastarão do que a Bíblia ensina sobre os problemas e suas soluções. Os terapeutas estão substituindo a Bíblia, o principal meio divino de graça santificadora (João 15:3; 1Coríntios 1:21; Hebreus 4:12). O conselho que esses profissionais oferecem é, muitas vezes, espiritualmente desastroso. Há pouco tempo, fiquei pasmo ao ouvir, numa rádio, um psicólogo cristão aconselhar o ouvinte a expressar sua raiva ao seu terapeuta por meio de um gesto obsceno.

— Vá em frente! — ele disse ao ouvinte. — É uma expressão sincera de seus sentimentos. Não tente reprimir a sua raiva.

— E quanto aos meus amigos? — perguntou o ouvinte. — Devo reagir da mesma forma com todos eles quando eu estiver com raiva?

— E por que não? — respondeu o conselheiro. — Você pode fazer isso com quem você quiser, quando você quiser. Com exceção daqueles que você acha que não entenderão; esses não serão bons terapeutas para você.

Estou parafraseando. Tenho uma gravação de todo o programa. O que aquele conselheiro realmente sugeriu foi muito mais explícito, a ponto de ser inapropriado para uma publicação impressa.

Naquela mesma semana, ouvi outro programa cristão popular que oferece aconselhamento ao vivo para ouvintes dos EUA. Uma mulher ligou e expôs que fornicava compulsivamente havia anos. Ela contou que foi para a cama com "qualquer um e com todos", e que se sentia impotente para mudar seu comportamento. O conselheiro explicou que sua conduta era uma forma de ela "dar o troco", um resultado de feridas causadas por seu pai passivo e sua mãe autoritária. "Não há caminho fácil para a recuperação", disse o terapeuta. "Seu problema não desaparecerá imediatamente; é um vício, e essas coisas exigem um longo período de aconselhamentos. Você precisará de anos de terapia para superar sua necessidade de sexo ilícito". Sugeriu então à mulher que procurasse uma igreja que fosse tolerante enquanto ela trabalhasse para curar as "feridas dolorosas" que a "induziam" a fornicar.

Que tipo de conselho é esse? Em primeiro lugar, o conselheiro deu a essa mulher a permissão de desobedecer a um mandamento claro das Escrituras: "Fuja da imoralidade" (1Coríntios 6:18; veja também 1Tessalonicenses 4:3). Em segundo lugar, ele culpou os pais da ouvinte e justificou sua vingança contra eles. Em terceiro lugar, ele parecia sugerir que ela poderia se afastar aos poucos do pecado — com terapia, é claro.

Além disso, ele transmitiu ao seu público a mensagem clara de que ele não tem confiança real no poder do Espírito Santo para transformar imediatamente o coração e a conduta de uma pessoa. Pior ainda, encorajou as igrejas a tolerarem os pecados sexuais de uma pessoa até que a terapia comece a funcionar.

Compare os conselhos desses dois conselheiros de rádio com a profunda simplicidade de Gálatas 5:16: "Vivam pelo Espírito, e de modo nenhum satisfarão os desejos da carne". Realmente acreditamos que anos de terapia podem levar as pessoas a viver pelo Espírito? Se o terapeuta é alguém que recomenda gestos obscenos, adiamento do arrependimento e igrejas tolerantes com a imoralidade crônica, certamente não! Não há justificativa bíblica para esse tipo de aconselhamento; na verdade, ele contradiz diretamente a Palavra de Deus. O apóstolo Paulo instruiu a igreja de Corinto a entregar um adúltero a Satanás, excluindo-o da igreja (1Coríntios 5).

Agradeço a Deus por homens e mulheres na Igreja que confiam na Bíblia quando aconselham. Sou grato por conselheiros piedosos que incentivam pessoas aflitas a orar e que as levam às Escrituras, a Deus e à abundância de seus recursos para toda necessidade.

Não tenho nenhum problema com aqueles que usam o senso comum ou as ciências sociais como plataformas de observação úteis para analisar a conduta humana e desenvolver meios para ajudar as pessoas a obterem um controle externo sobre sua conduta. Isso pode ser útil como um primeiro passo para chegar à verdadeira cura espiritual. Mas um conselheiro sábio reconhece que toda terapia comportamental não passa da superfície, ficando muito aquém de soluções verdadeiras para as necessidades reais da alma, que só podem ser resolvidas em Cristo.

Por outro lado, não tenho qualquer tolerância com aqueles que exaltam a psicologia acima das Escrituras, da intercessão e da perfeita suficiência do nosso Deus. E não darei qualquer apoio às pessoas que pretendem misturar psicologia com recursos divinos e vender essa mistura como poção espiritual. Essa metodologia é, no fundo, uma admissão tácita de que aquilo que Deus nos deu em Cristo não é apropriado para satisfazer às necessidades mais profundas e para curar nossa vida atribulada.

O próprio Deus não vê com bons olhos os conselheiros que alegam representá-lo, mas na verdade confiam na sabedoria humana. Jó 12:17-20 afirma:

> Ele despoja e demite os conselheiros,
> e faz os juízes de tolos.
> Tira as algemas postas pelos reis,
> e amarra uma faixa em torno da cintura deles.
> Despoja e demite os sacerdotes,
> e arruína os homens de sólida posição.
> Cala os lábios dos conselheiros de confiança,
> e tira o discernimento dos anciãos.

A sabedoria de Deus é tão superior à do homem, que os maiores conselheiros humanos são expostos ao ridículo. Os versículos 24-25 acrescentam:

> Priva da razão os líderes da terra,
> e os envia a perambular num deserto sem caminhos.
> Andam tateando nas trevas, sem nenhuma luz;
> ele os faz cambalear como bêbados.

Se houve alguém que precisou suportar a tolice de conselheiros humanos bem-intencionados, esse homem foi Jó. Os conselhos desprezíveis e insignificantes que recebeu deles lhe causaram tanta tristeza quanto as aflições satânicas que teve de suportar.

O abismo no qual uma psicoterapia "cristã" pode cair é realmente muito grande. Em 1989, um jornal publicou um artigo sobre uma clínica, com 34 leitos, aberta no Sul da Califórnia para tratar "cristãos viciados em sexo".[29] (Não consigo imaginar para que uma clínica desse tipo possa precisar de leitos.) Segundo o artigo, ela é vinculada a uma grande e famosa igreja protestante na região. Sua equipe inclui especialistas descritos como "verdadeiros pioneiros na área [de vícios sexuais]. São eles psicoterapeutas legítimos e licenciados, com uma forte orientação cristã para a terapia", como explica o diretor do centro.[30]

Será que a orientação "cristã" desses psicoterapeutas é forte o bastante para permitir-lhes admitir que lascívia é pecado? Evidentemente não. Vários foram entrevistados para o artigo. Todos eles usaram consistentemente os termos *doença*, *problema*, *conflito*, *comportamento compulsivo*, *tratamento* e *terapia*, evitando, cuidadosamente, palavras com associações morais. Em nenhum momento mencionaram *pecado* e *arrependimento*.

Pior ainda: esses "especialistas" zombaram do poder da Palavra de Deus de transformar o coração e romper os laços do pecado sexual. O artigo citou o diretor do programa, que explicou por que acredita que seu centro de tratamento para o público cristão é tão essencial: "Existem alguns grupos de cristãos que acreditam que a Bíblia é tudo de que precisam".[31]

Essa declaração é um eco do neognosticismo. Desprezando aqueles que acreditam que a Bíblia é suficiente, essas "nuvens sem água" (Judas 12) insistem que têm um conhecimento secreto mais elevado, mais sofisticado, que contém resposta real àquilo que atormenta a alma humana. Não se deixe intimidar por suas falsas alegações. Não existe conhecimento mais elevado, não existe uma verdade oculta, nada além dos recursos suficientes que encontramos em Cristo que possa mudar o coração humano.

A Igreja precisa recuperar sua confiança nos recursos espirituais que Deus fornece. Precisamos retornar para a convicção de que a Escritura é "inspirada por Deus e útil para o ensino, para a repreensão, para a correção e para a instrução na justiça" (2Timóteo 3:16). Tenho certeza de que há muito mais em jogo do que o cristão típico é capaz de perceber. Se os evangélicos não redescobrirem o aconselhamento bíblico e não devolverem à Palavra de Deus o lugar que lhe pertence por direito como discernidora e curadora suprema dos pensamentos e das intenções do coração (veja Hebreus 4:12), perderemos nosso testemunho no mundo, e a própria Igreja morrerá. Essas questões são extremamente sérias.

2

ACONSELHAMENTO BÍBLICO EM TEMPOS RECENTES

David Powlison

Nos últimos 45 anos, felizmente a Igreja tem redescoberto o aconselhamento bíblico. Entretanto, para que se possa redescobrir algo, é necessário que isso tenha sido perdido em algum momento. E como o aconselhamento bíblico se perdeu na Igreja? Para entendermos como isso aconteceu, precisamos voltar um pouco na história.

Cristãos de língua inglesa têm uma longa tradição de cuidados pastorais aplicados de caso em caso. Os maiores escritos protestantes em língua inglesa destacaram-se por sua capacidade de aplicar as Escrituras com sensibilidade aos "casos" mais variados; ressaltam-se, dentre esses, os livros *Precious Remedies Against Satan's Devices* [Preciosos antídotos contra os artifícios de Satanás], de Thomas Brooks, *A Christian Directory* [Um catálogo cristão], de Richard Baxter, *O peregrino*, de John Bunyan, e *A Treatise Concerning Religious Affections* [Um tratado acerca das emoções religiosas], de Jonathan Edwards. Cada um desses escritores pastorais sustentava com ardor a preocupação de Deus por integridade doutrinária, retidão moral, vida devocional disciplinada e serviço cristão. Mas esses pastores tinham, também, uma rica dose do amor perspicaz do pastor: eles não só conheciam profundamente as pessoas, como também o caminho da santificação progressiva.[1]

O clássico de Edwards já tem uns 270 anos; os outros, mais de 300; e o aconselhamento bíblico podia, portanto, ser bem discernido até o século 19. Jay Adams citou Ichabod Spencer como "exemplo de um tipo de aconselhamento pastoral feito por um pregador presbiteriano antes da quase rendição do ministério cristão à psiquiatria. Em seus *Sketches* [Sermões], Spencer apresentou uma grande variedade de problemas e a forma como ele lidou com eles".[2] Spencer escreveu na década de 1850, mas a fonte da sabedoria do aconselhamento bíblico que havia jorrado durante anos secou-se paulatinamente nas décadas posteriores.

Nos séculos 19 e 20, os cristãos norte-americanos perderam, basicamente, o uso das verdades e habilidades que tinham até então; isto é, a sabedoria prática da cura das almas foi diminuindo, mesmo enquanto a Igreja conservadora se mantinha fiel à doutrina ortodoxa, aos absolutos morais bíblicos, às disciplinas espirituais e ao chamado missionário. A Igreja perdeu aquele componente vital de habilidade pastoral que pode ser chamado de "sabedoria aplicada individualmente": uma sabedoria que conhece as pessoas, que sabe como elas mudam e que tem ciência de como ajudá-las em sua transformação. A habilidade de um pastor é uma arte e uma ciência *aplicada*; é uma forma de amor que transborda em conhecimento e discernimento no trabalho com as pessoas. No entanto, essa habilidade de aplicar a verdade a "casos" específicos se atrofiou. Na verdade, no início do século 20, a teologia liberal e a psicologia secular estavam em ascendência na esfera do aconselhamento.[3] Ouviam-se e viam-se apenas fracos ecos e sombras da antiga sabedoria entre os cristãos conservadores.[4]

As psicologias seculares começaram a reclamar para si o campo do aconselhamento e do conhecimento especializado da natureza humana. Os cristãos conservadores podem ter preservado partes da teologia formal de Jonathan Edwards, mas o psicólogo William James foi o herdeiro do estilo de Edwards, que consistia em observação e reflexão cuidadosas.[5] Os cristãos ficaram com a Bíblia; os psicólogos, com as pessoas; uma situação infeliz para pessoas necessitadas em ambos os campos! A vantagem crescente em cuidados pastorais ocorreu não entre os ministros do evangelho de Jesus, mas entre os ministros de um evangelho secular ou liberal. A psicanálise de Freud e outras psicoterapias emergentes foram desenvolvidas para pastorear um povo sem o Pastor: o movimento de higiene mental, o púlpito de Harry Emerson Fosdick e o evangelho terapêutico do eu de Carl Rogers são marcas na primeira metade do século 20.

As psicologias reclamaram para si mesmas não só o campo do aconselhamento; fizeram valer a sua reivindicação. O sociólogo Philip Rieff corretamente intitulou seu livro sobre os Estados Unidos do século 20 de *The Triumph of the Therapeutic* [O triunfo da terapia], e observou com astúcia: "O homem religioso nasceu para ser salvo; o homem psicológico nasceu para ser satisfeito. [...] Se os terapeutas tiverem a última palavra, certamente o psicoterapeuta será seu guia espiritual secular".[6] Rieff lamentou nostalgicamente a morte da cultura cristã, mas ele era um homem moderno buscando seu espaço, não um profeta chamando o povo de volta para o Deus vivo.[7] Os objetivos, as verdades, os métodos e até mesmo a possibilidade de aconselhamento bíblico desapareceram na revolução psicológica. Na verdade, o aconselhamento bíblico não só desapareceu; ele se tornou impensável.

Nos meados da década de 1960, quando o aconselhamento bíblico foi redescoberto, ele emergiu como disciplina estranha no meio de três comunidades psicologizadas. O contexto cultural da atividade chamada "aconselhamento" ou "psicoterapia" pode ser comparado a três círculos encaixados, cujas diferenças, até mesmo gritantes, ocorriam dentro de um consenso fundamental. O círculo externo enorme e dominante era a psicologia secular. Dentro desse círculo, a orientação intelectual e metodológica era definida por desenvolvedores de teorias pioneiras, pelos programas de graduação e pós-graduação das universidades, pelas credenciais, pelo sistema de saúde mental, pelas revistas especializadas e pelos livros. O círculo intermediário consistia em teologia pastoral liberal, que definiu o campo do aconselhamento pastoral até mesmo em seminários conservadores. O círculo menor continha os psicólogos e terapeutas que se professavam cristãos.

O círculo maior dominava a agenda intelectual e os métodos terapêuticos dos dois círculos inferiores. Assim, os conselheiros religiosos se uniram a psicólogos, assistentes sociais, orientadores e enfermeiros psiquiátricos num exército vasto de praticantes dentro da hierarquia "alistada" das profissões de cura da alma. Os "oficiais" eram os psiquiatras e os téoricos da personalidade que forneciam o conteúdo cognitivo e os argumentos filosóficos para o empreendimento da saúde mental. Todos que quisessem falar sobre aconselhamento, ou ler sobre o assunto, ou filiar-se a uma associação de conselheiros, ou frequentar uma escola de aconselhamento ou aconselhar o faziam em algum lugar dentro do grande círculo. O aconselhamento bíblico surgiu como um estranho em uma terra estranha.

A psicologia secular dominava o aconselhamento, definindo o discurso sobre as pessoas e seus problemas. As ciências sociais, comportamentais e médicas conquistaram um enorme poder social, prestígio intelectual e autoconfiança. Em decorrência disso, toda a prática de aconselhamento no século 20 se viu cercada e permeada por versões seculares de como entender e ajudar as pessoas. Várias formas de psicoterapia — trabalho pastoral secular — subjugaram a cura bíblica das almas; diversas psicologias teóricas — teologias seculares — fizeram retroceder a compreensão bíblica da natureza e do funcionamento do ser humano; inúmeras instituições terapêuticas — comunidades eclesiásticas seculares — usurparam o lugar da Igreja como local primário para socorrer as pessoas em seus problemas.

Os psicólogos mais perceptivos reconheceram e admitiram francamente o que estavam fazendo. Até mesmo Freud, ao contrário da maioria de seus discípulos, negava que o papel do psicanalista era distintivamente médico. Ele afirmou que o psicanalista era um "trabalhador pastoral secular", e que não precisava ser médico.[8] Erik Erikson, o famoso discípulo de Freud, por exemplo, era formado em artes! Carl Jung comentou de forma semelhante: "Os pacientes obrigam o psicoterapeuta a assumir o papel de um sacerdote, e esperam e exigem dele que os liberte de suas angústias. É por isso que nós, os psicoterapeutas, precisamos nos ocupar com problemas que, em termos estritos, pertencem ao teólogo".[9] *Walden II*, de B. F. Skinner, consciente e especificamente ofereceu substitutos para verdades, técnicas e instituições da fé cristã. Na realidade, os psicólogos behavioristas equivalem aos sacerdotes no céu terreno de Skinner.[10] O grande círculo da psicologia secular postulava um universo secular. Os principais psicólogos e psiquiatras eram pessoas seculares que queriam ajudar outras pessoas seculares. Não surpreende, portanto, que eles ofereciam uma religião substituta, pois os problemas com os quais lidavam eram de natureza fundamentalmente religiosa.[11]

Infelizmente, as igrejas liberais se uniram a essa revolução psicoterapêutica desde o início; daí o desenvolvimento do segundo círculo, a teologia liberal. Ao abandonarem a verdade e a autoridade bíblicas, os líderes dessas igrejas se voltaram para as ciências sociais em busca de autoridade e eficácia. Harry Emerson Fosdick, cujo liberalismo teológico foi uma pedra de tropeço para os cismas fundamentalistas-modernistas na década de 1920, era, não por acaso, também líder do movimento de higiene mental. Usando seu púlpito para expor uma nova versão psicoterapêutica do cristianismo, seu psicologismo se apresentou como reverso de sua descrença nos "fundamentos". A própria ideia de aconselhamento pastoral foi definida por sua integração com a teologia liberal de psicólogos seculares, especialmente de Carl Rogers e Alfred Adler, a partir da Primeira Guerra Mundial até a década de 1960.

Em geral, os cristãos conservadores simplesmente não falaram ou escreveram sobre aconselhamento.[12] Quando começaram a refletir e a praticar o aconselhamento, adotaram os paradigmas poderosos das psicologias seculares e das teologias pastorais liberais. As pressuposições tanto para a prática quanto para o pensamento não eram expostas nem submetidas a uma análise bíblica. Não houve qualquer tentativa de desenvolver uma teologia bíblica prática de aconselhamento desde seus fundamentos. O grande círculo da psicologia e da psicoterapia seculares sempre foi o parceiro dominante nas discussões. Enquanto isso, o círculo mediano, uma teologia implícita ou explicitamente liberal, continuou subminando o pensamento e a prática evangélicos. A escola de graduação de psicologia do Seminário Teológico Fuller (fundada em 1965) exemplificava o controle secular e os paradigmas liberais sobre os cristãos que professavam crer na Bíblia.[13]

A REDESCOBERTA DO ACONSELHAMENTO BÍBLICO

Pessoas santas, sábias e experimentadas em viver a Palavra têm aplicado as Escrituras aos problemas da vida em todos os tempos e lugares. Nesse sentido, sempre que cristãos sábios têm procurado encorajar ou admoestar uns aos outros, ocorre aconselhamento bíblico. Embora as verdades que não estejam sistematizadas sejam postas em perigo, é para o louvor de Deus que a sabedoria informal sempre tem operado. Ele sempre tem capacitado pastores sábios a se aproximarem de seu povo com amor e paciência e a abrirem suas Bíblias nos lugares certos para "confortar os angustiados e angustiar os confortáveis". Apesar do fato de as abordagens sistemáticas ao aconselhamento documentadas em livros e ensinadas em salas de aula no século 20 não terem sido fundamentadas na Bíblia, foi nesse período que ocorreu uma redescoberta do aconselhamento bíblico. Do ponto de vista humano, essa redescoberta se deve primariamente à vida e aos esforços de um homem: Jay E. Adams. Ele começou a ver, discutir e praticar o aconselhamento sob uma nova perspectiva, a qual nem ele nem outros viram, discutiram ou praticaram anteriormente.

Jay Adams (nascido em 1929) foi criado em Baltimore, filho único de um policial e de uma secretária. Após converter-se a Cristo no Ensino Médio, ele obteve um diploma de bacharel em teologia no Reformed Episcopal Seminary [Seminário Espiscopal Reformado] (Filadélfia), e um em belas-artes em Clássico pela Johns Hopkins University (Baltimore), em 1952. Adams serviu como diretor regional da Mocidade para Cristo no início da década de 1950, foi ordenado em 1952 e, ao longo dos 13 anos seguintes, foi pastor de várias congregações presbiterianas. Fez também seu mestrado em Teologia Sagrada na Temple University (Filadélfia), em 1958, e seu doutorado em Oratória na University of Missouri, em 1969. Bíblia, teologia, grego e pregação formavam o núcleo de sua educação. Mas, como pastor, os problemas da vida das pessoas continuavam a preocupá-lo e a pesar em seu coração. "Durante aqueles anos, Jay sofreu muito com o fato de não conseguir ajudar as pessoas com seus problemas. Ele costumava dizer: 'A psicologia é tão ruim quanto os liberais. Não é correta e não funciona. Mas como realmente ajudar as pessoas?'".[14]

Adams procurou melhorar suas habilidades de conselheiro continuamente. Ele devorou livros de todos os três círculos de aconselhamento: os principais psicólogos do século 20, as obras basilares sobre aconselhamento pastoral (que mediavam a psicologia de Carl Rogers por meio da teologia liberal ou neo-ortodoxa) e Clyde Narramore e outros evangélicos que haviam começado a publicar de um ponto de vista ou freudiano ou eclético. Durante sua estadia na Temple University, ele se matriculou em dois cursos de aconselhamento com um professor de tendência freudiana.[15] Adams se decepcionou e se frustrou com seu treinamento. Na verdade, sentiu que tudo era repleto de especulações teóricas, que era ineficiente na prática e contrário às verdades bíblicas fundamentais. As abordagens oferecidas não compreendiam ou ajudavam as pessoas, e eram totalmente antibíblicas. Ele não tinha uma alternativa coerente, e então continuou fazendo o que podia em situações de aconselhamento bíblico. Oficinas para pastores, oferecidas regularmente por agências da área da saúde mental, reforçavam a ladainha de que o líder religioso não deveria tentar fazer muito, mas "transferir e encaminhar" as pessoas aos especialistas de saúde mental. A mensagem aos pastores era: "Deixe isso para os profissionais. Há pouco que você possa fazer às pessoas além de lhes oferecer uma atmosfera acolhedora. Pessoas com problemas não são violadoras da consciência, mas vítimas moralmente neutras de uma consciência que as acusa. Elas precisam de ajuda profissional. Os pastores não deveriam fazer nada além de encaminhá-las".[16] Esse tipo de propaganda intimidou milhares de pastores conservadores.

Em 1963, Adams foi convidado a lecionar teologia pastoral no Westminster Theological Seminary [Seminário Teológico Westminster]. Suas responsabilidades se concentravam na pregação, mas incluíam um curso em teologia pastoral que continha um segmento de aconselhamento pastoral. O que ele deveria lecionar? Adams, por acaso, ficou sabendo do psicólogo O. Hobart Mowrer e foi ouvir uma de suas palestras. Aquela palestra, o livro de Mowrer, *The Crisis in Psychiatry and Religion* [A crise na psiquiatria e na religião] (Princeton:

Van Nostrand, 1961), e um curso intensivo de seis semanas com ele naquele verão tiveram um efeito estimulante sobre Adams. Mowrer "tirou os escombros do caminho para mim. Ele destruiu Freud, que era o sistema dominante, e pôs em dúvida os profissionais da área da saúde mental. Seu sistema positivo era completamente antibíblico, mas ele me deu a confiança para seguir em frente".[17] Mowrer o libertou da garra mortal da propaganda secular. Isso liberou Adams para desafiar a ortodoxia psicológica dominante e seguir seu instinto bíblico. Em decorrência disso, se dedicou a estudos bíblicos intensos sobre temas como consciência, culpa, antropologia e transformação. Ele descreveu os dois anos seguintes como "dia e noite, aconselhamento e estudo: estudo das pessoas, estudo de livros sobre aconselhamento, estudo da Bíblia".[18]

O primeiro esboço de um aconselhamento bíblico começou a surgir durante aquele pequeno segmento do curso de teologia pastoral. No início, foi pouco mais do que "o problema é o pecado, a Bíblia tem as respostas" e alguns poucos estudos de caso. Os problemas eram tratados *ad hoc* à medida que surgiam no aconselhamento ou no estudo das Escrituras. Mas, em 1967, o pensamento de Adams sobre o aconselhamento havia se condensado num sistema, e ele expandiu o segmento do curso de teologia e desenvolveu um curso inteiro de aconselhamento. Então, quando publicou seu primeiro livro em 1970, a redescoberta pessoal do aconselhamento bíblico por Adams iniciou uma redescoberta ampla em toda a Igreja.

Adams escreveu proficuamente para criar e desenvolver um sistema de aconselhamento bíblico. Ele considera quatro de seus livros os textos básicos. *Conselheiro capaz*, seu primeiro livro, detonou como uma bomba no mundo cristão conservador. Era uma obra polêmica e positiva. A parte polêmica atacava a preeminência da psicologia e psiquiatria pagãs no campo do aconselhamento, e os métodos positivos defendiam um ideal de "confronto noutético".[19] Adams via o modo bíblico de aconselhar como radicalmente dependente da obra do Espírito Santo de aplicar a Palavra de Deus à vida das pessoas: as promessas encorajam e dão poder, os mandamentos persuadem e guiam, e as histórias fazem a aplicação. A Bíblia orienta os conselheiros humanos a que sejam francos, amorosos, humildes em relação às próprias falhas e orientados para a mudança. Devem ser servos da agenda do Espírito Santo, não profissionais ou gurus autônomos. Segundo Adams, o aconselhamento noutético é confrontação realizada a partir de uma preocupação com o propósito de mudar algo que Deus queira mudar.[20] Esse algo pode incluir posturas, crenças, comportamentos, motivos, decisões etc.

O segundo livro de Adams, *O manual do conselheiro cristão*, elaborou os detalhes da filosofia do aconselhamento bíblico e forneceu métodos de aconselhamento, incluindo uma discussão sobre como entender e resolver determinados problemas. Um terceiro livro, *Lectures on Counseling* [Palestras sobre aconselhamento], reuniu vários ensaios sobre temas fundamentais, e um quarto livro, *More Than Redemption* [Mais do que redenção] (reimpresso como *A Theology of Christian Counseling* [Uma teologia do aconselhamento cristão]), elaborou a base sistemática do aconselhamento bíblico.

Em todas as suas obras escritas, Adams desafiou os conselheiros bíblicos a não se renderem a formas rígidas de pensar ou a técnicas mecânicas. Ele insistiu que os conselheiros precisam fazer jus tanto aos aspectos comuns fundamentais quanto às diversas particularidades das situações de aconselhamento e da vida.

> O *conhecimento* do funcionamento interno do ser humano pecaminoso, de suas circunstâncias e de seus problemas externos, do significado e da aplicabilidade corretos de passagens bíblicas apropriadas é absolutamente essencial para o aconselhamento. Por outro lado, a importância da *criatividade* não pode ser minimizada. É a criatividade que particulariza o comum, reunindo o comum e o incomum de cada situação. Sem ela, as pessoas são postas em moldes nos quais não se encaixam; a verdade precisa ser adaptada e aplicada (mas não acomodada) a cada pessoa como ela é.[21]

Adams não apenas escreveu recursos abundantes para o desenvolvimento de um aconselhamento bíblico, mas também foi pioneiro na criação de situações em que o aconselhamento bíblico passou a ser o *modus operandi* e o padrão. Como já mencionado, seus primeiros cursos rudimentares sobre aconselhamento bíblico aconteceram no Westminster Theological Seminary, em meados da década de 1960. Apesar de Adams ter deixado Westminster em 1976 para dedicar-se à pesquisa e à escrita, o programa continuou sendo desenvolvido sob a liderança de John Bettler, colega de Adams. Um doutorado com estágio em ministério de aconselhamento foi iniciado em 1980 com inúmeros cursos em aconselhamento bíblico. Quando o programa com estágio foi substituído por um programa modular, a maioria dos cursos foi transferida para o currículo regular do Westminster como facultativos. Um programa de mestrado em humanidades e religião com ênfase em aconselhamento foi iniciado em 1984.[22]

Adams se preocupava muito com os pastores, mais ainda com estes do que com os alunos que um dia viriam a exercer o ministério. Ele sentia que os pastores precisavam de um lugar onde o aconselhamento acontecia, onde poderiam aprender a aconselhar e depois retornar para suas congregações e comunidades. Assim, em 1967, ele e vários associados fizeram planos para desenvolver um centro de aconselhamento que tanto oferecesse aconselhamento como servisse de lugar no qual os pastores pudessem observar e treinar. Esses planos se concretizaram em 1968 quando Adams e John Bettler criaram a CCEF, Christian Counseling and Educational Foundation [Fundação Cristã de Aconselhamento e Educação], em Hatboro, na Pensilvânia. Oferecia-se aconselhamento a pessoas necessitadas e educação àquelas que futuramente ajudariam aos necessitados. No primeiro curso, os alunos assistiam a sessões de aconselhamento durante o dia inteiro e depois discutiam os casos no jantar. Em 1974, John Bettler se tornou diretor da CCEF e seu primeiro empregado em tempo integral.

À medida que a CCEF crescia, filiais eram abertas em San Diego, na Califórnia, e em diversos lugares da Pensilvânia e Nova Jersey. O corpo docente da CCEF atualmente administra cursos no Westminster Theological Seminary e no Biblical Theological Seminary [Seminário Teológico Bíblico].[23]

Conforme o aconselhamento bíblico-noutético conquistava adeptos, tornava-se evidente a necessidade de uma associação profissional. As preocupações relacionadas ao crescente grupo de praticantes incluíam certificação para conselheiros bíblicos, prestação de contas quanto aos padrões bíblicos de dedicação e ética, treinamento contínuo, comunhão e interação entre os conselheiros bíblicos e proteção contra processos jurídicos. Para satisfazer essas e outras necessidades, Adams se juntou a várias outras pessoas para fundar, em 1976, a Nanc, National Association of Nouthetic Counselors [Associação Nacional de Conselheiros Noutéticos]. Em 2013, a Nanc mudou de nome, chamando-se agora Association of Certified Biblical Counselors [Associação de Conselheiros Bíblicos Certificados] (ACBC), e continua a realizar uma grande conferência anual.[24]

Adams queria também um fórum no qual as ideias pudessem ser compartilhadas e discutidas, e em que escritores pudessem alçar voo. Assim, em 1977, fundou a *The Journal of Pastoral Practice* [Revista da Prática Pastoral], publicada pela CCEF. Como editor da JPP por 15 anos, seu propósito foi desenvolver uma revista que seguisse padrões acadêmicos, mas que fosse também "intensamente prática" e satisfizesse "às necessidades de homens servindo no ministério pastoral".[25] Essa revista encarnava uma visão única em, no mínimo, três aspectos: em primeiro lugar, o aconselhamento não era isolado do restante da prática pastoral: pregação, educação cristã, missões, adoração e evangelização. O mero ato de inserir o ministério particular no contexto de uma visão abrangente vai contra a visão comum do aconselhamento como prática separada do restante do ministério da Palavra de Deus. Em segundo lugar, os artigos de aconselhamento (que sempre representaram a parte principal do conteúdo da revista) assumiam um ponto de vista decididamente bíblico. Em terceiro lugar, a revista queria ser prática. Buscava falar sobre a prática e influenciá-la, e não simplesmente falar de teologia ou teoria. Em 1992, o nome da revista foi mudado para *The Journal of Biblical Counseling* [Revista do Aconselhamento Bíblico]. A preocupação de satisfazer às necessidades dos pastores tem continuado, mas foi ampliada para incluir as necessidades de leigos treinados que desejavam aconselhar biblicamente.[26]

Jay Adams, seus escritos e as instituições que ele fundou levaram a uma proliferação de ministérios e centros de treinamento de aconselhamento bíblico tanto nos Estados Unidos quanto em outros países. Um ministério crescente de treinamento de leigos, por exemplo, nasceu de palestras que Adams fez em Washington (1973), Distrito de Columbia, quando John Broger, um leigo cristão atuante no ministério no Pentágono, sentiu uma preocupação profunda com um discipulado que tratasse e resolvesse as questões de aconselhamento na vida das pessoas. Com os materiais de Adams, ele fundou, em 1974, a BCF, Biblical Counseling Foundation [Fundação de Aconselhamento Bíblico], que continua a crescer como ministério que treina leigos e pastores nos métodos de discipulado profundamente impregnados de aconselhamento bíblico.[27]

Várias igrejas locais fundaram ministérios de aconselhamento bíblico de muitas formas diferentes: formais ou informais, para pastores ou leigos, focados nas necessidades da congregação ou estendendo a mão para a comunidade. Especialmente notável é a Faith Church [Igreja da Fé] em Lafayette, Indiana. Essa igreja fundou um centro de aconselhamento florescente e desenvolveu a vida da igreja em torno dos conceitos da santificação progressiva e do aconselhamento mútuo, que ocupam o centro do aconselhamento bíblico. O FBCM, Faith Baptist Counseling Ministries [Ministérios da Igreja Batista da Fé], foi iniciado em 1977 pelo pastor Bill Goode e pelo dr. Bob Smith (atualmente se chama Faith Biblical Counseling Ministries). Ele tem crescido para oferecer treinamento em toda a região do Centro-Oeste dos Estados Unidos. O FBCM tem servido como sede para os escritórios da ACBC. A Faith Church tem acolhido a conferência nacional da ACBC várias vezes em anos recentes.[28]

O programa de aconselhamento bíblico se estabeleceu também no The Master's College (www.masters.edu) e no The Master's Seminary (www.tms.edu) na Califórnia. No final da década de 1980, John MacArthur e seus colaboradores voltaram sua atenção para as questões do aconselhamento bíblico e da psicologia secular. Eles reestruturaram o currículo na faculdade e no seminário para que refletisse o compromisso de usar a verdade bíblica para explicar as necessidades das pessoas e oferecer-lhes ajuda. Dois dos associados de Adams de longa data, Bob Smith (do FBCM) e Wayne Mack (da CCEF), têm sido essenciais no planejamento e desenvolvimento do programa.[29]

A ideia de praticar um aconselhamento explicitamente bíblico tem sido plantada em vários países ao redor do mundo. Sempre que cristãos aconselham sabiamente em obediência às Escrituras ocorre o aconselhamento bíblico, seja ele designado como tal ou não. Mas é uma grande vantagem identificar com autoconfiança aquilo que pretendemos fazer e reunir cristãos com a mesma intenção para essa causa. Por isso, existem movimentos de aconselhamento bíblico na Alemanha, na Suíça, na Inglaterra e na África do Sul que estão se tornando associações e/ou centros de treinamento e aconselhamento.

Perguntas para o século 21

Um dos resultados de reconstituir a redescoberta do aconselhamento bíblico tem sido o desafio de pensar o futuro. A história da Igreja testifica os destinos incertos de ministérios e movimentos. Uns florescem. Outros são abortados desde cedo. Alguns crescem, depois sofrem um colapso. Uns prosperam durante algum tempo e depois entram em fase de estagnação. Outros enfraquecem e se tornam transigentes compromissos. Alguns seguem na direção oposta e se tornam sectários e arrogantes. Uns são renovados quando as coisas ficam mais difíceis. Outros se desviam e acabam no erro ou na falta de propósito. Como o aconselhamento bíblico pode continuar a crescer em sabedoria e estatura quando se deparar com os desafios do futuro? Sem dúvida, o movimento do aconselhamento bíblico encara três tarefas fundamentais no início do século 21: 1) a tarefa de definir; 2) a tarefa de edificar; e 3) a tarefa de evangelizar.

A tarefa de definir

Como será definido o aconselhamento bíblico? Precisamos traçar um círculo confessional que demarque os limites de uma confissão de fé e prática para o aconselhamento bíblico. Quais compromissos e práticas distinguem um conselheiro bíblico? Por que essa próxima década exige um desenvolvimento confessional? Definir os limites é importante por três razões:

Em primeiro lugar, ao longo dos primeiros 25 anos de desenvolvimento, a influência e a rede de amigos de Jay Adams forneceu uma orientação básica para a definição do aconselhamento bíblico. Mas o movimento está crescendo rapidamente, e a próxima geração poderá não conhecer Jay Adams pessoalmente. O conteúdo de um compromisso com a visão e a causa do aconselhamento bíblico precisa ser definido profundamente. A definição e consolidação confessional é uma fase necessária de qualquer movimento de reforma saudável na Igreja.

Em segundo lugar, o movimento de integração de psicoterapeutas cristãos emprega cada vez mais o adjetivo "bíblico" e pede uma renovação teológica dentro de sua visão. Ao mesmo tempo que aplaudimos qualquer aumento de consciência e prática bíblicas entre os integracionistas, permanece em aberto se a intensificação de conversas sobre a Bíblia, Deus e Jesus representa uma mudança substancial. Enquanto isso, o maior grau de similaridade entre integracionistas e conselheiros bíblicos traz consigo o potencial de confundir a muitos. A definição de compromissos bíblicos centrais ajudará a identificar as teorias e práticas que alegam ser bíblicas, mas que se desviam substancialmente dos ensinamentos da Bíblia sobre as pessoas, as mudanças e o ministério.

Em terceiro lugar, desde o início o movimento de aconselhamento bíblico tem reunido um grupo diversificado de cristãos. Nunca fomos monolíticos, antes aceitamos cristãos de muitas confissões que se norteiam pela Bíblia: reformados, fundamentalistas e evangélicos em geral. Os fundadores e desenvolvedores do aconselhamento bíblico tinham opiniões diferentes sobre muitas questões específicas do aconselhamento, bem como sobre questões teológicas mais amplas. O que tem mantido o movimento unido é a convicção de que essas diferenças são questões secundárias de aplicação ou ênfase não relacionadas ao nosso compromisso central. Definir as áreas primárias de concordância se torna cada vez mais importante à medida que o movimento expande. Uma maneira de formular a questão dos limites é: "Até que ponto as diferenças secundárias devem ser aceitáveis, a fim de que coexistam de forma construtiva, e não destrutiva?". Definir áreas de concordância gera liberdade para discussões sobre diferenças, discussões do tipo "ferro afiando ferro". As alternativas são a fragmentação ou o desvio.

Quais são os compromissos comuns? Quais são os fundamentos do aconselhamento bíblico? Qualquer leitor das Escrituras e dos esforços de Adams para sistematizar as Escrituras produziria uma lista um pouco diferente. Aqui, damos destaque aos sete elementos centrais que ele redescobriu, articulou e defendeu.

1. *Deus está no centro do aconselhamento.* Deus é soberano, dinâmico, comunicativo, misericordioso, imponente e poderoso. O Senhor e Salvador Jesus Cristo é o foco central do aconselhamento e o exemplo do Conselheiro Maravilhoso. A Palavra de Deus e a obra do Espírito Santo são fundamentais para qualquer transformação significativa e duradoura. A Palavra de Deus trata do aconselhamento, fornecendo uma compreensão das pessoas e dos métodos para servi-las. A Bíblia é fidedigna, relevante e abrangentemente suficiente para o aconselhamento. Deus, por meio das Escrituras, falou claramente sobre cada questão básica da natureza humana e a respeito dos problemas da vida. Sua Palavra estabelece o objetivo do aconselhamento, como as pessoas podem mudar, o papel do conselheiro, os métodos de aconselhamento etc. Os cristãos têm uma única fonte de autoridade para a sabedoria do aconselhamento: o Espírito Santo que fala por meio da Palavra de Deus. O temor do Senhor é o princípio da sabedoria, e a sabedoria é o único objetivo digno do aconselhamento.

2. *O compromisso com Deus tem consequências epistemológicas.* Em primeiro lugar: outras fontes de conhecimento precisam ser submetidas à autoridade das Escrituras. Ciências, experiências pessoais, literatura etc. podem ser úteis, mas não devem exercer um papel essencial no aconselhamento. Em segundo lugar, existe um conflito de conselho que foi inserido na vida humana. Gênesis 3, Salmos 1 e Jeremias 23 são paradigmáticos. Conselhos que contradigam o conselho divino têm existido desde o jardim do Éden, desafiando a sabedoria de Deus e se fundamentando em outras pressuposições e objetivos. Esse tipo de conselho enganoso precisa ser identificado e combatido. Mais especificamente, em nosso tempo e espaço, a psicologia secular tem invadido o domínio da verdade e da prática bíblicas. Teorias e terapias seculares substituem a sabedoria bíblica e enganam pessoas dentro e fora da Igreja. A falsa pretensão de autoridade precisa ser exposta e combatida.

3. *O pecado em todas as suas dimensões* (por exemplo, motivação e conduta; os pecados que cometemos e os pecados cometidos contra nós; as consequências do pecado pessoal e as consequências do pecado de Adão) é o problema primário com o qual os conselheiros precisam lidar. Pecado inclui comportamento errado, pensamento distorcido, uma tendência de seguir os próprios desejos e atitudes ruins. O pecado é habitual e enganoso, e grande parte da dificuldade no aconselhamento consiste em trazer à luz um pecado específico e em encerrar seu domínio. Os problemas na vida que precisam de aconselhamento não são uma questão de necessidades psicológicas não satisfeitas, demônios do pecado que habitam na pessoa, socialização insuficiente, temperamento inato, predisposições genéticas ou qualquer outra coisa que desvie a atenção do ser

humano responsável. O problema do cristão é o pecado remanescente; o problema do não cristão é o domínio do pecado. O problema é o pecado.

4. *O evangelho de Jesus Cristo é a resposta.* O perdão do pecado e o poder de se transformar na imagem de Cristo são as maiores necessidades da humanidade. O evangelho ortodoxo de Jesus Cristo é a resposta ao problema. Cristo lida com o pecado: com a culpa, o poder, a enganação e a miséria do pecado. Ele foi crucificado no lugar dos pecadores, ele reina nos corações pelo poder do Espírito Santo e retornará para completar a redenção de seu povo e libertá-lo do pecado e do sofrimento. Essas verdades centrais precisam permear o processo de aconselhamento.

5. *O processo de transformação bíblica, que precisa ser o objetivo do aconselhamento, é a santificação progressiva.* Existem muitas maneiras de mudar as pessoas, mas o objetivo do aconselhamento bíblico é nada menos que a transformação à imagem de Jesus Cristo em meio a um cotidiano duro e agitado. A transformação não é instantânea, mas avança ao longo da vida. Essa visão progressiva da santificação tem muitas implicações. O processo de transformação, por exemplo, ocorre apenas metaforicamente, e não é literalmente uma cura. A metáfora pretende capturar o processo da santificação: arrependimento contínuo, renovação da mente na verdade bíblica e obediência no poder do Espírito.

6. *As dificuldades situacionais que as pessoas enfrentam não são a causa aleatória dos problemas na vida.* Essas dificuldades operam dentro do plano soberano de Deus. Representam o contexto dentro do qual os corações são revelados e a fé e a obediência são purificadas por meio da batalha entre o Espírito e a carne. Aspectos importantes da situação da vida não causam pecado. Genética, temperamento, personalidade, cultura, opressão e mal, privação, deficiências, idade, Satanás, doenças físicas etc. são significativos para o aconselhamento, mas não são a causa última do pecado.

7. *Aconselhamento é fundamentalmente uma atividade pastoral e precisa estar baseado na Igreja.* Ele precisa ser regulado sob a autoridade dos pastores escolhidos por Deus. O aconselhamento está vinculado em termos de estrutura e conteúdo a outros aspectos do trabalho pastoral: ensinamento, pregação, oração, disciplina eclesiástica, uso de dons, missões, adoração etc. Aconselhamento é o ministério particular da Palavra de Deus, adaptado especificamente aos indivíduos envolvidos. As diferenças entre pregação e aconselhamento não são de natureza conceitual, mas apenas metodológica. As mesmas verdades são aplicadas de diversas maneiras.

Esses sete compromissos têm unificado o movimento de aconselhamento bíblico. Forneceram uma estrutura dentro da qual muitas diferenças secundárias — referentes à interpretação bíblica, ao compromisso teológico, ao contexto do aconselhamento, à personalidade — têm conseguido coexistir de forma construtiva, e não destrutiva. Mas há numerosas outras questões que exigem um pensamento bíblico claro e um compromisso firme: a importância do passado, dos sentimentos, a visão bíblica da motivação humana, a relação entre verdade bíblica e psicologia secular, a importância do sofrimento, como aplicar os diversos aspectos da verdade bíblica e dos métodos do ministério bíblico aos diferentes tipos de problemas etc. Os conselheiros bíblicos conseguirão traçar os limites nos lugares certos? Ou será que os limites serão estreitos demais, gerando um espírito de partido sectário? Ou será que os limites são amplos demais, comprometendo o movimento e incitando o desvio? É apenas dentro de limites confessionais adequados que as energias para a edificação e a evangelização podem ser conduzidas e liberadas.

A tarefa de edificar

Como os conselheiros bíblicos desenvolverão maior habilidade na cura das almas? Como eles se tornarão praticantes, pensadores, apologistas e cristãos mais sábios? A tarefa de edificar conselheiros bíblicos exige avanços exegeticamente íntegros e comprovados na prática. Exige que pensemos bem sobre muitos assuntos. Um dos aspectos mais ignorados no trabalho de Jay Adams tem sido sua repetida observação de que sua obra é um ponto de partida e que muito trabalho ainda precisaria ser feito para construir sobre tal fundamento.

O aconselhamento bíblico foi redescoberto. Mas talvez seja mais correto dizer que a *ideia* do aconselhamento e o chamado ao aconselhamento bíblico foram redescobertos. Isso tem chamado atenção para muitas descobertas e novos conhecimentos sobre a cura da alma. A preocupação, por exemplo, de especificar a metodologia do aconselhamento (como técnicas de fazer perguntas, construir relacionamentos, definir metas, falar a verdade e usar tarefas de casa) produziu desenvolvimentos úteis. E a preocupação de traduzir as verdades bíblicas gerais para uma renovação específica tanto da vida interna quanto da vida externa (Romanos 13:12-14), adaptada especificamente àquele que busca o aconselhamento e à sua situação na vida, é refrescante e nova. O aconselhamento bíblico continuará a se desenvolver de modo intelectual e prático?[30] Ou estagnaremos e transformaremos as conquistas de ontem em fórmulas e técnicas vazias do futuro?

A tarefa de evangelizar

Como os conselheiros bíblicos propagarão a causa do aconselhamento bíblico? A tarefa da persuasão precisa ser realizada por três grupos distintos: 1) pela grande massa da Igreja cristã no âmbito internacional; 2) pela comunidade integracionista em todos os países; e 3) pelos membros da cultura psicológica secular. Muitas pessoas continuam ignorantes da existência do aconselhamento bíblico, enquanto outras o rejeitam com base em uma caricatura sem qualquer semelhança com os ensinamentos da Bíblia ou com qualquer coisa que conselheiros sábios pensam ou fazem. O aconselhamento bíblico precisa de evangelistas e apologistas com sensibilidades e paixões em cada uma dessas comunidades. Temos as respostas de que as pessoas necessitam; respostas melhores do que aquelas que elas já têm. Conselheiros bíblicos precisam pensar bem, orar especificamente e discutir ativamente para desenvolver estratégias criativas de apologética e evangelização, ajudando as pessoas a encontrar essas respostas.

3

Por que aconselhamento bíblico e não psicologia?

John Street

Cristãos biblicamente informados deveriam ser céticos santificados. Deveriam direcionar um ceticismo justificado para qualquer disciplina ou esquema epistemológico que reivindica autoridade obrigatória em relação ao aconselhamento de problemas pessoais. Sempre existiu um antagonismo natural entre conselheiros bíblicos e terapeutas porque as teorias psicoterapêuticas têm invadido agressivamente a jurisdição dos cuidados com a alma.[1] Os cristãos têm todo o direito de olharem com preocupação para a psicologia por causa de sua rejeição — inspirada pelo Iluminismo — à veracidade da Bíblia e às reivindicações que ela reclama para si no tocante ao seu poder sobre a alma.

Para o conselheiro cristão, a Palavra de Deus precisa ser mais do que um padrão interpretativo para a aceitação ou rejeição das pretensas verdades da psicologia; trata-se do domínio operacional do qual o conselheiro extrai sua autoridade funcional e final,[2] sendo aceito como autoridade determinante em antropologia. As Escrituras servem como única fonte confiável de terminologia diagnóstica e tratamento para o conselheiro cristão. A Palavra de Deus fornece a estrutura teórica exclusiva a partir da qual os problemas da alma podem ser adequadamente interpretados e solucionados.[3] E o que é mais importante: as Escrituras reivindicam autoridade exclusiva na definição do sentido e do propósito da vida humana.[4] Quando justaposta ao conselho do homem, a superioridade abrangente da Palavra é inconfundível. Os propósitos de Deus para a vida do homem prevalecerão. O salmista afirmou:

> O Senhor desfaz os planos das nações e frustra os propósitos dos povos. Mas os planos do Senhor permanecem para sempre, os propósitos do seu coração, por todas as gerações. (Salmos 33:10-11)

Teologia e psicologia

A desconfiança histórica e a hostilidade inata entre psicologia e teologia existem porque cada uma questiona a legitimidade da *Weltanschauung*[5] da outra. A intrusão imperialista da psicoterapia no cristianismo tem tentado minar e redefinir a supremacia da Palavra de Deus entre os cristãos. Em nenhum outro lugar seus efeitos têm sido mais invasivos e dramáticos em relação ao cuidado pastoral das almas do que no ministério da Palavra.

Durante mais de um século, faculdades e seminários treinaram um exército de estudantes pastorais numa variedade de psicologias rotuladas de "aconselhamento pastoral". Muitas vezes, esse treinamento adotava as doutrinas de algum psicólogo ou psicoterapeuta renomado, ou pior: ensinava uma mistura acadêmica de métodos e teorias psicológicos dos quais o pastor podia se servir como bem entendesse.[6] Algumas das primeiras e mais influentes correntes psicológicas em faculdades teológicas incluíam a psicanálise de Sigmund Freud, a psicologia analítica de Carl Jung, o aconselhamento psicoterapêutico não direcional de Carl Rogers, a psicologia fisiológica do teólogo liberal e psicólogo G. T. Ladd[7] e a psicologia existencial de Søren Kierkegaard. Pastores treinados nessas vertentes influenciaram toda uma geração de cristãos a pensar e agir terapeuticamente, e não de acordo com o evangelho. Até mesmo a intenção autoral das Escrituras foi substituída por uma hermenêutica psicológica que carregou a terminologia bíblica de significados psicoterapêuticos. E onde a Bíblia não era substituída pela psicologia, ela era redefinida por esta.

Poucos psicólogos ou psiquiatras de hoje afirmam seguir exclusivamente essas psicologias mais antigas. Isso ressalta o fato de que a psicologia se encontra em um fluxo constante e está longe de ser uma ciência madura. Teorias psicológicas estão constantemente substituindo outras. No espírito inovador alemão, a psicologia acadêmica está sempre à procura de conhecimentos fugazes, apenas para redefinir-se (finalmente) segundo o relativismo pós-moderno. Sigmund Koch expressou sua frustração com a psicologia quando escreveu:

> A ideia de que a psicologia — como as ciências naturais que lhe servem como modelo — é cumulativa ou progressiva simplesmente não é corroborada pela história. Na verdade, o conhecimento concreto adquirido por uma geração tipicamente desmente as ficções teóricas da última [...]. Ao longo de toda a história da psicologia como "ciência", o conhecimento *concreto* que ela tem produzido tem sido uniformemente negativo.[8]

Mesmo assim, os cristãos continuam a aprender os fundamentos da psicologia, direta ou indiretamente, em sermões, aulas de escola dominical, seminários de casamento, livros de autoajuda, programas de rádio, treinamentos missionários e em universidades cristãs. Os princípios da psicologia são apresentados como se estivessem no mesmo nível de autoridade das Escrituras e competem por sua jurisdição como única autoridade na determinação do bem-estar da alma. Organizações missionárias insistem em usar ferramentas de avaliação psicológica[9] que se apoiam na pesquisa de normalidade de posturas e opiniões de não cristãos para determinar a aptidão e o ajuste potencial de candidatos. Além do mais, como observou John MacArthur: "Ao longo da última década, uma legião de clínicas psicológicas evangélicas tem surgido. Apesar de quase todas alegarem oferecer aconselhamento bíblico, a maioria oferece apenas psicologia secular disfarçada com terminologia espiritual".[10] Muitas universidades e seminários cristãos renomearam seus programas psicológicos como "Programas de aconselhamento bíblico", mantendo, porém, um núcleo essencialmente psicológico de temas. Por causa disso, os cristãos têm bons motivos para o ceticismo em relação a qualquer tipo de aconselhamento que não seja profundamente bíblico.

PSICOLOGIA NA BÍBLIA?

Alguns acreditam e até ensinam que o termo "psicologia" foi extraído da Bíblia por causa de sua transliteração do original grego. Trata-se de um substantivo composto de duas palavras gregas, *psychē* (alma, mente)[11] e *logos* (palavra, lei). A etimologia dessas palavras quando unidas indica *o estudo ou ciência da mente ou da alma*. Na verdade, essa palavra tem vínculos etimológicos mais íntimos com o grego clássico do que com o grego *koinē* do Novo Testamento.[12]

A palavra "psicologia" não ocorre na Bíblia, apesar de existirem infinitas tentativas eisegéticas de descobrir a presença de seus sentidos mais antigos. Porém, projetar ideias da psicologia moderna sobre o termo bíblico *psychē* é como equiparar a ideia contemporânea de *dinamite* à palavra grega do Novo Testamento *dynamis*.[13] D. A. Carson se referiu a isso como um "anacronismo semântico".

> Nossa palavra "dinamite" deriva etimologicamente de δύναμις (poder ou até mesmo milagre). Não sei quantas vezes já ouvi pregadores apresentarem uma tradução de Romanos 1:16 do tipo: "Não me envergonho do evangelho, pois é a *dinamite* de Deus para a salvação de todo aquele que crê" — muitas vezes, com uma inclinação sugestiva da cabeça, como se estivesse dizendo algo profundo ou mesmo esotérico. Não se trata apenas da antiga falácia da raiz. É pior: é um apelo ao tipo de etimologia reversa, à falácia composta de anacronismo. Será que Paulo pensou em "dinamite" ao escrever essa palavra? [...] Dinamite explode coisas, derruba coisas, abre buracos, arranca rochas, destrói coisas.[14]

No primeiro século, Paulo não estava pensando no tipo de dinamite inventado pelo industrial sueco Alfred Nobel (1833-1896) e patenteado em 1867. Estava pensando na capacidade salvadora sobrenatural de Deus, o Pai. A tendência de pegar o sentido de uma palavra contemporânea e projetá-lo sobre uma palavra bíblica, muitas vezes na esperança de justificar um conhecimento dinâmico ou de legitimar uma prática questionável, é hoje um procedimento comum e enganoso dos intérpretes atuais. Na verdade, projetar vários sentidos contemporâneos alheios à intenção autoral sobre o texto inspirado é um fenômeno pós-moderno traiçoeiro.

Portanto, o emprego bíblico do termo *psychē* não justifica biblicamente a prática complementar da psicanálise no aconselhamento cristão.[15] Tampouco podemos encontrar nesse termo resquícios da teoria psicanalítica, como superego, id e ego. No entanto, não é incomum que cristãos, psicólogos e outros projetem noções neofreudianas de um subconsciente estratificado sobre a palavra bíblica *psychē*.

Além do mais, a dicotomia típica entre a alma e o espírito feita por alguns psiquiatras cristãos não pode ser justificada biblicamente. Um psiquiatra cristão ofereceu a seguinte explicação: "A alma é o aspecto psicológico do homem, enquanto o espírito é o aspecto espiritual. [...] A mente pertence ao aspecto psicológico do homem, não ao espiritual".[16] Esse tipo de distinção artificial resulta quando projetamos sentido psicológico sobre termos bíblicos. Tanto "alma" quanto "espírito" falam do mesmo aspecto intocável do homem interior, daquela parte que apenas Deus vê. Um estudo de concordância sobre a palavra *psychē* mostra que, quando as Escrituras usam o termo "alma" em relação ao homem, elas se referem ao aspecto do homem interior *em conexão* com seu corpo. Quando usam o termo "espírito", esse aspecto do homem interior está *sem conexão* com seu corpo.[17] Nas Escrituras, não existe qualquer distinção entre o homem interior de orientação psicológica e o de orientação espiritual.

Todo o homem interior está sob o domínio do espiritual. Nessa arena, a Bíblia reina não só como fonte suficiente para tratar dos problemas da alma, mas também como fonte suprema. Como Agur advertiu claramente em Provérbios: "Cada palavra de Deus é comprovadamente pura; ele é um escudo para quem nele se refugia. Nada acrescente às palavras dele, do contrário, ele o repreenderá e mostrará que você é mentiroso".[18] Importar significados psicológicos do final do século 20 para hebraico, aramaico ou grego originais nega a intenção divina de sua autoria. Na verdade, os esforços anacrônicos de legitimar práticas psicoterapêuticas entre os cristãos por meio do apelo a uma terminologia bíblica semelhante são linguisticamente equivocados, presunçosos e enganosos.

Usar a Bíblia para justificar práticas psicológicas é algo que só pode ser feito por meio de definições mais amplas. Um autor esboçou sua definição com traços amplos antes de descrever os conhecimentos psicológicos que diz ter encontrado em Mateus 5: "Mas o estudo do caráter, os aspectos de seu bem-estar e a mudança de caráter para melhor parecem ser um tipo de psicologia e psicoterapia no sentido amplo dessas palavras".[19] "Sentido amplo" implica "sentido simples", ou algo sem a complexidade da pesquisa psicológica contemporânea. A psicologia cristã vê as Escrituras como "fonte de ideias cristãs, inclusive as psicológicas".[20] Em outras palavras, a Bíblia é boa o bastante para pensamentos introdutórios e para a germinação de novas ideias, mas não é suficientemente abrangente para fornecer assistência substancial para as complexidades de problemas sérios da alma. Segundo a chamada "psicologia cristã", as Escrituras são um catálogo primitivo de desenvolvimento e mudança do caráter cristão; psicologia e psicoterapia, por sua vez, fornecem ideias exaustivas para refinar o caráter e promover o bem-estar. Assim, a "fonte de ideias cristãs" apenas umedece o céu da boca, mas não mata uma sede profunda. Supostamente, canais psicológicos adicionais precisam irrigar o pequeno riacho de verdades das Escrituras, caso o conselheiro queira satisfazer os sedentos problemas de vida da alma. Segundo a psicologia cristã, o Sermão do Monte tem uma forma de patologia, distintivos de personalidade e um envolvimento terapêutico, porém em uma composição pouco sofisticada.

Enquanto os psicólogos seculares rejeitam a Bíblia, tendo-a como psicologia arcaica e equivocada, seus colegas cristãos trabalham desesperadamente para sustentar sua terapia inexperiente com uma apologia à sua ingenuidade psicológica. Muitas vezes, psicólogos cristãos agem de forma envergonhada, como o filho ilegítimo de uma família psicológica maior e mais sofisticada: a APA, American Psychological Association [Associação Americana de Psicologia], e a IPA, International Psychoanalytical Association [Associação Psicanalítica Internacional]. Impulsionados por um profundo desejo de impressionar seus pais mais ricos, eles reconhecem os perigos de uma dependência total da Bíblia. Organizações como a Caps, Christian Association of Psychological Studies [Associação Cristã de Estudos Psicológicos], e, em menor medida, a AACC, American Association of Christian Counselors [Associação Americana de Conselheiros Cristãos], têm visto a psicologia como recurso suplementar à Bíblia. Como explicou um cristão que trabalha como psicólogo:

> A despeito da abundância de informações sobre seres humanos, seu universo e seu Deus, a Bíblia não pretende ser um manual de psicologia. [...] A Bíblia não fala sobre as fases de desenvolvimento na infância, sobre os pontos delicados na resolução de conflitos ou sobre as maneiras de tratar dislexia ou paranoia. A psicologia se concentra em questões como essas.[21]

Em outras palavras, o texto bíblico é uma psicologia superficial e pouco precisa, e só deve ser visto como ponto de partida para uma terapia mais informada. A APA zomba dos cristãos "iludidos" por mitos religiosos, mas considera esses mitos potencialmente úteis se o psicólogo cristão não levar a Bíblia excessivamente a sério quando lidar com eles. Tentar manter um pé na Bíblia e outro na disciplina invasiva da psicologia representa um desafio precário ao equilíbrio. Aqueles que não se desviam da fé cristã são, muitas vezes, divididos. Subjugar Jesus e os discípulos a uma psicologia primordial não refinada mina a confiança completa do cristão na Bíblia, e essa subjugação é, no melhor dos casos, um reconhecimento tácito de uma suposta insuficiência bíblica.

Psicologia no dicionário

O que é psicologia? Apesar de ser um termo comum, sua conotação é enganosa. Definições populares e acadêmicas abrangem uma ampla gama: desde pesquisas científicas até teoria e prática terapêutica, desde o aspecto biológico até a saúde mental clínica. Os sistemas incluem biopsicologia, psicologia experimental, psicologia cognitiva, psicologia do desenvolvimento, psicologia clínica, psicologia social, psicologia institucional e organizacional e psicologia intercultural. Além disso, uma variedade de teorias psicoterapêuticas impulsiona muitos dos sistemas psicológicos: psicodinâmica, sistemas humanistas, existenciais e familiares, psicoterapia cognitivo-comportamental e pós-moderna. Como mencionado, a breve história da psicologia está entulhada de incontáveis modelos descartados. Em outras palavras: a psicologia está longe de ser uma disciplina unificada. O plural "psicologias"[22] seria mais adequado, visto que há um excesso de teorias e sistemas atuais e passados.

A definição mais comum e mais básica de psicologia usada pela maioria esmagadora de instituições de ensino preserva um vínculo íntimo entre psicologia e ciência. Segundo essas instituições, "psicologia é o estudo científico do comportamento e de processos mentais".[23] Mas isso é verdade? A psicologia é uma disciplina científica? Se for científica, como alguém pode opor-se às suas pretensões de verdade? Os capítulos iniciais na maioria das apostilas introdutórias à psicologia no nível iniciante citam excessivamente as ciências naturais: biologia, bioquímica, neurologia, os sistemas límbico e endócrino e os órgãos sensoriais. No entanto, os capítulos restantes do livro costumam se afastar progressivamente das ciências concretas, falando sobre teoria de personalidade, motivação, emoções, desenvolvimento humano, orientação sexual, psicologia anormal, psicologia social e psicoterapias.

Surgem perguntas sérias sobre a verdadeira natureza científica da psicologia à medida que ela se apoia cada vez mais nas chamadas ciências "comportamentais". Grande parte das evidências científicas citadas pouco mais é do que pesquisa de opinião. A relação da psicologia com as ciências naturais é como a relação entre margarina e manteiga de verdade. A margarina tem a aparência e a consistência da manteiga, mas qualquer um que a prova reconhece a diferença imediatamente. Karl Popper identificou um problema importante na psicologia quando escreveu: "Teorias psicológicas da conduta humana, apesar de se apresentarem como ciências, tinham, na verdade, mais em comum com mitos primitivos do que com a ciência [...]. Elas contêm sugestões psicológicas muito interessantes, mas não em forma verificável".[24] Uma nota de cautela semelhante de Scott Lilienfeld diz respeito à prática da saúde mental:

> Ao longo das últimas décadas, os campos da psicologia clínica, da psiquiatria e do trabalho social têm testemunhado um abismo cada vez maior e profundamente preocupante entre ciência e prática (veja Lilienfeld [1998] para uma discussão). Carol Travis (1998) escreveu com eloquência sobre o abismo crescente entre o laboratório acadêmico e o divã e sobre a discrepância preocupante entre aquilo que aprendemos sobre psicologia da memória; hipnose; sugestividade; avaliação e diagnóstico clínicos e as causas, os diagnósticos e o tratamento de distúrbios mentais, de um lado, e a prática clínica rotineira, de outro.[25]

Temos aqui um problema epistemológico no centro das pretensões de verdade *a priori* da psicociência: ela não é tão científica quanto alega ser. Se a psicologia e a psiquiatria observassem um código científico restrito de causa e efeito em vez de uma pesquisa apoiada em causas que parecem estar relacionadas a efeitos, elas poderiam ser autoridades críveis para pastores e conselheiros bíblicos. No entanto, quando a psicologia invade o território bíblico reclamando para si autoridade jurisdicional no âmbito do aconselhamento daquilo que o homem "deveria" fazer, ela está usurpando o domínio de Deus. Os esforços ilegítimos da psicologia não podem chegar a conclusões absolutas sobre a vida, já que, em essência, psicologia nada mais é do que um homem falível dizendo a outro homem falível o que ele deve fazer. A arrogância sobeja nesse tipo de ambiente. Apenas a Palavra de Deus divinamente inspirada tem a autoridade para fazer isso.

Outro problema surge com a ciência da psicologia. Mesmo que a psicologia desistisse de seu subjetivismo pseudocientífico e se apoiasse completamente nas ciências naturais, chegaria a conclusões imprecisas. Por quê? A pressuposição *a priori* da maioria esmagadora das ciências naturais é de natureza evolucionária. Freud (1856-1939) era devoto de Darwin. Todos os manuais psicológicos de seu tempo, de faculdade ou não, defendem que o homem é um animal evoluído. Os estudos de pesquisa psicológica sobre a biologia do homem em interação com seu ambiente se baseiam frequentemente em estudos com animais. Inferências concretas, por exemplo, referentes ao apego emocional entre uma criança e sua mãe foram feitas por meio do estudo sobre como macacos bebês se apegaram a "macacas mães" macias e aconchegantes de tecido felpudo, e não a "macacas mães" feitas de arame que davam leite.[26]

A suposição óbvia é que bebês humanos, por causa de sua herança evolucionária, são idênticos ou muito semelhantes aos macacos bebês em seu desenvolvimento de reações de apego. Desses estudos fundamentais que acumulam credibilidade considerável os psicólogos extraem padrões abrangentes de desenvolvimento que afetam a política governamental e educacional do bem-estar da criança. E o que é ainda mais importante: os conselhos terapêuticos dados aos pais se apoiam na mesma pesquisa evolucionária.

A biopsicologia evolucionária define o homem como nada mais do que a soma de seus elementos químicos. Uma compreensão da avançada complexidade do animal altamente evoluído chamado "homem" lança luz sobre aquilo que o impulsiona. Cada apostila de psicologia apresenta algum relato sobre o infeliz incidente de Phineas Gage, o trabalhador ferroviário de 25 anos cujo crânio foi atravessado em 1848 por um prego de mais de dois centímetros de diâmetro durante a explosão de uma rocha. Ele sobreviveu, mas como alguém radicalmente transformado. Antes do acidente, ele havia sido um empregado responsável, trabalhador, esperto e moralmente íntegro. Depois do acidente, transformou-se em um homem irresponsável que xingava, festejava e que não conseguia manter um emprego ou um bom relacionamento com outros.

Segundo as teorias da maioria dos textos psicológicos, as regiões associativas do córtex cerebral do cérebro do senhor Gage haviam sido destruídas; essas são as regiões em que processos mentais superiores como pensamento, linguagem, memória e fala ocorrem. Em outras palavras: os textos alegam que a moralidade não é uma questão espiritual: é uma questão orgânica. Segundo eles, o homem é moral porque seu cérebro evoluiu, ao longo de milênios, de um núcleo central (o "cérebro antigo") para uma capacidade de raciocínio superior no córtex cerebral (o "cérebro novo"). O que foi destruído no cérebro do senhor Gage foi uma parte das áreas de associação altamente evoluídas do córtex, nas quais a moralidade é definida. Nesse caso, precisamos perguntar: A moralidade é uma questão para a biologia, mas não para a Bíblia? As soluções orgânicas bastam? É possível dar aos pedófilos uma pílula que os impeça de molestar crianças no futuro? Uma prescrição médica faria com que um cleptomaníaco deixasse de furtar? Talvez poderíamos acrescentar drogas à água para livrar a sociedade de criminosos? A biopsicologia evolucionária trabalha nessa direção.

Os casos de pessoas como Phineas Gage que sofreram lesões cerebrais não provam nada. Repito: a psicologia tem feito associações que aparentam estar relacionadas a causas, mas não existe relação de causa e efeito direta entre ferimento e conduta imoral. Uma relação forte é estabelecida porque a psiquiatria evolucionista está comprometida com uma visão materialista do mundo, que postula a uniformidade de causas naturais num sistema fechado. Mudanças repentinas em direção ao comportamento ímpio, como aquela demonstrada por Gabe, são evidentes também em casos em que não houve lesão cerebral. Inversamente, alguns têm sofrido danos sérios no cérebro nas regiões associativas, sem consequências morais. Em todo caso, o mero trauma desse tipo de acidente bastaria para expor a iniquidade de uma pessoa como Gage que, antes do ocorrido, conseguira suprimi-la.

Muitas vezes, anos de hostilidade e ódio podem vir à tona numa pessoa que procura aconselhamento e que, até então, levava uma vida bastante moral. Como explicou Ed Welch, um ferimento pode dificultar o raciocínio claro e a resistência à iniquidade latente: "Quando afetados por um pecado subjacente, os problemas cognitivos são muitas vezes traduzidos em comportamento infantil, resistência à instrução, irresponsabilidade, impulsividade (principalmente financeira), variações emocionais incomuns, depressão e irritabilidade".[27] O trauma apenas aumenta a necessidade de manter o coração puro. Pacientes idosos que sofrem de formas iniciais de Alzheimer ou demência têm dificuldades de controlar desejos ímpios, especialmente se o homem interior não foi nutrido ao longo dos anos. Conselheiros bíblicos acreditam numa uniformidade de causas naturais num sistema *aberto*. Isso significa que esses problemas têm dimensões sobrenaturais/espirituais. A obra sobrenatural do Espírito de Deus por meio da Palavra pode trazer uma vida renovada de santidade e justiça a despeito de uma lesão cerebral ou doença. A consequência do materialismo evolucionista é o niilismo, sem qualquer esperança.

A psicologia é uma disciplina científica? A resposta a essa pergunta é, no melhor dos casos, discutível. Certamente existem aspectos nessa disciplina que cuidadosamente aplicam o raciocínio científico rigoroso. Mas, mesmo nesses casos, as pressuposições *a priori* necessárias para produzir alguma relevância sensata são abertamente evolucionistas. É mais apropriado ver a psicologia como um sistema de pensamento filosófico, disseminado como visão materialista do mundo, que se expressa como behaviorismo, humanismo, determinismo, existencialismo, epifenomenalismo e simples utilitarismo pragmático.

O aconselhamento bíblico também não é uma disciplina científica. Nem pretende ser, apesar de confirmar e defender a ciência médica e a pesquisa biológica quando aplicadas a problemas verdadeiramente orgânicos. O aconselhamento bíblico reconhece plenamente que sua epistemologia se fundamenta e nasce de uma pressuposição teísta de um Criador que se revelou e que "nos deu todas as coisas de que necessitamos para a vida e para a piedade, por meio do pleno conhecimento daquele que nos chamou para a sua própria glória e virtude" (2Pedro 1:3). A Bíblia não é uma enciclopédia de temas de aconselhamento que menciona todo e qualquer problema de aconselhamento, mas contém informações reveladas suficientes para estabelecer uma estrutura de visão de mundo efetiva para o diagnóstico e o tratamento de qualquer problema da alma. Uma explicação mais extensa de David Powlison ilustra esse ponto:

> Conselheiros bíblicos que deixam de refletir cuidadosamente a natureza da epistemologia bíblica correm o perigo de agir como se as Escrituras fossem exaustivas, em vez de abrangentes; como se fossem um catálogo enciclopédico de todos os fatos significativos, e não a revelação de Deus sobre os fatos cruciais, ricamente ilustrados, que oferece uma visão do mundo suficiente para interpretar quaisquer fatos que possamos encontrar; como se as Escrituras fossem uma sacola com todas as bolas de gude, e não um par de óculos por meio dos quais interpretamos todas as bolas de gude; como se o nosso entendimento atual das Escrituras fosse triunfal e final. Os integracionistas veem as Escrituras como um pequeno saco de bolas de gude; e a psicologia, como um grande saco de bolas de gude. A lógica da epistemologia integracionista é: junte os dois sacos, retirando as bolas de gude obviamente ruins da psicologia, e você acaba tendo mais bolas de gude.[28]

Alguns conselheiros bíblicos erram ao acreditar que a Palavra de Deus é a sacola com todas as bolas de gude. Por outro lado, os psicólogos cristãos com uma epistemologia integracionista não acreditam que a Bíblia tenha bolas de gude em número suficiente para cuidar da alma. Na verdade, acreditam que, ao acrescentar a sacola maior de bolas de gude psicológicas à mistura, seriam capazes de fazer um jogo melhor. No entanto, confiam cada vez mais nas bolas de gude psicológicas distorcidas e desfiguradas por uma visão estranha do mundo.

Eventualmente as bolas de gude bíblicas são marginalizadas por sua epistemologia integracionista. Com uma visão distorcida, eles não conseguem extrair as bolas de gude ruins, muito menos fazer um jogo eficiente. Powliness perguntou: "A Bíblia é uma sacola de bolas de gude ou os óculos suficientes da verdade — com muitas bolas de gude ilustrativas — por meio dos quais Deus corrige nossa visão ofuscada pelo pecado?".[29]

A diferença entre aconselhamento bíblico e psicologia cristã é uma questão de cosmovisão. Os conselheiros bíblicos acreditam que o conselheiro precisa de novos óculos. Os psicólogos cristãos acreditam que o conselheiro precisa de mais bolas de gude. Quando a Bíblia é a lente corretiva do conselheiro cristão, ele tem uma ampla visão de mundo, com material ilustrativo abundante para reinterpretar biblicamente toda a experiência humana, a fim de cuidar da alma.

Aconselhamento bíblico nas Escrituras

A Bíblia justifica essa visão de mundo do aconselhamento? Em caso positivo, o conselheiro bíblico pode confiar em afirmações extraídas de pesquisas sobre o mundo natural? Existe uma justificativa cuidadosamente refletida para não só priorizar a Bíblia no esquema de aconselhamento, mas também para fazer dela o recurso confiável no qual o conselheiro cristão se baseará em sua etiologia da alma. Como tal, a Bíblia fornece a terminologia diagnóstica, a cura e também à estrutura teórica que permite interpretar e resolver adequadamente os problemas da alma. Os efeitos noéticos do pecado não só levam o conselheiro a interpretar equivocadamente os problemas da alma, eles também encorajam a seleção de categorias erradas para a compreensão da importância desses problemas, a começar pela visão que o conselheiro tem de Deus e que então ele estende ao homem.

A Bíblia, e não a psicologia, deveria determinar as categorias para a compreensão da teologia e da antropologia. Por exemplo, as Escrituras não contêm qualquer indício de que o homem luta contra uma "visão negativa de si mesmo" ou contra a "baixa autoestima". No entanto, essa ideia tem sido o tema de uma fatia considerável da psicologia popular cristã. O material teórico veio não da Bíblia, mas de psicólogos seculares como William James, Erich Fromm, Karen Horney e Abraham Maslow. Na verdade, a antropologia bíblica ensina que o homem ama demais a si mesmo e que, se ele amasse a Deus e aos outros tanto quanto já se ama, teria uma vida melhor.[30]

Além disso, não encontramos nas Escrituras qualquer justificativa para uma classificação de personalidades como fator determinante em conflitos interpessoais ou conjugais. Uma etiologia psicológica desse tipo de problemas direciona os cristãos a focar nos temas errados, evitando a questão crítica do coração idólatra que precisa mudar. Classificações de categorias de personalidades nada têm que ver com a Bíblia; sua inspiração é a antiga mitologia grega.[31] Deixando a mitologia de lado, a Bíblia decreve a personalidade como mutável, e não como uma característica estanque. Um estudante aplicado da Bíblia deveria ser capaz de distinguir entre alegações psicológicas, novas e antigas, e critérios de autoridade da verdade divina. Semelhantemente, o conselheiro cristão deveria não só referir-se à verdade das Escrituras, mas raciocinar *a partir* dela.

Além do mais, organizações de certificação têm surgido ao longo dos últimos trinta anos para levar os cristãos de volta aos ministérios de aconselhamento baseados na Bíblia, sem fins lucrativos e financiados e apoiados pela Igreja. A National Association of Nouthetic Counselors (Nanc)[32] é a ancestral de tais organizações, criadas para ajudar a Igreja no desenvolvimento e na preservação da excelência em aconselhamento bíblico. O termo "noutético" provém de uma palavra do Novo Testamento que significa "advertir, admoestar ou aconselhar". A Nanc tem exercido uma influência muito grande ao ajudar as igrejas a criar ministérios de aconselhamento baseados em um modelo consistentemente bíblico.

O PARADIGMA DO SALMO 19

O peso atribuído à Bíblia no processo de aconselhamento é belamente ilustrado no Salmo 19. Ele tem sido chamado de "o salmo dos dois livros", porque a primeira metade apresenta Deus revelando a si mesmo no domínio da Criação (revelação geral) e a segunda metade o apresenta revelando a si mesmo por meio da Palavra (revelação especial). Um estudo cuidadoso do salmo, porém, demonstra que Davi não mudou de assunto no meio de seu texto. O Salmo 19 é um salmo de um, não de dois livros.

Revelação geral

A primeira metade desse salmo descreve teologicamente o escopo e a extensão da revelação geral (vv. 1-6). Nosso pastor/poeta introduz o salmo com uma manifestação arrebatadora da glória de Deus nos céus, afirmando: "Os céus declaram a glória de Deus" (v. 1). A glória de Deus se mostra em cores vívidas em toda a extensão do céu. Davi afirma que o *design* do cosmo e o poder do universo manifestam a glória divina resplandecente como uma faixa que se estende no céu. A palavra hebraica para "glória" tinha, antigamente, a conotação mais literal de "peso". O sentido posterior mais amplo se desenvolveu e formou o conceito de "importância" ou "glória". Quando os olhos de uma pessoa contemplam o céu cintilante da noite, ela é capaz de compreender o peso ou a importância do Deus todo-poderoso. A revelação geral provoca admiração pela inteligência do Criador onipotente.

Em seguida, no paralelismo sintético, temos uma reafirmação da mesma ideia na segunda linha, porém com palavras diferentes. Davi diz: "O firmamento proclama a obra das tuas mãos" (v. 1). Cada um dos verbos principais nas duas primeiras linhas, "declarar" e "proclamar", usa o sentido hebraico de indicar uma obra em andamento. A glória de Deus está sendo constantemente manifesta pelo mundo criado ao nosso redor.

O versículo 2 prossegue ressaltando a continuação da obra da natureza de demonstrar a glória de Deus para que o homem a veja: "Um dia fala disso a outro dia; uma noite o revela a outra noite". "Falar" é, no original, um verbo que significa "borbulhar". Como uma garrafa de refrigerante que, quando sacudida, explode, a revelação natural também se encontra sob pressão de liberar e manifestar a glória de Deus.

Isso é feito sem que uma única palavra seja dita. "Sem discurso nem palavras; não se ouve a sua voz" (v. 3). A *Almeida Corrigida e Fiel* insere a palavra "onde"— "onde não se ouça a sua voz", distorcendo assim o sentido. A ênfase do versículo não é o local da mensagem; é a linguagem da mensagem. Deus consegue transmitir a mensagem essencial sem usar uma única expressão verbal. Por meio de uma comunicação não verbal, povos de todas as culturas e de todas as línguas têm a capacidade de entender que o Deus todo-poderoso existe em todo o seu peso e importância.

A primeira parte do versículo 4 reforça a mensagem: "Mas a sua voz ressoa por toda a terra, e as suas palavras, até os confins do mundo". Ninguém consegue escapar dessa poderosa mensagem sem palavras, porque ela se estende até o céu. As pessoas não conseguem se esconder nem podem fugir dela. Todos são bombardeados visualmente com o poder de Deus e com sua criatividade sem igual.

Então, num paralelismo emblemático, Davi estende a compreensão do leitor quanto ao papel da revelação geral com o uso de duas imagens vívidas: um noivo e um corredor forte (vv. 4-6).

> Nos céus ele armou uma tenda para o sol, que é como um noivo que sai de seu aposento, e se lança em sua carreira com a alegria de um herói. Sai de uma extremidade dos céus e faz o seu trajeto até a outra; nada escapa ao seu calor.

O sol é comparado a um noivo determinado que sai de sua tenda para reclamar para si a sua noiva. Ele tem um trajeto predeterminado quando surge toda manhã do véu da escuridão, com a glória de Deus prometendo um novo dia. O sol percorre seu trajeto de uma ponta do céu à outra, como um homem forte; ele não para e ninguém consegue detê-lo. Da mesma forma, um bom corredor mantém seu foco no objetivo de completar a corrida, assim como o sol está concentrado em completar o trajeto que o Criador lhe deu. Toda essa determinação, esse movimento ordenado, regularidade e poder são evidências abundantes da glória de Deus.

A descrição não para por aqui, pois o versículo subsequente indica que ninguém pode escapar da influência da glória de Deus na Criação: "nada escapa ao seu calor". Usando ainda a analogia do sol, o salmista ressalta que todos sentem o calor da glória de Deus. Até mesmo o mundo sensorial limitado de um homem cego, surdo e mudo tem a capacidade de sentir o vai e vem do calor provocado pelo nascer e pelo ocaso rítmico do sol. Pessoas com "funcionamento intelectual submediano" ou com retardo profundo (QI 39 e abaixo) também recebem o impacto significativo da mensagem básica da presença de Deus e de sua glória. Esse é o poder do alcance dessa mensagem não verbal. É evidente que a revelação geral pretendia e pretende manifestar o poder e a criatividade de Deus.

A essa altura, precisamos fazer uma pergunta: O que a Bíblia diz sobre o papel pedagógico que Deus atribui à revelação geral? Um psicólogo integracionista cristão disse: "Toda verdade é certamente a verdade de Deus. A doutrina da revelação geral oferece uma garantia para irmos além da revelação das Escrituras e procurar no mundo secular do estudo científico conceitos verdadeiros e úteis. [...] Repito: insisto que a psicologia oferece ajuda verdadeira ao cristão que procura entender e resolver problemas pessoais".[33] Enquanto é certamente verdade que "toda verdade é verdade de Deus", é verdade também que "todo erro é erro do diabo".[34] Então, o sentimento de que "toda verdade é a verdade de Deus" reduz o argumento ao *ad absurdum*. Outro psicólogo cristão defendia uma visão reducionista da Bíblia, afirmando "que, assim como os estatutos nas Escrituras são obrigatórios para seu povo, seus 'estatutos' ou padrões fixados dentro da estrutura do céu e da terra são obrigatórios para todo o cosmo".[35] Então prossegue sugerindo que, assim como os autores de Provérbios apelaram a fenômenos naturais, o psicólogo cristão pode fazer o mesmo determinando leis psicológicas e *quase-causais* para a vida. Isso não só coloca o psicólogo no mesmo nível dos autores das Escrituras inspiradas, mas também anula a advertência de Provérbios 30:5-6 referente a qualquer tentativa de fazer acréscimos à inigualável Palavra de Deus. Ninguém questiona os muitos benefícios da revelação natural para a humanidade, incluindo aqui descobertas feitas por meio das ciências naturais e a pesquisa medicinal. Mesmo assim, essas descobertas podem ter uma aplicação limitada para aquele que acredita na santidade da vida, porque Deus criou as pessoas à sua imagem (por exemplo, o aborto ou a tecnologia de fertilidade). Mas, quando uma psicologia invasiva atravessa a ponte metafísica para a alma, o que as Escrituras identificam como papel da revelação geral?

Segundo o Salmo 19, o papel da revelação geral é impactar todos os homens com a glória suprema de Deus. Um Criador poderoso e que tem um plano excede toda imaginação. O apóstolo Paulo compreendeu o papel da revelação geral e declarou: "Pois desde a criação do mundo os atributos invisíveis de Deus, seu eterno poder e sua natureza divina, têm sido vistos claramente, sendo compreendidos por meio das coisas criadas, de forma que tais homens são indesculpáveis" (Romanos 1:20).

Um grande problema, porém, obstrui o papel da revelação geral, pois ela pode ser totalmente ignorada, ou interpretada de forma equivocada. Essa mensagem onipresente e poderosa pode ser distorcida e censurada. Paulo explica mais uma vez a ira de Deus: "Portanto, a ira de Deus é revelada do céu contra toda impiedade e injustiça dos homens que suprimem a verdade pela injustiça, pois o que de Deus se pode conhecer é manifesto entre eles, porque Deus lhes manifestou" (Romanos 1:18-19). O coração do homem jamais pode ser neutro em relação à verdade. Em sua injustiça, o ser humano se opõe a Deus e a qualquer conhecimento fundamental a seu respeito. Muitas vezes, o problema da psicologia não é a inconfiabilidade própria, mas a do homem. Informação extraída do mundo natural é informação estática e pode ser distorcida e obscurecida pela enganosa esperteza do coração pecaminoso.

Revelação especial

A mensagem central do Salmo 19 é: *muito mais do que na revelação geral, a glória de Deus se revela em sua Palavra, porque a Palavra transforma o coração do homem.* Ronald Barclay Allen comentou sobre esse salmo: "Acredito que o ensino dessa mudança de disposição do salmo é que *Deus revela sua glória mais plenamente em sua Palavra do que em toda a criação*" [grifo do autor].[36] A revelação geral cumpre sua obrigação ao deixar o homem sem desculpas, mas ela jamais pode gerar uma verdade transformadora e assertiva para os problemas da alma, porque é possível resisti-la e recusá-la. Para isso, precisamos de uma verdade ativa e viva: a verdade e autoridade divinas que convertem a alma.

O salmo inteiro se apoia no versículo 7, que declara: "A lei do SENHOR é perfeita, e revigora a alma". "Revigorar" é, muitas vezes, traduzido também como "converter", "reavivar" ou "restaurar".[37] A Palavra de Deus é perfeita no sentido de que é ideal e perfeitamente adequada ao homem; a alma que foi comprometida e deformada pelo pecado e por sérios problemas pode ser remodelada por meio de seu poder. Como diz Hebreus: "Pois a palavra de Deus é viva e eficaz, e mais afiada que qualquer espada de dois gumes; ela penetra ao ponto de dividir alma e espírito, juntas e medulas, e julga os pensamentos e intenções do coração" (4:12). Esse texto não está dizendo que a Palavra de Deus separa a alma do espírito, mas que ela divide a alma em partes e também divide o espírito em partes, de modo que chega a penetrar os pensamentos e as intenções (ou motivações) do coração. As informações da revelação geral não conseguem fazer isso. Os conhecimentos — por vezes úteis — fornecidos pela pesquisa sobre, por exemplo, distúrbios de sono, percepção visual e distúrbios orgânicos do cérebro jamais se aproximarão do poder transformador da Palavra de Deus. As Escrituras são sem igual dentro do domínio jurisdicional da alma.

Usar a psicologia para cuidar da alma é como tratar um câncer com esparadrapos. Pode aliviar a dor temporariamente ou até mesmo encobrir os sintomas, mas jamais chegará à essência das questões do coração, como faz a Palavra de Deus.

Alguns podem argumentar que a passagem fala apenas sobre homens não regenerados e que ela não se aplica a cristãos que estão sendo aconselhados. Esse, porém, não é o caso. Mesmo que uma aplicação mais ampla ao não cristão possa ser feita, os oito versículos finais do Salmo 19 (vv. 7-14) descrevem o poder santificador da Palavra de Deus na vida daquele que crê. Sendo verdade que a Palavra de Deus é mais poderosa do que a revelação geral para manifestar a glória de Deus no homem, então por que o cristão desejaria voltar para as verdades mais simples e mais fundamentais da revelação geral tendo à sua disposição uma verdade mais abrangente que é capaz de transformar sua vida?

Observe os efeitos da Palavra na vida do homem: "restaurar a alma", "tornar sábio o simples", "dar alegria ao coração", "trazer luz aos olhos", "durar para sempre"; além disso, ela é "justa". Os cinco primeiros expressam que a Palavra de Deus refresca a vida, concede conhecimentos profundos, regozija o coração, abre os olhos do entendimento e jamais se torna antiquada. Em que outro lugar uma pessoa poderia encontrar conselhos iguais a esses? Esses verbos expressam o ministério e a relevância continuados da Palavra de Deus. A sexta característica é um resumo que transmite a ideia de que a Palavra de Deus é capaz de produzir justiça abrangente.

Observe também os adjetivos referentes à Palavra de Deus, descrita como perfeita, certa, correta, pura e como um conselho verdadeiro. Os sinônimos para a Palavra de Deus demonstram como seu conselho deveria ser abordado. Eles incluem lei do Senhor (Torá), testemunho, preceitos, mandamentos, o temor e os juízos de YHWH. Em outras palavras, a verdade de Deus não é opcional. Não é um conjunto de sugestões divinas. Se quisermos que a Palavra tenha o impacto pretendido sobre o coração do aconselhado, ela precisa ser abordada com reverência máxima, e não com a postura indiferente de muitos evangélicos. Se fizer isso, o aconselhado descobrirá que o gosto das Escrituras é doce (v. 10).

Os versículos 11 a 14 apresentam o derradeiro impulso mental do salmo. O impacto radical que essa Palavra teve sobre a vida de Davi se torna evidente. Ele abriu sua vida para mostrar como foi transformado pelo conselho de Deus, glorificando, assim, o Senhor. Davi destacou que, sem as Escrituras, as pessoas interpretam de modo equivocado não só o universo da revelação geral, mas também os problemas de sua própria alma. Sem a Palavra escrita, Davi pergunta: "Quem pode discernir os próprios erros?" (v. 12). Essa pergunta retórica provoca uma resposta contundente: ninguém! Davi ora: "Absolve-me dos que desconheço! Também guarda o teu servo dos pecados intencionais; que eles não me dominem!" (vv. 12-13). Os erros escondidos são os pecados desconhecidos da alma, enquanto os pecados intencionais são os pecados conhecidos. Pecados intencionais escravizam; eles assumem domínio na vida do aconselhado (por exemplo: desejo sexual, gula, embriaguez ou ira). Esses são os pecados cometidos em plena consciência de sua pecaminosidade, mas que mesmo assim são cometidos compulsivamente.

As Escrituras identificam, para o aconselhamento, o pecado como problema principal (ou até mesmo único) do homem. Outros fatores que contribuem incluem problemas orgânicos e pecados cometidos por outros. Esses pecados alheios, praticados contra o aconselhado ou contíguos a ele, têm um impacto direto sobre sua vida (por exemplo, estupro, incesto, abuso físico, irresponsabilidade financeira, ódio, raiva e ciúme). Todas as questões de aconselhamento resultam da iniquidade de um mundo amaldiçoado pelo pecado e infestado de demônios (Tiago 3:14-16). Mas, mesmo em casos de sofrimento injusto, como responde o coração do aconselhado?[38] Quando fazemos o que a Palavra de Deus nos diz, ele é inocentado. Davi anuncia com ousadia: "Então serei íntegro, inocente de grande transgressão" (Salmos 19:13).

Seu último pedido de oração é ser aceitável a Deus (v. 14). Ele sabia que isso só aconteceria se tanto seus atos — "as palavras da minha boca" — quanto seus desejos — "a meditação do meu coração" — fossem agradáveis a Deus. O Senhor era a "Rocha" e o "Resgatador" desse aconselhado.

A pergunta crítica

Muito maior do que todo o universo da revelação geral é a glória de Deus revelada em sua Palavra, pois *apenas* ela transforma o coração do homem! Assim, permanece a pergunta: Por que aconselhamento bíblico, e não psicologia? A resposta é: porque a Palavra de Deus reina suprema no domínio jurisdicional da alma, ao contrário da psicologia que, inquestionavelmente, tenta usurpá-la. Apenas a Palavra de Deus instrui o cristão com eficiência a respeito de como glorificá-lo.

Seguindo os sentimentos de Davi no Salmo 19, os cristãos sempre compreenderam esse objetivo principal de glorificar a Deus e de desfrutá-lo para sempre. Isso só pode ser alcançado por meio da Palavra. Todas as psicoterapias e psicologias do homem jamais santificarão o coração para propósitos tão altos e nobres. Na verdade, o núcleo rudimentar de todas as psicologias é o *eu mesmo* — viver para o bem-estar e para o prazer do *eu*. A maioria dos tratamentos psicológicos alimenta o eu com mensagens de mais amor-próprio, mais autoestima e mais mimos para o eu. Todas as psicologias veem isso como seu "objetivo principal" e, tragicamente, as psicologias cristãs têm sido infectadas por isso.

Além do mais, a revelação geral jamais produzirá uma verdade absoluta de validade universal na qual o aconselhado possa fundamentar o bem-estar de sua alma. Por quê? Porque isso jamais foi seu objetivo. Por natureza, ela não consegue expressar uma imagem completa de Deus, muito menos sua vontade para as criaturas. João Calvino comentou sobre as "deficiências" da revelação geral: "É, portanto, claro que Deus providenciou a assistência da Palavra para o bem de todos aqueles aos quais se agradou a dar instrução útil, pois ele previu que sua imagem gravada na forma mais linda do universo seria insuficientemente eficaz".[39] A revelação natural é impotente quando se trata da transformação da alma. Como Davi descreveu tão bem no Salmo 19, Deus destinou o homem para uma revelação mais poderosa, capaz de penetrar os cantos mais profundos da alma e de não só remi-lo, mas também instruí-lo na justiça, para que ele o glorifique e se regozije nele para sempre. Todas as questões do aconselhamento dependem desses fatos fundamentais. As Escrituras são a chave para a transformação da existência em vida! Por meio de sua Palavra, o Senhor faz uma afirmação categórica: "As minhas palavras fazem bem àquele cujos caminhos são retos" (Miqueias 2:7).

Leitura adicional

Adams, Jay E., *The Christian Counselor's Manual* (Grand Rapids, MI: Zondervan, 1973). Publicado no Brasil sob o título *O manual do conselheiro cristão* (S. J. dos Campos, SP: Fiel, [s/d]).

__________, *Competent to Counsel* (Grand Rapids, MI: Zondervan, 1970). Publicado no Brasil sob o título *Conselheiro capaz* (3ª ed. S. J. dos Campos, SP: Fiel, 1982).

Bobgan, Martin e Deidre, *Prophets of Psychoheresy I* (Santa Barbara, CA: EastGate Publishers, 1989).

Ganz, Richard, *Psychobabble* (Wheaton, IL: Crossway, 1993).

Segunda parte

Os fundamentos teológicos do aconselhamento bíblico

4

O FOCO DIVINO DO ACONSELHAMENTO BÍBLICO

Douglas Bookman

Por definição, o conselheiro bíblico é aquele que foi persuadido por uma cosmovisão cristã e é fiel a ela. É uma pessoa que caminha dentro de uma estrutura de referências e que, conscientemente, vê todas as realidades e relações na vida a partir de um ponto de vista biblicamente coerente e consistente, honrando, dessa forma, o Deus das Escrituras. O elemento dessa visão de mundo que radicalmente a distingue de todos as concorrentes é o compromisso com uma perspectiva teocêntrica da vida e do pensamento. Assim, qualquer modelo de aconselhamento autenticamente bíblico submete com alegria sua estrutura, seu plano e sua execução à ordem bíblica de que nossa vida seja vivida inteiramente para a glória de Deus! Ou seja, o aconselhamento bíblico é impulsionado por um foco em Deus.

A tentação de hoje, até mesmo dentro da comunidade cristã, é fazer o contrário: é conduzir o aconselhamento com o foco primário em alguém ou algo diferente de Deus. No entanto, o conselheiro bíblico precisa estar dedicado exclusivamente a um foco divino no aconselhamento. Por quê? Há três razões fundamentais: 1) porque Deus o exige; 2) porque a exaltação natural do eu é destrutiva; e 3) porque a vida que satisfaz a alma, a que Deus quer que seus filhos tenham, só pode ser encontrada por meio do paradoxo espiritual de Jesus: negar-se a si mesmo e focar em Deus.

O IMPERATIVO MORAL

Em termos bem simples, o aconselhamento bíblico precisa manter zelosamente um foco divino, porque Deus assim o exige. Em um dos pronunciamentos mais preciosos do Antigo Testamento sobre a natureza de Deus de guardar a aliança, o SENHOR declarou por meio do profeta Isaías:

> É o que diz Deus, o SENHOR, aquele que criou o céu e o estendeu, que espalhou a terra e tudo o que dela procede, que dá fôlego aos seus moradores e vida aos que andam nela [...]: "Eu sou o SENHOR; este é o meu nome!
> Não darei a outro a minha glória nem a imagens o meu louvor." (Isaías 42:5,8)

Mais adiante, nessa mesma seção profética, quando o Senhor Deus predisse a poderosa libertação que realizaria para o povo de sua aliança, ele reafirmou essa profunda realidade: "Por amor de mim mesmo, por amor de mim mesmo, eu faço isso. Como posso permitir que eu mesmo seja difamado? Não darei minha glória a nenhum outro" (Isaías 48:11).

Deus, que se revelou nas Escrituras, é zeloso no que diz respeito à sua própria glória (Deuteronômio 4:24). Ele é um Deus soberano, que exige que seu povo o reconheça como Deus e o honre como Criador e Soberano do Universo. Esse imperativo moral de honrar a Deus costuma ser comunicado nas Escrituras em contextos relacionados à glória divina. O termo hebraico para "glória" é *Kabod*, que significa basicamente "ser pesado, ter peso".[1] Derivar a ideia de glória, dignidade ou valor pessoal do conceito de "peso" é típico da progressão de pensamento no hebraico. Para a mente semítica, honra ou dignidade não podiam ser reduzidas a uma qualidade puramente ideal; o significado desses conceitos dependia da concepção concreta de algo "de peso num homem que lhe confere importância".[2] Mesmo que o termo *Kabod* seja usado com várias conotações literais no Antigo Testamento, o conceito que normalmente é transmitido por ele é o de uma pessoa de peso: uma pessoa honrável, impressionante e digna de respeito.[3] Essa conotação prevalece em mais da metade das ocorrências do termo no Antigo Testamento.[4]

Assim, a noção bíblica de glória envolve mais do que uma dignidade ou um valor intrínseco: inclui a representação visível desse valor. Por exemplo, *Kabod* conota não só a dignidade de um homem rico e sua posição em sua comunidade, mas também as riquezas que demonstram sua dignidade (gado, prata e ouro, em Gênesis 13:2; as riquezas que Jacó levou consigo quando deixou Labão, em Gênesis 31:1);[5] não só a honra do ofício sacerdotal, mas as vestimentas distintivas usadas pelo sacerdote para manifestar a dignidade de seu ofício (Êxodo 28:2, 40);[6] não só o esplendor e a majestade únicos e eternos da pessoa do Senhor Deus, mas também a inefável nuvem de glória física, que demonstrava sua natureza de lealdade à aliança e seu governo soberano em meio ao seu povo.[7] Em resumo, o termo *Kabod* se refere não só à dignidade e ao valor intrínsecos, mas também à manifestação externa e tangível desse valor.

Assim, quando Deus insiste que não dará a nenhum outro sua glória (Isaías 42:3; 48:11), há mais em jogo do que o valor intrínseco de sua pessoa soberana. Com base no uso que Deus faz do termo *glória* nessas declarações, concluímos que sua exigência não é apenas que reconheçamos pessoalmente sua dignidade única e perfeição infinita, mas que consciente e publicamente demonstremos essas realidades majestosas. Sim, cabe a cada filho de Deus não só acatar as verdades que ele revelou sobre si mesmo, mas ordenar deliberada e consistentemente cada aspecto da vida para que ela manifeste a graça, a justiça e a fidelidade de Deus, a quem esse filho pertence.[8]

Para esclarecer esse conceito, considere como Deus manteve publicamente a sua glória (isto é, a sua reputação) em diversas narrativas do Antigo Testamento. O episódio da libertação do Egito, por exemplo, que culminou no milagre do mar Vermelho, foi cuidadosamente planejado por Deus a fim de que ele fosse "glorificado com a derrota do faraó e de todo o seu exército, com seus carros de guerra e seus cavaleiros" (Êxodo 14:17-18).[9] As dez pragas que antecederam imediata e causalmente a experiência do mar Vermelho foram planejadas de tal forma, que o faraó gradualmente se submeteu às exigências de Moisés. E tudo isso preparou o caminho para a ordem do faraó — uma ordem militar e espiritualmente tão estúpida como poucas outras — para que suas carruagens perseguissem os israelitas em fuga pelo mar Vermelho milagrosamente ressecado. Quando Moisés estendeu seus braços sobre o mar e as águas cobriram os egípcios, Deus realmente recebeu glória daquele império, e respondeu à pergunta arrogante feita pelo faraó alguns meses antes: "Quem é o SENHOR, para que eu lhe obedeça e deixe Israel sair?" (Êxodo 5:2). Na verdade, ao libertar milagrosamente o povo de Israel do Egito, o Senhor confrontou o mundo daqueles dias e dos séculos futuros com a evidência indisputável de seu poder e caráter. (Compare a reação de Raabe em Josué 2:9-14 e a lembrança falha do mar Vermelho pelos filisteus cerca de 400 anos depois em 1Samuel 4:8.)

Quando Judá, o reino do sul, foi levado em cativeiro para a Babilônia, o nome de Deus estava correndo um sério perigo de ser desonrado. Deus havia acordado em sua aliança com Israel que, caso o povo persistisse em rebelião e desobediência, ele o faria ser levado em cativeiro por uma "nação de aparência feroz" (Deuteronômio 28:49-57; veja 1Reis 8:46). Dada a superstição universal daqueles tempos de que, quando uma nação era derrotada por outra, isso se devia ao fato de os deuses da nação vitoriosa serem mais poderosos do que os da derrotada, se Deus cumprisse a promessa de julgamento contra o povo de sua aliança, seu nome corria o risco de ser desonrado. Então, ele interveio publicamente para preservar sua glória por meio de um homem: Daniel.

Em sua juventude, Daniel foi levado em cativeiro pelo rei Nabucodonosor na primeira fase da deportação de Judá para a Babilônia (por volta de 605 a.C.; veja Daniel 1). Mais tarde, Deus o capacitou para dizer ao monarca o sonho que tivera e a intrepretação de seu sonho, mas somente depois que todos os videntes pagãos do rei haviam admitido a completa incapacidade de fazê-lo (capítulo 2). Assim, o Senhor foi publicamente honrado quando Nabucodonosor reconheceu o poder do Deus adorado por Daniel e seus amigos (v. 46-47).

Algumas décadas mais tarde, o profeta interpretou outro sonho para o rei. Dessa vez, o monarca Nabucodonosor lavrou um decreto que devia ser lido em todo o seu reino, contando a história de sua própria loucura, honrando assim o Deus de Daniel como o "Altíssimo [...] que vive eternamente". O decreto do rei terminou com esse elogio e louvor ao Senhor:

> O seu domínio é um domínio eterno; o seu reino dura de geração em geração. Todos os povos da terra são como nada diante dele. Ele age como lhe agrada com os exércitos dos céus e com os habitantes da terra. Ninguém é capaz de resistir à sua mão nem de dizer-lhe: "O que fizeste?".

Assim, Nabucodonosor declarou pública e universalmente a glória do Senhor Deus.[10]

Poderíamos citar muitos outros exemplos históricos das Escrituras, mas esses já deixam claro: quando o Senhor insiste que não dividirá sua glória com outro, ele deseja que entendamos não apenas que ele tem essa majestade pessoal, mas também que é sua vontade soberana que sua majestade seja manifesta publicamente. Essa preocupação divina também deve ser nossa preocupação.

Obediência e queda

Esse mandato de refletir deliberada e publicamente o Deus ao qual servimos tem implicações profundas. Isso significa que os filhos de Deus são instados biblicamente a viver como veículos da glória divina, como espelhos por meio dos quais o Soberano do universo decidiu refletir sua glória, como canais para manifestá-lo diante dos olhos do mundo. É um imperativo moral que os cristãos moldem sua vida, ordenem suas prioridades, moldurem seus relacionamentos e disciplinem sua alma de maneira condizente com esse relacionamento e essa responsabilidade.

Evidentemente, a terrível circunstância desagradável é a condição caída da humanidade. Apesar de ser cosmicamente apropriado que as criaturas humanas se contentem em ser a lua do sol do Criador e se satisfaçam com o privilégio de refletir sua glória (mesmo que, ao fazerem isso, estejam confessando que não têm glória própria), as pessoas não estão dispostas a fazê-lo. Na verdade, corresponde à natureza da Queda que o ser humano se ofenda com a declaração de Deus de que apenas ele é digno de honra, exaltando-se e colocando-se no trono do próprio desejo e universo particular. A rebelião de Lúcifer se reitera a todo momento na alma da descendência não remida de Adão quando ela entoa o credo máximo da sua natureza caída:

> Subirei aos céus; erguerei o meu trono acima das estrelas de Deus; eu me assentarei no monte da assembleia, no ponto mais elevado do monte santo. Subirei mais alto que as mais altas nuvens; serei como o Altíssimo. (Isaías 14:13-14)[11]

Na verdade, podemos argumentar que essa tendência de exaltar a si mesmo é a essência da pecaminosidade. Como observou Strong:

> Por isso, o pecado não é apenas uma coisa negativa ou uma ausência de amor a Deus. É uma escolha ou preferência fundamental e concreta do eu no lugar

de Deus como objeto do afeto e fim supremo da existência. Em vez de colocar Deus no centro de sua vida, de entregar-se incondicionalmente a ele e de possuir a si mesmo apenas em subordinação à vontade divina, o pecador faz do próprio homem o centro de sua vida, colocando-se diretamente contra Deus e fazendo de seus interesses o motivo e de sua vontade o domínio supremo.[12]

Essa é a carne que, mesmo no cristão, coloca o desejo contra o Espírito (Gálatas 5:17); a coisa altiva que se levanta contra Cristo (2Coríntios 10:5); e o velho eu que foi corrompido de acordo com os desejos do engano (Efésios 4:22).

É nesse tipo de universo moral que os conselheiros bíblicos precisam servir, ou melhor, entender conscientemente que nele trabalham. Por um lado, o Criador onipotente e soberano do universo exige que os humanos finitos o honrem como tal, e é perfeitamente apropriado que ele receba essa honra. Por outro lado, cada pessoa caída, seja ela remida ou não, é possuída pela natureza adâmica que deseja ser igual a Deus, que nos impulsiona a usurpar o lugar de honra e domínio que, por direito, pertence apenas a ele, a despeito do fato de ser totalmente inapropriado que qualquer pessoa receba essa honra.

Apenas Deus é Deus

Por causa desses dois fatores, os conselheiros bíblicos precisam constante e conscientemente armar o espírito, informar sua instrução e constranger seus aconselhados com um compromisso de glorificar a Deus e apenas a ele. Esse tipo de compromisso nos motivará a exultar na verdade de que apenas Deus é Deus e a reconhecer com alegria que toda criatura dele se encontra sob a obrigação sagrada de resistir à tentação de exaltar a si mesma e de honrar a Deus como Deus!

Tudo isso pode ser expresso de forma ainda mais simples nesta fórmula sucinta: *Deus é Deus, e eu não sou!* Apenas Deus é eterno; ele conhece tudo do início ao fim, por isso é capaz de compreender exatamente como todas as coisas realmente "cooperam para o bem", independentemente de quão difíceis possam parecer a nós mesmos (visto que conhecemos apenas o hoje, e isso apenas parcialmente). Apenas Deus é soberano; podemos confiar nele para ordenar os eventos do universo moral a fim de silenciar o grande acusador dos irmãos e de fazer com que seus filhos cresçam na graça e no conhecimento do Senhor Jesus Cristo. Apenas Deus é inteiramente verdadeiro; sua Palavra é luz e vida, e assim somos bem aconselhados para lançar-nos inteiramente em sua promessa e encontrar em sua Palavra (e apenas em sua Palavra) todas as coisas que pertencem à vida e à santidade, mesmo que sejamos assaltados de todos os lados por teorias e pretensões de verdade que contradizem a Palavra de Deus e que são tão sedutoras a ponto de serem quase irresistíveis.

Mas *Deus é Deus, e eu não sou*! Portanto, ele merece ser honrado, adorado, crido, temido e amado como Deus. Nossa responsabilidade e privilégio é glorificá-lo: para aumentar sua reputação na mente das criaturas racionais e para viver nossa vida e ordenar nossos dias de tal forma, que todos que nos conheçam tenham uma imagem melhor de Deus do que tinham antes de nos conhecer! Mas a nossa maior tentação é a de exaltar-nos a nós mesmos, viver a vida como se fôssemos o centro do universo, como se o aumento da nossa própria reputação fosse uma busca válida e como se a nossa satisfação fosse o maior bem do cosmos. É por isso que todo cristão precisa ser continuamente confrontado com a exigência de que Deus deve ser honrado como Deus. E é por isso que o aconselhamento bíblico precisa ocorrer dentro de um compromisso consciente e firme de glorificá-lo!

Predisposições egoístas resultam em destruição

Um compromisso consciente com um foco divino no aconselhamento bíblico é imperativo também porque podemos ter certeza de que haverá consequências destrutivas se as pessoas exaltarem a si mesmas no lugar de Deus. Essa verdade é especialmente significativa no aconselhamento bíblico, porque muitos que procuram nossa ajuda já se enveredaram por esse tipo de destruição. Satisfizeram o desejo de engrandecer o eu, e o preço a ser pago por essa rebelião espiritual é a tragédia mais profunda da alma humana. Ou seja, a tentação de exaltar a si mesmo é, ao mesmo tempo, terrivelmente sedutora e certamente destrutiva.

Jonas: tentado, caído, restaurado

O profeta Jonas lutou com a tentação de exaltar a si mesmo acima de Deus, de seguir seus próprios desejos em vez de obedecer às ordens divinas, e perdeu a luta. O profeta arrogantemente rejeitou a Palavra do Senhor e se tornou tão inapto moralmente, que se convenceu de que poderia fugir da presença divina. De modo um tanto dramático, porém, ele descobriu que o Senhor não desconhecia Jope ou as vias marítimas que levavam a Társis. O resultado da rebelião do profeta foram três dias e três noites no ventre de um grande peixe!

É claro que o profeta se arrependeu, e sua oração de contrição e confissão é documentada no segundo capítulo do livro que leva seu nome. Na oração, Jonas clamou em desespero após ter sido lançado "nas profundezas, no coração dos mares" (v. 3). Ele lamentou o fato de, por causa de sua própria iniquidade, se encontrar no "abismo" com algas marinhas enroladas em sua cabeça (v. 5). Mesmo esmorecendo, com o sopro da vida prestes a abandoná-lo, ele se lembrou do Senhor, fixou seu olhar no templo em que Deus colocara seu nome (v. 7) e reconheceu sua tolice e seu pecado. Então Deus respondeu resgatando o profeta de dentro do grande peixe.

No salmo de contrição de Jonas (v. 2-9), encontramos uma breve declaração que fala diretamente do assunto tratado: "Aqueles que acreditam em ídolos inúteis desprezam a misericórdia" (v. 8). Em outras palavras, o pecado é sedutor e destrutivo.

Pecado: traiçoeiro e delicioso

Ao falar sobre a natureza sedutora do pecado, Jonas reconheceu que havia acreditado em ídolos inúteis. O verbo hebraico traduzido como "acreditar" significa "entregar-se a" ou "dedicar-se a".[13] Sugere uma determinação obstinada ou um agarrar-se a algo a despeito de influências para agir de modo contrário.[14] A vaidade mentirosa à qual Jonas se agarrava era "um falso amor por seu país, que não o permitiria deixar que seu povo fosse levado em cativeiro, mesmo Deus permitindo; que não o permitiria deixar que Nínive, o inimigo de seu país, fosse preservada".[15] Mas a expressão "ídolos inúteis" é mais geral, ela abrange "todas as coisas que o homem transforma em ídolos ou objetos de confiança".[16]

> Artifícios humanos contrários à vontade de Deus são "ídolos inúteis"; vazios, eles não trazem satisfação; inúteis, eles prometem paz e segurança, mas trazem miséria e terríveis problemas. Foi o que Eva descobriu, foi o que faraó descobriu, foi o que Israel descobriu quando seguiram os caminhos dos pagãos. Foi o que o próprio Jonas descobriu. É o que descobrem todos que abandonam a Fonte das águas vivas e buscam cisternas rotas que não têm águas. Ardis mundanos para alcançar a felicidade sem Deus são, de fato, uma "grande inutilidade".[17]

No que diz respeito à natureza destrutiva do pecado, Jonas reconheceu em sua oração que, ao agarrar-se a mentiras vazias e egoístas, havia desprezado a "misericórdia"; ele havia aberto mão da bondade e da graça que Deus queria lhe dar.

> Em Deus, há salvação; fora dele, há destruição. Há algo assombroso no destino descrito aqui daqueles que, quando o Salvador pode ser encontrado, viram suas costas para ele a fim de buscar e servir a outros deuses. Estes "desprezam a misericórdia". Eles agem contra os seus interesses mais nobres; recusam a bênção mais rica; renegam seu Amigo mais verdadeiro.[18]

Keil desenvolveu esse mesmo pensamento em referência à advertência de Jonas sobre "desprezaram a misericórdia":

> A alma do homem não pode ser satisfeita com palha. Quando servos de Deus buscam-na, isso significa que eles desprezam a misericórdia. Para o filho pródigo, significa trocar a casa do pai pela companhia de agitadores e prostitutas: "Muitas são as dores dos ímpios, mas a bondade do SENHOR protege quem nele confia" (Salmos 32:10). O caminho do dever é sempre o caminho da segurança, da paz e do conforto; o dever negligenciado é o precursor certo de problemas; uma má consciência jamais pode ser o arauto de doce satisfação.[19]

O significado, então, da confissão de Jonas é simplesmente este: aqueles que obstinadamente se agarram a mentiras sedutoras privam a si mesmos da misericórdia e da bondade que Deus quer derramar sobre eles. Nas entranhas da morte (Jonas 2:2), Jonas reconheceu a iniquidade e a tolice de sua teimosia, que destruía sua alma, e se arrependeu.

"Ídolos inúteis": *mentiras vazias e egoístas*

Jonas obedeceu a uma mentira. Essa mentira era dupla: 1) ele acreditou que seu desejo de ver Nínive destruída valia mais do que o desejo de Deus de que a cidade se arrependesse; e 2) ele acreditou que realmente conseguiria fugir da "presença do SENHOR" (1:3). É difícil pensar que Jonas realmente *acreditou* nessa mentira. Afinal de contas, era um profeta verdadeiro do Senhor Deus (2Reis 14:25). Desafia a credibilidade sugerir que um profeta se deixou convencer de que seu desejo transcendia o mandamento de Deus em valor ou importância ou que concebia o Senhor como deidade local tão presa ao espaço a ponto de uma pessoa conseguir escapar de sua presença embarcando num navio. Se Jonas realmente acreditou na mentira e se ele teria afirmado conscientemente a credibilidade dessa pretensão, essas são questões vãs; o fato histórico registrado na Bíblia é que ele obedeceu à mentira. Jonas confessou que, por causa dos "ídolos inúteis", isto é, seus próprios desejos, suas mentiras vazias e egoístas, ele se entregou à tamanha tolice espiritual, que se comportou como se a mentira fosse verdade, e assim causou sofrimento para si mesmo.

A aterrorizante realidade espiritual da experiência de Jonas é esta: o poder de uma mentira não é intrínseco à sua credibilidade inerente, mas ao seu poder de atração. A questão moral crucial não é se as pessoas acreditarão na mentira, mas se elas a obedecerão! O pai das mentiras aprendeu no jardim do Éden que uma mentira infinitamente improvável ("no dia em que dele comerem [...] serão como Deus", Gênesis 3:5) consegue seduzir se for suficientemente tentadora ("agradável ao paladar, atraente aos olhos e, além disso, desejável para dela se obter discernimento", v. 6). Ou seja, uma mentira é poderosa não porque ela é enganosa, mas porque é deliciosa.[20]

Para dizer a mesma coisa sob outro ponto de vista: uma mentira é eficaz apenas por causa da nossa predisposição egoísta, porque, como criaturas caídas, estamos tão ávidos por alimentar nossos próprios desejos, que nos entregamos à tolice espiritual a ponto de obedecer a uma mentira que jamais afirmaríamos em plena consciência. Mas essa predisposição egoísta é sempre destrutiva. Quando as pessoas decidem abandonar aquilo que sabem ser a verdade a fim de aderir a uma mentira encantadora, elas abandonam a misericórida de Deus. Esse é o testemunho do profeta Jonas.

Qualquer um que aconselhar terá que, pela natureza desse ministério, enfrentar pessoas que obedeceram a mentiras sedutoras e que desprezaram a própria misericórdia. Elas obedeceram a mentiras por causa de sua predisposição egoísta. Em outras palavras: elas rejeitaram o foco em Deus em troca de um foco em si mesmas, e o resultado foi destruição espiritual, emocional, física e/ou relacional. Estão vivendo no meio de Jonas 2:8, mas a única esperança pode ser encontrada em Jonas 2:9. Voltaram seus olhos para si mesmas e causaram caos em sua vida. Precisamos confrontá-las com essa iniquidade e desafiá-las a voltar os olhos para Deus, a obedecer à sua Palavra, a viver sua vida para a glória dele e a confessar e experimentar que "a salvação vem do SENHOR"!

Ídolos inúteis no aconselhamento cristão

A tragédia no mercado contemporâneo é que muitos modelos de aconselhamento cristão se baseiam em teorias que mais parecem apontar para uma conduta semelhante à do erro de Jonas 2:8 (acreditam em ídolos inúteis) do que para a verdade de Jonas 2:9 ("A salvação vem do SENHOR"). Conscientemente ou não, alguns conselheiros provaram que são líderes cegos guiando outros cegos; renderam-se a noções sedutoras e antibíblicas e que desonram a Deus, a noções que apenas fazem com que as pessoas se sintam mais confortáveis em sua iniquidade.

É angustiante contemplar o catálogo de "ídolos inúteis" que são sugeridos por diversos modelos de aconselhamento "cristão": modelos que legitimam uma preocupação narcisista do eu; que fabricam uma dimensão da psique humana cuja existência não pode ser provada, mas cujo reconhecimento tem o efeito prático insidioso de fazer dos indivíduos vítimas de forças pelas quais eles não podem ser responsabilizados, negando assim que as pessoas são moralmente responsáveis pela maneira como agem, pensam ou sentem; modelos que validam a noção segundo a qual criaturas finitas têm o direito de ter raiva do Juiz infinito do universo (que, na verdade, nos garantiu que fará justiça, Gênesis 18:25) e que existe um benefício espiritual e terapêutico quando expressamos esse tipo de raiva contra Deus; modelos que falam sobre cura e crescimento emocional em relacionamentos e maturidade, evitando ao mesmo tempo qualquer apelo ao Espírito Santo ou às graças que nos foram concedidas por Deus.

Tudo isso é ídolo inútil e é mentira! Não são intelectualmente convincentes para qualquer pessoa que tenha uma visão espiritual do mundo, mas são extremamente sedutoras porque permitem que as pessoas se sintam à vontade com seus pecados. Além do mais, visto que é uma realidade certa do universo moral que todos os que obedecem a ídolos inúteis *sempre* desprezarão a própria misericórdia, esses ídolos inúteis são também destrutivos.

Tanto para o conselheiro quanto para o aconselhado, os meios de responder a esses ídolos inúteis destrutivos e mentirosos referem-se a assumir o compromisso deliberado e prático de focar na glória de Deus. Essa foi a descoberta libertadora do profeta Jonas. Quando ele se concentrou em seus desejos egoístas, acabou numa confusão; mas, quando reconheceu a destrutividade de sua predisposição egoísta, quando confessou o caráter escravizador dos ídolos inúteis que ele havia abraçado, quando reconheceu que, ao agarrar-se a esses ídolos, havia abandonado a bondade de Deus e causado destruição em sua própria vida, ele se libertou. Milhões têm seguido seu exemplo, pessoas que com alegria declaram que toda glória e louvor pela libertação encontrada pertencem somente a Deus.

A DINÂMICA DO PARADOXO ESPIRITUAL DE JESUS

Já próximo ao fim dos 18 meses de seu ministério na Galileia, quando a oposição já aumentara dramaticamente e se tornou evidente que lhe restava pouco tempo, Jesus chamou os 12 homens que havia separado como apóstolos. Ele os capacitou a fazer milagres como prova dessa separação, e então os enviou para pregar, dizendo: "O Reino dos céus está próximo" (Mateus 10:7). Prevendo as dificuldades que seus apóstolos enfrentariam, o Senhor os armou com uma promessa tão enigmática quanto abençoadora. Era uma promessa paradoxal, ao mesmo tempo o princípio mais rudimentar do universo moral criado por Deus e a maior pedra de tropeço para os mortais, que insistem em definir esse universo moral baseado em perspectivas finitas e valores humanos distorcidos. Qual era essa promessa paradoxal? "Quem acha a sua vida a perderá, e quem perde a sua vida por minha causa a encontrará" (Mateus 10:39).

Em três outras ocasiões registradas nos Evangelhos, Jesus proclamou esse princípio. Algumas semanas após comissionar seus apóstolos, viajou com eles para uma região remota conhecida como Cesareia de Filipe. Ali, contou-lhes pela primeira vez que sofreria muitas coisas dos líderes judeus e que morreria (Mateus 16:21). Os discípulos ficaram aterrorizados. Então Jesus acrescentou a essa desditosa revelação a advertência de que eles também precisariam estar dispostos a tomar sobre si a cruz, negar a si mesmos e segui-lo (Mateus 16:24; Marcos 8:34; Lucas 9:23). Como parte desse desafio, Jesus disse:

> Pois quem quiser salvar a sua vida, a perderá, mas quem perder a vida por minha causa e pelo evangelho, a salvará. (Marcos 8:35)

Novamente, no meio de sua última viagem a Jerusalém para a festa de Páscoa, Jesus confrontou seus antagonistas, os fariseus, com essa advertência enigmática:

> Quem tentar conservar a sua vida a perderá, e quem perder a sua vida a preservará. (Lucas 17:33)

Por fim, durante a última semana da Paixão, Jesus se dirigiu a "certos gregos" que o haviam procurado. Contemplando sua morte iminente, Jesus disse:

> Aquele que ama a sua vida, a perderá; ao passo que aquele que odeia a sua vida neste mundo, a conservará para a vida eterna. (João 12:25)

Em pelo menos outras quatro ocasiões, dirigindo-se a três públicos diferentes, nosso Senhor expressou essa dura sentença. Para humanos finitos, são palavras difíceis: no melhor dos casos, são paradoxais; no pior dos casos, são insensatas. Na verdade, porém, são as palavras do próprio Salvador, e são palavras que comunicam uma verdade central de seu ensinamento sobre a vida bem-sucedida.

Perder a vida — encontrar a vida

Para entendermos a promessa de Cristo, precisamos contemplar duas acepções da palavra *vida* que estão em jogo aqui.[21] A advertência é que aquele que quiser salvar a sua vida (a vida temporal e material) a perderá (a bênção eterna). A promessa é que aquele que estiver disposto a perder sua vida (novamente, as coisas materiais) pelo bem do Senhor encontrará a vida (as coisas de importância eterna). Na verdade, Hort insistiu que "esse dito 'paradoxal' extrai seu poder do fato de que os homens chamam de 'vida' aquilo que não é realmente vida: 'Quem quiser salvar a sua vida' (vida no sentido mais restrito) perderá a 'vida' verdadeira (vida em seu sentido mais sublime)".[22] Morison apontou essa mesma distinção; ele parafraseou a advertência: "Quem se agarrar à sombra perderá a essência".[23]

A declaração é paradoxal apenas porque as pessoas não compreendem o que constitui a vida real. Elas acreditam que a vida consiste nas coisas que alguém possui; Jesus disse que esse não é o caso (Lucas 12:15). Elas vivem sob a ilusão de que a satisfação reside na realização de objetivos, em reputação, no exercício de grande poder, no acúmulo de muitas riquezas; Jesus afirmou simplesmente que a pessoa que aprende a ter fome e sede de justiça é abençoada, pois será preenchida (isto é, satisfeita, Mateus 5:6). Os indivíduos que se convenceram de que a felicidade e a satisfação podem ser encontradas no mundo presente são obrigados a fixar seu olhar neste mundo pela força de sua própria lógica abominável.

Mas a dinâmica do paradoxo espiritual de Jesus nos obriga a voltar nosso foco para a glória de Deus, não para a gratificação dos nossos próprios desejos. O argumento em prol dessa ética altruísta é tão simples para o olho da fé quanto é incompreensível para o homem natural; é convincente para a pessoa impulsionada pelo Espírito tanto quanto é repugnante para a pessoa controlada pela carne. O argumento é simplesmente este: "Quem perder a vida por minha causa e pelo evangelho a salvará". Em outras palavras, a única maneira de encontrar uma vida frutífera e satisfatória é dar sua vida por Deus ("por minha causa") e por outros ("pelo evangelho").

Alguém poderia argumentar que existe um egocentrismo latente nessa ética; que dar sua própria vida com a intenção de recebê-la de volta é apenas egoísmo disfarçado. Mas esse argumento se apoia na noção equivocada de que Deus não gosta de ver as pessoas felizes, que ele deseja que elas se sintam miseráveis e, portanto, que é moralmente inapropriado desejar a felicidade. Na verdade, Deus é um Deus bom e amoroso em cuja provisão suas criaturas podem encontrar os meios para a satisfação da alma. O testemunho inequívoco das Escrituras é que o coração de Deus anseia que cada pessoa encontre verdadeiro contentamento. Na verdade, Deus tanto amou o mundo que deu seu próprio Filho a fim de providenciar essa paz que satisfaz a alma. A iniquidade não faz parte do desejo de encontrar a satisfação da alma, mas da determinação de encontrá-la em detrimento dos padrões e mandamentos de Deus. O Senhor se deleita imensuravelmente naqueles que decidem obedecer a ele e que, por meio dessa obediência, conhecem a paz que transcende a compreensão humana.

O foco em Deus

Vemos então mais uma vez a necessidade de focar na glória de Deus no ministério do aconselhamento. A tragédia certamente acometerá as pessoas que vivem na tentativa diária de encontrar satisfação, pois é justamente nesse esforço que elas a perderão! Quando esses indivíduos de alma doente procuram nosso aconselhamento, precisamos encorajá-los a honrar a dinâmica do paradoxo espiritual de Jesus; isto é, a redirecionar o foco, para que eles voltem o olhar de sua alma primeiro para Deus, e depois para as pessoas em volta, para que então possam ordenar a vida de acordo com esse foco. Lamentavelmente, o atual efeito de grande parte do ato de aconselhar reforça o foco do aconselhado em si mesmo. Acrobacias exegéticas e teológicas procuram justificar essa estratégia, mas esses esforços são em vão, pois esse conselho é duplamente triste: ele é explicitamente condenado pelas Escrituras e é desastroso para o aconselhado.

O mais sábio é reconhecer a autoridade da pessoa de Jesus e a verdade de suas palavras e provar o poder transformador do paradoxo espiritual que ele nos deu:

> O caminho da crucificação própria e da santificação pode parecer tolice e um desperdício aos olhos do mundo, assim como enterrar boa semente parece ser um desperdício aos olhos da criança e do tolo. Mas nunca existiu um homem que, ao semear no Espírito, não tenha colhido vida eterna.[24]

Resumindo: o espírito do conselheiro bíblico precisa ser igual àquele expresso pelo salmista Davi: "Sê exaltado, ó Deus, acima dos céus! Sobre toda a terra esteja a tua glória!" (Salmos 57:5). Na verdade, o objetivo primário do conselheiro precisa ser o funcionamento desse mesmo espírito como postura controladora na vida do aconselhado. Apenas quando o coração de uma pessoa é tomado pelo desejo expresso pelo salmista, consumado com a oração "Sê exaltado, ó Deus" é que essa pessoa conhecerá a paz que Deus deseja dar aos seus filhos.

As realidades do universo moral exigem que eu viva cada aspecto da minha vida para a sua honra, e não para a minha própria; afinal de contas, Deus é Deus, e eu não sou! Mas a necessidade mais profunda da minha alma também me obriga a honrar Deus como Deus, a submeter-me aos seus padrões e a regozijar-me em suas instruções; apenas se eu tiver essa fome e sede de justiça serei satisfeito. Na verdade, como Tozer nos lembrou:

> Existe uma lógica por trás da reivindicação de preeminência de Deus. Aquele lugar pertence a ele por direito na terra e no céu. Se tomarmos para nós mesmos o lugar que pertence a ele, toda a nossa vida perde o curso. Nada pode restaurar a ordem se nosso coração não tomar esta grande decisão: que Deus seja exaltado acima de tudo.[25]

5

Aconselhamento e pecaminosidade humana[1]

John MacArthur

Não existe conceito mais importante para os mentores da psicologia moderna do que o da autoestima. Segundo o credo da autoestima, não existem pessoas más, apenas pessoas que têm uma autoimagem ruim.

Durante anos, os especialistas educacionais, os psicólogos e um número crescente de líderes cristãos têm defendido a autoestima como remédio milagroso para todo tipo de misérias humanas. Segundo os disseminadores dessa doutrina, se as pessoas se sentirem bem consigo, elas se comportarão melhor, terão menos problemas emocionais e conseguirão realizar mais. Pessoas com boa autoestima, afirmam, têm uma tendência menor de cometer crimes, de agir imoralmente, de falhar academicamente ou de ter problemas relacionais com outros.

A fé cega na autoestima

Os defensores da autoestima têm alcançado um sucesso notável na tentativa de convencer as pessoas de que ela é a solução para todos os males. Uma pesquisa revelou que a maioria das pessoas considera a autoestima o estímulo mais importante para o trabalho duro e o sucesso. Na verdade, ela conquistou posição motivacional bem superior à do senso de responsabilidade ou à do medo de fracassar.[2]

Mas a autoestima realmente funciona? Ela consegue promover um maior desempenho? Há diversas evidências que refutam isso. Num estudo recente, uma prova de matemática padronizada foi realizada com adolescentes de seis nações diferentes. Além das questões de matemática, a avaliação solicitava aos adolescentes que respondessem com *sim* ou *não* à pergunta: "Sou bom em matemática?". Os estudantes norte-americanos foram os piores nas questões de matemática, muito piores do que os estudantes coreanos, que tiveram nota máxima. Ironicamente, mais de 75% dos alunos coreanos haviam respondido "não" à pergunta da prova; 68% dos alunos norte-americanos, porém, acreditavam que suas habilidades matemáticas eram satisfatórias.[3] Nossos filhos podem falhar em matemática, mas obviamente se sentem perfeitamente bem com isso.

Em termos morais, nossa cultura está exatamente no mesmo barco. Evidências empíricas sugerem que a sociedade se encontra no fundo do poço. Esperaríamos que a autoestima das pessoas também estivesse em baixa. Mas as estatísticas mostram que os norte-americanos nunca se sentiram tão bem em relação a si mesmos. Em uma pesquisa realizada em 1940, 11% das mulheres e 20% dos homens concordavam com a declaração: "Eu sou uma pessoa importante". Na década de 1990, esses números pularam para 66% de mulheres e 62% de homens.[4] Em uma pesquisa da Gallup, 90% das pessoas interrogadas afirmaram que seu senso de autoestima é forte e saudável.[5] Incrivelmente, enquanto o tecido moral da sociedade está se desfazendo, a autoestima está em alta. Todo o pensamento positivo sobre nós mesmos parece não estar tendo qualquer efeito para elevar nossa cultura ou motivar as pessoas a terem uma vida melhor.

Será que a baixa autoestima é realmente o problema das pessoas hoje em dia? Alguém realmente acredita que, se conseguirmos fazê-las se sentirem mais orgulhosas de si, isso ajudará a combater os problemas do crime, da decadência moral, do divórcio, do abuso infantil, da delinquência juvenil, do abuso de drogas e de todos os outros males que têm arrastado nossa sociedade para o fundo do poço? Será que tantas coisas poderiam estar erradas em nossa cultura se as suposições da teoria da autoestima fossem corretas? Realmente acreditamos que mais autoestima conseguirá resolver os problemas da sociedade? Existe qualquer evidência para apoiar essa crença? Nenhuma.

Um artigo na *Newsweek* sugeriu que "a defesa da autoestima [...] é menos uma questão de pedagogia científica e mais de fé — da fé no fato de que pensamentos positivos podem manifestar a bondade inerente a qualquer pessoa".[6] Em outras palavras, a noção de que a autoestima melhora as pessoas é simplesmente uma questão de fé religiosa cega. E não só isso, é uma religião contrária ao cristianismo, pois se fundamenta na pressuposição não bíblica de que as pessoas são essencialmente boas e que precisam reconhecer sua própria bondade.

A IGREJA E O CULTO À AUTOESTIMA

Ainda que a teoria seja contrária aos ensinamentos bíblicos, os defensores mais fervorosos dessa religião da autoestima sempre incluíram também líderes religiosos. A doutrina do "pensamento positivo" de Norman Vincent Peale, muito popular entre a geração anterior a esta, era simplesmente um rascunho da teoria da autoestima. Peale escreveu *O poder do pensamento positivo* em 1952.[7] O livro começava com as palavras: "Acredite em si mesmo! Tenha fé em suas habilidades!". Na introdução, Peale chamou o livro de "manual de aperfeiçoamento pessoal [...] escrito com o único objetivo de ajudar o leitor a alcançar uma vida feliz, satisfatória e digna".[8] A obra foi anunciada como terapia motivacional, não como teologia. Mas, na avaliação de Peale, todo o sistema era apenas "cristianismo aplicado; um sistema simples, porém científico, de técnicas práticas para uma vida funcional e bem-sucedida".[9]

A maior parte dos evangélicos demorou a adotar o sistema que convidava as pessoas para crer em si mesmas em vez de em Jesus Cristo. A autoestima como esboçada por Norman Vincent Peale era fruto do liberalismo teológico unido à neo-ortodoxia.

Evidentemente, o tempo desgastou a resistência dos evangélicos a essa doutrina. Agora, muitos dos campeões de venda em livrarias evangélicas promovem a autoestima e o pensamento positivo. Até mesmo a *Newsweek* comentou a tendência. Notando que a autoestima é considerada "religiosamente correta" hoje em dia, a revista observou:

> A noção [da autoestima] pode irritar qualquer pessoa velha o bastante para lembrar-se do tempo em que o uso de "cristão" como adjetivo era frequentemente seguido por "humildade". Mas as igrejas norte-americanas, que, no passado, chegavam a chamar seus membros de "miseráveis", passaram a nutrir uma visão mais simpática da natureza humana. [...] Repreender pecadores é considerado contraprodutivo: faz com que eles se sintam piores em relação a si mesmos.[10]

A psicologia e a teologia da autoestima alimentam uma à outra. À medida que os evangélicos passam a aceitar cada vez mais o aconselhamento psicológico, eles se tornam cada vez mais vulneráveis ante os perigos representados pelo ensinamento da autoestima. E até mesmo, como o artigo da *Newsweek* sugeriu, as pessoas cuja preocupação maior é com a autoestima dificilmente se encontram preparadas para lidar com as transgressões humanas, como o *pecado contra Deus*, ou para informar as pessoas já acomodadas em amor e justiça próprios que, na verdade, elas são pecadoras que precisam de salvação.

Aqui, a teologia se torna intensamente prática. Trata-se de perguntas que precisam ser revolvidas no coração antes que o conselheiro possa oferecer um conselho verdadeiramente bíblico: será que Deus realmente quer que todas as pessoas se sintam bem em relação a si mesmas? Ou será que, primeiro, ele deseja que os pecadores reconheçam sua total impotência diante de seu próprio estado? Evidentemente, a resposta é óbvia para aqueles que permitem que as Escrituras falem por si mesmas.

Compreendendo a doutrina da depravação total

As Escrituras, é claro, ensinam do início ao fim que toda a humanidade *é totalmente depravada*. Paulo disse que pessoas não remidas estão "mortas em suas trangressões e pecados" (Efésios 2:1). Sem salvação, todos seguem a ordem deste mundo e estão em desobediência (v. 2). Nós, que conhecemos e amamos o Senhor, também "vivíamos entre eles, satisfazendo as vontades da nossa carne, seguindo os seus desejos e pensamentos. Como os outros, éramos por natureza merecedores da ira" (v. 3). Estávamos "sem Cristo, separados da comunidade de Israel, sendo estrangeiros quanto às alianças da promessa, sem esperança e sem Deus no mundo" (v. 12).

Nessas passagens, Paulo descreveu os infiéis como separados de Deus. Eles *odeiam* Deus, não são apenas intimidados por ele. Na verdade, Paulo disse: "Não há temor de Deus" na pessoa não regenerada (Romanos 3:18). Antes da nossa salvação, éramos inimigos de Deus (5:8,10). Estávamos "separados de Deus e, em nossas mentes, éramos inimigos por causa do nosso mau procedimento" (Colossenses 1:21). Paixões pecaminosas, inflamadas pelo nosso ódio da lei divina, motivavam toda a nossa vida (Romanos 7:5). Estávamos manchados pelo pecado em cada parte do nosso ser. Éramos corruptos, maus e profundamente pecaminosos.

Os téologos se referem a isso como *doutrina da depravação total*. Isso não significa que um pecador infiel sempre é tão mau quanto poderia ser (veja Lucas 6:33; Romanos 2:14). Não significa que a expressão da natureza humana pecaminosa é sempre realizada plenamente. Não significa que os infiéis não são capazes de atos de bondade, benevolência, boa vontade ou altruísmo. E certamente não significa que um não cristão não seja capaz de apreciar bondade, beleza, honestidade, decência ou excelência. O que isso significa é que nada disso tem qualquer mérito perante Deus.

Depravação significa também que o mal contaminou cada aspecto de nossa humanidade: o coração, a mente, a personalidade, as emoções, a consciência, os motivos e a vontade (veja Jeremias 17:9; João 8:44). Pecadores não remidos são, portanto, incapazes de fazer qualquer coisa que agrade a Deus (Isaías 64:6). São incapazes de amar verdadeiramente o Deus que se revela nas Escrituras; de obedecer de coração, com motivação justa; de entender a verdade espiritual; de ter fé genuína. E isso significa que são incapazes de agradar a Deus ou de buscá-lo verdadeiramente (Hebreus 11:1).

Depravação total significa que os pecadores são incapazes de fazer o bem espiritual e de trabalhar em prol de sua própria salvação. Estão pouco inclinados a amar a justiça, estão tão mortos no pecado que não são capazes de salvar a si próprios ou mesmo de se preparar para a salvação divina. A humanidade infiel não tem capacidade de desejar, compreender, crer ou aplicar verdades espirituais: "Quem não tem o Espírito não aceita as coisas que vêm do Espírito de Deus, pois lhe são loucura; e não é capaz de entendê-las, porque elas são discernidas espiritualmente" (1Coríntios 2:14). A despeito de tudo isso, as pessoas se *orgulham* de si mesmas! O problema não é falta de autoestima.

Por causa do pecado de Adão, esse estado de morte espiritual chamado de "depravação total" passou a toda a humanidade. Outro termo para isso é *pecado original*. As Escrituras o explicam desta maneira: "Portanto, da mesma forma como o pecado entrou no mundo por um homem, e pelo pecado a morte, assim também a morte veio a todos os homens, porque todos pecaram" (Romanos 5:12). Quando Adão pecou como cabeça da raça humana, toda ela foi corrompida. "Por meio da desobediência de um só homem muitos foram feitos pecadores" (v. 19). Como algo assim pôde acontecer tem sido o tema de muita discussão teológica durante séculos. Para os nossos propósitos, porém, basta afirmar que as Escrituras ensinam claramente que o pecado de Adão trouxe culpa para toda a humanidade. Nós estávamos "em Adão" quando ele pecou e, por isso, a culpa do pecado e a sentença de morte foram repassadas para todos nós: "Em Adão todos morrem" (1Coríntios 15:22).

Podemos ser tentados a pensar: *se eu sou pecaminoso por nascimento e nunca tive uma natureza moralmente neutra, como posso ser responsabilizado por ser pecador?* Mas a nossa natureza corrupta é justamente a razão pela qual a nossa culpa é uma questão tão séria. O pecado flui do âmago do nosso ser. É por causa da nossa natureza pecaminosa que cometemos atos pecaminosos: "Pois do interior do coração dos homens vêm os maus pensamentos, as imoralidades sexuais, os roubos, os homicídios, os adultérios, as cobiças, as maldades, o engano, a devassidão, a inveja, a calúnia, a arrogância e a insensatez. Todos esses males vêm de dentro e tornam o homem impuro" (Marcos 7:21-23). Somos "filhos da ira por natureza" (Efésios 2:3).

O pecado original, incluindo todas as tendências corruptas e paixões pecaminosas da alma, merece tanto castigo quanto nossos atos voluntários de pecado. O que é o pecado, afinal de contas, senão *anomia* — "transgressão da lei" (1João 3:4)? Ou, como diz o *Breve Catecismo de Westminster*: "Pecado é qualquer falta de conformidade com a lei de Deus, ou qualquer transgressão desta lei" (pergunta 14). Longe de ser uma desculpa, o pecado original ocupa, ele mesmo, o cerne da *razão* de sermos culpados. E o pecado original, em si, é razão suficiente para sermos condenados perante Deus.

Além do mais, o pecado original com sua depravação decorrente é a razão pela qual cometemos atos voluntários de pecado. D. Martyn Lloyd-Jones escreveu:

> Por que o homem escolhe pecar? A resposta é que o homem se afastou de Deus e, por isso, toda a sua natureza se perverteu e se tornou pecaminosa. Toda a tendência do homem é afastar-se de Deus. Por natureza, ele odeia Deus e sente que Deus se opõe a ele. Seu deus é ele mesmo, suas próprias habilidades e seus poderes, seus próprios desejos. Ele se opõe a toda essa ideia de Deus e às exigências que Deus lhe faz. [...] Além do mais, o homem gosta das coisas que Deus proíbe e as deseja, e não gosta das coisas e do tipo de vida para os quais Deus o chama. Não se trata de meras declarações dogmáticas. São fatos. [...] Apenas eles explicam a confusão moral e a feiura que caracterizam a vida atual.[11]

A salvação do pecado original ocorre apenas por meio da cruz de Cristo: "Assim como por meio da desobediência de um só homem muitos foram feitos pecadores, assim também, por meio da obediência de um único homem muitos serão feitos justos" (Romanos 5:19). Nascemos em pecado (Salmos 51:5) e, se quisermos nos tornar filhos de Deus e entrar no seu Reino, precisamos nascer de novo pelo Espírito de Deus (João 3:3-8).

Em outras palavras, ao contrário do que a maioria das pessoas pensa — ao contrário das pressuposições da doutrina da autoestima —, os homens e as mulheres não são naturalmente bons. A verdade é exatamente o contrário. Por natureza, somos inimigos de Deus, pecadores, amantes de nós mesmos e escravos do nosso próprio pecado. Somos cegos, surdos e mortos em questões espirituais, incapazes até mesmo de crer sem a intervenção graciosa de Deus. Mesmo assim, nos orgulhamos de nós mesmos! Na verdade, nada ilustra melhor nossa iniquidade do que o desejo por autoestima. E o primeiro passo para uma autoimagem apropriada é o reconhecimento de que essas coisas são verdadeiras.

É por isso que Jesus *elogiou* e não repreendeu o coletor de impostos por sua baixa autoestima, quando o homem bateu no peito e implorou: "Deus, tem misericórdia de mim, que sou pecador!" (Lucas 18:13). Finalmente, o homem chegara ao ponto em que se viu como realmente era, e ele foi tomado por suas emoções a ponto de demonstrá-las por atos de autocondenação. A verdade é: sua autoimagem nunca fora tão saudável quanto naquele momento. Livre do orgulho e da pretensão, ele reconheceu que não havia nada que pudesse fazer para conquistar o favor de Deus. Em vez disso, implorou pela misericórdia divina e, por essa razão, "foi para casa justificado", exaltado por Deus porque havia se humilhado (v. 14). Pela primeira vez em sua vida ele pôde vivenciar alegria verdadeira, paz com Deus e um novo senso de valor próprio concedido pela graça divina a todos quantos o Senhor adota como filhos (Romanos 8:15).

Todos pecaram e são necessitados

No fundo do nosso coração, todos sabemos que há algo desesperadamente errado conosco. Nossa consciência nos confronta constantemente com nossa própria pecaminosidade. Podemos fazer o que quisermos para culpar os outros ou para dar explicações psicológicas sobre nosso estado emocional, mas não conseguimos escapar da realidade. Não podemos negar nossas próprias consciências. Todos nós sentimos nossa culpa, e conhecemos a terrível verdade sobre quem somos interiormente.

Nós nos *sentimos* culpados porque *somos* culpados. Apenas a cruz de Cristo pode dar uma resposta ao pecado de modo a nos libertar de nossa própria vergonha. A psicologia pode mascarar parte da dor de nossa culpa. A autoestima pode varrê-la para baixo do tapete por algum tempo. Outras coisas, como buscar consolo em relacionamentos ou jogar a culpa pelos nossos problemas em outra pessoa, podem nos deixar mais confortáveis em relação a nós mesmos, mas o alívio é apenas superficial. E é perigoso. Na verdade, muitas vezes intensifica a culpa, porque acrescenta desonestidade e orgulho ao pecado que originalmente feriu nossa consciência.

A culpa verdadeira tem uma única causa, e esta é o pecado. Até que o encaremos, a consciência lutará para nos acusar. E o evangelho nos foi dado para vencer o pecado, não a baixa autoestima. Por essa razão, o apóstolo Paulo começou sua apresentação do evangelho na epístola aos Romanos com um longo discurso sobre o pecado. A depravação total é a primeira verdade do evangelho a ser apresentada, e ele dedicou quase três capítulos inteiros ao tema. Romanos 1:18-32 demonstra a culpa dos pagãos. Romanos 2:1-16 prova a culpa dos moralistas que violam cada padrão pelo qual eles julgam os outros. E Romanos 2:17-3:8 estabelece a culpa dos judeus, que tinham acesso a todos os benefícios da graça divina, mas, mesmo assim, rejeitaram a justiça de Deus.

Começando por Romanos 1, Paulo argumentou com eloquência, citando evidências da natureza, da história, do bom senso e da consciência, para provar a pecaminosidade total de toda a humanidade. Nos versículos 9-20 do capítulo 3, ele fez um resumo de tudo. Paulo argumentou como um advogado que apresenta suas alegações finais. Ele repetiu seus argumentos como um promotor que reuniu provas num caso indefensável contra a humanidade. É uma apresentação poderosa e convincente, com acusação, provas persuasivas e veredito inevitável.

A acusação

"Que concluiremos então? Estamos em posição de vantagem? Não! Já demonstramos que tanto judeus quanto gentios estão debaixo do pecado" (Romanos 3:9). A acusação de Paulo começa com duas perguntas: "Que se conclui?" ou "Precisamos de outros testemunhos?" e "Somos melhores do que eles?" ou "Alguém pode alegar honestamente que vive acima do nível da natureza humana que acabo de descrever?".

"Não!", ele responde. Todos, desde o pecador mais degenerado e mais pervertido (1:28-32) até o judeu mais rigorosamente legalista caem na mesma categoria da depravação total. Em outras palavras, toda a raça humana, sem exceção, é levada para o tribunal divino e acusada de estar "sob o pecado", totalmente subjugada ao seu domínio. Todas as pessoas não remidas, diz Paulo, são subservientes ao pecado, escravas dele, presas sob sua autoridade.

Para os leitores judeus de Paulo, essa verdade fora tão chocante e inacreditável quanto deve ser para aqueles amamentados com a doutrina moderna da autoestima. Eles acreditavam que eram aceitáveis aos olhos de Deus por nascimento e que apenas os gentios eram pecadores por natureza. Os judeus eram, afinal de contas, o povo eleito de Deus. A ideia de que todos os judeus eram pecadores era contrária às crenças dos fariseus. Eles ensinavam que apenas os infiéis, os mendigos e os gentios nasciam em pecado (veja João 9:34).

Mas as Escrituras dizem claramente outra coisa. Até mesmo Davi disse: "Sei que sou pecador desde que nasci, sim, desde que me concebeu minha mãe" (Salmos 51:5). O apóstolo João escreveu: "O mundo todo está sob o poder do Maligno" (1João 5:19). A humanidade moderna, nutrida com a psicologia da autoestima, também fica chocada ao descobrir que todos nós somos, por natureza, criaturas pecaminosas e indignas.

As provas

Paulo, dando continuação às suas alegações finais, passa então a provar com citações do Antigo Testamento a universalidade da depravação humana:

> Como está escrito: "Não há nenhum justo, nem um sequer; não há ninguém que entenda, ninguém que busque a Deus. Todos se desviaram, tornaram-se juntamente inúteis; não há ninguém que faça o bem, não há nem um sequer." "Suas gargantas são um túmulo aberto; com suas línguas enganam." "Veneno de serpentes está em seus lábios." "Suas bocas estão cheias de maldição e amargura." "Seus pés são àgeis para derramar sangue; ruína e desgraça marcam os seus caminhos, e não conhecem o caminho da paz." (Romanos 3:10-17)

Observe como Paulo ressalta a universalidade do pecado. Nesses poucos versículos, ele diz "nenhum" ou "ninguém" algumas vezes. Nenhuma pessoa escapa à acusação. "A Escritura encerrou tudo debaixo do pecado" (Gálatas 3:22).

O argumento de Paulo apresenta três partes: primeiro ele mostra como o pecado corrompe o caráter: "Não há nenhum justo, nem um sequer; [...] não há ninguém que faça o bem, não há nem um sequer" (Romanos 3:10-12). Aqui, Paulo faz seis acusações. Ele diz que, por causa de sua depravação inata, as pessoas são universalmente más ("nenhum justo"), espiritualmente ignorantes ("ninguém que entenda"), rebeldes ("ninguém que busque a Deus"), errantes ("todos se desviaram"), espiritualmente inúteis ("tornaram-se juntamente inúteis") e moralmente corruptas ("não há ninguém que faça o bem").

O versículo que Paulo cita é Salmos 14:1: "Diz o tolo em seu coração: 'Deus não existe'. Corromperam-se e cometeram atos detestáveis; não há ninguém que faça o bem". As palavras no final de Romanos 3:12, "nem um sequer", são um comentário editorial de Paulo, acrescentado para deixar a verdade absolutamente clara para aqueles que acreditam ser uma exceção à regra, como costuma ser a postura dos pecadores que justificam a si mesmos.

Observe que Paulo não sugere que alguns pecadores possam tender a pensar pior de si mesmos do que deveriam. Na verdade, ele diz o contrário: "Digo a todos vocês: ninguém tenha de si mesmo um conceito mais elevado do que deve ter" (Romanos 12:3). Um orgulho indevido é a resposta típica e esperada dos pecadores. O ensinamento da autoestima é a expressão desse orgulho. Fazer com que um selvagem se sinta bem em relação a si mesmo apenas aumenta sua letalidade.

A depravação total que Paulo descreve certamente não significa que todas as pessoas executam a expressão de seu pecado na máxima medida. Certamente existem pessoas boas num sentido relativo. Podem ter características de compaixão, generosidade, gentileza, integridade, decência, consideração etc., mas até mesmo essas características são imperfeitas e manchadas pelo pecado humano e pela fraqueza humana. Ninguém, "nem um sequer" chega perto da justiça verdadeira. Afinal de contas, o padrão de Deus é perfeição absoluta: "Portanto, sejam perfeitos como perfeito é o Pai celestial de vocês" (Mateus 5:48). Em outras palavras, ninguém que não consiga alcançar esse marco da perfeição é aceitável a Deus. O que isso significa para a teologia da autoestima? Como podemos nos sentir bem em relação a nós mesmos se o próprio Deus nos declara merecedores de ira?

Existe uma resposta para esse dilema, é claro. Deus justifica os ímpios pela fé (Romanos 4:5). A perfeita justiça de Cristo é imputada em nosso favor, para que, pela fé, possamos nos apresentar a Deus revestidos de uma justiça perfeita que não é a nossa (Filipenses 3:9). Isso não se refere às obras externas que fazemos. Trata-se de uma justiça superior, da totalidade da justiça do próprio Cristo, creditada em nossa conta. Cristo já cumpriu, em nosso lugar, a exigência de ser tão perfeito quanto nosso Pai celestial. Sua virtude é depositada na nossa conta, de modo que Deus nos considera perfeitamente justos.

Mas estamos nos adiantando às evidências cuidadosamente apresentadas pelo apóstolo. Ele acrescenta uma paráfrase, também do salmo 14: "O SENHOR olha dos céus para os filhos dos homens, para ver se há alguém que tenha entendimento, alguém que busque a Deus" (v. 2; veja 53:3). Ignorância e depravação andam de mãos dadas. Mas as pessoas não são pecaminosas e inimigas de Deus por causa de sua ignorância espiritual; são espiritualmente ignorantes por causa de seu pecado e sua posição contrária a Deus. "Estão obscurecidas no entendimento e separadas da vida de Deus por causa da ignorância em que estão, *devido ao endurecimento dos seus corações*" (Efésios 4:18; grifo meu). Em outras palavras, por causa do ódio contra Deus e do amor ao próprio pecado, elas rejeitam o testemunho divino na Criação e na própria consciência (Romanos 1:19-20). Isso endurece o coração e obscurece a mente.

O coração endurecido e a mente obscurecida se recusam a buscar Deus: "Não há *ninguém* que busque a Deus". Isso também é um eco de Salmos 14:2. Deus nos convida à busca e promete que aqueles que o buscarem de todo coração o encontrarão (Jeremias 29:13). Jesus também prometeu que será encontrado por todos que o buscarem (Mateus 7:8). Mas o coração pecaminoso se inclina para longe de Deus e não o busca. Sem a graciosa e soberana intervenção de Deus de tomar a iniciativa de buscar e chamar para si os pecadores, ninguém o buscaria e seria salvo. Jesus mesmo disse: "Ninguém pode vir a mim, se o Pai, que me enviou, não o atrair" (João 6:44).

Em vez de buscar a Deus, os pecadores inevitavelmente seguem o próprio caminho. Ainda recorrendo ao salmo 14, Paulo cita o versículo 3: "Todos se desviaram", em Romanos 3:12. Isso lembra Isaías 53:6: "Todos nós, tal qual ovelhas, nos desviamos, cada um de nós se voltou para o seu próprio caminho". Os pecadores se desviam naturalmente. Inerente à depravação humana há uma tendência inescapável de se afastar da verdade e da justiça. Os pecadores sempre perdem o caminho: "Há caminho que parece certo ao homem, mas no final conduz à morte" (Provérbios 14:12).

A mancha do pecado torna o pecador "inútil" (Romanos 3:12). "Inútil" é a tradução de uma palavra grega usada para descrever leite estragado ou comida contaminada que precisa ser jogada fora. Pessoas não remidas são impróprias para cada bem espiritual, inúteis para a justiça, adequadas apenas para serem lançadas no fogo e queimadas (João 15:6). A grande necessidade delas não é autoestima ou pensamento positivo, mas redenção do pecado orgulhoso.

Nos próximos versículos, Paulo descreve *como o pecado polui a conversação*: "Suas gargantas são um túmulo aberto; com suas línguas enganam. Veneno de serpentes está em seus lábios. Suas bocas estão cheias de maldição e amargura" (Romanos 3:13-14). O caráter verdadeiro de uma pessoa se torna inevitavelmente evidente na conversação. As Escrituras estão repletas de afirmações dessa verdade:

- "A boca fala do que está cheio o coração. O homem bom, do seu bom tesouro, tira coisas boas, e o homem mau, do seu mau tesouro, tira coisas más" (Mateus 12:34-35).
- "Mas as coisas que saem da boca vêm do coração" (Mateus 15:18).
- "A boca do justo produz sabedoria, mas a língua perversa será extirpada. Os lábios do justo sabem o que é próprio, mas a boca dos ímpios só conhece a perversidade" (Provérbios 10:31-32).
- "A língua dos sábios torna atraente o conhecimento, mas a boca dos tolos derrama insensatez. [...] O justo pensa bem antes de responder, mas a boca dos ímpios jorra o mal" (Provérbios 15:2,28).
- "Mas as suas maldades separaram vocês do seu Deus; os seus pecados esconderam de vocês o rosto dele, e por isso ele não os ouvirá. Pois as suas mãos estão manchadas de sangue, e os seus dedos, de culpa. Os seus lábios falam mentiras, e a sua língua murmura palavras ímpias" (Isaías 59:2-3).
- "A língua deles é como um arco pronto para atirar. É a falsidade, não a verdade, que prevalece nesta terra. [...] Porque cada parente é um enganador, e cada amigo, um caluniador. Amigo engana amigo, ninguém fala a verdade. Eles treinaram a língua para mentir; e, sendo perversos, eles se cansam demais para se converterem" (Jeremias 9:3-5).

Paulo escolheu mais passagens de Salmos para reforçar sua mensagem:

- "Veneno de víbora está em seus lábios" (Salmos 140:3).
- "Nos lábios deles não há palavra confiável; suas mentes só tramam destruição. Suas gargantas são um túmulo aberto; com suas línguas enganam sutilmente" (Salmos 5:9).
- "Sua boca está cheia de maldições, mentiras e ameaças; violência e maldade estão em sua língua" (Salmos 10:7).

Esses versículos, todos escritos para condenar os ímpios, foram aplicados por Paulo a todos. Sua mensagem era de que a depravação humana é universal. *Todos* são ímpios. *Todos* são culpados. *Ninguém* pode se excluir das acusações levantadas por Paulo.

Além disso, ele ilustra aqui quão profundamente o pecado permeia cada aspecto da nossa humanidade. Observe como a contaminação da conversa pelo pecado é completa: ele contamina a "garganta", corrompe a "língua", envenena os "lábios" e polui a "boca". A fala ímpia, uma expressão da maldade do coração, contamina cada órgão que toca ao sair da boca, manchando toda a pessoa (Mateus 15:11).

Em terceiro lugar, Paulo cita vários versículos para mostrar *como o pecado perverte a conduta*: "Seus pés são ágeis para derramar sangue; ruína e desgraça marcam os seus caminhos, e não conhecem o caminho da paz" (Romanos 3:15-17). Aqui, Paulo está citando uma passagem de Isaías. Isso é significativo, pois nesses versículos Isaías repreende Israel por causa de seus pecados contra Deus. Não era uma denúncia de pagãos ímpios, mas uma acusação de um povo religioso que acreditava em Deus: "Seus pés correm para o mal, ágeis em derramar sangue inocente. Seus pensamentos são maus; ruína e destruição marcam os seus caminhos. Não conhecem o caminho da paz; não há justiça em suas veredas. Eles as transformaram em caminhos tortuosos; quem andar por eles não conhecerá a paz" (Isaías 59:7-8).

A expressão "seus pés são ágeis para derramar sangue" descreve a preferência pecaminosa da humanidade pelo assassinato. Lembre-se, Jesus ensinou que o ódio é o equivalente moral do assassinato (Mateus 5:21-22). A semente do ódio amadurece e brota, e seu fruto é o sangue derramado. Os pecadores são naturalmente atraídos ao ódio e aos seus frutos violentos. As pessoas são "ágeis" no avanço em direção a esse tipo de ato. Vemos isso claramente em nossa sociedade. Um artigo da *Newsweek*, por exemplo, relatou que "um garoto de 12 anos se virou sem uma palavra e matou a tiros uma menina de 7 anos porque ela o 'irritou ao pisar em sua sombra'".[12]

Em algumas das maiores cidades norte-americanas ocorrem cerca de duzentos assassinatos numa semana típica. Brigas entre bêbados, violência de gangues, conflitos familiares e outros crimes contribuem para a contagem dos mortos. Se a falta de autoestima é o problema do coração humano, por que, precisamos perguntar, o índice de assassinato está aumentando tão drasticamente numa sociedade em que a autoestima também está em ascensão? A resposta é que a baixa autoestima não é o problema. Pelo contrário, o orgulho é o problema que leva a todos os pecados, incluindo ódio, hostilidade e assassinato. Um amor pelo derramamento de sangue contamina o coração da humanidade que vive em pecado. Remova as restrições morais da sociedade, e o resultado inevitável será uma explosão de assassinatos e violência, independentemente de quão bem as pessoas se sintam em relação a si mesmas.

"Ruína e desgraça" caracterizam as tendências da humanidade depravada. Ninguém que esteja a par das tendências da sociedade moderna pode negar a verdade das Escrituras sobre esse ponto. A tampa foi retirada, e podemos ver claramente a natureza verdadeira do coração humano. O que mais poderia explicar nossa cultura na qual as pessoas são roubadas, violentadas, estupradas ou assassinadas por nenhuma razão a não ser por pura diversão? Destruição gratuita se tornou tão parte da sociedade, que nos acostumamos com ela.

Gangsta rap, um estilo musical que exalta assassinato, estupro e abuso de drogas, representa hoje as músicas mais vendidas. As letras são, eu sua maioria, indescritivelmente vis. Misturam violência, descrições sexuais inimagináveis de modo repugnante e propositalmente ofensivo. Pior, incitam abertamente que jovens se juntem a gangues, matem policiais, causem levantes e cometam outros atos de destruição gratuita. *Gangsta rap* é negócio rentável. Essas gravações não são vendidas secretamente em algum beco escuro, mas abertamente em lojas variadas, com campanhas publicitárias desenvolvidas e criadas por executivos de companhias como a Capitol Records. O alvo primário são garotos abaixo de 18 anos. Toda uma geração está sendo doutrinada por esses vícios. Ruína e desgraça estão em seu caminho. E ai dos infelizes que o atravessam. Vários cantores famosos norte-americanos de rap têm sido acusados de crimes violentos, inclusive assassinatos e estupros em grupo.

Por que essa ruína e desgraça são tão típicas desta era moderna, a despeito do fato de a humanidade ter feito tantos avanços notáveis em tecnologia, psicologia e medicina? É porque a depravação ocupa o centro da alma humana. Todos esses problemas estão tão emaranhados no coração do homem, que não há qualquer educação e medida de autoestima que possam apagá-los.

À medida que a ciência avança, as pessoas só se tornam mais sofisticadas em seu emprego de recursos vis. A ruína e desgraça produzidas pelo pecado humano não diminuem: aceleram. A história do século passado, repleta de guerras mundiais, holocaustos, assassinatos em série, aumentos de crimes e revoluções sangrentas, é uma prova viva disso. A depravação está impregnada no coração humano. Em outras palavras, "o caminho da paz" é desconhecido à humanidade pecaminosa (Romanos 3:17). Apesar de todos falarem em "paz, paz", não há paz (veja Jeremias 6:14).

Paulo resume as evidências da depravação humana: "Aos seus olhos é inútil temer Deus" (Romanos 3:18). Aqui, retorna novamente aos salmos para uma última citação. Salmos 36:1 diz: "Há no meu íntimo um oráculo a respeito da maldade do ímpio: Aos seus olhos é inútil temer a Deus". A pecaminosidade humana é um defeito do próprio coração humano. O mal domina o coração do homem. O coração é naturalmente sintonizado com a maldade. Não tem temor natural de Deus.

Evidentemente, o temor do Senhor é o pré-requisito para a sabedoria espiritual (Provérbios 9:10). Moisés ordenou a Israel: "Temam o SENHOR, o seu Deus, e só a ele prestem culto, e jurem somente pelo seu nome" (Deuteronômio 6:13). Na verdade, quando Moisés resumiu as responsabilidades dos israelitas, ele disse o seguinte: "E agora, ó Israel, que é que o SENHOR, seu Deus, lhe pede, senão que tema o SENHOR, o seu Deus, que ande em todos os seus caminhos, que o ame e que sirva ao SENHOR, o seu Deus, de todo o seu coração e de toda a sua alma, e que obedeça aos mandamentos e aos decretos do SENHOR, que hoje lhe dou para o seu próprio bem?" (Deuteronômio 10:12-13; grifo meu). Nós, que vivemos na era do Novo Testamento, também recebemos a ordem de purificar-nos "de tudo o que contamina o corpo e o espírito, aperfeiçoando a santidade no temor de Deus" (2Coríntios 7:1). "Tratem a todos com o devido respeito: amem os irmãos, *temam* a Deus e honrem o rei" (1Pedro 2:17; grifo meu; veja também Apocalipse 14:7).

"O temor do SENHOR ensina a sabedoria" (Provérbios 15:33). "Com amor e fidelidade se faz expiação pelo pecado; com o temor do SENHOR o homem evita o mal" (16:6). "O temor do SENHOR é fonte de vida, e afasta das armadilhas da morte" (14:27).

Em nossos dias não ouvimos muito sobre temer a Deus. Até mesmo muitos cristãos parecem achar que falar em temor é um pouco duro ou negativo demais. É muito mais fácil falar sobre o amor e a misericórdia infinita de Deus. Mas longanimidade, bondade e outros atributos desse tipo não são as verdades que estão faltando no conceito que a maioria das pessoas tem sobre Deus. O problema é que a maioria das pessoas não pensa em Deus como alguém que precisa ser *temido*. Elas não percebem que Deus odeia os orgulhosos e castiga os malfeitores. As pessoas apostam em sua graça. Temem mais o que os outros pensam do que aquilo que Deus pensa. Procuram seu próprio prazer, ignorando o desgosto de Deus. Suas consciências estão embotadas e correm o risco de desaparecer. "Aos seus olhos é inútil temer a Deus".

O temor a Deus é um conceito diametralmente oposto à doutrina da autoestima. Como podemos incentivar o temor do Senhor nas pessoas e, ao mesmo tempo, aumentar sua autoestima? Qual é a busca mais bíblica? As Escrituras não deixam dúvida.

A sentença

Tendo apresentado sua acusação convincente acerca da depravação total, Paulo deixa claro qual é a sentença: "Sabemos que tudo o que a lei diz, *o diz àqueles que estão debaixo dela, para que toda boca se cale e todo o mundo esteja sob o juízo de Deus*" (Romanos 3:19; grifo meu).

Aqui, Paulo acaba com a suposição daqueles que acreditavam que bastava possuir a lei de Deus para tornar os judeus superiores aos pagãos gentios. A lei condena aqueles que não a observam perfeitamente: "Maldito quem não puser em prática as palavras desta lei" (Deuteronômio 27:26; veja Gálatas 3:10). "Pois quem obedece a toda a Lei, mas tropeça em apenas um ponto, torna-se culpado de quebrá-la inteiramente" (Tiago 2:10). Possuir a lei não bastava para transformar os judeus em pessoas melhores do que o restante da humanidade.

Os gentios, por sua vez, eram responsáveis pela lei gravada em sua própria consciência (Romanos 2:11-15). Ambos os grupos são culpados de violar a lei que possuem. A acusação encerra seu discurso. Não pode haver defesa. Cada boca precisa ser calada. A humanidade não remida é culpada em todos os pontos da acusação. Não há como inocentá-la. O mundo inteiro é culpado perante Deus.

A autoestima não é a solução para a depravação humana. Ela apenas a agrava! Os problemas da nossa cultura, especialmente a angústia que destrói o coração humano, não podem ser resolvidos pela simples ilusão de fazer com que as pessoas pensem melhor a respeito de si mesmas. As pessoas *são* pecaminosas em sua essência. A culpa e a vergonha que sentimos como pecadores são legítimas, naturais e até mesmo apropriadas. Elas têm o propósito benéfico de comunicar-nos a profundeza da nossa pecaminosidade. Não ousemos ignorá-las em prol dos ensinamentos falsos da autoestima humanista.

Recentemente, li um artigo muito claro que lida com o mito da bondade humana de um ponto de vista não cristão. O autor, um crítico social judeu, escreveu:

> Acreditar que as pessoas são basicamente boas após Auschwitz, o Gulag e os outros horrores do nosso século é uma declaração de fé irracional, tão irracional quanto qualquer crença religiosa [fanática]. Sempre que conheço pessoas — especialmente judeus, vítimas do mal mais concentrado da história — que insistem em acreditar na bondade essencial do ser humano, eu sei que acabo de conhecer pessoas que não se importam com evidências. Quantas maldades os seres humanos precisam cometer para abalar a fé dos judeus na humanidade? Quantas pessoas inocentes precisam ser assassinadas e torturadas? Quantas mulheres precisam ser estupradas?[13]

O artigo a seguir menciona cinco consequências do mito segundo o qual as pessoas são basicamente boas. Observe como todas elas contribuem para a destruição da consciência:

> A primeira dessas consequências é, logicamente, a atribuição de todo o mal a causas externas às pessoas. Já que as pessoas são basicamente boas, o mal que praticam precisa ser causado por alguma força externa. Dependendo de quem está apontando o dedo, essa força pode ser o ambiente social, as circunstâncias econômicas, os pais, as escolas, a violência na televisão, as armas de fogo, o racismo, o diabo, tribunais de justiça ou até mesmo os políticos corruptos (o que se expressa nesta tolice que se ouve tantas vezes: "Como podemos esperar que nossos filhos sejam honestos se seu governo não o é?").
>
> Portanto, as pessoas não são responsáveis pelo mal que cometem. Não é minha culpa o fato de eu roubar mulheres idosas ou de trapacear tantas vezes — algo (escolha algo da lista acima) me levou a fazer isso.
>
> Uma segunda consequência terrível é a negação do mal. Se o bem é natural, então o mal precisa ser antinatural ou "doentio". Categorias morais foram substituídas por categorias psicológicas. Não há mais bem ou mal, apenas "normal" ou "doentio".
>
> Em terceiro lugar, nem os pais nem as escolas levam a sério a necessidade de ensinar bondade às crianças — por que ensinar algo que vem naturalmente? Apenas aqueles que reconhecem que as pessoas não são essencialmente boas reconhecem a necessidade de ensinar a bondade.
>
> Em quarto lugar, já que grande parte da sociedade acredita que o mal vem de fora, ela deixou de tentar mudar os valores das pessoas e passou a se concentrar

em mudar as forças externas. As pessoas cometem crimes? Não precisamos nos preocupar com valores e desenvolvimento de caráter; precisamos transformar o ambiente socioeconômico que "produz" estupradores e assassinos. Homens irresponsáveis engravidam mulheres irresponsáveis? Ambos não precisam de valores melhores, mas de uma educação sexual melhor e um acesso mais fácil a camisinhas e abortos.

Em quinto lugar, a consequência mais destrutiva da crença na bondade essencial do ser humano é que as pessoas não se sentem mais responsáveis por sua conduta perante Deus e uma religião, apenas perante si mesmas.[14]

Curiosamente, o autor nega não só a bondade humana, mas também a depravação humana. Ele acredita que as pessoas não são boas nem más, mas que escolhem seu estilo de vida. (No início do artigo, porém, ele cita Gênesis 8:21: "O coração do homem é inteiramente inclinado para o mal desde a infância".) A despeito dessa inconsistência na posição do autor, o artigo mostra claramente os perigos do mito da bondade do ser humano.

A Igreja precisa preservar a sã doutrina, recuperando a doutrina da depravação humana. Como escreveu J. C. Ryle há mais de um século:

Uma visão bíblica do pecado é um dos melhores antídotos contra aquela teologia vaga, fosca, nebulosa e confusa tão dolorosamente comum na era atual. Não adianta fecharmos nossos olhos diante do fato de que existe uma quantidade tão vasta de um chamado cristianismo que você não pode declarar claramente insano, mas que, mesmo assim, não é a medida toda, não é o peso todo. É um cristianismo em que há, sem dúvida alguma, "algo de Cristo, da graça, de fé, de arrependimento e de santidade", mas não é a coisa autêntica que encontramos na Bíblia. As coisas estão fora de lugar e de proporção. Como teria dito o velho Latimer, é um tipo de mistura, e não faz bem algum. Não exerce uma influência sobre a conduta diária, não consola na vida, não oferece paz na morte; e aqueles que aderem a ele muitas vezes acordam tarde demais para descobrir que não estão pisando em algo sólido. Acredito que a maneira mais provável de curar e corrigir esse tipo defeituoso de religião é destacar novamente e de forma mais proeminente a velha verdade bíblica sobre a maldade do pecado.[15]

Por outro lado, talvez você esteja se perguntando: *Agrada a Deus que nós nos reviremos permanentemente em vergonha e condenação própria?* De forma alguma. Deus oferece liberdade do pecado e da vergonha por meio da fé em Jesus Cristo. Se estivermos dispostos a reconhecer nossa pecaminosidade e buscar sua graça, ele nos libertará poderosamente do nosso pecado e dos seus efeitos. "Portanto, agora já não há condenação para os que estão em Cristo Jesus, porque por meio de Cristo Jesus a lei do Espírito de vida me libertou da lei do pecado e da morte" (Romanos 8:1-2). A libertação do pecado que esses versículos descrevem é a única base possível para realmente nos sentirmos bem conosco.

6

A OBRA DO ESPÍRITO E O ACONSELHAMENTO BÍBLICO

John MacArthur

Um livro recente intitulado *I'm Dysfunctional, You're Dysfunctional* [Eu sou disfuncional, você é disfuncional], de Wendy Kaminer, desmascarou grande parte do encanto da psicologia moderna.[1] A autora não alega ser cristã. Na verdade, ela se descreve como "advogada cética, secular, humanista, judia, feminista e intelectual".[2] Mas ela critica ferozmente a mistura de religião e psicologia. Observa que, desde sempre, religião e psicologia sempre se viam como incompatíveis. Agora, ela identifica "não só um cessar-fogo, mas uma notável adequação".[3] Até mesmo de seu ponto de vista não cristão ela consegue reconhecer que essa adequação significa uma alteração na mensagem fundamental comunicada pelos cristãos ao mundo. Escreve:

> Os autores religiosos minimizariam ou até mesmo rejeitariam o efeito da psicologia sobre a religião, negando ferozmente que ela tenha causado mudanças doutrinais, mas ela parece ter influenciado o tom e a apresentação de apelos religiosos [...]. Livros cristãos sobre codependência, como aqueles produzidos pela clínica Minirth-Meier, no Texas, são praticamente indistinguíveis de livros sobre codependência publicados por autores seculares [...]. Autores religiosos justificam sua fundamentação na psicologia, elogiando-a por ter alcançado algumas verdades eternas, mas também encontraram uma maneira de tornar as verdades temporais da psicologia mais palatáveis. No passado, os líderes religiosos condenavam a psicanálise por sua neutralidade moral. [...] Agora, a literatura religiosa popular iguala o pecado a uma doença.[4]

Parte da crítica que Kaminer fez contra os evangélicos é injustificada ou equivocada, mas nesse ponto ela acerta em cheio: o movimento evangélico tem sido infiltrado por uma antropologia-psicologia-teologia secular diametralmente oposta às doutrinas bíblicas do pecado e da santificação. Em decorrência dessa adequação, a Igreja tem sido comprometida, e distorceu a mensagem que deveria proclamar.

Visite a livraria mais próxima e observe a proliferação de livros sobre tratamentos de vícios, terapia emocional, autoestima e outros assuntos psicológicos. A linguagem desses livros transmite um tema comum: "procure dentro de si mesmo", "entre em contato com sua criança interior", "explore os recessos de seus medos, ferimentos e decepções do passado" e "encontre as respostas para seus problemas em seu próprio coração". Por quê? Porque "as respostas estão escondidas em seu íntimo".

Esses livros podem ostentar logotipos de editoras cristãs, mas esse tipo de conselho não é bíblico e não merece ser rotulado como cristão. Na verdade, representa o pior tipo de conselho que a psicologia secular poderia oferecer.

Em lugar algum as Escrituras aconselham as pessoas a procurar as respostas dentro de si mesmas. Na verdade, as Escrituras ensinam explicitamente que nós somos pecadores e que não devemos confiar em nosso coração: "O coração é mais enganoso que qualquer outra coisa e sua doença é incurável. Quem é capaz de compreendê-lo? 'Eu sou o SENHOR que sonda o coração e examina a mente'" (Jeremias 17:9-10). Aqueles que tentam encontrar as respostas dentro de si mesmos se encontram perdidos. Em vez de respostas, encontram mentiras.

A psicologia não pode resolver esse dilema. Praticamente todas as psicoterapias levam as pessoas a se voltarem para o seu interior, a estudar sentimentos, a desenterrar lembranças suprimidas, a buscar autoestima, a analisar posturas e a ouvir o próprio coração. Mas emoções são primariamente subjetivas, e nosso coração é traiçoeiro. Apenas o aconselhamento bíblico pode oferecer respostas confiáveis, objetivas e cheias de autoridade. A verdade objetiva das Escrituras é a única ferramenta que Deus usa no processo da santificação. O próprio Jesus orou: "Santifica-os na verdade; a tua palavra é a verdade" (João 17:17).

Infelizmente, a psicologia e as terapias seculares usurparam o papel da santificação no pensamento de alguns cristãos. A santificação psicológica tem substituído uma vida preenchida pelo Espírito. Na Igreja, tem se arraigado a noção de que a psicoterapia é, muitas vezes, um agente de mudança mais eficiente — principalmente ao lidar com os casos mais difíceis — do que o Espírito Santo, que santifica.

Mas será que a psicoterapia consegue fazer algo que o Espírito Santo não consegue? Um terapeuta humano consegue fazer mais do que o Consolador celestial? A modificação da conduta é mais útil do que a santificação? É claro que não.

O PARÁCLITO

Para entendermos o papel crucial que o Espírito Santo exerce na satisfação das necessidades interiores das pessoas, precisamos voltar para aquilo que Jesus ensinou aos seus discípulos quando lhes prometeu que lhes enviaria o Espírito Santo. Isso aconteceu na noite em que Jesus foi traído. Sua crucificação se aproximava, e os discípulos estavam assustados e confusos. Quando Jesus falou com eles sobre sua partida, o coração deles ficou perturbado (João 14:1-2). Nessa hora agitada, eles tinham medo de ser abandonados. Mas Jesus lhes garantiu que eles não teriam que lutar sozinhos. Ele os confortou com esta maravilhosa promessa:

> "E eu pedirei ao Pai, e ele lhes dará outro Conselheiro para estar com vocês para sempre, o Espírito da verdade. O mundo não pode recebê-lo, porque não o vê nem o conhece. Mas vocês o conhecem, pois ele vive com vocês e estará em vocês. Não os deixarei órfãos; voltarei para vocês. Dentro de pouco tempo o mundo já não me verá mais; vocês, porém, me verão. Porque eu vivo, vocês também viverão. Naquele dia compreenderão que estou em meu Pai, vocês em mim, e eu em vocês. Quem tem os meus mandamentos e lhes obedece, esse é o que me ama. Aquele que me ama será amado por meu Pai, e eu também o amarei e me revelarei a ele." Disse então Judas (não o Iscariotes): "Senhor, mas por que te revelarás a nós e não ao mundo?". Respondeu Jesus: "Se alguém me ama, guardará a minha palavra. Meu Pai o amará, nós viremos a ele e faremos nele morada. Aquele que não me ama não guarda as minhas palavras. Estas palavras que vocês estão ouvindo não são minhas; são de meu Pai que me enviou. Tudo isso lhes tenho dito enquanto ainda estou com vocês. Mas o Conselheiro, o Espírito Santo, que o Pai enviará em meu nome, lhes ensinará todas as coisas e lhes fará lembrar tudo o que eu lhes disse".

"Conselheiro", no versículo 16, é a palavra grega *paraklētos*, alguém chamado para ajudar outra pessoa. 1João 2:1 aplica a mesma palavra ao próprio Jesus: "Se, porém, alguém pecar, temos um intercessor [*paraklētos*] junto ao Pai, Jesus Cristo, o Justo". Às vezes essa palavra é transliterada como "paráclito". Descreve um assistente espiritual cujo papel é oferecer assistência, socorro, alívio, defesa e orientação — um Conselheiro divino cujo ministério é oferecer aos cristãos exatamente aquilo que tantas pessoas procuram encontrar em vão na terapia!

As promessas que Jesus fez em relação ao Espírito Santo e ao seu ministério são incríveis em seu escopo. Analisemos alguns elementos-chave desse texto.

Um Conselheiro divino

A palavra traduzida como "outro" (João 14:16) é essencial para entender a natureza do Espírito Santo. O texto grego tem uma precisão que não se evidencia tanto em português. Duas palavras gregas podem ser traduzidas como "outro". Uma delas é *heteros*, que significa "outro tipo, um tipo diferente", como em: "Se este não for o estilo que você quer, tente outro". *Allos* também é traduzido como "outro", mas significa "outro do mesmo tipo", como em: "Esse biscoito estava gostoso, posso comer outro?".

Jesus usou *allos* para descrever o Espírito Santo. "Outro [*allos*] Conselheiro [do mesmo tipo]". Ele estava prometendo que enviaria um Conselheiro para os seus discípulos que seria exatamente igual a ele, um Paráclito compassivo, amoroso e divino. Eles haviam se tornado dependentes do ministério de Jesus. Ele havia sido o Conselheiro maravilhoso, o Mestre, Líder, Amigo, e havia lhes mostrado o Pai. Mas, a partir daquele momento, eles teriam outro Paráclito, um igual a Jesus, para satisfazer às suas necessidades.

Aqui, pela primeira vez, Jesus deu aos seus discípulos um ensinamento extenso sobre o Espírito Santo e seu papel. Observe que o Senhor falou sobre o Espírito como uma pessoa, não como uma influência, não como um poder místico, não como uma força etérea, impessoal. O Espírito tem todos os atributos de uma personalidade (mente, Romanos 8:27; emoções, Efésios 4:30; e vontade, Hebreus 2:4) e todos os atributos da deidade (veja Atos 5:3-4). Ele é outro Paráclito, da mesma essência de Jesus.

Havia, porém, uma diferença significativa: Jesus estava voltando para o Pai, mas o Espírito Santo estaria "com vocês para sempre" (João 14:16). O Espírito Santo é um Paráclito constante, seguro, confiável e divino, graciosamente concedido por Cristo aos seus discípulos, para que ele estivesse com eles para sempre.

Um Guia para a verdade

É notável que Jesus se referisse ao Espírito Santo como "Espírito da verdade" (v. 17). Como Deus, ele é a essência da verdade; como Paráclito, é aquele que nos guia para a verdade. Por isso, sem ele é impossível ao ser humano pecaminoso conhecer ou compreender qualquer verdade espiritual. Jesus disse: "O mundo não pode recebê-lo, porque não o vê nem o conhece" (v. 17). Confirmando essa verdade, Paulo escreveu: "Deus revelou a nós [as coisas que o mundo não vê nem conhece] por meio do Espírito. O Espírito sonda todas as coisas, até mesmo as coisas mais profundas de Deus. [...] Nós, porém, não recebemos o espírito do mundo, mas o Espírito procedente de Deus, para que entendamos as coisas que Deus nos tem dado gratuitamente. [...] Quem não tem o Espírito não aceita as coisas que vêm do Espírito de Deus, pois lhe são loucura; e não é capaz de entendê-las, porque elas são discernidas espiritualmente" (1Coríntios 2:10,12,14).

As pessoas não regeneradas não têm a percepção espiritual. Elas não podem compreender a verdade espiritual porque estão mortas espiritualmente (Efésios 2:1); são incapazes de reagir a qualquer outra coisa, senão às suas próprias paixões pecaminosas. Os cristãos, por sua vez, aprendem a verdade espiritual por meio do próprio Deus (veja João 6:45). Na verdade, grande parte do ministério do Espírito Santo aos cristãos envolve sua instrução (João 14:26; 1Coríntios 2:13; 1João 2:20,27); guiá-los para a verdade de Cristo (João 16:13-14) e iluminar a verdade para eles (1Coríntios 2:12).

Essa promessa de um Mestre sobrenatural tinha uma aplicação especial para os 11 discípulos. Muitas vezes, eles tinham dificuldades de entender imediatamente o ensinamento de Jesus. Na verdade, muito daquilo que ele lhes disse só foi compreendido por eles após a ressurreição de Jesus. Em João 2:22, por exemplo, lemos: "Depois que ressuscitou dos mortos, os seus discípulos lembraram-se do que ele tinha dito. Então creram na Escritura e na palavra que Jesus dissera". João 12:26 diz: "A princípio seus discípulos não entenderam isso. Só depois que Jesus foi glorificado, perceberam que lhe fizeram essas coisas, e que elas estavam escritas a respeito dele". Em João 16:12, Jesus diz: "Tenho ainda muito que lhes dizer, mas vocês não o podem suportar agora".

Após Jesus subir ao céu, um dos ministérios cruciais do Espírito Santo era lembrar os discípulos daquilo que Jesus dissera e ensinar-lhes o significado do que ele ensinara: "Tudo isso lhes tenho dito enquanto ainda estou com vocês. Mas o Conselheiro, o Espírito Santo, que o Pai enviará em meu nome, lhes ensinará todas as coisas e lhes fará lembrar tudo o que eu lhes disse" (João 14:25-26).

Isso significa que o Espírito Santo capacitou os discípulos a se lembrarem das exatas palavras que Jesus havia lhes falado, de modo que, quando eles as documentaram, as palavras eram perfeitas e sem erro. Isso garantiu que os relatos dos Evangelhos fossem registrados de modo infalível, e que o ensinamento apostólico permanecesse inalterado.

Mas essa promessa do Senhor revela o Espírito Santo também como Mestre sobrenatural que apresenta a verdade ao coração daqueles em quem reside. O Espírito nos guia para a verdade da Palavra de Deus. Ele nos instrui, confirma a verdade em nosso coração, nos convence dos nossos pecados e, muitas vezes, nos lembra de verdades e declarações específicas das Escrituras que precisam ser aplicadas à nossa vida. Como observamos: "Olho nenhum viu, ouvido nenhum ouviu, mente nenhuma imaginou o que Deus preparou para aqueles que o amam, mas Deus o revelou a nós *por meio do Espírito*" (1Coríntios 2:9-10; grifo meu).

Como mestre divino que reside em nós, o Espírito da Verdade preenche uma função da qual nenhum conselheiro humano consegue se aproximar. Ele está constantemente presente, indicando o caminho da verdade, aplicando-a diretamente ao nosso coração, incentivando que nos adequemos à verdade — ou seja, santificando-nos na verdade (João 17:17).

A presença que reside em nós

Observe um pouco mais de perto as palavras de Jesus no final de João 14:17: "Ele vive com vocês e estará em vocês". O Senhor estava prometendo que o Espírito Santo passaria a residir permanente e ininterruptamente em seus discípulos. O Espírito não estaria apenas presente com eles; a verdade maior era que ele viveria neles para sempre.

Essa verdade do Espírito, que reside permanentemente em nós, é uma das maravilhosas realidades da nova aliança. Ezequiel 37:14 predisse isso: "Porei o meu Espírito em vocês, e vocês viverão". No Antigo Testamento, o Espírito Santo estava muitas vezes presente com os fiéis, mas ele nunca residiu neles. Além disso, sua presença parecia ser condicional; por isso, Davi orou: "Não me expulses da tua presença, nem tires de mim o teu Santo Espírito" (Salmos 51:11).

Na era do Novo Testamento, porém, os cristãos têm um Paráclito que reside neles sempre, não *com eles*, mas *dentro deles*. Na verdade, a presença do Espírito em nós é uma das provas da salvação: "Entretanto, vocês não estão sob o domínio da carne, mas do Espírito, se de fato o Espírito de Deus habita em vocês. E, se alguém não tem o Espírito de Cristo, não pertence a Cristo" (Romanos 8:9).

A promessa de Jesus em João 14 de que o Espírito Santo residiria nos discípulos não se limitava aos 11 apóstolos presentes naquela noite. O Espírito Santo reside em cada cristão. No versículo 23, Jesus diz: "Se *alguém* me ama, guardará a minha palavra. Meu Pai o amará, nós viremos a ele e faremos nele morada" (grifo meu). Paulo, escrevendo aos coríntios, disse: "Acaso não sabem que o corpo de vocês é santuário do Espírito Santo que habita em vocês, que lhes foi dado por Deus, e que vocês não são de si mesmos?" (1Coríntios 6:19). Assim, cada cristão desfruta da presença permanente e contínua do Espírito Santo dentro de si.

União com Cristo

Em João 14:18-19, Jesus continua: "Não os deixarei órfãos; voltarei para vocês. Dentro de pouco tempo o mundo já não me verá mais; vocês, porém, me verão". Cristo sabia que, dentro de poucas horas, ele seria crucificado. Seu ministério na terra estava chegando ao fim. Mas ele garantiu aos seus discípulos que não os deixaria completamente. Eles continuariam a vê-lo.

O que isso significa? Em que sentido eles seriam capazes de vê-lo? Essa promessa parece conter dois elementos-chave. Em primeiro lugar, estava dizendo a eles, indiretamente, que haveria de ressuscitar dentre os mortos. A morte não o derrotaria nem encerraria o ministério dele em suas vidas. Em segundo lugar, prometeu: "voltarei para vocês" (v. 18). Essa promessa pode ser interpretada de várias formas. Alguns a veem como referência à segunda vinda. Outros, como uma promessa de que Jesus apareceria a eles após sua ressurreição. Nesse contexto, porém, a promessa parece estar vinculada à vinda do Espírito Santo para neles habitar. O que Jesus parece estar dizendo é que estaria espiritualmente presente nos discípulos por meio da ação do Espírito Santo. Compare isso à promessa subsequente que ele fez pouco antes de subir ao céu: "Eu estarei sempre com vocês, até o fim dos tempos" (Mateus 28:20). Em que sentido ele está "com" seus eleitos? E em que sentido eles o "veriam"? A resposta parece ser que ele residiria neles por meio do Espírito Santo.

Essa doutrina é chamada de "união com Cristo". John Murray escreveu: "A união com Cristo é, de fato, a verdade central de toda a doutrina da salvação".[5] Todos os cristãos são reunidos com Cristo pelo Espírito Santo numa união inseparável. Às vezes, as Escrituras descrevem essa união como nós estando *em Cristo* (veja 2Coríntios 5:17; Filipenses 3:9) e, às vezes, como Cristo estando *em nós* (veja Romanos 8:10; Gálatas 2:20; Colossenses 1:27). Algumas passagens até reúnem os dois conceitos: "Permaneçam em mim, e eu permanecerei em vocês" (João 15:4). "Sabemos que permanecemos nele, e ele em nós, porque ele nos deu do seu Espírito" (1João 4:13).

Como mostra o último versículo, nossa união com Cristo é inextricavelmente vinculada à morada do Espírito Santo em nós. É por meio dele que nos tornamos um com Cristo, e também é por meio do Espírito Santo que Cristo vive em nosso coração. Aqueles nos quais reside o Espírito operam numa dimensão diferente. Estão vivos espiritualmente. Eles se comunicam com Cristo. Avançam e participam da vida do Espírito. Têm a mente de Cristo (1Coríntios 2:16).

Jesus continua com suas palavras de conforto aos discípulos em João 14: "Naquele dia compreenderão que estou em meu Pai, vocês em mim, e eu em vocês" (v. 20). Aqui, Cristo ressalta nossa união espiritual com ele e sua própria união com o Pai. Parece evidente que, naquela noite terrível em que Jesus estava prestes a ser traído, os discípulos ainda não compreendiam o mistério do relacionamento de Cristo com o Pai. Tampouco compreendiam o conceito de sua própria união com Cristo. Mas Jesus lhes disse que chegaria o tempo em que eles começariam a entender a riqueza dessa realidade: "Naquele dia compreenderão" (v. 20) parece referir-se ao dia de Pentecostes, quando o Espírito Santo veio em poder.

O que aconteceu naquele dia demonstra o poder do Espírito de Deus de nos instruir, de desfazer nossa confusão e de nos capacitar para o serviço. De repente, Pedro se levantou e começou a pregar com um poder, uma clareza e uma ousadia que eram estranhos a ele. É como se, de repente, tudo se encaixasse espiritualmente para ele. Ele tinha a mente de Cristo e foi imediatamente transformado de um discípulo covarde e confuso em um apóstolo destemido e assertivo. Por meio da fé, ele foi unido com Cristo e preenchido com o Espírito Santo. Agora, ele tinha acesso a um poder e a uma confiança tais que nunca demonstrara antes.

O amor de Deus

Há pelo menos mais um aspecto importante na promessa de Jesus aos discípulos naquela última noite. Ele lhes disse: "Quem tem os meus mandamentos e lhes obedece, esse é o que me ama. Aquele que me ama será amado por meu Pai, e eu também o amarei e me revelarei a ele" (João 14:21). Aqui, Jesus repete uma afirmação feita poucos versículos antes ("Se vocês me amam, obedecerão aos meus mandamentos", v. 15), expandindo essa verdade em uma promessa do amor do Pai que graciosamente é estendido àqueles que seguem o Filho.

Essa passagem descreve o relacionamento do cristão com o Pai e o Filho. Amamos Cristo, portanto, obedecemos aos seus mandamentos. Aqueles que amam Cristo são amados pelo Pai, e Cristo se manifesta a eles. O papel do Espírito não é mencionado explicitamente aqui, mas é o Espírito dentro de nós que nos capacita a amar e a obedecer a Cristo: "Deus derramou seu amor em nossos corações, por meio do Espírito Santo que ele nos concedeu" (Romanos 5:5). Deus não nos ama *porque* nós amamos o Filho. Pelo contrário: nosso amor por ele é fruto de sua graça para conosco. O apóstolo João diz em outro lugar: "Nós amamos porque ele nos amou primeiro" (1João 4:19).

Assim, o cristianismo envolve um relacionamento sobrenatural com a Trindade. O Espírito habita no cristão, incentiva desejos justos e afetos santos, derrama o amor de Deus em nosso coração. Assim, o cristão ama Cristo e procura obedecer-lhe. Além do mais, tanto o Pai quanto o Filho prometem seu amor ao cristão, e Cristo se manifesta continuamente nesse amor. O cristão é, portanto, o beneficiário de um relacionamento amoroso que envolve o Pai, o Filho e o Espírito Santo.

A essa altura do discurso de Jesus, Judas, não o Iscariote, mas o discípulo que também era chamado de Lebeu e Tadeu, se manifestou: "Senhor, mas por que te revelarás a nós e não ao mundo?" (João 14:22). Jesus respondeu: "Se alguém me ama, guardará a minha palavra. Meu Pai o amará, nós viremos a ele e faremos nele morada" (v. 23).

Essa resposta simplesmente repete o que o Senhor dissera nos versículos 15 e 21. Mas Jesus continuou: "Aquele que não me ama não guarda as minhas palavras. Estas palavras que vocês estão ouvindo não são minhas; são de meu Pai que me enviou" (v. 24). A implicação é clara: o Senhor Jesus não se manifestará aos desobedientes. Aqueles que não amam Cristo, que não o desejam e que se recusam a obedecer às suas palavras são excluídos de qualquer relacionamento ou comunhão com ele.

Além do mais, aqueles que rejeitam o Filho rejeitam também o Pai. Quando rejeitam os mandamentos de Cristo, zombam da Palavra do Pai. Desligam-se de qualquer benefício espiritual da comunhão com Deus.

Isso levanta uma questão essencial ao tema do aconselhamento bíblico. O conselheiro bíblico pode oferecer qualquer ajuda a não cristãos? Se o aconselhado não tem acesso aos recursos espirituais que Jesus descreveu, se o Espírito Santo não habita nele e se a pessoa não tiver comunhão com o Pai ou com o Filho, qualquer tipo de aconselhamento consegue ajudar a resolver os problemas que levaram essa pessoa a procurar ajuda?

A resposta parece óbvia. Alguns problemas superficiais podem ser resolvidos por meio da aplicação de princípios bíblicos. Por exemplo: um marido pode ser encorajado a viver sua vida com a esposa de modo compreensivo (1Pedro 3:7), e a qualidade do casamento poderá melhorar um pouco. Ou um jovem que tem dificuldades de se submeter à autoridade pode aprender a importância de obedecer aos pais ou a figuras de autoridade, evitando assim alguns conflitos. Porém, sem a influência regeneradora do Espírito Santo, nenhum aconselhamento conseguirá resolver os problemas essenciais do ser humano. Conformidade externa — até mesmo à lei bíblica — não reverte os efeitos do pecado.

Por isso, a prioridade do conselheiro bíblico é determinar se o aconselhado é convertido. Os não convertidos precisam ser apresentados à necessidade de redenção, acima de tudo — ou seja, da forma como Jesus modelou o aconselhamento. Quando Nicodemos o procurou no meio da noite, Jesus lhe disse: "Você precisa nascer de novo" (João 3:7).

O Espírito Santo no aconselhamento bíblico

O novo nascimento é obra soberana do Espírito Santo (João 3:8). Cada aspecto de um crescimento espiritual real na vida do cristão é causado pelo Espírito, por meio da verdade das Escrituras (João 17:17). O conselheiro que não entender esse ponto experimentará fracasso, frustração e desencorajamento.

Apenas o Espírito Santo pode operar as mudanças fundamentais no coração humano. Por isso, ele é um agente indispensável em todo aconselhamento bíblico eficaz. O conselheiro, armado com a verdade bíblica, pode oferecer orientação objetiva e apontar passos para a mudança. Contudo, se o Espírito Santo não estiver operando no coração do aconselhado, qualquer mudança aparente será ilusória, superficial ou temporária, e o mesmo problema, ou problemas piores aparecerão em breve.

No início deste capítulo, falamos sobre a futilidade de buscar as soluções para nossos problemas dentro de nós. E certamente é verdade que aqueles que se concentram em si mesmos, nos traumas de sua infância, em seus sentimentos feridos, em seus desejos emocionais ou em outras fontes egocêntricas jamais encontrarão respostas autênticas para os seus problemas.

O cristão verdadeiro, porém, tem um Conselheiro que reside dentro dele. É o Espírito Santo, que aplica a verdade objetiva das Escrituras no processo da santificação. Mas nem mesmo o Espírito volta nossa atenção para dentro de nós ou para si mesmo. Ele volta nosso olhar para cima, para Cristo. Jesus disse: "Quando vier o Conselheiro, que eu enviarei a vocês da parte do Pai, o Espírito da verdade que provém do Pai, *ele testemunhará a meu respeito*" (João 15:26).

No fim das contas, a atenção do aconselhado precisa se voltar para Cristo. "E todos nós, que com a face descoberta contemplamos a glória do Senhor, segundo a sua imagem estamos sendo transformados com glória cada vez maior, a qual vem do Senhor, que é o Espírito" (2Coríntios 3:18). Isso é o processo da santificação. E é o objetivo final de todo aconselhamento verdadeiramente bíblico.

7

Disciplina espiritual e conselheiro bíblico

Robert Smith

Quando ouvimos que um conselheiro se envolveu em pecado sexual com uma aconselhada, perguntamos: "Como isso aconteceu? Como poderia ter sido evitado?". Então, é fácil acrescentar: "Isso nunca acontecerá comigo!".

Talvez você conheça um conselheiro que é excessivamente gordo e, mesmo assim, é excelente em seu trabalho como conselheiro. Surge então novamente uma pergunta: "Como essa pessoa pode ajudar alguém a desenvolver disciplina em sua vida se ele (ou ela) é obviamente indisciplinado?".

Essas perguntas nos levam a refletir sobre uma necessidade básica na vida de um conselheiro bíblico: a disciplina espiritual. Isso vale especialmente à luz da advertência de Paulo de que aqueles que queiram restaurar uns aos outros precisam ter o cuidado de não se envolver com o pecado do ofensor (Gálatas 6:1). Os conselheiros bíblicos precisam ter um relacionamento cada vez maior com o Senhor, precisam crescer em conhecimento e em obediência à Palavra de Deus e precisam estar cientes de seu potencial para pecar.

O relacionamento com o Senhor

O conselheiro bíblico precisa, é claro, ser nascido de novo, pois como um conselheiro poderia usar corretamente a Palavra de Deus se o Espírito não residir nele? E como um conselheiro pode encorajar outros a mudar sua conduta e crescer em seu relacionamento com o Senhor se ele mesmo não for um modelo do poder transformador do evangelho? Na discussão a seguir, descreveremos oito elementos essenciais da disciplina espiritual para manter um relacionamento cada vez mais profundo com Jesus Cristo.

Ler a Palavra de Deus

A fim de aplicar corretamente a Palavra de Deus a situações de aconselhamento, precisamos conhecê-la e praticá-la. Precisamos ler a Bíblia e estudá-la a fim de aplicá-la à nossa vida antes de usá-la eficientemente na sala de aconselhamento. Um programa de leitura regular pode ser um método útil. Existem muitas maneiras diferentes de estudar a Bíblia. Um método pode ser produtivo para uma pessoa, enquanto outro método pode ser mais eficaz para outra. Conselheiros que estudam a Bíblia para um sermão, ou uma aula de escola dominical, ou para uma instrução bíblica descobrirão que os conhecimentos adquiridos por meio desse estudo naturalmente afetarão o aconselhamento.

Memorizar as Escrituras

A memorização das Escrituras é uma parte essencial do relacionamento do conselheiro com Deus, e é também um meio de aumentar o conhecimento pessoal da Palavra a ser usado com outros. À medida que o conselheiro aplicar as passagens decoradas ao dia a dia, ele ou ela será capaz de ajudar o aconselhado a também usá-las de forma eficaz. A Bíblia é a espada do Espírito, e o conselheiro precisa ter essa espada à sua disposição, preparada a qualquer momento: não só na prática pessoal, mas também nas sessões de aconselhamento.

Sugiro utilizar um guia na memorização das Escrituras. Quando memorizar as Escrituras, tente decorar passagens, não versículos individuais (se não forem provérbios), a fim de evitar a aplicação desses versículos fora de seu contexto. Memorize versículos que são úteis em sua própria vida e versículos que ensinam doutrinas aplicáveis a problemas de aconselhamento. Em seu livro *What to Do on Thursday* [O que fazer na quinta-feira], o dr. Adams incluiu uma lista excelente de versículos que são especificamente benéficos para o aconselhamento.[1]

Orar

Muitas vezes os aconselhados têm uma visão errada da oração. Para que os conselheiros possam ajudar essas pessoas a entender a oração, eles precisam ter uma compreensão correta da oração e praticar a oração.

Por que precisamos orar? A Bíblia oferece muitas razões, mas três são especialmente importantes. Em primeiro lugar, Deus ordena que oremos (Colossenses 4:2; 1Tessalonicenses 5:17). Em segundo lugar, Cristo foi um exemplo de oração para nós (Marcos 1:35; Lucas 6:12). Se ele, o homem perfeito e sem pecado, orou, quanto mais nós deveríamos fazê-lo? Em terceiro lugar, já que Cristo nos ensinou a orar, podemos supor que ele quer que oremos. Oração é um ato de obediência e de adoração a Deus (Mateus 6:5-9).

A oração é basicamente uma comunicação unilateral com Deus. Não esperamos que ele fale conosco de algum modo místico por meio da oração, porque ele já falou por meio de sua Palavra. Se quisermos ouvi-lo, precisamos "estudar cuidadosamente as Escrituras".

Precisamos lembrar também a nós mesmos (e, frequentemente, aos nossos aconselhados) que Deus responde a orações com respostas que nem sempre são um "sim" imediato. Em Atos, por exemplo, o pedido de Paulo de ir a Roma para pregar foi respondido de outra forma. Ele foi como prisioneiro, com todas as despesas pagas pelo governo romano! Às vezes, as respostas às orações são adiadas. George Mueller passou a vida inteira orando por um homem, mas nunca chegou a vivenciar a resposta à sua oração. Anos após a morte de Mueller, o homem foi salvo.

A fim de desenvolver um hábito de oração, pode ser útil agendar um horário para orar. Quando orar, faça uso eficaz de seu tempo, orando com a ajuda de uma lista. Alguns itens da lista podem ser priorizados para a oração diária; outros, agendados para a oração semanal. Orar todos os dias por uma necessidade não é tão importante quanto orar regularmente. E entenda que uma oração longa não é boa simplesmente por ser longa. Em alguns dias, quando crises e outras responsabilidades dominarem sua agenda, um horário de oração pode ser reduzido a uma oração no meio da correria. Mas em outros dias você pode voltar ao seu hábito de oração regular.

O ministério do aconselhamento é impossível sem a orientação do Espírito na compreensão da Palavra. Os conselheiros precisam buscar essa ajuda em oração para entender e utilizar corretamente a espada da verdade ao lidar com os problemas dos aconselhados. Quando colhemos informações, precisamos do auxílio do Espírito para juntar corretamente todos os pedaços. Precisamos também depender continuamente do Espírito Santo para que ele solucione os problemas dos aconselhados. A mudança na vida dos aconselhados será proporcional à sua compreensão dos princípios bíblicos que se aplicam à sua situação. Mesmo que um conselho sábio de um conselheiro possa causar uma mudança externa, essa mudança não será permanente. Apenas o Espírito pode dar a compreensão e a motivação necessárias para uma mudança permanente. Os conselheiros precisam orar para que o Espírito opere na vida dos aconselhados e orar para que sua própria vida sirva como exemplo de obediência aos princípios bíblicos e de crescimento constante no conhecimento da Palavra de Deus.

Aqui estão duas observações de Jay Adams sobre a oração:

> A oração é um recurso que Satanás não tem e sobre o qual a carne nada sabe. Mas é um recurso nosso — um recurso poderoso que o Senhor nos adverte a não negligenciar. É claro que orar com fé é difícil, como os discípulos descobriram e como todos nós sabemos. E é justamente aqui que muitas batalhas são perdidas. Pessoas que conhecem a Palavra, cujas mentes estão focadas nos objetivos certos e que querem vencer a guerra interior, ainda assim fracassam, pois não oram.
>
> É importante ter a ajuda do Espírito tanto na oração como na própria batalha [...]. Se Deus provê todas as necessidades na batalha, inclusive a oração na qual você pede sua providência, então não cometa qualquer erro — não há desculpa para o fracasso. Você nem pode alegar que não sabe como orar![2]

Relacionar-se com uma igreja local

Manter um relacionamento com um corpo local de cristãos é parte essencial do relacionamento entre o conselheiro e o Senhor. Esse relacionamento é ordenado pela Bíblia. Das mais ou menos 110 referências à Igreja no Novo Testamento, mais de 90 se referem à igreja local. No Novo Testamento, os cristãos tinham a prática de se reunirem com a assembleia local (Atos 2:41,47). Assim, se tentarmos ministrar isolados de uma igreja local, estaremos ignorando a visão e o propósito de Deus para a Igreja.

Há muitos benefícios para o conselheiro que mantém um relacionamento com uma igreja local. Um dos benefícios é a pregação da Palavra. É aqui que o conselheiro é alimentado para além de seus estudos pessoais. Nenhum cristão está submerso demais na Palavra para não precisar da pregação da Palavra. Um relacionamento irregular com uma igreja local apenas impedirá o crescimento espiritual do conselheiro e, portanto, de seu ministério de aconselhamento. Outro benefício de manter laços íntimos com uma igreja local é que isso o obriga a prestar contas — prestar contas pela disciplina, pelo arrependimento e pela restauração. Um conselheiro que é membro de uma igreja local aceita essa proteção e se declara submisso aos princípios bíblicos em todos os aspectos da vida.

Submissão à autoridade de outros líderes da igreja é muito importante para conselheiros. Assim, servem como exemplo da submissão à Palavra de Deus e à liderança imperfeita para os aconselhados, pois estes também precisam se submeter a uma autoridade que não é perfeita. Aqueles que recusam se submeter à liderança da igreja local perdem todas as bênçãos que Deus promete à submissão bíblica, e não têm respostas para todos aqueles que se encontram em situações semelhantes e que procuram por aconselhamento.

Adorar

O cristão é instruído a adorar, portanto essa deve ser uma parte importante também da vida do conselheiro. Adoração não é uma experiência ou um sentimento agradável, é um respeito e uma reverência conscientes ao Deus santo, uma adoração focada nele. Sem adoração, é fácil minimizar o pecado e falhar no crescimento espiritual que agrada a Deus. A adoração nos conscientiza de nossas necessidades espirituais.

A igreja é o lugar bíblico para a adoração coletiva. A música, a ordem do culto e tudo que é feito deve estar voltado para o sermão, pois isso ajuda os ouvintes a realizar o ato supremo de adoração: a obediência diária a Deus.

A adoração inclui louvor e ações de graça por aquilo que o Senhor está fazendo na vida do conselheiro e na vida dos aconselhados. Louvor e ações de graças ajudam a evitar desencorajamento quando lidamos com os problemas mais difíceis. Assim, esses problemas se transformam em oportunidades de louvar a Deus por aquilo que ele tem feito e pode fazer.

Ter uma teologia correta

Já que a base de quase todos os problemas de aconselhamento são problemas doutrinais, uma compreensão correta de teologia é essencial para o conselheiro bíblico. Isso não significa que podemos encontrar as respostas para os problemas de aconselhamento num manual de teologia. Nosso manual é a Bíblia, e se entendermos a Bíblia corretamente seguiremos uma teologia correta.

Para o conselheiro é particularmente importante ter uma compreensão correta da teologia do pecado. Muitos problemas de aconselhamento são um resultado direto do pecado, mesmo assim frequentemente os conselheiros minimizam o pecado. Eles não entendem a doutrina do pecado, não entendem quão sério e quão insistente o pecado é, nem o que Deus pensa sobre o pecado ou o que precisam fazer para evitar praticá-lo. Uma teologia correta é necessária também em outras situações de aconselhamento. Por exemplo, quando um marido não ama sua esposa como deveria, ele não entende a doutrina de Cristo: seu amor pela igreja, suas demonstrações desse amor e seu desejo de obedecer ao Pai. Em todos os problemas de aconselhamento que envolvem um conflito com outra pessoa, há evidências de uma falha no relacionamento dessa pessoa com Deus.

Uma teologia correta é essencial também para entender o aconselhamento bíblico em oposição a outras formas e filosofias de aconselhamento. Alguns tipos de aconselhamento que se chamam "cristãos" tentam manipular os outros — até mesmo Deus — usando a Bíblia ou alegando que a Bíblia é insuficiente e que os conselheiros modernos precisam acrescentar sua própria sabedoria à sabedoria da Bíblia. Uma compreensão correta da teologia da Bíblia ajuda a resolver essas questões.

Ser semelhante a Cristo

Romanos 8:28-29 ensina que o objetivo de todo cristão é tornar-se mais semelhante a Cristo. Tudo que acontece na vida de uma pessoa é divinamente orquestrado para ajudar essa pessoa a se tornar mais semelhante ao Filho de Deus (2Coríntios 3:18). Isso precisa ser um objetivo prioritário na vida do conselheiro.

Ser um administrador

Cristãos são administradores de tudo aquilo que Deus lhes confiou. Nada possuímos que Deus não nos tenha dado, e tudo o que nos foi confiado tem a finalidade de glorificar o Senhor. Isso inclui o cônjuge, os filhos, as habilidades, os bens e o ministério. Ao nos confiar tudo isso, Deus espera que façamos uso fiel para a sua glória (1Pedro 4:10).

O RELACIONAMENTO COM OUTROS

Um relacionamento crescente com o Senhor não basta para qualificar alguém como conselheiro bíblico, por mais recomendável e necessário que isso seja. Um amor espiritual autêntico pelas pessoas também é uma exigência primária.

Evangelizar os outros

Um conselheiro bíblico precisa evangelizar, porque a Palavra de Deus o ordena (Mateus 28:19-20; Marcos 16:15; Atos 1:8). Além disso, sem evangelismo não há necessidade de aconselhamento, visto que é impossível aconselhar biblicamente o não cristão. Adams afirmou corretamente que só podemos fazer pré-aconselhamento de não cristãos para prepará-los para a salvação por meio do relacionamento de aconselhamento.[3] Assim, o conselheiro precisa ser capaz de mostrar às pessoas, com base na Bíblia, como elas podem obter o dom da vida eterna. Um conselheiro que não se entristece com o destino eterno das almas perdidas perdeu o foco primário da vida e de todo o ministério de Cristo.

O sucesso no evangelho não se mede pelos resultados, mas pela sua apresentação cuidadosa e correta. Isso inclui todos os aspectos que permitem apresentar a boa-nova. Uma pessoa que está construindo pontes de relacionamentos com outros já fez um bom começo em evangelismo, mesmo que ainda não tenha apresentado o evangelho. Ser tudo para todos os homens para melhorar a apresentação da mensagem da salvação é essencial e parte do sucesso (1Coríntios 9:19-23). No entanto, é também verdade que, se nos limitarmos a construir pontes e nunca as usarmos para levar o evangelho para o outro lado (talvez por causa de uma falha pessoal, como medo ou negligência), isso também não é sucesso.

O evangelismo é de importância especial no aconselhamento bíblico porque, a não ser que o aconselhado experimente (ou tenha experimentado) a fé salvadora, não pode haver muito progresso no processo de aconselhamento. O conselheiro pode usar a Bíblia para melhorar uma situação de vida dos aconselhados, mas precisa sempre lhes dizer abertamente que eles jamais alcançarão todo o sucesso que Deus deseja para eles, porque não têm a ajuda do Espírito em seu interior. Por não entender sua Palavra, eles se contentarão com muito menos do que o Espírito pode oferecer (2Coríntios 4:4). Em casos assim, o sucesso no aconselhamento pode ser definido como melhoria das circunstâncias, mas não pode ser considerado uma mudança para a glória de Deus. No processo de solucionar problemas do dia a dia, o conselheiro não pode perder de vista o problema maior do destino eterno do aconselhado.

Discipular os outros

O aconselhamento bíblico é simplesmente uma extensão do discipulado. Não há distinção nítida entre os dois. O discipulado pode ser descrito como ensinamento dos princípios cristãos básicos, enquanto o aconselhamento usa esses princípios para lidar com situações específicas na vida de uma pessoa. O aconselhamento mais produtivo resulta do ministério de discipulado de uma pessoa após a salvação, da instrução desse indivíduo sobre os princípios básicos da vida cristã. Conselheiros bíblicos que queiram ver vidas transformadas precisam ser discipuladores incansáveis.

Servir aos outros

Jesus não veio para este mundo para ser servido, mas para servir (Mateus 20:28). Se o Criador veio para servir àqueles que foram criados, quanto mais deveriam aqueles que foram criados estarem dispostos a servir. O ministério do aconselhamento não deve se concentrar em gerar renda, mas em servir. O serviço aos outros é essencial para estabelecer a integridade e a autenticidade no aconselhamento bíblico. O conselheiro deve constituir-se servo em casa, na igreja e até mesmo em posições de liderança.

Lidar com críticas

Uma das melhores maneiras de lidar positivamente com a crítica é abordá-la como situação de aprendizado. Torne-se aluno de seu crítico, especialmente se você acredita ter recebido uma crítica injusta. Mesmo que a reação natural em momentos em que acreditamos ser inocentes seja defender-nos ou tentar convencer o acusador da nossa inocência, é melhor aprender como o crítico chegou à sua conclusão. Precisamos perguntar sobre a observação que levou o acusador a fazer sua acusação. A resposta a essa pergunta pode nos ensinar como os outros com os quais nos comunicamos nos veem. Podemos ter sido totalmente inocentes em nossos pensamentos e motivos, mas, sem querer, podemos ter comunicado algo diferente.

Por exemplo: você pode ser acusado de ter se irritado com um aconselhado. Ao refletir sobre sua última sessão de aconselhamento, você pode não se lembrar de qualquer irritação ou tensão com a pessoa durante a discussão. Mas, quando perguntar o que levou a pessoa a pensar que você se irritou, descobrirá que, enquanto falava, você estava com uma expressão carrancuda, parecia inquieto e sua voz era um pouco mais firme do que de costume. O aconselhado interpretou essas reações não verbais como demonstrações de irritação. Embora não estivesse irritado, agora você entende por que o aconselhado chegou a essa conclusão, e pode tomar mais cuidado e monitorar sua voz e expressões faciais no futuro.

Quando for desafiado, não corra, mas tente aprender com o conflito. Sua melhor defesa é pedir que o crítico explique sua crítica para que você possa aprender com ela. Provérbios 29:1 nos alerta de que não devemos ignorar a repreensão; em 2Samuel 16:5-13, Davi reconheceu que a crítica de Simei vinha de Deus para o seu benefício. Precisamos nos lembrar de que Deus está no controle dos nossos críticos e de que ele poderia ter impedido a crítica se tivesse considerado isso benéfico, tanto para nós quanto para aquele que nos critica. Ao observar como aprendemos em vez de nos defendermos, o crítico vê uma reação bíblica.

A melhor defesa da inocência é permitir que os fatos a provem, e os únicos fatos são aqueles que podem ser observados. Podemos pedir que um acusador providencie os fatos por trás de sua conclusão e, além disso, questionar em que sentido essa conclusão é legítima, ao mesmo tempo que lembramos a essa pessoa que conclusões sobre *posturas* baseadas em fatos são apenas inferências, e não podem ser tratadas como fatos. Ao demonstrar que não temos medo de expor nossa inocência a uma análise minuciosa, produzimos a melhor defesa para a nossa inocência, mesmo quando a acusação ameaçar a nossa integridade. 1Pedro 2:12 e 3:16 ensinam que um caráter santo é a melhor defesa contra acusações falsas. Se você não tiver nada a esconder ou do que se envergonhar, permita que a qualidade de seu caráter seja examinada de perto. Seu caráter santo provará a sua inocência.

Relacionamentos pessoais

Casamento

A Bíblia ensina que o casamento é uma imagem do amor de Cristo pela sua noiva, a Igreja, e da submissão dessa noiva ao seu Senhor (Efésios 5:22-23). O casamento do conselheiro bíblico deve ser um exemplo desse relacionamento. Se os conselheiros não aplicarem os princípios bíblicos para terem um casamento bem-sucedido, eles não estarão na posição de ajudar os aconselhados em seus matrimônios. Não podemos esperar que outros casais construam um casamento bíblico se nós não o fizermos também.

O companheirismo de um cônjuge é a provisão de Deus para impedir relacionamentos errados com os aconselhados. Deus ordenou que nossas necessidades de intimidade sejam satisfeitas apenas por meio do relacionamento conjugal e por meio de um relacionamento com seu Filho. Mesmo que o casamento não seja completamente livre de problemas, o casamento do conselheiro precisa ser um exemplo de como pessoas amaldiçoadas pelo pecado convivem em harmonia bíblica, mesmo em tempos difíceis. Os conselheiros precisam servir primeiro em seus lares se quiserem demonstrar princípios cristãos para a vida dos aconselhados.

Família

O primeiro ministério do conselheiro se dirige a seu cônjuge e sua família. Não podemos ajudar outros pais com seus filhos se não investirmos o tempo necessário para treinar e disciplinar adequadamente os nossos próprios filhos, que precisam ser criados na instrução e no conselho do Senhor (Efésios 6:4). O tempo que passamos com nossos filhos deve incluir tempos de diversão (fazer o que eles querem) e tempos de instrução espiritual.

O relacionamento consigo mesmo

Gálatas 6:1 adverte os restauradores (conselheiros) sobre a necessidade de estarem cientes de sua própria vida. Eles precisam crescer sempre em seu relacionamento com Cristo. Conselheiros deveriam ser caracterizados como pessoas que estão crescendo e mudando. Nenhum conselheiro é perfeito, pois perfeição é impossível, mas devemos nos tornar cada vez mais semelhantes a Jesus Cristo, que é perfeito. Aqui estão quatro conceitos importantes a serem contemplados em relação a nós mesmos.

O potencial de pecar

Os conselheiros precisam ter uma visão realista de si mesmos e de seu potencial de pecar. Isso faz parte do alerta em Gálatas 6:1, pois, apesar de sermos regenerados, continuamos a viver sob a maldição do pecado. Isso significa que somos capazes de cometer os mesmos pecados que um não cristão. Acreditar em qualquer outra coisa não é apenas teologicamente equivocado, mas também ingênuo e potencialmente perigoso. Com esse fato em mente, devemos tomar todas as precauções para dificultar o pecado (Mateus 5:28-30).

Se, por exemplo, seu relacionamento sexual com seu cônjuge não é aquilo que você esperava, esteja atento ao potencial de ser tentado nessa área. Invista em servir e ministrar ao seu cônjuge e agradeça a Deus por suas qualidades. Quando você perceber uma falha, reconheça que Deus está usando essa circunstância para torná-lo mais semelhante a Cristo. Quando você for tentado a imaginar uma relação sexual com uma pessoa fictícia ou real, reconheça esses pensamentos como pecados e substitua-os imediatamente por pensamentos bíblicos. Se você se sentir atraído por uma aconselhada, reconheça que esse pensamento e sentimento violam sua aliança conjugal. Então, tome todas as precauções necessárias para se afastar de situações tentadoras com essa pessoa.

A reação ao pecado

Um conselheiro que peca precisa fazer aquilo que os aconselhados fazem: arrepender-se e mudar, desenvolvendo um plano específico para essa mudança. É extremamente importante não criar um hábito de se acomodar com o pecado. Não importa quão grande ou pequeno seja, o pecado precisa parar. Como conselheiros que estudam a Palavra de Deus, precisamos permanecer atentos ao ensinamento do Espírito sobre o pecado que se aplica à nossa vida.

Quando somos confrontados com pecado em nossa vida, não podemos ignorá-lo. Se formos culpados, precisamos nos arrepender e mudar. Se formos inocentes, precisamos refletir sobre por que Deus permitiria que fôssemos acusados daquele pecado. Talvez tenhamos que ser mais consistentes em seguir diretrizes protetoras para impedir aquele pecado em nossa vida.

Disciplina pessoal

1Coríntios 3:17 ordena que os cristãos não maculem o seu corpo, que é o templo do Espírito Santo. Essa admoestação inclui também a orientação de cuidarmos adequadamente do nosso corpo. Cuidar de seu corpo inclui dormir o bastante, fazer exercícios diários e disciplinar-se para manter um peso equilibrado.

Sono. A maioria das pessoas precisa de entre sete e oito horas de sono por noite. Pouquíssimas pessoas funcionam bem com menos do que isso, e pouquíssimos que acreditam conseguir funcionar bem realmente conseguem. Os conselheiros não podem permitir que uma agenda lotada os impeça de dormir o bastante. Descanso é tão importante quanto todos os outros aspectos físicos do corpo. Sem descanso, o cansaço dificulta a concentração, especialmente quando estudamos ou ouvimos as palavras de um aconselhado.

Exercícios. Cuidar do nosso corpo inclui também um exercício físico adequado. Numerosos estudos médicos confirmaram a necessidade de exercícios para preservar a saúde e seus benefícios em longo prazo para a saúde física e mental. Exercícios preservam o funcionamento do nosso corpo e ajudam a reduzir o nível de estresse e, portanto, o risco de adoecer. Os conselheiros precisam desenvolver um hábito de exercícios diários e de atividade física. Isso alivia a mente e fornece uma dose extra de energia.

Peso. Manter um peso equilibrado também é um fato importante para a saúde. Para muitos conselheiros que passam a maior parte do dia sentados sem muito esforço físico, isso exige uma medida extra de autodisciplina e determinação não só para estabelecer uma dieta de pouca gordura, mas também para queimar o excesso de calorias por meio de exercícios. Manter seu peso sob controle é uma necessidade, pois como um conselheiro pode insistir que seu aconselhado seja disciplinado em várias áreas de sua vida se o próprio conselheiro não é disciplinado na área fundamental da alimentação e do controle de seu peso?

Uma visão total da vida

Um conselheiro bíblico precisa ver a vida pelo ponto de vista de Deus. Nenhum evento na vida do conselheiro ou do aconselhado é isolado de Deus, que tem controle total e absoluto sobre tudo neste mundo. As Escrituras ensinam que cada aspecto da vida está sob seu controle e que ele usa cada circunstância para a sua glória e em nosso benefício (Romanos 8:28-29). Podemos descansar na certeza de que "Deus jamais busca a sua glória em detrimento do bem de seu povo, tampouco busca o nosso bem em detrimento de sua glória. Ele criou seu propósito eterno de forma que sua glória e o nosso bem estivessem sempre e indissoluvelmente entreligados".[4]

Terceira parte

A prática do aconselhamento bíblico

8. Desenvolvendo um relacionamento de assistência com os aconselhados
9. Injetando esperança no aconselhado
10. Fazendo um inventário do aconselhado: coleta de informações
11. Interpretando os dados do aconselhado
12. Providenciando instrução por meio do aconselhamento bíblico
13. Aconselhamento bíblico e induzimento
14. Implementando a instrução bíblica

8

Desenvolvendo um relacionamento de assistência com os aconselhados

Wayne A. Mack

O aconselhamento bíblico existe para resolver os problemas das pessoas. Trata-se de descobrir as causas de seus problemas e então aplicar a essas causas os princípios bíblicos. Às vezes, um conselheiro bem-intencionado erra no aconselhamento por não cultivar o elemento-chave do *envolvimento*.[1]

Veja a abordagem de um conselheiro descrita em *The Christian Counselor's Casebook* [O livro de registro do conselheiro cristão], de Jay Adams:

> Clara o procura em seu consultório afirmando que ela pediu o divórcio com base em crueldade mental e física.
>
> Clara volta para a terceira sessão. "Tentei trazê-lo para cá, mas ele tinha *outras* coisas para fazer", ela começa. "Você sabe quais são essas outras coisas, é claro. Eu lhe contei tudo sobre elas".
>
> "Não quero ouvir esse tipo de acusações por trás das costas de Marty", você responde. "Essa hostilidade contínua em relação a ele, apesar de você ter dito a ele que o perdoava, parece indicar que você não fez qualquer tentativa de enterrar o assunto e recomeçar. Acho que você não entende o conceito de perdão, você..."
>
> "Perdoar! Você sabe que existe um limite. Talvez consiga perdoar o fato de ele ter me batido, de ele ter gastado todo o nosso dinheiro com bebida, mas encontrá-lo na cama com aquela mulher quando cheguei à nossa casa, isso eu jamais conseguirei enterrar! Ele nada mais é do que um porco imaturo, amoral e animal", ela declara.
>
> Você lhe diz que ela terá que mudar sua linguagem quando falar sobre seu marido e que você está ali para ajudá-la, e não para alimentar sua postura arrogante e ouvir suas acusações cada vez mais hostis contra seu marido.
>
> "Por que você está tomando o partido dele? Sou eu quem pertence a essa igreja!" Ela começa a chorar.[2]

Por que essa sessão se deteriorou completamente antes mesmo de começar? Mesmo que a maior parte daquilo que o conselheiro dissera tenha sido verdade, a sessão tomou o rumo do fracasso, porque o conselheiro optou por uma abordagem mecânica ao aconselhamento.

Quando alguém leva o carro para a oficina, o mecânico consulta o manual, submete o carro a vários testes diagnósticos e então conserta o carro de acordo com o manual. Receio que alguns conselheiros tratam as pessoas dessa forma. Estão interessados apenas em descobrir qual é o problema e o que o manual diz sobre ele. Então, tentam consertá-lo imediatamente sem levar em conta seu relacionamento com o aconselhado.[3]

Essa abordagem ao aconselhamento é falha porque vê o aconselhado como um mecanismo, enquanto o conselheiro bíblico tenta ajudar uma *pessoa* na sua totalidade. Isso não significa, é claro, enfatizar a pessoa a ponto de negligenciar os seus problemas. O cuidado genuíno e a preocupação com o indivíduo nos forçarão a lidar com as pessoas e seus problemas. O crucial é que os conselheiros não cheguem ao ponto de se *orientarem exclusivamente pelos problemas*. O aconselhamento precisa se *orientar pela pessoa*; então, o tratamento dos problemas que fluirá dessa ênfase será inserido no contexto apropriado.

O conselheiro no caso de Clara falhou porque sua abordagem se orientava demais pelos problemas. Aparentemente, ele havia feito pouco para estabelecer um envolvimento com sua aconselhada. Ele não tentou desenvolver um relacionamento facilitador que teria dado a ela a certeza de sua preocupação. Ele poderia ter ouvido e expressado sua simpatia pela dor que ela estava sentindo, mas, em vez disso, ele se adiantou e confrontou o pecado dela.[4] Quase que imediatamente, Clara passou a vê-lo como inimigo ou adversário, não como aliado. Enquanto visse seu conselheiro dessa forma, seus conselhos pouco significariam para ela. Suas palavras poderiam ser verdadeiras e apropriadas à sua situação, mas ela as rejeitaria.

Provérbios 27 diz: "Quem fere *por amor* mostra lealdade" (v. 6) e "Do conselho sincero do homem nasce uma bela *amizade*" (v. 9; grifos meus). Aceitamos melhor os conselhos daqueles que sabemos que estão do nosso lado e em nosso favor. Estes podem falar abertamente sobre nossas falhas, e, mesmo nos sentindo magoados por um tempo, percebemos rapidamente que estão apenas tentando nos ajudar porque se preocupam conosco. Por outro lado, se somos criticados por alguém que vemos como estranho ou inimigo, tendemos a reagir com uma postura defensiva e a suspeitar de suas motivações.

No aconselhamento, como em qualquer outro relacionamento, precisamos nos lembrar de que *o impacto e a influência que exercemos sobre a vida das pessoas costumam estar relacionados à percepção que elas têm de nós*. Por isso o envolvimento é tão importante no processo de aconselhamento. Normalmente o processo de aconselhamento é de fato eficiente apenas quando conseguimos estabelecer um nível aceitável de envolvimento.[5]

Tendo isso em mente, vejamos três maneiras de desenvolver um envolvimento com os aconselhados. O relacionamento facilitador precisa ser construído sobre os fundamentos da *compaixão*, do *respeito* e da *sinceridade*.

Envolvimento por meio da compaixão

O envolvimento se estabelece quando as pessoas sabem que nos preocupamos sinceramente com elas.

Dois exemplos impressionantes de compaixão

Jesus. Sem dúvida alguma, o nosso Senhor Jesus Cristo foi o maior conselheiro de todos os tempos. Isaías, o profeta, nos disse: "Ele será chamado Maravilhoso Conselheiro" (9:6) e sobre ele repousaria "o Espírito que dá sabedoria e entendimento, o Espírito que traz conselho e poder" (11:2). Uma das chaves para o sucesso de Jesus como conselheiro foi sua compaixão intensa pelos homens e mulheres, que é evidente em todos os relatos do evangelho sobre sua vida e seu ministério.

O livro de Mateus nos conta que, "Ao ver as multidões, teve compaixão delas, porque estavam aflitas e desamparadas, como ovelhas sem pastor" (Mateus 9:36). Jesus sofria com as multidões necessitadas. Ele sentia com elas e se preocupava com elas. Sua compaixão permeava todas as suas tentativas de satisfazer suas necessidades (Mateus 9:35,37-38). Longe de ser um conselheiro de coração frio, do tipo mecânico de carros que apenas atacava os problemas e tratava as pessoas como estatísticas, Jesus era motivado pela compaixão por elas.

Marcos 3:1-5 diz que, quando Jesus percebeu um homem com uma das mãos ressequida na sinagoga, ele se entristeceu e ficou irritado com os fariseus pela falta de sensibilidade deles com aquele homem. Jesus demonstrou compaixão pelo homem curando-o de seu mal.

Um jovem rico veio até Jesus à procura da vida eterna, mas foi embora sem ela: amava tanto as suas riquezas, que era incapaz de abrir mão delas. Marcos 10:21 diz que "Jesus olhou para ele e o amou". Mesmo quando Jesus precisava dizer algo que as pessoas não queriam ouvir, ele o fazia com compaixão.

Certo dia, Jesus estava caminhando com seus discípulos quando uma procissão fúnebre passou por eles (Lucas 7:11-15). O filho único de uma viúva havia morrido, e Cristo parou para consolá-la. "Ao vê-la, o Senhor se compadeceu dela e disse: 'Não chore'". Depois, ele ressuscitou o menino dentre os mortos.

A compaixão de Jesus o fez derramar lágrimas de luto e tristeza. Lucas 19:41 relata que Jesus chorou por causa de Jerusalém quando previu o juízo de Deus que em breve cairia sobre a cidade. Em João 11:33-35, quando Jesus viu a tristeza de Maria por causa da morte de Lázaro, ele "agitou-se no espírito e perturbou-se", e ele chorou. Maria e todos os outros com os quais Jesus interagia durante todo seu ministério sabiam o quanto ele se preocupava com eles. Essa é uma das qualidades que faziam dele o Maravilhoso Conselheiro. Ele não se contentava em observar os problemas e em dizer frases vazias; ele era exemplo da compaixão da qual todo conselheiro precisa.

Paulo. Outro conselheiro compassivo foi o apóstolo Paulo. Muitas pessoas imaginam Paulo apenas como firme defensor da fé e teólogo brilhante. Não percebem que ele era também um homem compassivo que se preocupava profundamente com as pessoas. Em Atos 20:31, ele disse aos líderes de Éfeso: "Lembrem-se de que durante três anos jamais cessei de advertir a cada um de vocês disso, noite e dia, com lágrimas". A palavra grega traduzida como "advertir"(*noutheteō*) pode ser traduzida também como "aconselhar" e, na maioria das vezes, significa "corrigir ou alertar". Mesmo quando Paulo os repreendia por seus pecados, suas lágrimas comunicavam um coração genuíno, preocupado e amoroso.

O grande amor de Paulo por seus conterrâneos judeus se mostra também em Romanos 9:1-3, em que afirma: "Digo a verdade em Cristo, não minto; minha consciência o confirma no Espírito Santo: tenho grande tristeza e constante angústia em meu coração. Pois eu até desejaria ser amaldiçoado e separado de Cristo por amor de meus irmãos, os de minha raça". Paulo estava disposto a arder no inferno se isso salvasse outros judeus! Você e eu certamente temos um caminho longo a percorrer até alcançarmos esse tipo de compaixão.

Em 2Coríntios 2:4, Paulo se refere a uma carta de forte repreensão que ele escrevera anteriormente à igreja: "Além disso, enfrento diariamente uma pressão interior, a saber, a minha preocupação com todas as igrejas. Quem está fraco, que eu não me sinta fraco? Quem não se escandaliza, que eu não me queime por dentro?" (2Coríntios 11:28-29). Paulo se identificou com os problemas e as fraquezas de seus "aconselhados" a ponto de sofrer com eles.

A igreja tessalonicense recebeu uma expressão particularmente comovente do amor de Paulo por ela: "Tornamo-nos bondosos entre vocês, como uma mãe que cuida dos próprios filhos. Sentindo, assim, tanta afeição por vocês, decidimos dar-lhes não somente o evangelho de Deus, mas também a nossa própria vida, porque vocês se tornaram muito amados por nós" (1Tessalonicenses 2:7-8).

Paulo se preocupava com as pessoas, e as pessoas sabiam disso. Seu coração estava todo aberto para elas (2Coríntios 6:11). É por isso que ele podia ser tão direto ao falar sobre as falhas delas sem as afastar. Se quisermos ser conselheiros eficazes, precisamos ter esse mesmo tipo de compaixão.

Como desenvolver compaixão autêntica

Talvez você esteja se perguntando se tem o tipo de compaixão demonstrado por Jesus e Paulo, ou talvez esteja se perguntando como desenvolver esse tipo de compaixão. Felizmente, a Bíblia não somente nos dá esses exemplos, mas também diz como podemos imitá-los. As seguintes sugestões para desenvolver compaixão por outros são retiradas das Escrituras.

Pense em como se sentiria se estivesse na posição do aconselhado. Muitas passagens que se referem à compaixão de Jesus afirmam que primeiro ele "viu" ou "olhou" para as pessoas. Mateus 9:36, por exemplo, diz: "Ao *ver* as multidões, teve compaixão delas" (grifo meu). E o relato sobre a viúva em luto diz: "Ao *vê-la*, o Senhor se compadeceu dela" (Lucas 7:13).[6] Esses versículos indicam que Jesus contemplava as pessoas que estavam passando por dificuldades; ele se colocava no lugar delas e intencionalmente tentava sentir o que elas estavam sentindo. Sua compaixão era fruto dessa empatia. Hebreus 4:15 diz que mesmo agora no céu ele "se compadece das nossas fraquezas".

Voltemos mais uma vez para o caso de Clara. Ela concluiu rapidamente que seu conselheiro não sentia empatia por ela. Tudo que ela percebeu dele era condenação. Ele precisava ouvir as queixas e preocupações dela antes de tentar entender como ela se sentia. Antes de responder, ele poderia ter perguntado a si mesmo: "Como eu me sentiria ao encontrar minha esposa em casa gastando todo nosso dinheiro em bebida? Como eu me sentiria com uma esposa me xingando, me arranhando e jogando coisas em mim? Como eu me sentiria se tivesse uma esposa que não se importa com o que eu penso ou digo? Como eu me sentiria se voltasse para casa e encontrasse minha esposa na cama com outro homem? Como eu me sentiria? Quais emoções teria?".

É por aqui que o processo do aconselhamento precisa começar. Mesmo que os problemas relacionados a pecados precisem ser encarados e resolvidos, na maioria dos casos um aconselhamento eficaz não pode ocorrer se o conselheiro não demonstrar ao aconselhado a compaixão de Cristo ao se identificar com suas dificuldades.

Veja o aconselhado como membro da família. Paulo diz em 1Timóteo 5:1-2: "Não repreenda asperamente ao homem idoso, mas exorte-o como se ele fosse seu pai; trate os jovens como a irmãos; as mulheres idosas, como a mães; e as moças, como a irmãs". Quando aconselho alguém, eu tento imaginar como trataria um de meus parentes próximos. Eu me pergunto: "Como eu falaria com eles? Como eu reagiria se essa pessoa do outro lado da minha escrivaninha fosse minha mãe ou meu pai ou meu irmão ou minha irmã?". Na verdade, nossos aconselhados *são* nossos irmãos e irmãs espirituais, e nosso Pai celestial exige que os tratemos como tais.

Lembre-se de sua própria pecaminosidade. Gálatas 6:1 instrui e adverte os conselheiros: "Irmãos, se alguém for surpreendido em algum pecado, vocês, que são espirituais, deverão restaurá-lo com mansidão. *Cuide-se, porém, cada um para que também não seja tentado*" (grifo meu). Quando nos conscientizamos do pecado na vida do aconselhado, precisamos sempre lembrar de que nós também não somos imunes ao pecado; podemos cair em suas armadilhas com a mesma facilidade. Ninguém fez algo que não conseguiríamos fazer. Se mantivermos isso em mente, evitamos tornar-nos arrogantes ou condescentes com relação àqueles que pecam. Em vez disso, nós lhes estenderemos a mão em compaixão, assim como Jesus fez com a mulher adúltera (João 8:1-11).

Pense em maneiras práticas de demonstrar compaixão. Na verdade, a compaixão é mais uma decisão da vontade do que uma emoção. Mesmo quando não sentimos vontade de ser gentis com outra pessoa, podemos sê-lo ainda assim (veja Lucas 6:27-28). Muitas vezes, sentimentos de amor por outros resultam da decisão de agir de um modo que lhes agrade e beneficie. Use as seguintes perguntas para ajudá-lo a determinar se você está demonstrando uma compaixão autêntica pelos seus aconselhados:

- Você disse aos seus aconselhados que se importa com eles? (Filipenses 1:8)
- Você orou por eles e com eles? (Colossenses 4:12-13)
- Você se alegrou e chorou com eles? (Romanos 12:15)
- Você os tratou com gentileza e ternura? (Mateus 12:20)
- Você os tratou com respeito e sensibilidade? (Provérbios 15:23)
- Você falou com eles de modo gracioso? (Colossenses 4:6)
- Você continuou a aceitá-los e a amá-los mesmo quando rejeitaram seu conselho? (Marcos 10:21)
- Você os defende daqueles que os maltratam e os acusam? (Mateus 12:1-7)
- Você lhes perdoou qualquer mal que tenham lhe feito? (Mateus 18:21-22)
- Você está disposto a satisfazer as necessidades materiais deles caso seja necessário? (1João 3:17)

ENVOLVIMENTO POR MEIO DE RESPEITO

As pessoas precisam saber não apenas que nos importamos com elas: precisam saber também que nós as respeitamos. O respeito pode ser definido como "consideração reverente" e "ato de considerar outra pessoa digna de honra". A Bíblia elogia essa qualidade repetidas vezes. Romanos 12:10 diz que devemos "dar honra aos outros"; Filipenses 2:3 ordena: "Humildemente considerem os outros superiores a si mesmos"; e 1Pedro 2:17 nos instrui a "honrar todos os homens".

Voltando mais uma vez para o exemplo de Clara: o conselheiro fracassou miseravelmente nesse aspecto. Sua conversa com ela comunicou apenas desrespeito, que, sem dúvida alguma, foi uma das razões principais pela qual seu relacionamento deteriorou.

Em casos em que o aconselhado demonstra pouco respeito pelo conselheiro, um dos motivos pode ser o fato de que o conselheiro demonstrou pouco respeito pelo aconselhado. Trata-se de uma questão de colher o que o conselheiro semeou. Assim, quando aqueles aos quais tentamos ajudar não aceitam nossa orientação (como acreditamos ser seu dever), a primeira pergunta que precisamos fazer a nós mesmos é: "Eu os honrei como Deus ordenou que eu fizesse?".[7]

Como demonstrar respeito a um aconselhado

Há várias maneiras como um conselheiro pode demonstrar o devido respeito que ajudará a estabelecer um envolvimento com o aconselhado.

Use uma comunicação verbal adequada. Podemos demonstrar respeito na forma como falamos com nossos aconselhados e na forma como falamos sobre eles.

Em 2Timóteo 2:24-25, Paulo diz: "Ao servo do Senhor não convém brigar, mas, sim, ser amável para com todos, apto para ensinar, paciente. Deve corrigir com mansidão os que se lhe opõem, na esperança de que Deus lhes conceda o arrependimento, levando-os ao conhecimento da verdade". Uma fala rude ou dura nunca é justificada pelas Escrituras, mesmo quando estamos falando a verdade (veja Efésios 4:15). Provérbios 16 diz que "quem fala com equilíbrio promove a instrução" (v. 21) e que "As palavras agradáveis são como um favo de mel, são doces para a alma e trazem cura para os ossos" (v. 24). O método da comunicação verbal é, portanto, importante para demonstrar respeito a um aconselhado.

Use a comunicação não verbal adequada. Demonstrar respeito envolve tanto o que dizemos com nossa boca como o que fazemos com o resto do nosso corpo. Levítico 19:32 diz: "Levantem-se na presença dos idosos, honrem os anciãos". No Antigo Testamento, os bons modos exigiam que uma pessoa jovem se levantasse quando uma pessoa mais velha entrava na sala. Era uma maneira não verbal de dizer: "Eu o honro; eu o respeito". Para Deus, esse tipo de comunicação não verbal é tão importante hoje quanto era na época, pois revela o que pensamos sobre os outros.

Veja a seguir várias maneiras não verbais de mostrar respeito a um aconselhado:

> *Ombros retos.* Encare os aconselhados de modo a indicar que você está alerta e dando-lhes toda a sua atenção.
> *Postura aberta.* Relaxe os braços, as mãos, os ombros, como se você estivesse dizendo: "Estou aqui para receber tudo que queira comunicar. Você tem acesso a mim".
> *Incline-se levemente para frente.* Isso demonstra interesse por aquilo que a pessoa está lhe dizendo.
> *Qualidade vocal.* Mantenha um volume e uma intensidade de voz para que ela não seja dura ou ríspida nem difícil de ouvir. Tente sempre transmitir ternura e compaixão com sua voz, nunca raiva ou irritação.
> *Contato visual.* Olhe para a pessoa, especialmente quando ela estiver falando. Não a encare a ponto de deixá-la desconfortável, mas mostre seu interesse por aquilo que ela está dizendo, dando-lhe toda a sua atenção.
> *Postura relacional.* Coordene seu corpo, sua cabeça e seus movimentos faciais da forma mais favorável ao conforto do aconselhado. Sua postura não deve ser dura e robótica, tampouco tão relaxada que a pessoa ache que você está prestes a cair no sono.[8]

Mantenha um equilíbrio em todas as formas de comunicação não verbal, para que o aconselhado não o veja como duro ou indiferente; ambas as percepções podem erguer um muro entre vocês dois que interferirá no processo de aconselhamento.

Leve a sério os problemas do aconselhado. Jamais minimize os problemas apresentados pelos seus aconselhados. Talvez você pense: "Isso é tão banal. Por que eles estão criando uma tempestade num copo d'água?". Mas, enquanto possa parecer banal para você, pode ser extremamente importante para eles, caso contrário não estariam discutindo aquilo com você. Ao levar os problemas dos seus aconselhados a sério, você comunica respeito. Por outro lado, se minimizar seus problemas, você os afastará desde o início e destruirá qualquer esperança de ajudá-los.

Confie em seus aconselhados. 1Coríntios 13:7 diz que o amor "tudo crê". Aplicado ao aconselhamento, isso significa que devemos acreditar naquilo que os aconselhados nos contam até que os fatos provem o contrário. Devemos acreditar também que eles procuraram o aconselhamento porque querem agradar mais a Deus. A suspeita presumida é uma postura mundana, não uma postura cristã (Filipenses 2:3).

Observe o que um manual de psicologia diz sobre o terapeuta Fritz Perls, da Gestalt-Terapia:

> Perls [...] expressa seu ceticismo sobre aqueles que procuram terapia e dá a entender que, na verdade, poucas pessoas querem se dedicar ao trabalho duro que a mudança exige. Como ele observa: "Todos que procuram um terapeuta têm algo escondido em sua manga. Eu diria que mais ou menos 90% procuram um terapeuta não para serem curados, mas para se adequarem mais à sua neurose. Se estiverem loucos por poder, querem obter mais poder [...]. Quando são ridicularizadores, querem obter uma mente mais aguda para ridicularizar etc."[9]

Como cristãos, não podemos abordar o aconselhamento com uma postura tão cética. Mesmo que, por vezes, as pessoas nos procurem com motivações insinceras, não devemos pensar que estão sendo insinceras sem boas razões.

Expresse sua confiança no aconselhado. A igreja de Corinto tinha mais problemas do que qualquer outra igreja à qual Paulo escreveu, mesmo assim ele lhes disse: "Alegro-me por poder ter plena confiança em vocês" (2Coríntios 7:16). Não importa quantas fraquezas tenham os nossos aconselhados; se eles forem cristãos, precisamos comunicar-lhes a postura de que acreditamos que reagirão bem ao aconselhamento e que crescerão por meio dele.

As Escrituras afirmam que "é Deus quem efetua em vocês tanto o querer quanto o realizar, de acordo com a boa vontade dele" (Filipenses 2:13), e Jesus disse: "As minhas ovelhas ouvem a minha voz; [...] e elas me seguem" (João 10:27). Portanto, devemos ter uma postura de confiança, para que os cristãos reajam positivamente às diretrizes do nosso Senhor. E devemos transmitir essa confiança aos nossos aconselhados. O apóstolo Paulo praticou isso com as pessoas. Ele aconselhou cristãos com problemas sérios em suas circunstâncias e em sua vida, no entanto, seus ensinamentos, sua repreensão, correção e admoestação sempre eram acompanhados de expressões de confiança e respeito (com uma única exceção: a carta aos Gálatas).

Seja receptivo à contribuição dos aconselhados. Podemos demonstrar respeito pelos aconselhados pedindo-lhes que avaliem as sessões e sugiram melhorias. Podemos dizer a eles: "Deus nos reuniu aqui, e ele não apenas quer me usar em sua vida, mas também você na minha". Isso significa também que devemos aceitar qualquer comentário negativo sem assumir uma postura defensiva ou irritada. Podemos encarar críticas ou queixas como oportunidade de demonstrar as reações cristãs que queremos que o aconselhado desenvolva em sua vida.

Não viole a confidencialidade. Uma última maneira de demonstrar respeito ao aconselhado é preservar o máximo possível a sua reputação, sem desobedecer a Deus. Infelizmente, a confidencialidade nem sempre é possível (ou desejável) à luz dos mandamentos de Jesus. Em Mateus 18:16-17, ele diz que, se um irmão estiver pecando e se mostrar indisposto a dar ouvidos a uma repreensão particular, devemos levar conosco "mais um ou dois outros, de modo que 'qualquer acusação seja confirmada pelo depoimento de duas ou três testemunhas'. Se ele se recusar a ouvi-los, conte à igreja". Jay Adams acrescentou as seguintes observações a esses versículos:

> A implicação dessa exigência bíblica de buscar ajuda adicional a fim de reconquistar um ofensor é que um cristão jamais deve prometer confidencialidade absoluta a qualquer pessoa. É frequente a prática de um cristão bíblico prometer confidencialidade absoluta, sem perceber que está seguindo uma prática que surgiu na Idade Média e que não é bíblica. [...]
>
> É, então, correto negar qualquer confidencialidade? Não, confidencialidade deve ser garantida na ampliação crescente da esfera de preocupação segundo Mateus 18:15ss. Quando lemos as palavras do nosso Senhor nessa passagem, temos a impressão de que é apenas com relutância, quando todo o resto fracassa, que um número cada vez maior de pessoas deve ser incluído. O ideal parece ser manter o círculo o mais íntimo possível. [...]
>
> O que devemos então dizer quando alguém pede confidencialidade? Devemos dizer: "Manterei a confidencialidade da forma como a Bíblia me instrui. Isso significa, evidentemente, que jamais envolverei outras pessoas, a não ser que Deus exija isso de mim". Em outras palavras: não devemos prometer confidencialidade *absoluta*, mas sim uma confidencialidade que seja consistente com as exigências bíblicas.[10]

A confidencialidade bíblica é essencial no desenvolvimento de um relacionamento de confiança entre conselheiro e aconselhado.

Envolvimento por meio da sinceridade

O tipo de relacionamento que queremos desenvolver com nossos aconselhados só pode existir se eles souberem que estamos sendo autênticos e sinceros. Paulo descreveu seu ministério como "não usando de engano [...]. Pelo contrário, mediante a clara exposição da verdade, recomendamo-nos à consciência de todos, diante de Deus" (2Coríntios 4:2). O comentarista Philip E. Hughes escreveu sobre esse versículo: "Longe de ser caracterizado por subterfúgio, interesse próprio e engano, o ministério de Paulo era um ministério em que a verdade se manifestava abertamente (cf. 3:12s.), de modo que ninguém pudesse questionar a autenticidade e sinceridade de seus motivos".[11]

Precisamos ser como Paulo em nosso aconselhamento, sem segundas intenções ou motivações disfarçadas. Precisamos revelar abertamente a verdade sobre quem nós somos (e até mesmo o que estamos pensando) àqueles que tentamos ajudar.[12] Apenas assim confiarão em nós ao longo do processo.

Como podemos ser sinceros e honestos em nosso aconselhamento? As Escrituras indicam os seguintes métodos:

Seja honesto sobre suas qualificações. Conselheiros correm o perigo de exagerar suas qualificações numa tentativa de conquistar o respeito e a confiança dos aconselhados. Mas, mesmo que essa motivação possa ser legítima, o método não o é. Até mesmo o grande conselheiro Paulo, que tinha todo o direito de ostentar o seu título de apóstolo, muitas vezes se referiu a si mesmo apenas como "um servo de Cristo" (veja, por exemplo, Romanos 1:1; Filipenses 1:1; Tito 1:1). Devemos seguir seu exemplo humilde e nos apresentar de modo semelhante aos nossos aconselhados. Certamente jamais devemos exagerar ou enganá-los sobre nossas qualificações. Um relacionamento de confiança será altamente improvável se eles descobrirem que mentimos para eles!

Seja sincero sobre suas próprias fraquezas. Ser aberto sobre problemas e dificuldades pessoais é uma maneira eficaz de demonstrar sinceridade ao aconselhado. Paulo disse aos coríntios: "Eu mesmo, irmãos, quando estive entre vocês, não fui com discurso eloquente nem com muita sabedoria [...]. E foi com fraqueza, temor e com muito tremor que estive entre vocês" (1Coríntios 2:1-3). Ele não se apresentou como uma pessoa que sempre tinha a resposta na ponta da língua. Foi sincero sobre suas fraquezas e seus medos. Quando voltou a escrever aos coríntios, ele lhes disse, durante um tempo de aflição que passou ao lado de Timóteo: "sofremos tribulações na província da Ásia, as quais foram muito além da nossa capacidade de suportar, a ponto de perdermos a esperança da própria vida" (2Coríntios 1:8).

São palavras do mesmo homem que, em 1Coríntios 10:13, disse que Deus jamais permitiria que fôssemos tentados além daquilo que pudéssemos suportar. No entanto, ele reconheceu que houve um tempo em que sofreu tanto, que chegou a pensar que não conseguiria suportar. Essa é uma das razões que fazia de Paulo um conselheiro tão maravilhoso: ele era capaz de proclamar a verdade com firmeza sem passar a impressão de que era perfeito ou incapaz de se identificar com os erros das pessoas (veja Romanos 7:14-25).

Evidentemente, precisamos ter o cuidado de não permitir que sejamos inapropriados na natureza ou na duração da nossa abertura (não queremos que o aconselhado pense que precisamos mais de aconselhamento do que ele!), tampouco devemos gastar um tempo inadequado falando sobre nossos problemas quando os aconselhados estão pedindo ajuda para os seus próprios problemas. Mas uma abertura apropriada demonstra sinceridade, o que ajuda a estabelecer envolvimento. Jamais, porém, devemos passar a imagem de uma pessoa que não somos.

Seja sincero sobre seus propósitos e suas intenções. Em termos gerais, é apropriado e prudente dizer aos aconselhados já no início o que estamos tentando fazer e como tentamos fazê-lo. Precisamos ser honestos sobre os nossos métodos e padrões de aconselhamento. Precisamos deixar claro que Deus e sua Palavra são a nossa fonte de autoridade. Precisamos informá-los que aconselhamos dessa forma porque temos certeza de que o modo pelo qual Deus descreve problemas, identifica suas causas e os resolve é superior a qualquer outro método.

Às vezes, as pessoas me procuram querendo que eu rotule seus problemas, os interprete e os resolva psicologicamente. Minha resposta a esse pedido costuma ser: "Eu quero servir e ajudá-lo e tenho certeza absoluta de que a melhor maneira de fazê-lo é a maneira de Deus. Tenho um compromisso absoluto com as Escrituras como minha única fonte de autoridade, porque acredito que Deus sabe muito melhor do que qualquer outra pessoa quais são os nossos problemas, por que nós os temos e o que devemos fazer em relação a eles. Visto que sou um cristão, creio que a maneira de Deus de compreender e lidar com os problemas é muito superior a qualquer outro método; visto que quero oferecer-lhe a melhor ajuda à nossa disposição, meu método será baseado nas Escrituras. Se você quiser outra abordagem, terá que procurar outro conselheiro. Por amor ao Senhor e a você, não posso aconselhá-lo de outra forma". Ao longo dos anos, tendo respondido dessa forma, fiz a experiência de que a maioria aprecia minha honestidade e fica comigo. Desde o início, os aconselhados sabem que serei sincero com eles, e isso melhora o nosso relacionamento.

Jamais devemos ser como muitos terapeutas não cristãos que escondem suas intenções verdadeiras e manipulam as pessoas a fim de mudá-las. Jay Haley é um desses terapeutas:

> Uma terceira tática [da abordagem de Haley ao aconselhamento] é encorajar o comportamento habitual. Nesse caso, a resistência ao conselho só pode resultar em mudança. Por exemplo, pedir a uma mulher dominante que ela assuma o controle sobre a família muitas vezes destacará sua interação e resultará em seu desejo de recuar. Para a abordagem de Haley, a questão de controle é importante. Se o terapeuta instrui a mulher dominante a dominar, ela deixa de dominar e passa a seguir as instruções do terapeuta. [...] Como um mestre zen, o terapeuta induz mudança no cliente por meio do emprego do paradoxo.[13]

Qualquer psicologia inversa desse tipo é inaceitável para um conselheiro bíblico. Ela cria apenas barreiras para a tentativa de desenvolver o envolvimento desejado com o aconselhado.

Seja sincero sobre suas limitações como conselheiro. Quando cometemos erros ou não sabemos como proceder em determinados casos, devemos admitir isso. Paulo disse aos gálatas que estava "perplexo" quanto a eles (Gálatas 4:20; veja 2Coríntios 4:8), e em 2Coríntios 12:21 escreveu: "Receio que, ao visitá-los outra vez, o meu Deus me humilhe diante de vocês". Isso que é ser honesto! Paulo sabia e admitiu que era falível como ministro, uma admissão que revelou sua sinceridade e permitiu que as pessoas confiassem nele.

Qual é o papel de um relacionamento de facilitação com o aconselhado no processo de aconselhamento? As Escrituras ressaltam sua importância por exortação e exemplo, e a experiência de aconselhamento ilustra o que as Escrituras ensinam. Veja aqui, por exemplo, a avaliação de uma aconselhada de alguns fatores que ela considera os mais úteis em sua experiência de aconselhamento:

> Para mim, o conteúdo do aconselhamento foi secundário em muitos sentidos. Muitas vezes, era a personalidade do conselheiro que estabelecia o fundamento para a minha confiança, aceitação e aplicação daquilo que era apresentado durante o aconselhamento.
>
> Para mim, foi um grande passo submeter-me à tutela de um homem. Meus relacionamentos com homens e mulheres haviam sido tão negativos, que eu não confiava em ninguém, mas era pior com os homens do que com as mulheres. Um conselheiro precisa ser confiável. Algumas das coisas mais difíceis da minha vida só vieram à tona após um longo relacionamento com meu conselheiro. Simplesmente porque eu precisava ter certeza de que, acontecesse o que acontecesse, eu podia confiar nele. Tive muitas experiências com pessoas que não acreditaram em mim quando lhes contei certas coisas que estavam acontecendo em minha vida. Eu supunha que a maioria das pessoas era assim, e eu temia que todas fossem assim. Por isso, não confiava facilmente. Eu precisei de tempo e precisava saber que o conselheiro acreditava em mim. Eu precisava ver que ele confiava em mim. Não quero dizer que ele nunca tivesse o direito de questionar a validade da minha situação (coisa que ele fez), mas eu precisava simplesmente ver que ele confiaria e acreditaria em mim, que eu seria aceita.
>
> Certa vez, abandonei meu conselheiro e voltei a cair, mas ele foi paciente comigo. Ele sofreu comigo e, mesmo em meio aos meus próprios erros, senti que ele me respeitava, por isso consegui me erguer novamente. A credibilidade do meu conselheiro foi construída aos poucos — ele continuou a me amar quando eu não o amei e tentei fugir.
>
> Um conselheiro que tive parecia ter uma resposta pronta para cada situação. Às vezes, ele respondia apressadamente e me passava a impressão de ter uma abordagem padronizada. Eu saí com a sensação de que ele não tinha a sensibilidade para as minhas dificuldades e para o tempo que seria necessário para a reconstrução. Meu conselheiro, porém, parecia muito mais sensível às minhas dores e, apesar de não hesitar em me confrontar com as verdades duras, ele

> sempre o fez de forma que não me deixava qualquer dúvida de que ele me amava e se importava comigo e com meu crescimento em Cristo.
>
> Outro elemento que eu precisava e procurava era se eu era aceita ou não. Mesmo quando as coisas pareciam ir de mal a pior, será que ele ainda me aceitaria? Isso não significava que ele precisava aprovar tudo que eu havia feito ou continuava a fazer. Isso não significava que ele nunca me repreendia ou me chamava para o arrependimento, mas significava que ele o fazia de modo amoroso e gracioso, de modo que eu sabia que ele era meu amigo, e não meu inimigo. Significava também que meu conselheiro sempre me encorajava quando possível — ele me elogiava e desafiava.

Como ilustra essa carta, aqueles que procuram nosso conselho avaliam muitas vezes o conselheiro para ver se ele ou ela é uma pessoa confiável. Apenas quando o conselheiro prova ser confiável é que ele consegue estabelecer um relacionamento de apoio que transformará o processo de aconselhamento em uma experiência para o proveito de ambos.

Mesmo que, às vezes, Deus prefira realizar sua obra por meio de recursos e pessoas improváveis, a Bíblia ressalta (e a carta da aconselhada ilustra) que normalmente Deus transforma vidas numa situação em que existe um relacionamento de preocupação e confiança entre aquele que ajuda e aquele que precisa de ajuda. Como conselheiros bíblicos, precisamos fazer o máximo possível para apresentar o conteúdo do nosso aconselhamento numa embalagem de compaixão, respeito e honestidade.

9

Injetando esperança no aconselhado

Wayne A. Mack

Transformação bíblica não pode ocorrer sem esperança, especialmente nas situações difíceis que enfrentamos como conselheiros. Pessoas que tiveram experiências avassaladoras como divórcio, a morte de um ente querido ou a perda de um emprego precisam de esperança. Pessoas que têm enfrentado o mesmo problema durante muito tempo precisam de esperança. Pessoas que tentaram sinceramente resolver seus problemas e fracassaram precisam de esperança. Pessoas que aumentaram seus problemas iniciais com outras reações não bíblicas precisam de esperança. Pessoas cujos problemas têm sido rotulados de forma errada precisam de esperança, e pessoas cujas esperanças têm sido destruídas repetidas vezes precisam de esperança. Se quisermos ajudar essas pessoas, precisamos garantir que inspiração e esperança sejam elementos essenciais em nosso aconselhamento.

A ênfase bíblica na esperança

Jamais devemos subestimar o papel da esperança no processo da santificação. Veja o que as Escrituras dizem sobre suas muitas contribuições para esse processo:

- Esperança produz alegria que perdura, mesmo nas provações mais difíceis (Provérbios 10:28; Romanos 5:2-3; 12:12; 1Tessalonicenses 4:13).
- Esperança produz perseverança (Romanos 8:24-25).
- Esperança produz confiança (2Coríntios 3:12; Filipenses 1:20).
- Esperança produz um ministério eficaz (2Coríntios 4:8-18).
- Esperança produz fé e amor maiores (Colossenses 1:4-5).
- Esperança produz consistência (1Tessalonicenses 1:3).
- Esperança produz mais energia e entusiasmo (1Timóteo 4:10).
- Esperança produz estabilidade (Hebreus 6:19).
- Esperança produz um relacionamento mais íntimo com Deus (Hebreus 7:19).
- Esperança produz pureza pessoal (1João 3:3).

Já que a Bíblia dá tanto destaque ao papel da esperança no crescimento espiritual, devemos dar destaque a ela também em nosso aconselhamento.

O contraste entre a esperança verdadeira e a falsa

A maioria dos conselheiros, sejam cristãos ou não, percebe que as pessoas com problemas precisam de esperança. Infelizmente, porém, a esperança que muitos conselheiros fornecem é uma esperança falsa que se apoia num fundamento não bíblico e que inevitavelmente ruirá (Provérbios 10:28; 11:7). É importante entender a diferença entre essa esperança falsa e a esperança verdadeira que a Bíblia descreve.

Características de uma esperança falsa

A esperança falsa se baseia em ideias humanas daquilo que é agradável e desejável. Muitas pessoas acham que seus problemas desaparecerão se conseguirem o que querem, e, às vezes, os conselheiros as confirmam nesse erro, prometendo que esses desejos serão satisfeitos. Isso é um erro grave, pois Deus nunca promete que conseguiremos ter tudo que desejamos, tampouco nos diz que, se conseguirmos o que queremos, seremos felizes. Muitas vezes, queremos o que *não* é o melhor para nós, e uma abordagem de reclamar para si o que queremos apenas aumenta os nossos problemas. Quando uma senhora procurou aconselhamento por causa de grandes problemas financeiros, seu conselheiro descobriu que seus problemas resultavam desse tipo de pensamentos. Ela foi a uma concessionária, deu algumas voltas num carro de luxo e o "exigiu" do Senhor. É claro que Deus não providenciou o dinheiro para pagá-lo, e agora ela se encontrava em dificuldades financeiras.

Isso é um exemplo extremo, mas muitas pessoas se agarram a esperanças igualmente falsas. Pensam: "Se eu me casasse, meus problemas seriam resolvidos" ou "Se eu conseguisse um emprego melhor, seria mais fácil conviver comigo". Infelizmente, os objetos de seus desejos são físicos, e não espirituais; são temporais, e não celestiais. Já que Deus não lhes prometeu liberdade das tribulações deste mundo (João 16:33; veja Tiago 1:2-4), as pessoas ficam desiludidas quando não conseguem o que querem.

Esperança falsa se baseia numa negação da realidade. Certa vez, aconselhei um homem jovem que queria ganhar a vida como músico. Alguns de seus amigos o encorajaram, porque não queriam magoá-lo. Mas a verdade era que ele não tinha qualquer habilidade musical. Ele achava que tinha, mas não era o caso. Então, como conselheiro precisei orientá-lo em outro sentido, em vez de perpetuar uma esperança falsa.

Lembro-me também de uma mulher jovem cujo marido a abandonara e cujos amigos bem-intencionados lhe garantiam o tempo todo que ele voltaria para ela. Quando ela me perguntou sobre isso no aconselhamento, eu tive que lhe dizer repetidas vezes: "Eu não sei. O que eu sei é que Deus pode usar isso em sua vida para transformá-la em uma grande mulher de Deus, e, se isso acontecer, a situação lhe trouxe benefícios. Eu queria poder dizer-lhe com certeza que seu marido voltaria, mas eu não posso fazer isso".

"Todos os meus amigos me dizem que meu marido voltará", ela me respondeu certa vez, "e, toda vez que venho aqui, em vez de me encorajar, você me desencoraja". Então perguntei por que ela continuava voltando para o aconselhamento, e ela respondeu que o fazia porque sabia que eu lhe diria a verdade. Em seu íntimo, ela sabia que seus amigos estavam distorcendo a realidade numa tentativa de consolá-la, mas isso não lhe deu conforto real.

Esperança falsa se baseia em pensamento místico ou mágico. Às vezes, os cristãos depositam sua esperança em ideias estranhas que não têm base bíblica. Algumas pessoas, por exemplo, praticam sua devoção diária com uma abordagem do tipo "Um versículo por dia mantém o diabo afastado". Leem a Bíblia todas as manhãs como rito mágico para afastar problemas. Se não conseguirem manter seu ritual devocional num dia, eles passam o dia temendo as consequências negativas disso.

Sim, devemos começar o dia com Deus em devocionais matutinas, mas precisamos reconhecer que essa atividade não tem poder místico. Na verdade, a leitura da Bíblia (e até mesmo sua memorização) só nos ajuda se entendermos e aplicarmos as Escrituras à nossa vida. Apenas aquele que "observa atentamente" a Palavra e que é um "praticante" dela será abençoado naquilo que fizer (Tiago 1:25).

Esperança falsa se baseia em uma visão não bíblica da oração. Uma das perguntas do inventário pessoal[1] que usamos no aconselhamento é: "O que você tem feito em relação ao seu problema?". Às vezes, os aconselhados respondem que oraram sobre isso, mas que não fizeram nada mais em relação ao problema. Quando conversamos com eles, descobrimos que acreditam que orar é tudo que Deus lhes exige. Um homem que estava tendo problemas constantes com o pecado sexual se irritou com Deus porque o Senhor não havia afastado seus problemas em resposta às suas orações.

Podemos chamar isso de "postura de zagueiro" em relação à espiritualidade; passamos a bola para Deus (por meio da oração) e esperamos que ele faça o gol sem a nossa ajuda. Mas esse tipo de abordagem gera apenas esperanças falsas, pois Deus nunca prometeu que conseguiríamos alcançar o gol da santidade sem um grande esforço pessoal (1Timóteo 4:7b). Precisamos da força divina para ter sucesso (João 15:5), e é aqui que a oração entra em jogo, mas a oração sozinha raramente resolverá nossos problemas.

Em Mateus 6:11, Jesus diz que devemos orar: "Dá-nos hoje o nosso pão de cada dia". Mas em 2Tessalonicenses 3:10 Paulo diz: "Se alguém não quiser trabalhar, também não coma". Esses dois mandamentos não são contraditórios, pois, enquanto devemos orar para que Deus forneça as coisas de que precisamos para viver, não devemos esperar que elas caiam do céu. Precisamos trabalhar por elas com a força que Deus nos dá. Então, até mesmo a esperança que depositamos na oração pode ser falsa se esperarmos que a oração dê conta de tudo.

A esperança falsa se baseia numa interpretação inadequada das Escrituras. Muitos cristãos sofrem do erro da eisegese, da prática de projetar um sentido pessoal sobre o texto em vez de extrair o sentido verdadeiro do texto (exegese). Outra maneira de descrever essa prática é buscar orientação e esperança por meio da leitura de versículos aleatórios, atribuindo a eles um sentido que ignora seu contexto.[2] Essa abordagem leva a equívocos sobre aquilo que a Bíblia realmente ensina e à desilusão quando as supostas promessas não se realizam.

Uma mulher que se envolvera num caso extraconjugal veio se aconselhar comigo, e eu descobri que uma das causas que levaram ao seu pecado era uma esperança falsa baseada numa passagem bíblica interpretada de forma equivocada. Vários anos antes, seu pai havia ameaçado abandonar sua mãe, e ela encontrou refúgio de seus medos na leitura de Mateus 18:19: "Também lhes digo que se dois de vocês concordarem na terra em qualquer assunto sobre o qual pedirem, isso lhes será feito por meu Pai que está nos céus". Essa mulher encontrou um amigo cristão que concordou com ela que seu pai deveria ficar com a mãe, e eles oraram e esperaram que Deus os manteria juntos. Suas esperanças, porém, foram destruídas, porque seu pai mesmo assim abandonou sua mãe. Na cabeça da mulher, Deus não havia cumprido sua Palavra, e sua fé foi seriamente danificada. Dúvida e amargura contra Deus cresceram em seu coração até ela quebrar os votos de seu casamento e se envolver com outro homem.

Infelizmente, sua esperança se baseava numa interpretação errada das Escrituras. Mateus 18:19 faz parte de uma passagem que discute a disciplina na igreja (v. 15-20), e não tem aplicação direta à oração.[3] Deus nunca prometeu a ela que ele preservaria o casamento de seus pais simplesmente porque ela e seu amigo concordavam em oração. Mostrar-lhe que sua esperança havia sido falsa e que Deus não havia sido infiel à sua Palavra foi um passo importante para trazê-la de volta à santidade.

Como conselheiros, precisamos desafiar as esperanças que as pessoas nutrem quando suspeitarmos de que elas podem ser falsas. No entanto, ao fazer isso, precisamos saber que pode ocorrer uma reação desagradável. Normalmente, a esperança verdadeira persiste quando alguém a desafia, mas aqueles que se agarram a esperanças falsas costumam se irritar quando sua esperança é questionada. Um exemplo desse fenômeno é a história de Micaías, o profeta em 2Crônicas 18. Ele profetizou contra o rei Acabe, que acreditava que Israel conseguiria conquistar Ramote-Gileade (uma esperança que havia sido alimentada por 400 homens que diziam ser profetas), então, Acabe mandou jogá-lo na prisão (v. 16-19,26). Micaías sofreu simplesmente porque teve a coragem e a preocupação de desafiar a falsa esperança do rei.

Mas Micaías estava certo. Os israelitas foram derrotados, e Acabe morreu em batalha. Precisamos ter o cuidado de não alimentar esperanças falsas como consolo temporário, e devemos estar dispostos a examinar e desafiar a base das expectativas dos nossos aconselhados. Não podemos permitir que eles fundamentem suas esperanças numa base não bíblica, que é facilmente derrubada pela próxima tempestade (veja Lucas 6:47-49).

Características da esperança verdadeira

Agora que entendemos algumas das características da esperança falsa, podemos contrastá-la com aquilo que a Bíblia diz sobre a esperança verdadeira.

Esperança verdadeira é uma expectativa do bem que é baseada na Bíblia. Em outras palavras, é uma esperança bíblica, uma expectativa fundamentada nas promessas de Deus. Romanos 4:18 diz sobre Abraão: "Abraão, contra toda esperança, em esperança creu, tornando-se assim pai de muitas nações, como foi dito a seu respeito: 'Assim será a sua descendência'". Sua esperança estava enraizada nas promessas que Deus lhe dera (veja 2Pedro 1:4).

Observe também que sua esperança era uma esperança *em fé*, não mera especulação. Hoje em dia, costumamos usar a palavra *esperança* em referência a algo que pode vir a acontecer ou não. Dizemos: "Espero que meus amigos venham me visitar amanhã". Mas o sentido bíblico da palavra *esperança* é diferente. É mais como: "Sei que meus amigos me visitarão amanhã, e mal posso esperar para vê-los". Por isso afirmamos que esperança verdadeira é *expectativa*. Ela se fundamenta nas promessas de um Deus todo-poderoso, e não há dúvida de que ela será recompensada. Veja a seguinte definição de esperança bíblica no *The New International Dictionary of New Testament Theology* [Novo Dicionário Internacional de Teologia do Novo Testamento]:

> A esperança da fé [...] é uma expectativa pessoal e concreta. A despeito do "ainda não" da realização da salvação, ela antecipa com confiança, mas não sem tensão. No entanto, Javé, pelo qual espera, não é como o homem. Já que ele sabe, promete e realiza o que o futuro guarda para seu povo, a esperança adquire uma certeza sem paralelos no âmbito da revelação. Mesmo que todo o presente contrarie a promessa, aquele que espera confia que a fidelidade de Deus não decepcionará a esperança que ele despertou por meio de sua palavra (Isaías 8:17; Miqueias 7:7; Salmos 42:5).[4]

Esperança verdadeira é resultado de salvação verdadeira. Nas Escrituras, a esperança está sempre vinculada ao novo nascimento por meio do Espírito Santo e à fé pessoal em Cristo. Veja estes versículos:

> Bendito seja o Deus e Pai de nosso Senhor Jesus Cristo! Conforme a sua grande misericórdia, ele nos regenerou para uma esperança viva (1Pedro 1:3).
>
> Pois temos ouvido falar da fé que vocês têm em Cristo Jesus e do amor por todos os santos, por causa da esperança que lhes está reservada nos céus, a respeito da qual vocês ouviram por meio da palavra da verdade, o evangelho (Colossenses 1:4-5).
>
> Dela me tornei ministro de acordo com a responsabilidade por Deus a mim atribuída de apresentar-lhes plenamente a palavra de Deus, o mistério que esteve oculto durante épocas e gerações, mas que agora foi manifestado a seus

> santos. A eles quis Deus dar a conhecer entre os gentios a gloriosa riqueza deste mistério, que é Cristo em vocês, a esperança da glória. (Colossenses 1:25-27).
>
> Paulo, apóstolo de Cristo Jesus, por ordem de Deus, nosso Salvador, e de Cristo Jesus, a nossa esperança (1Timóteo 1:1).

Essas duas últimas passagens dizem claramente que Cristo é a nossa esperança. Sua pessoa é a soma e a substância dela. Como, então, alguém pode ter esperança verdadeira se não ama Jesus Cristo e não confia nele? É simplesmente impossível; ao aconselhar, precisamos nos lembrar de que não podemos assegurar as esperanças de alguém que não tenha nascido de novo por meio do Espírito de Deus.

Esperança verdadeira é holística em seu foco. Esperança holística significa que a esperança verdadeira não se concentra apenas na *parte* (na vida individual), mas também no *todo* (no plano de Deus para o universo). Ela encontra encorajamento tanto no eterno quanto no temporal e tanto no intangível quanto no palpável. Em vez de preocupar-nos apenas com o que acontece em nossa própria vida, a esperança verdadeira se preocupa com aquilo que acontece na vida dos outros e se Deus recebe a glória nesses eventos.

O apóstolo Paulo foi um exemplo extraordinário de um homem cuja esperança era holística em seu foco. Leia estes versículos com atenção e veja o que eles revelam sobre sua postura:

> Quero que saibam, irmãos, que aquilo que me aconteceu tem antes servido para o progresso do evangelho. Como resultado, tornou-se evidente a toda a guarda do palácio e a todos os demais que estou na prisão por causa de Cristo. E a maioria dos irmãos, motivados no Senhor pela minha prisão, estão anunciando a palavra com maior determinação e destemor (Filipenses 1:12-14).
>
> Pois sei que o que me aconteceu resultará em minha libertação, graças às orações de vocês e ao auxílio do Espírito de Jesus Cristo. Aguardo ansiosamente e espero que em nada serei envergonhado. Pelo contrário, com toda a determinação de sempre, também agora Cristo será engrandecido em meu corpo, quer pela vida quer pela morte (Filipenses 1:19-20).
>
> Contudo, mesmo que eu esteja sendo derramado como oferta de bebida sobre o serviço que provém da fé que vocês têm, o sacrifício que oferecem a Deus, estou alegre e me regozijo com todos vocês (Filipenses 2:17).
>
> Lembre-se de Jesus Cristo, ressuscitado dos mortos, descendente de Davi, conforme o meu evangelho, pelo qual sofro a ponto de estar preso como criminoso; contudo a palavra de Deus não está presa. Por isso, tudo suporto por causa dos eleitos, para que também eles alcancem a salvação que está em Cristo Jesus, com glória eterna (2Timóteo 2:8-10).

A esperança de Paulo não se apoiava simplesmente naquilo que ele havia experimentado pessoalmente. Ele se via como parte de um grande e glorioso movimento de Deus, por meio do qual as pessoas estavam sendo trazidas para Jesus Cristo e a Igreja estava sendo edificada. Ele depositou sua esperança nos propósitos do Reino de Deus neste mundo. Por isso, se tivesse que sofrer para ver avançar o plano de Deus, Paulo aceitaria de bom grado. Sua esperança não desvaneceu quando foi preso, zombado, e nem mesmo quando encarou a morte, pois ele estava mais preocupado com a glória de Deus do que com seu conforto pessoal. O que acontecia com ele era menos importante do que o todo de Deus.[5]

José e Jó são dois exemplos do Antigo Testamento do aspecto integral da esperança verdadeira. A esperança de José permaneceu firme mesmo quando foi vendido como escravo, quando mentiram sobre ele, quando foi jogado na prisão, e a razão disso é revelada em sua famosa declaração em Gênesis 50:20. Nesse versículo, ele diz aos seus irmãos traiçoeiros: "Vocês planejaram o mal contra mim, mas Deus o tornou em bem, para que hoje fosse preservada a vida de muitos". Apesar de ter perdido tudo e nunca conhecer os propósitos maiores que Deus tinha em mente para seu sofrimento, Jó disse: "Eu sei que o meu Redentor vive, e que no fim se levantará sobre a terra" (19:25).

O copo do cristão neste mundo nunca é meio vazio. É sempre meio cheio. Os cristãos nunca se encontram numa situação perdida, mas sempre numa situação *sem perda*, pois, mesmo que não entendamos as razões de Deus para aquilo que nos acontece, podemos saber que ele está realizando um grande plano divino que resultará na sua glória e em nosso benefício.[6] "O SENHOR firma os passos de um homem" (Salmos 37:23); "Sabemos que Deus age em todas as coisas para o bem daqueles que o amam, dos que foram chamados de acordo com o seu propósito" (Romanos 8:28); e ele "faz todas as coisas segundo o propósito da sua vontade" (Efésios 1:11). A esperança verdadeira foca nos planos gloriosos de um Deus que diz: "Meu propósito ficará de pé, e farei tudo o que me agrada" (Isaías 46:10b). Portanto, essa esperança nunca é abalada, nem mesmo por circunstâncias desagradáveis.

Esperança verdadeira é realista. Romanos 8:28 diz que Deus age em todas as coisas para o bem, mas não diz que todas as coisas *são* boas. Mesmo que a esperança verdadeira espere que, no fim das contas, o bem resulte das provações, ela não tenta negar a realidade do pecado e do sofrimento, ou da dor que eles causam.[7] A esperança verdadeira não exclui lágrimas e tristeza, tampouco descansa numa percepção ilegítima das capacidades pessoais. Observe em Romanos 4:19 que Abraão, "sem se enfraquecer na fé, reconheceu que o seu corpo já estava sem vitalidade, pois já contava cerca de cem anos de idade, e que também o ventre de Sara já estava sem vitalidade". E os versículos 20-21 continuam: "*Mesmo assim* não duvidou nem foi incrédulo em relação à promessa de Deus, mas foi fortalecido em sua fé e deu glória a Deus, estando plenamente convencido de que ele era poderoso para cumprir o que havia prometido" (grifo meu). A esperança de Abraão não se apoiava em uma visão irrealista de suas próprias capacidades (ou das de Sara), mas na habilidade de Deus de fazer o que era humanamente impossível. Semelhantemente, a esperança verdadeira não é gerada negando ou distorcendo a realidade, mas contemplando-a com exatidão e baseando nossa esperança no poder de Deus.

Esperança verdadeira precisa ser renovada diariamente. Deus não injeta nas pessoas uma dose enorme de esperança que dura vários anos. Nossa esperança corresponde à obra gradual da santificação que Deus está realizando em nossa vida, por isso ela não pode ser sustentada se não permitirmos que essa obra continue todos os dias. Em 2Coríntios 4:16, Paulo diz que ele não perdeu a esperança porque, "embora exteriormente estejamos a desgastar-nos, interiormente estamos sendo renovados dia após dia". Apenas vendo como a obra da renovação continuava em sua vida dia após dia, Paulo conseguiu ter esperança verdadeira. Assim, nós também precisamos manter um relacionamento consistente com Deus para que a nossa esperança permaneça.

Esperança verdadeira é inseparável de um estudo diligente e preciso da Palavra de Deus. Salmos 119:49 diz: "Lembra-te da tua palavra ao teu servo, pela qual me deste esperança", e Salmos 130:5 diz: "Espero no SENHOR com todo o meu ser, e na sua palavra ponho a minha esperança". Lembra-se da experiência dos dois discípulos na estrada para Emaús em Lucas 24? Eles estavam caminhando juntos, discutindo o assassinato de Cristo e como suas esperanças haviam sido esmagadas por aquele evento. Mas quando o Jesus ressurreto (irreconhecido por eles) se juntou aos dois e lhes explicou as Escrituras, eles disseram: "Não estava queimando o nosso coração, enquanto ele nos falava no caminho e nos expunha as Escrituras?" (v. 32).

O abatimento deles foi retirado; e, sua esperança, renovada por uma compreensão aprofundada da Palavra de Deus. A mesma coisa acontece hoje aos cristãos que fielmente leem e estudam a Bíblia, e sem essa busca diligente não pode haver esperança verdadeira.

Esperança verdadeira é uma questão de vontade. Esperança é uma escolha, assim como a desesperança. 1Pedro 1:13 diz: "Coloquem toda a esperança na graça que lhes será dada quando Jesus Cristo for revelado". Isso é uma ordem de Deus; portanto, com a ajuda do Espírito Santo, devemos ser capazes de escolher e fazer o que ele diz. Deus não nos dá ordens que não conseguimos cumprir, ao contrário do que afirma o artigo seguinte, publicado em 1993, que alega que a ideia de impotência era uma contribuição importante da psicologia para a Igreja, e depois afirma isso:

> "Existe uma implicação em todos os escritos [dos nossos críticos] de que as pessoas são capazes de escolher o certo", diz [o psicólogo] Henry Cloud. "Existe uma negação total do fato de que fomos vendidos para a escravidão." Os psicoterapeutas acusam constantemente a igreja evangélica de não compreender a impotência das pessoas. Sugerem que os evangélicos — especialmente aqueles de um contexto fundamentalista — deificaram o poder da vontade, como se uma pessoa que está se afogando conseguisse se puxar da água pelos próprios cabelos.[8]

Isso é uma caricatura daquilo que os conselheiros bíblicos acreditam, pois escolher o que é certo por meio do poder do Espírito Santo é algo bem diferente de se puxar pelos próprios cabelos (veja João 15:5). Além disso, essa ênfase em impotência produz apenas uma *desesperança* escravizadora. Que esperança teremos se não conseguirmos escolher o que é certo?[9] Ao contrário do que alega o artigo, a Bíblia diz que nós temos a capacidade de escolher o que é certo (1Coríntios 10:13; Filipenses 2:12; 4:13), o que se aplica também à nossa responsabilidade de viver de forma esperançosa.

Há momentos em que a decisão de colocar nossa esperança em Deus e em sua Palavra é nossa. Fazemos isso recorrendo aos seus recursos e focando nossa mente em suas promessas. Deve ser nossa escolha ver as circunstâncias de um ponto de vista cheio de esperanças, não de uma ótica desesperançosa.

Esperança verdadeira se baseia em conhecimento. Romanos 5:2-3 diz: "nos gloriamos na esperança da glória de Deus. Não só isso, mas também nos gloriamos nas tribulações, porque sabemos que a tribulação produz perseverança". Tiago 1:2-3 diz: "Meus irmãos, considerem motivo de grande alegria o fato de passarem por diversas provações, pois vocês sabem que a prova da sua fé produz perseverança". Paulo e Tiago disseram que a esperança verdadeira se baseia naquilo que sabemos, não em *como nos sentimos*. Se esse fosse o caso, jamais poderíamos ter esperança durante provações dolorosas! Quanto mais conhecimento da verdade da Palavra de Deus, mais esperançosos seremos, até em meio às piores circunstâncias. Mas, se basearmos nossa esperança em sentimentos, ela desmoronará.

Como inspirar esperança

Agora que aprendemos a discernir entre esperança verdadeira e esperança falsa, vejamos como podemos ajudar a produzir esperança verdadeira nas pessoas que aconselhamos.

Ajude as pessoas a crescerem em seu relacionamento com Cristo

Visto que o próprio Jesus Cristo é a nossa esperança (1Timóteo 1:1), um relacionamento íntimo com ele é essencial para uma esperança verdadeira. Por isso, precisamos fazer o possível para garantir que nossos aconselhados tenham esse relacionamento. Em alguns casos, isso pode envolver evangelismo. Aqueles aconselhados que são não cristãos confessos precisam ouvir que não há esperança verdadeira para eles se não nascerem de novo por meio do Espírito de Deus (João 3:3,36).[10] Às vezes, até mesmo cristãos professos precisam aprender algo sobre a natureza da salvação verdadeira antes de poderem ter esperança.

Quando tivermos dúvidas a respeito de um aconselhado já ter ou não entrado num relacionamento autêntico com Cristo, precisamos fazer perguntas nessa direção e desafiar a pessoa nessa área. Um desses casos seria uma pessoa que parece ter um relacionamento *histórico* com Deus, e não um relacionamento pessoal. Quando perguntadas se são cristãs, essas pessoas costumam dizer: "Sim, eu aceitei Jesus como meu Salvador aos quatro anos", ou: "Sim, acredito que Jesus morreu por mim na cruz". No entanto, nada dizem sobre um relacionamento atual e vital com Deus. Não falam sobre como estão obedecendo a ele todos os dias ou quanto já se aproximaram dele.[11]

Outra situação em que cristãos professos devem ser desafiados em relação à sua salvação é quando as provações que estão encarando começam a destruir sua fé. Pessoas que não têm um relacionamento autêntico com Cristo podem ir bem até surgir pressão. Então, a fraqueza de sua fé e a invalidade de suas crenças se revelam (Lucas 6:46-49).[12]

Precisamos não apenas ajudar as pessoas a iniciarem um relacionamento com Cristo, mas fornecer também esperança aos cristãos verdadeiros, ajudando-lhes a fortalecer seu relacionamento com Jesus Cristo. Falta esperança a muitos cristãos simplesmente porque carecem de maturidade em sua interação com Cristo e sua Palavra.

Um exemplo disso é uma mulher que veio se aconselhar comigo algum tempo atrás. Ela manifestava um medo intenso, debilitante e irracional. Ela ouvia vozes e via coisas que a levaram a crer que Satanás e os demônios a estavam assombrando. Paralisada por esse medo, ela não queria sair de casa, ir à igreja ou se envolver em outras atividades normais. Ela conseguia dormir à noite somente quando vestia um determinado casaco de couro e um chapéu de vinil. Seu marido, que a acompanhava nas sessões de aconselhamento, não havia experimentado nenhum desses fenômenos.

Os problemas dessa mulher me lembraram Daniel 11:32: "O povo que conhece o seu Deus resistirá com firmeza". Esse versículo diz que um relacionamento pessoal profundo com Deus nos dá força e nos liberta do medo (veja 1João 4:18), o que levantou uma pergunta em minha mente sobre seu relacionamento com Deus. Então, pedi a ambos, ao marido e à esposa, que lessem seções do livro de Marcos todos os dias como tarefa de casa e que anotassem o que haviam aprendido sobre Jesus como pessoa. E eu lhes disse: "Não quero que anotem apenas fatos históricos, quero que vocês interajam com o texto e que permitam que Jesus se revele por meio de sua leitura".

E foi isto que o marido escreveu sobre Marcos 2:

> Para mim, o versículo mais impactante desse capítulo é o 17. Não são os saudáveis que precisam de um médico, mas os doentes. Eu não vim para chamar os justos, mas os pecadores. Isaías 53:6 diz que todos nós nos perdemos como ovelhas, cada um seguiu seu próprio caminho, e o Senhor depositou nele a iniquidade de todos nós. Para mim, há aqui uma confirmação do perdão. Sou um pecador. Todos nós somos. Cristo veio por nós não por causa da nossa justiça, mas por causa do nosso pecado. Se fôssemos verdadeiramente justos, não precisaríamos de Cristo, mas eu não sou justo, sou simplesmente pecaminoso. Preciso dele. O aspecto mais revelador do imenso amor de Deus se manifesta

> aqui. É como se ele dissesse: Sei que você é pecaminoso, mas eu o amo tanto, que uma parte de mim, meu Filho, viverá entre vocês. Ele morrerá por você. Tão grande é meu poder, que eu o ressuscitarei dentre os mortos. Acredite em mim e você terá vida eterna. Se Deus me ama tanto a despeito do meu pecado, como posso duvidar? Como posso não desfrutar os frutos da vida que ele colheu para mim? A paz interior que ele dá, as flores da primavera, a grama verde, o sol e a chuva... A vida com Cristo é realmente fantástica. Senhor, ajuda-me a compartilhar essa dádiva com outros.

Esse parágrafo me disse que esse homem tem um relacionamento real e pessoal com Cristo. Agora veja o que escreveu sua esposa sobre a mesma passagem:

> Em Cafarnaum, Jesus perdoou um paralítico. Quando seus pecados haviam sido perdoados, Jesus ordenou que o homem pegasse sua cama e voltasse para casa, o que ele fez, e os escribas ficaram maravilhados. Após falar para uma grande multidão, ele foi para a casa de Levi. Aqui, Jesus e os discípulos comeram e beberam com os coletores de impostos, e os escribas se perguntaram por que Jesus faria isso. Ele disse que aqueles que estão doentes precisam de um médico e que ele veio para que os pecadores se arrependessem. Creio que Jesus sentiu que as pessoas na casa de Levi precisavam dele. Outro nome de Levi é Mateus, e ele se tornou um dos discípulos de Jesus. João e os fariseus queriam saber por que os discípulos não jejuavam como eles. Responderam que o jejum judeu era uma prática ou um ritual e que os discípulos não jejuavam porque acreditavam que isso tiraria a alegria de sua fé. Mas ele disse que viria um tempo em que os discípulos teriam que jejuar.

Para mim, era claro que o relacionamento da esposa com Cristo precisava ser fortalecido, porque, para ela, ele era mais uma figura histórica do que um amigo. Por isso, durante algumas semanas, eu me concentrei em ajudá-la a conhecer Jesus melhor. À medida que ela conhecia Cristo de forma mais plena e profunda, observei mudanças dramáticas nessa mulher. Aos poucos, seus medos começaram a desaparecer e sua confiança cresceu, tudo porque seu relacionamento com o Senhor se desenvolveu. Onde houvera medo, havia agora esperança, porque ela conheceu aquele que dá esperança.

Ensine as pessoas a pensarem biblicamente

Tanto a esperança falsa quanto a falta de esperança são produtos de uma ignorância ou de uma compreensão errada da verdade de Deus. Se entendêssemos as Escrituras perfeitamente e se todos os nossos pensamentos estivessem alinhados com elas, jamais sofreríamos desses males. Por isso, se quisermos que nossos aconselhados tenham esperança, precisamos levá-los a pensar biblicamente sobre os vários aspectos da vida.

Pense biblicamente sobre a situação específica.[13] Certa vez aconselhei um homem que estava desesperado porque não conseguia dormir à noite. No decurso do nosso aconselhamento, analisamos várias passagens das Escrituras que falam sobre o sono.[14] Como muitas outras pessoas, ele não sabia que a Bíblia fala sobre esse problema, e vi como sua esperança crescia enquanto estudávamos um número de passagens que se referem ao sono. Precisamos mostrar às pessoas que a Palavra de Deus fala especificamente sobre seus problemas, e não citar apenas passagens abstratas que têm aplicações gerais. Saber que Deus dá instruções específicas para a nossa situação pessoal é uma tremenda fonte de esperança.

Pense biblicamente sobre o caráter de Deus. Podemos fornecer esperança aos aconselhados ampliando ou corrigindo seus conceitos sobre Deus. Muitas vezes, as pessoas não têm esperança simplesmente porque têm conceitos errados sobre Deus, vendo-o como disciplinador cruel; por isso, falta-lhes esperança porque acreditam que nunca conseguirão agradá-lo enquanto lutarem contra o pecado. Por outro lado, podem vê-lo como uma "cara legal" que tudo perdoa; então, falta-lhes esperança porque deixam o pecado correr solto em sua vida. Qualquer que possa ser o erro no conceito que um aconselhado tenha de Deus, essa pessoa se beneficiará e receberá esperança ao aprender como pensar biblicamente sobre Deus.

Pense biblicamente sobre as possibilidades para o bem. Às vezes, as pessoas não têm esperança porque veem apenas o lado negativo das circunstâncias e não reconhecem o potencial para o bem que existe em cada situação. Veem apenas os problemas e a dor; não veem o que Deus quer realizar por meio de sua situação. Precisamos ajudá-las a reconhecer que, quando Deus nos tira da nossa zona de conforto, ele o faz para que possamos nos desenvolver e crescer. Tiago 1:2 diz: "Meus irmãos, considerem motivo de grande alegria o fato de passarem por diversas provações". Por que Tiago diz que devemos considerar a provação motivo de alegria? Porque ele é masoquista? Não, porque podemos saber que "vocês sabem que a prova da sua fé produz perseverança" (v. 3-4). Como escreveu Jerry Bridges:

> Paulo e Tiago dizem que devemos nos regozijar em nossas provações por causa de seus resultados benéficos. Não é a adversidade em si que deve ser considerada motivo de nossa alegria. É a expectativa dos resultados, do desenvolvimento do nosso caráter que nos deve levar ao regozijo na adversidade. Deus não exige que nos regozijemos porque perdemos nosso emprego ou porque uma pessoa querida está sofrendo de câncer ou porque uma criança nasceu com um defeito incurável. Ele diz que devemos nos regozijar porque acreditamos que ele está no controle dessas circunstâncias e opera por meio delas para o nosso bem supremo.[15]

Quando as pessoas entendem e acreditam que mesmo a nuvem mais escura deixa o sol passar, elas se sentem inspiradas a ter uma esperança extraordinária que as sustentará em qualquer dificuldade.

Pense biblicamente sobre os recursos divinos. Podemos fornecer esperança às pessoas ajudando-as a entender e aproveitar os recursos que Deus lhes deu. As pessoas perdem a esperança porque não acreditam que são capazes de lidar com aquilo que estão enfrentando. Mas a Palavra de Deus diz que "em todas estas coisas somos mais que vencedores, por meio daquele que nos amou" (Romanos 8:37) e que "Deus é poderoso para fazer que lhes seja acrescentada toda a graça, para que em todas as coisas, em todo o tempo, tendo tudo o que é necessário, vocês transbordem em toda boa obra" (2Coríntios 9:8). À medida que os cristãos entendem que eles podem tudo por meio de Cristo, que os fortalece (Filipenses 4:13), eles terão uma confiança abençoada diante de qualquer dificuldade.[16]

Pense biblicamente sobre a natureza e a causa do problema. Durante os anos de meu envolvimento com o aconselhamento, conheci muitas pessoas que haviam perdido a esperança por terem adotado um diagnóstico psicológico não bíblico de seu problema. Em alguns casos, isso ocorreu porque outra pessoa lhes dera o diagnóstico. Em outros, elas leram algo, viram um programa de televisão, ouviram um programa de rádio ou fizeram um curso de psicologia e então decidiram que estavam sofrendo de algum problema psicológico. Não perceberam que aquilo que chamamos de "diagnóstico" nada mais é do que uma identificação descritiva que alguém decidiu usar como rótulo para determinados tipos de condutas ou experiências humanas observáveis. Enquanto a expressão ou palavra descritiva soa inteligente e sensata, ela não descreve a causa ou natureza do problema.

Isso fica evidente quando comparamos como as doenças e os problemas psicológicos são diagnosticados. Na ciência médica, quando um paciente apresenta determinados sintomas, o médico passa a suspeitar de determinada doença. Mas, antes de dar um diagnóstico definitivo, ele executa uma série de exames científicos (hemogramas, radiografias etc.) para confirmar ou refutar o diagnóstico. Então, com base em evidências científicas, o médico pode dizer se o paciente tem ou não determinada doença. Esse diagnóstico se apoia não somente em sintomas, mas em provas verificáveis que dizem respeito tanto à causa quanto à natureza do problema.

Ao contrário do que muitos parecem acreditar, isso não é o que ocorre na psicologia secular. Na psicologia, supõe-se que, já que uma pessoa tem determinados sentimentos, se comporta e pensa de determinada forma ou apresenta determinados sintomas durante certo período, ela tem certos problemas psicológicos, mesmo que a causa do problema não possa ser provada e, na maioria dos casos, não possa ser demonstrada por métodos científicos. Sem evidências demonstráveis derivadas de fatos concretos sobre a causa e a natureza dos problemas da pessoa, deduz-se que certos sintomas indicam um mal psicológico específico. Essa sentença não comprovada (e, na maioria dos casos, improvável) é então apresentada e, frequentemente, aceita como diagnóstico inquestionável.

Infelizmente, quando as pessoas acreditam que a natureza de seu problema é psicológica, e não espiritual, várias coisas podem acontecer: 1) em sua tentativa de resolver suas dificuldades, elas ignoram Cristo e a Bíblia e se concentram primariamente (às vezes, exclusivamente) em medicamentos ou ideias e conceitos da psicologia secular como solução para seus problemas; 2) começam a ter uma ideia de Cristo como um psicólogo cósmico, cujo propósito primário de ter vindo era resolver seus problemas psicológicos, ajudar a edificar a autoestima, libertá-las da codependência ou satisfazer as necessidades de seu ego; 3) elas perdem a esperança e caem em desespero, porque muitos desses rótulos psicológicos transmitem a ideia de algo permanente (é isso que sou e não posso mudar isso); ou 4) elas se desencorajam porque sutil ou abertamente esses rótulos não bíblicos as encorajam a pensar que a solução primária para suas dificuldades é humanista em sua natureza. Precisam fazer tudo sozinhas (elas podem e precisam mudar) ou com a ajuda de outros, de especialistas.

Assim, muitas pessoas tentam mudar confiando em seus próprios esforços ou na ajuda de outros, e fracassam. Percebem que nem elas nem qualquer outro ser humano pode lhes dar a força para se libertar da escravidão de pensamentos, sentimentos ou atos pecaminosos e capacitá-las a pensar, sentir e viver diferentemente. Quando os problemas são vistos como de natureza primariamente psicológica, encontramos pessoas cuja esperança esvaneceu, pessoas que duvidam que mudanças podem ocorrer.

Por outro lado, a esperança brota quando as pessoas começam a perceber que seus problemas são fundamentalmente espirituais: estão de alguma forma ligados ao pecado. Na verdade, reconhecer que problemas pessoais e interpessoais estão relacionados ao pecado[17] é uma boa notícia, pois nesse caso há esperança em abundância. Por quê? Porque a razão primária pela qual Cristo veio para o mundo foi libertar-nos do castigo e do poder do pecado e, no devido tempo, da presença e da possibilidade do pecado. A mensagem bíblica que se evidencia é: 1) Jesus é "o Cordeiro de Deus, que tira o pecado do mundo" (João 1:29); 2) "[ele] veio ao mundo para salvar os pecadores" (1Timóteo 1:15); "ele salvará o seu povo dos seus pecados" (Mateus 1:21); e 4) "ele se entregou por nós a fim de nos remir de toda a maldade" (Tito 2:14).

A boa notícia da Bíblia não é que Jesus veio para ser um psicólogo cósmico, para curar todos os nossos males psicológicos, mas que ele veio para nos libertar da penalidade e do poder escravizador do pecado (Romanos 6:1-23). A boa notícia é esta: há esperança de uma libertação plena do castigo do pecado e uma libertação substancial do poder do pecado e de seus efeitos.

Essa perspectiva bíblica do nosso problema básico vem carregada de esperança para pessoas que estão lutando com padrões não bíblicos de pensamento, desejo, sentimento e vida. Essa perspectiva é libertadora e encorajadora; é bíblica e é verdadeira! Ela diz às pessoas que, mesmo que seus problemas pessoais e interpessoais sejam sérios e intensos, existe uma esperança de mudança, porque

Jesus Cristo veio ao mundo para oferecer libertação da condenação e corrupção, da culpa e da contaminação, e do castigo e do poder escravizador do pecado em sua vida. Essa perspectiva diz às pessoas que, em Cristo Jesus, elas têm todos os recursos de que precisam para escapar da corrupção no mundo e para viver uma vida santa e fértil, caracterizada por excelência moral, conhecimento, autocontrole, perseverança, ternura fraternal e amor cristão (2Pedro 1:3-8).

Pense biblicamente sobre o que eles dizem. A língua é uma ferramenta que Deus escolheu para se comunicar conosco. Palavras são importantes para ele. Quando estivermos fazendo aconselhamento bíblico, precisamos ajudar nossos aconselhados a pensar e falar biblicamente sobre seus problemas. Para fazer isso, precisamos usar termos bíblicos, não termos psicológicos, para descrever os problemas das pessoas. Termos psicológicos tendem a direcionar o pensamento do aconselhado para longe de Cristo e sua Palavra, enquanto o uso de termos bíblicos como pecado, medo, raiva, preocupação, mentira, desejo, amargura, ganância, inveja e ciúme direcionam o pensamento para as Escrituras.

Os conselheiros precisam estar cientes também da linguagem não bíblica que os aconselhados podem usar para descrever suas dificuldades. Seguem aqui três exemplos desse linguajar dos aconselhados que diminuem a sua esperança:

1. "*Não posso.*" Essas duas palavras costumam significar uma de três coisas: "Não quero"; "Não entendo os recursos que tenho em Cristo"; ou "Não sei como fazer o que a Bíblia me instrui a fazer". Quando alguém diz repetidas vezes "Não posso", o conselheiro precisa descobrir exatamente o que a pessoa quer dizer com isso, e então responder biblicamente. Por exemplo: Se "Não posso" significa uma rebelião aberta contra Deus, o aconselhado precisa entender e reconhecer essa rebelião. O conselheiro deve usar estratégias motivacionais adequadas para ajudar o aconselhado a optar pela obediência a Cristo. Se o aconselhado é cristão e o "Não posso" significa que a pessoa acredita não ser capaz de obedecer às diretrizes bíblicas, o conselheiro terá que lembrar o indivíduo dos recursos que ele tem em Cristo, e terá que lhe explicar como usar esses recursos. E se o "Não posso" de um cristão indicar a falta de conhecimento prático para aplicar as diretrizes bíblicas, o conselheiro terá que ajudar essa pessoa a adquirir as habilidades para aplicar as instruções de Deus.
2. "*Minha esposa me leva à loucura.*" Isso é uma declaração falsa e desesperançosa. É falsa porque não é a esposa que provoca a raiva pecaminosa; o marido escolheu se irritar em reação às suas ações. Esse tipo de declaração sugere que o marido é a vítima das ações da esposa e que ele não pode fazer nada contra isso. Segundo a Bíblia, isso é errado. O marido precisa entender e acreditar que, se ele é cristão, com a ajuda de Deus ele pode aprender a reagir corretamente, a despeito da provocação de sua esposa.
3. "*Tentei de tudo, mas não funcionou.*" Quando as pessoas acreditam que já esgotaram todas as alternativas sem qualquer sucesso, a consequência

> inevitável é um senso de desesperança. Por isso, precisamos questionar se realmente já tentaram de tudo e sugerir algumas coisas que ainda não tentaram. É provável que pessoas que dizem ter tentado de tudo tentaram apenas aquilo que lhes era conveniente. Pode ser também que elas tenham uma visão ou expectativas não bíblicas em relação aos resultados de fazer as coisas do jeito de Deus. Podem também ter ideias irrealistas e não bíblicas em relação ao tempo; podem estar à procura de um "conserto rápido e fácil" com resultados imediatos: não porque foi a coisa certa a fazer ou porque correspondia à vontade de Deus, mas porque queriam se livrar de suas dificuldades.

Quando ouvirmos os aconselhados emitirem tais declarações, precisamos ajudá-los a discernir as razões por trás de sua linguagem não bíblica e fornecer esperança por meio da correção desses equívocos.

Forneça exemplos de vida cristã aos aconselhados

Outro modo de insuflar esperança consiste em demonstrar esperança por meio da nossa própria vida e da vida de outros.

Nosso próprio exemplo de esperança. Muitas pessoas que buscam aconselhamento precisam ver o exemplo de esperança antes de poderem experimentá-la pessoalmente. E que exemplo poderia ser melhor do que o próprio conselheiro? A postura bíblica esperançosa do conselheiro inspira confiança no aconselhado. Desde o início, precisamos demonstrar a ele que, mesmo que sua situação seja extremamente difícil, acreditamos que Deus "é capaz de fazer infinitamente mais do que tudo o que pedimos ou pensamos, de acordo com o seu poder que atua em nós" e que "para Deus todas as coisas são possíveis" (Efésios 3:20; Mateus 19:26). Devemos elogiar a pessoa por sua disposição de buscar aconselhamento, ser generosos com elogios sinceros e encorajá-la com as palavras de Paulo: "Estou convencido de que aquele que começou a boa obra em vocês, vai completá-la até o dia de Cristo Jesus" (Filipenses 1:6).

O exemplo de esperança em outros. Podemos dar esperança às pessoas mostrando-lhes como outros enfrentaram situações semelhantes e conseguiram resolvê-las. Elas precisam saber que não estão sozinhas e que não são as primeiras a experimentar tais provações (1Coríntios 10:13). Pode ser uma ajuda para os aconselhados ler nas Escrituras exemplos específicos de cristãos que passaram por circunstâncias semelhantes (ou piores) ou conversar com outros que experimentaram situações semelhantes. Deus pode usar a esperança que veem na vida de outros que sofreram para fortalecer sua própria esperança.

Romanos 15:4 explica como Deus produz uma postura de esperança: "Pois tudo o que foi escrito no passado, foi escrito para nos ensinar, de forma que, por meio da perseverança e do bom ânimo procedentes das Escrituras, mantenhamos a nossa esperança".

As pessoas às quais Paulo estava escrevendo certamente vivenciaram circunstâncias difíceis. Paulo estava pedindo que elas corrigissem seu foco e reorientassem seus padrões de pensamento e comportamento baseados em séculos de ensinamento e tradição. Era uma forma custosa de negação própria. Com boas razões, Paulo reconheceu que algumas dessas pessoas estavam desencorajadas. Ele sabia que sem esperança elas jamais teriam o desejo ou a capacidade de fazer as mudanças necessárias. Assim, ele escreveu esse versículo para fortalecer sua esperança.

Observe cuidadosamente as três coisas que esse versículo nos diz sobre como a esperança é gerada. Em primeiro lugar, o versículo nos lembra que as Escrituras precisam sempre exercer um papel central no desenvolvimento da esperança. "Escrito no passado" se refere evidentemente ao que está escrito nas Escrituras. Esperança vem por meio do encorajamento proveniente das Escrituras. Em segundo lugar, esse versículo indica que as Escrituras promovem a perseverança e encorajam uma postura esperançosa por meio do exemplo de outros que enfrentaram circunstâncias semelhantes e as superaram. O versículo 3 chama atenção para o exemplo de Cristo. Esperança se desenvolve quando percebemos que outros, até mesmo Cristo, o Filho de Deus, experimentaram dificuldades, negaram a si mesmos e reagiram da forma como Deus deseja. Em terceiro lugar, o texto sugere que as Escrituras geram esperança removendo o elemento surpresa daquilo que está acontecendo. Ou seja, enquanto as coisas podem estar fora do *nosso* controle, definitivamente não estão fora do controle de Deus. Na verdade, o que acontece conosco é precisamente o que Deus disse que aconteceria conosco. Quando compreendemos isso corretamente por meio das Escrituras, começamos a entender que as coisas estão acontecendo da forma como as Escrituras previram. Isso gera esperança, pois nos ajuda a reconhecer que Deus está no controle, que as coisas não acontecem por acaso, que aquilo que acontece tem sentido e propósito e que Deus está presente para nos sustentar e apoiar em meio às nossas dificuldades.

Sim, a esperança é um poderoso agente de mudança. Com esperança, as pessoas são inspiradas a fazer coisas positivas, mas, sem ela, elas se rendem e caem. Anote e lembre-se: Quando as pessoas não mudam durante o período do nosso aconselhamento, talvez seja porque elas não têm esperança, a esperança solidamente bíblica. Jamais devemos subestimar a importância da esperança no processo de aconselhamento, pois ao mesmo tempo que reconhecemos que Deus é o supremo doador de esperança (que fornece esperança por meio de seu Filho, seu Espírito e sua Palavra), entendemos também que ele usa homens e mulheres para inspirar e encorajar os desesperançosos para que encontrem esperança nele.

10

Fazendo um inventário do aconselhado: coleta de informações

Wayne A. Mack

Quando Eli viu como os lábios de Ana se mexiam, mas não ouviu nenhum som, ele supôs que ela estivese bêbada e a condenou sem mesmo sentir seu hálito (1Samuel 1:12-14)! Na verdade, o problema de Ana era bem diferente daquilo que ele havia interpretado: ela estava orando a Deus por um filho. Jó foi vítima de um equívoco semelhante. Seus conselheiros, que nunca fizeram perguntas ou se informaram, supunham saber qual era o seu problema desde o início. Até mesmo quando Jó tentou corrigir seus equívocos com fatos pertinentes, eles obstinadamente defenderam suas teorias. Não conseguiam interpretar o problema de Jó corretamente, porque nunca haviam reunido informações suficientes sobre ele. E, por causa disso, seus conselhos somente pioraram a situação de Jó e aumentaram sua angústia.

Precisamos ter o cuidado de não cometer esse erro quando estivermos aconselhando. Se tentarmos interpretar os problemas das pessoas sem antes reunir informações suficientes, aumentaremos as dificuldades em vez de aliviá-las. Tiago 1:19 diz: "Sejam todos prontos para ouvir, tardios para falar", e em nenhuma outra área essa ordem é mais importante do que no aconselhamento.

Em Provérbios 18:15, lemos que "O coração do que tem discernimento adquire conhecimento; os ouvidos dos sábios saem à sua procura". A pessoa sábia busca e adquire conhecimentos, não atua por suposições, especulações ou imaginações. E conhecimento tem a ver com fatos. O versículo sugere que adquirir esses fatos exige o uso da nossa mente (para planejar) e o uso dos nossos ouvidos (para ouvir). Um aconselhamento bíblico precisa incluir um método organizado de colher informações, o que inclui períodos substanciais em que ouvimos o aconselhado. Nas fases iniciais de um aconselhamento, ajuda bastante encorajar o aconselhado a falar o máximo possível.[1]

Aqui está um caso de aconselhamento que ilustra a importância de fazer um inventário do aconselhado:

> Violet tem agora 54 anos. Ela é cristã, vive com seu filho e a esposa dele, e durante muitos anos tem se queixado de depressão. Ela faz pouco ou nada além de frequentar a igreja regularmente. No entanto, toda semana ela volta para casa mais agitada e mais deprimida do que antes.
>
> Nessa primeira sessão, ela reconheceu que estava amargurada e ressentida, sentimentos vagamente vinculados ao atendimento na igreja. Ela alega solidão, diz que tem devaneios, e em seu Formulário de Inventário Pessoal alude a um problema não especificado: "... E há uma dificuldade que só posso mencionar diante de Deus". Perguntas iniciais sobre essa questão são respondidas com relutância, evasão e vergonha.[2]

Às vezes, os aconselhados revelam rapidamente o que você precisa saber. Na verdade, o maior desafio com esses aconselhados é convencê-los a ouvir. Mas a maioria é como Violet. Ela está guardando algo, e o conselheiro não pode ajudá-la se ela não revelar a dificuldade sobre a qual só pode conversar com Deus. Para ser eficiente, o conselheiro precisa primeiro reunir as informações necessárias para compreender corretamente a pessoa e seus problemas.

No caso de pessoas como Violet, é mais fácil dizer do que fazer. Elas podem sentir vergonha de seu problema e hesitar em compartilhá-lo com qualquer pessoa. Podem estar também preocupadas com a possibilidade de que o conselheiro passe a menosprezá-las, ridicularizá-las ou traia sua confiança. Talvez tudo isso já tenha acontecido com elas no passado, e agora estão receosas de que volte a acontecer se revelarem demais. Essas pessoas construíram um muro em volta de si mesmas, como a cidade de Jerusalém. Mas você se lembra dos 12 portões de Jerusalém? Os muros que as pessoas constroem em volta de sua vida também têm portões, e o nosso trabalho como conselheiros é encontrar um caminho de entrar na "cidade" por esses portões. Se um portão estiver fechado, precisamos tentar outro até encontrarmos um portão aberto e termos acesso aos pensamentos, às esperanças e aos medos reais do aconselhado.[3]

Os tipos de informações que precisam ser reunidos

Quais são as informações de que precisamos para poder ajudar as pessoas com seus problemas? Precisamos colher informações em pelo menos seis áreas: estado físico, recursos, emoções, ações, conceitos e contexto histórico.

Informações físicas

Problemas físicos podem resultar de problemas espirituais ou contribuir para que ocorram. Às vezes, o sucesso do nosso aconselhamento dependerá da compreensão de um aspecto específico da saúde de uma pessoa. Em 2Coríntios 4:16, Paulo deu a entender que, quando "exteriormente estamos nos desgastando", interiormente podemos ficar desencorajados. O homem interno pode afetar o homem externo, e vice-versa. Assim, precisamos estar cientes de qualquer problema físico do nosso aconselhado se quisermos resolver os problemas internos que ele enfrenta.

Nos próximos parágrafos, discutiremos cinco aspectos da nossa vida física que podem influenciar nossa saúde espiritual:

1. *Sono*. Padrões irregulares de sono podem ser causados por problemas espirituais (como ansiedade, preguiça ou culpa) ou podem contribuir para problemas espirituais. O dr. Bob Smith escreveu o seguinte sobre a perda de sono:

> Das pesquisas de sono realizadas, aprendemos que o indivíduo comum precisa de sete a oito horas de sono por noite. Na maioria dos casos, aqueles que precisam de mais sono do que isso precisam ver um médico para ver se estão sofrendo de depressão. [...]
>
> "Os cientistas ainda não entendem o que está por trás da nossa necessidade básica de sono, mas eles sabem isto: o sono é uma das necessidades mais essenciais do homem; se o sacrificarmos, o fazemos com riscos consideráveis para o nosso corpo e a nossa mente.
>
> Poucos de nós cogitariam seriamente ficar muito tempo sem comer, mas fome não é tão séria quanto uma perda prolongada de sono. Um homem pode sobreviver à fome por mais de três semanas. Mas prive-o do sono durante o mesmo período e ele se desintegrará e se tornará psicótico. [...]
>
> O homem de hoje é como o jogador falido que perde a camisa e depois continua a jogar com dinheiro emprestado. O norte-americano sem sono – sentindo a agulhada irritada da fadiga e a erosão de seu bem-estar – começa a viver no vermelho, usando remédios estimulantes bastante comercializados, que permitem que o corpo e a mente continuem com energias que, na verdade, não existem."
>
> No entanto, espera-nos o dia da verdade, "quando os sintomas não podem mais ser negados: fadiga angustiante, irritação, falhas na atenção, isolamento, juízo fraco, comportamento errático e até mesmo um enfraquecimento dos padrões morais".[4]

Por isso, precisamos descobrir o quanto nossos aconselhados estão dormindo. E é possível que alguns de seus problemas diminuam imediatamente assim que desenvolverem o hábito de sono regular.

2. *Alimentação*. O velho ditado "Você é o que come" é, em parte, verdadeiro. Precisamos saber o que nossos aconselhados comem, porque um desequilíbrio nutricional pode afetar a conduta. Por exemplo, estimulantes como açúcar e cafeína podem afetar as pessoas de forma extrema.[5] Se você estiver lidando com uma pessoa nervosa e hiperativa o tempo todo, é bom descobrir a quantidade de estimulantes que ela consome. Outros indivíduos experimentam reações alérgicas a ingredientes, e assim por diante. Não podemos ignorar o fator da alimentação.

3. *Exercícios*. No aconselhamento, talvez seja necessário falar sobre a quantidade de atividades físicas com as quais as pessoas estão envolvidas. Eclesiastes

5:12 afirma: "O sono do trabalhador é ameno", e esse versículo foi escrito numa época em que a maioria das pessoas ganhava seu pão de cada dia com seu próprio suor. Na nossa cultura, trabalho físico é menos comum; a maioria das nossas profissões exige mais a mente do que o corpo. Então, para muitos de nós, os exercícios de que precisamos para permanecer saudáveis devem ser planejados em nosso tempo livre, e isso pode facilmente ser ignorado, para o nosso prejuízo.

A falta de exercícios pode produzir ansiedade ou aumentá-la. O estresse diário que enfrentamos faz com que nosso corpo produza substâncias químicas (como adrenalina) que fornecem energia e endurecem nossos músculos. A atividade física é um dos recursos que Deus nos deu para nos livrarmos dessa tensão diária. Sem essa atividade, o nosso corpo pode ser afetado negativamente e nosso humor também pode sofrer. Reunir informações sobre o nível de atividades de uma pessoa — a quantidade de exercícios que ela faz — pode ser um fator significativo no aconselhamento de pessoas que lutam com ansiedade ou outras emoções danosas. Já vi várias vezes que a exigência de exercícios regulares ajuda os aconselhados a relaxar.[6]

4. *Doenças*. Às vezes, uma doença pode ser causada por um pecado pessoal (Salmos 32:3-4; 38:3; Provérbios 14:30; 1Coríntios 11:30).[7] Mas uma doença não causada por um pecado pessoal também pode ser um fator importante nas dificuldades e tentações que nossos aconselhados enfrentam. Por exemplo, infecção viral, hepatite, mononucleose, diabetes e hipertireoidismo são todas associadas à depressão. Em muitos casos, quando um cristão sofre dessas condições, seus sintomas de depressão podem simplesmente ser uma consequência da exaustão e do desconforto causados pela doença. Por isso, não podemos supor que a depressão é sempre um resultado direto de um pecado pessoal. Ela pode ser amenizada ou eliminada simplesmente por meio de diagnóstico correto e tratamento de um problema médico.

5. *Remédios*. Vários remédios, tanto de venda livre quanto de tarja preta, causam efeitos colaterais que são danosos em diferentes graus. Esses remédios podem contribuir para problemas existentes, especialmente se o indivíduo não tiver conhecimento da possibilidade de efeitos colaterais. Alguns casos de depressão leve, por exemplo, podem ser resolvidos simplesmente descobrindo o tipo de remédio que essa pessoa está tomando e se essa medicação pode estar causando efeitos colaterais que contribuem para a depressão. Um conselheiro precisa aprender a reunir as informações pertinentes e estar atento a possíveis vínculos entre experiências problemáticas e medicação.[8]

Uma ferramenta útil para esse processo é ler a bula do medicamento, que descreve as dinâmicas fisiológicas da droga, quando deve ser tomada, possíveis reações adversas, efeitos colaterais possivelmente perigosos e outros sintomas que possa causar. Mesmo que a função do conselheiro bíblico não seja receitar remédios ou retirar aconselhados de medicações, nós podemos nos colocar numa posição melhor para falar sobre alguns problemas se soubermos quais os remédios que o aconselhado está tomando.[9]

Recursos

Uma segunda área de informações diz respeito aos recursos que um aconselhado tem à sua disposição. Quais são os recursos que a pessoa tem que podem ajudar no processo de aconselhamento, e que falta de recursos pode obstruir o processo?

Os recursos mais importantes são, evidentemente, os espirituais, por isso precisamos descobrir se o aconselhado tem esses recursos. Em outras palavras: ele é cristão ou não? Se não for, a pessoa não tem recursos espirituais com que possa trabalhar.[10] Assim, já no início do processo de aconselhamento é importante fazer perguntas sobre a condição espiritual da pessoa. Em alguns casos, quando o aconselhado professa ser cristão, pode ser necessário investigar essa pessoa mais a fundo para estabelecer a validade dessa profissão de fé.[11] Quando se tem certeza de que ela nasceu de novo, é preciso descobrir a extensão de seu crescimento cristão, pois uma pessoa com uma maior maturidade espiritual terá menos dificuldades de usar os recursos em Cristo do que uma pessoa recém-convertida.

O conselheiro precisa reunir informações também sobre outros tipos de recursos que podem afetar a dimensão espiritual: recursos intelectuais, educacionais, experienciais e sociais.[12] Qualquer desses recursos, ou o somatório deles, pode ser uma peça importante no quebra-cabeça dos problemas de um indivíduo.

Emoções

Emoções são como detetores de fumaça. Certa noite, eu estava relaxando na sala, meus filhos estavam tentando cozinhar algo no fogão que havia no porão. Aparentemente, despejaram um pouco de óleo no fogão, e o óleo pegou fogo, incendiando o fogão, e as chamas se elevaram até o teto. O detetor de fumaça emitiu um alerta agudo, e eu consegui apagar o fogo com uma coberta antes de ele causar maiores danos.

Emoções são como esse detetor de fumaça. Não constituem o problema primário, mas nos alertam sobre ele. Imagine se eu tivesse silenciado o detetor com um martelo e voltado para a sala para relaxar em minha poltrona? A casa inteira teria queimado! Eu tive que cuidar da fonte do problema: o fogo. Semelhantemente, algumas pessoas (e, infelizmente, alguns conselheiros) tentam eliminar emoções negativas como depressão, ansiedade, medo ou raiva atacando as próprias emoções com medicamentos ou terapia comportamental. Contudo, não lidam com o "fogo" nem o eliminam do porão de suas vidas, tampouco os problemas subjacentes que perturbam suas emoções.

A analogia do detetor de fumaça ilustra outra verdade sobre emoções: jamais devem ser ignoradas. O que teria acontecido se eu tivesse reagido ao alarme colocando fones de ouvido? Eu teria perdido mais do que a minha casa!

Os conselheiros também precisam reconhecer a importância das emoções. Deus nos deu as emoções como indicadores externos daquilo que está acontecendo em nosso coração, e muitas vezes elas estão inextricavelmente vinculadas aos problemas que enfrentamos.

Por meio do poder do Espírito Santo, os cristãos são capazes de controlar suas emoções e de fazer o que Deus espera que façam, independentemente de como eles se sentem (1Coríntios 10:13). Por outro lado, as emoções são poderosas o bastante para tornar muito mais difícil fazer o que é certo. Veja, por exemplo, o primeiro assassinato em Gênesis 4:1-8. Provavelmente ele nunca teria ocorrido se Caim não tivesse "se enfurecido" (v. 5). Sua fúria era o resultado de um orgulho pecaminoso e poderia ter sido eliminada por meio do arrependimento, mas, sem esse arrependimento, sua raiva forneceu o ímpeto para o pior dos crimes. É por isso que precisamos fazer perguntas sobre como nossos aconselhados se sentem e ser sensíveis aos efeitos dessas emoções em sua vida.

Ações

Uma quarta área que precisamos levar em conta ao coletar informações refere-se às ações. Temos que incluir aquilo que nossos aconselhados fazem e o que eles não fazem.[13] A Bíblia estabelece um vínculo íntimo entre as nossas ações e outros aspectos da nossa vida. Nossas ações têm um efeito profundo sobre a nossa saúde espiritual, emocional e física. Vejamos, mais uma vez, Caim, que não só sentia raiva, mas era também depressivo. Deus lhe disse: "Por que você está furioso? Por que se transtornou o seu rosto? Se você fizer o bem, não será aceito? Mas se não o fizer, saiba que o pecado o ameaça à porta; ele deseja conquistá-lo, mas você deve dominá-lo" (vv. 6-7). Caim pecou ao oferecer um sacrifício inadequado ao Senhor (v. 3), e o restante do capítulo indica uma correlação direta entre esse ato e cada parte de sua vida. Uma ação desobediente afetou seu relacionamento com Deus, produziu diversas emoções negativas e o levou a agir de forma pecaminosa contra seu irmão.

A Bíblia não se cansa de ressaltar a importância de nossos atos:

- "Como é feliz aquele que não segue o conselho dos ímpios, não imita a conduta dos pecadores, nem se assenta na roda dos zombadores! Ao contrário, sua satisfação está na lei do SENHOR, e nessa lei medita dia e noite. É como árvore plantada à beira de águas correntes: dá fruto no tempo certo e suas folhas não murcham. Tudo o que ele faz prospera!" (Salmos 1:1-3).
- "Quem de vocês quer amar a vida e deseja ver dias felizes? Guarde a sua língua do mal e os seus lábios da falsidade. Afaste-se do mal e faça o bem; busque a paz com perseverança" (Salmos 34:12-14).
- "Por que vocês me chamam 'Senhor, Senhor' e não fazem o que eu digo? Eu lhes mostrarei a que se compara aquele que vem a mim, ouve as minhas palavras e as pratica. É como um homem que, ao construir uma

casa, cavou fundo e colocou os alicerces na rocha. Quando veio a inundação, a torrente deu contra aquela casa, mas não a conseguiu abalar, porque estava bem construída. Mas aquele que ouve as minhas palavras e não as pratica, é como um homem que construiu uma casa sobre o chão, sem alicerces. No momento em que a torrente deu contra aquela casa, ela caiu, e a sua destruição foi completa" (Lucas 6:46-49).

- "Felizes são aqueles que ouvem a palavra de Deus e lhe obedecem" (Lucas 11:28).
- "O homem que observa atentamente a lei perfeita que traz a liberdade, e persevera na prática dessa lei, não esquecendo o que ouviu mas praticando-o, será feliz naquilo que fizer" (Tiago 1:25).

Os mandamentos de Deus não são apenas mandamentos, são convites — convites para a plenitude da vida. Não são apenas obrigações, são oportunidades. Não são apenas preceitos, são promessas. Deus diz: "Ponho diante de vocês o caminho da vida e o caminho da morte" (Jeremias 1:28; veja Deuteronômio 30:15,19). O caminho da vida exige obediência aos mandamentos expressos em sua Palavra, e o caminho da morte é o da desobediência a eles. Conselheiros que levam os mandamentos de Deus a sério precisam reconhecer a relação entre obediência a Deus e todos os aspectos da vida e precisam coletar informações sobre as ações do aconselhado para ver se elas estão alinhadas com a Palavra de Deus.

Conceitos

Precisamos reunir informações também sobre os conceitos do aconselhado. *Conceitos* é termo que se refere ao que Hebreus 4:12 descreve como "pensamentos e intenções do coração". Isso inclui convicções pessoais, posturas, expectativas, desejos e valores. Inclui em que ou em quem as pessoas confiam, o que ou a quem elas temem, a quem ouvem e de que ou de quem dependem; a que ou a quem servem na vida (Mateus 6:24); o que ou quem são seus deuses funcionais; e o que ou quem as controla e orienta suas decisões. Por mais importantes que as ações e as emoções sejam, de certa forma são secundárias em relação à área conceitual da vida, porque aquilo que pensamos e desejamos (nossos pensamentos e intenções) determina como agimos e sentimos.

Seguem algumas passagens que reforçam essa verdade:

Marcos 7:18-23. Após apresentar uma lista de numerosos pecados de ação, como "as imoralidades sexuais, os roubos, os homicídios, os adultérios, as cobiças, as maldades" (vv. 21-22), Jesus diz: "Todos esses males vêm de dentro e tornam o homem 'impuro'." Sua intenção era ensinar aos judeus que o pecado é um problema interno, algo que é muito mais profundo do que a superfície do comportamento. É um problema do coração. Nas Escrituras, o termo *coração* é, muitas vezes, usado como sinônimo de *mente* (veja Gênesis 6:15; Hebreus 4:12).

Ambas as palavras se referem à constituição interna do homem que influencia a forma como ele age. Essa dimensão da vida precisa ser contemplada se quisermos que ocorra uma mudança duradoura.

Romanos 12:1-2. Nessa passagem, Paulo exorta os romanos a como responder prontamente à verdade doutrinal compartilhada com eles nos 11 capítulos anteriores. Esses dois versículos servem como ótimo resumo de todo o processo de crescimento espiritual que constitui a vida cristã: "Transformem-se pela renovação da sua mente, para que sejam capazes de experimentar e comprovar a boa, agradável e perfeita vontade de Deus". Se quisermos experimentar a transformação da nossa vida, precisamos entender o que está se passando na mente das pessoas e nos concentrar nisso quando estivermos tentando ajudá-las a mudar.

Gálatas 5:16-21. Os versículos 19-21 dessa passagem listam algumas das ações e das emoções mais comuns que constituem "as obras da carne". Ações e reações ímpias como imoralidade, conflito, inimizade, disputas, dissensões, embriaguez, orgias, inveja e explosões de raiva estão incluídas nesse catálogo extenso, mas não exaustivo de pecados comportamentais e emocionais. O versículo 16, que se refere aos "desejos da carne", revela um nível mais profundo do problema e nos oferece uma perspectiva importante para entender as pessoas e suas dificuldades. Compreender as pessoas exige não só uma compreensão de seus atos, inclui também um conhecimento sobre os *desejos* que motivam esses atos. Segundo Paulo, os desejos impuros são o motor que impulsiona ações ímpias. Ações e sentimentos ímpios estão vinculados e arraigados em pensamentos e desejos idólatras e ímpios.

Efésios 4:22-24. Essa é outra passagem bem conhecida que resume o processo do crescimento espiritual. No versículo 22, Paulo nos instrui a "despir-nos do velho homem"; no versículo 24, diz que devemos "revestir-nos do novo homem". Mas a chave para esse processo de mudança se encontra no versículo 23: "Sejam renovados no modo de pensar". Não podemos eliminar práticas contrárias à Bíblia e cultivar práticas bíblicas sem renovar a nossa mente.[14]

Poucas verdades são mais essenciais para o aconselhamento bíblico. Muitos conselheiros se perguntam por que eles só veem mudanças temporárias na vida de seus aconselhados. Observam, frustrados, que eles voltam para os mesmos pecados dentro de pouco tempo. Na maioria dos casos, a razão disso é que a mente e o coração não foram renovados. Eles experimentaram tão somente uma mudança comportamental por causa da influência de alguém que os manipulou por meio de truques psicológicos ou os pressionou semana após semana a se adaptar. Mas, quando essa pressão externa deixa de existir, a mente não renovada rapidamente retorna aos pecados que o corpo quer tanto praticar.

Se quisermos praticar um aconselhamento verdadeiramente bíblico, precisamos adquirir o máximo de informações possível sobre os pensamentos e desejos de nosso aconselhado para que possamos corrigir seus equívocos e ajudá-lo a ter "a mente de Cristo" em relação aos seus problemas (veja 1Coríntios 2:16).

Informações históricas

Obter informações históricas sobre os aconselhados e seus problemas é outra parte importante do nosso inventário. Informações históricas são aquelas sobre o contexto atual e o passado de uma pessoa: as circunstâncias externas de sua vida, as influências ou pressões que experimentou ou experimenta, os pecados que foram cometidos contra ela, suas frustrações e dificuldades, seus fracassos, tentações, bênçãos temporárias, sucessos, confortos, bens materiais etc.[15]

Alguns conselheiros que se preocupam excessivamente com o passado acreditam que de alguma forma tudo na vida atual do aconselhado está relacionado ao passado. Em decorrência disso, tendem a transferir a responsabilidade do aconselhado para aqueles que o maltrataram muito tempo atrás. Mas essa é uma tendência perigosa e precisa ser evitada.[16] No entanto, tampouco devemos ignorar o passado, pois o que aconteceu no passado afeta nossos aconselhados, especialmente se envolve padrões de pecado ou de alguma forma lhes serve como desculpa para culpar outros por seus problemas.[17]

Certa vez, conversei com um jovem que não se dava bem com seu chefe, apesar de não haver razões aparentes ou objetivas para o conflito. Foi apenas quando comecei a perguntar-lhe sobre seu emprego anterior que descobri algo que apontasse para o problema. Quando lhe perguntei sobre cada um de seus empregos anteriores e como ele vivenciou seus chefes, ele deu respostas negativas sobre cada um deles. Então, perguntei-lhe sobre seu relacionamento com seu pai na infância e descobri que ele teve problemas enormes com o pai. Isso me sugeriu que, provavelmente, esse jovem jamais aprendera a se submeter à autoridade, uma descoberta que forneceu direção para as perguntas e para o aconselhamento daí em diante.

Nesse caso, era primariamente o pecado do próprio homem no passado que estava contribuindo para seus problemas atuais. Em outros casos, os pecados de outros no passado podem contribuir para os problemas do aconselhado. As pessoas que sofreram abuso, maus-tratos ou negligenciamento costumam culpar o agressor por seus problemas e reagir de forma negativa a qualquer pessoa que as faça lembrar deles. O conselheiro bíblico não aborda essas situações ignorando o que ocorreu no passado, mas ouve com atenção a sua história, identifica a dor que o aconselhado experimentou e, depois, com amor e paciência, lida com suas reações pecaminosas e procura voltar seu foco para os recursos em Cristo e seu modo de lidar com seu passado.[18]

Além de fazer um inventário histórico da vida da pessoa, o conselheiro bíblico deve também coletar informações atuais. O que está ocorrendo atualmente na sua vida é igualmente importante àquilo que ocorreu no passado. O conselheiro bíblico jamais deveria desculpar ou justificar uma conduta ímpia em si mesmo ou em outros por causa de circunstâncias atuais ou passadas. A Palavra de Deus é inequívoca sobre isso.[19] Mesmo assim, um aconselhamento preciso, apropriado e sensível exige algum conhecimento sobre o contexto atual em que a pessoa vive e reage. Precisamos entender como ela está sendo afetada pelos pecados de outros e como ela reage de forma pecaminosa.[20]

Aconselhamento sem informações sobre o contexto da vida pode ser irrelevante, inapropriado, clínico, estéril e até mesmo doloroso. Sem os fatos históricos e atuais pertinentes, o conselheiro bíblico pode praticar os mesmos erros cometidos pelos conselheiros de Jó, e assim aumentar a angústia do aconselhado. Para usar as palavras de Jó: pode tornar-se culpado de atormentar, insultar, esmagar e ser injusto com a pessoa que está tentando ajudar (veja Jó 19:1-3). Em sua tentativa de fazer o bem, ele pode, na verdade, fazer o mal (veja Romanos 14:16).

Para evitar esses erros, o conselheiro bíblico precisa observar o que a pessoa está sofrendo da parte de outros, o que está acontecendo à sua volta e também o que a pessoa está fazendo, sentindo e desejando. Ele precisa adquirir e processar informações sobre o casamento e a situação familiar, sobre as condições de vida, os relacionamentos, o envolvimento na igreja, a profissão ou escola, as finanças e qualquer outra situação de pressão, problema ou sucesso que seja relevante para a vida do aconselhado.

Como coletar informações

Discutimos acima a importância de reunir informações e como isso é relevante para o processo de um aconselhamento bíblico adequado. Agora, precisamos estudar os métodos de obter as informações. Os métodos primários que discutiremos são: 1) usar formulários de inventário pessoal, 2) fazer perguntas boas e 3) observar informações contidas nas entrelinhas.

Como usar formulários de inventário pessoal

Um exemplo de formulário de inventário pessoal (FIP) se encontra no apêndice deste livro. Esse formulário pode ser uma ferramenta útil nas fases iniciais do aconselhamento pelas seguintes razões:

1. Exigir que o aconselhado preencha um FIP indica a preocupação do conselheiro com a seriedade do processo.
2. O formulário fornece acesso constante a informações básicas que o conselheiro pode esquecer ou negligenciar durante as sessões de aconselhamento.
3. As informações ajudam a preparar o conselheiro para as sessões de aconselhamento. Muitas vezes, revelam a direção inicial que o aconselhamento deve seguir.
4. Preencher o formulário ajuda o aconselhado a refletir sobre as questões que serão discutidas.
5. Discutir as informações contidas no formulário com o aconselhado pode fornecer um ponto de entrada natural e apropriado para a sessão de aconselhamento.

Mesmo quando o conselheiro está trabalhando com uma pessoa que ele já conhece, é sábio usar o FIP. O formulário sempre fornece informações novas e significativas.

Como fazer perguntas apropriadas

Além do FIP, a quantidade de informações que o conselheiro obtém depende em grande parte também da quantidade e da qualidade das perguntas que faz. Conquanto a compaixão e a preocupação com o aconselhado devam determinar a quantidade, as seguintes diretrizes podem ajudar a desenvolver perguntas de qualidade.

1. Perguntas apropriadas são sensíveis e graciosas. Se as perguntas não forem feitas de forma apropriada, todos os esforços do conselheiro de obter informações serão em vão. A Bíblia diz: "O seu falar seja sempre agradável e temperado com sal" (Colossenses 4:6). Precisamos fazer perguntas de forma que nosso aconselhado se sinta bem e à vontade, e não nervoso. Uma maneira de fazer isso é explicar-lhe, desde o início, que você fará perguntas a fim de reunir informações para poder ajudá-lo.

Outra maneira de garantir um estilo cortez é fazer perguntas usando o método de avanço e recuo. Ou seja, quando o conselheiro percebe que o aconselhado está ficando apreensivo ou desconfortável com certa linha de perguntas, ele recua daquele tema e explora outro. Mais tarde, ele talvez consiga retornar para aquela questão.

2. *Perguntas apropriadas são relevantes.* Todas as perguntas deveriam dizer respeito ao tema que o conselheiro pretende discutir; não devem servir apenas para satisfazer sua curiosidade. Como as jovens viúvas mencionadas em 1Timóteo 5:13, os conselheiros podem se tornar "fofoqueiros e indiscretos" quando desejam obter informações que não precisam saber. Perguntas irrelevantes podem também fazer com que as pessoas se dispersem dos seus reais problemas. Por isso, mantenha o aconselhado focado e economize tempo fazendo sempre perguntas relevantes aos problemas.[21]

3. *Perguntas apropriadas produzem fatos.* O caso a seguir ilustra os tipos de perguntas que *não* produzem informações significativas:

> Bruce e Maggie aparecem com sua filha Karen. O pastor está surpreso; ele esperava receber apenas os pais.
>
> Conselheiro: "Por que você está aqui, Karen?" (Ela levanta os ombros.)
>
> Maggie: "Eu pedi que ela viesse. Eu e ela não nos damos bem, e isso está destruindo nosso lar."
>
> Conselheiro: "Você vê um problema entre você e sua mãe?"
>
> Karen: "Bem, sim."
>
> Conselheiro: "Você diria que existe inimizade entre vocês?"
>
> Karen: (Hesita, então responde) "Muita!"

Conselheiro:	"Por que existe esse problema entre vocês?"
Karen:	"Não sei."
Conselheiro:	"Você tem esse mesmo problema com outras pessoas?"
Karen:	"Não."
Conselheiro:	"Karen, você sabe que deve honrar sua mãe. Não fazer isso é pecado. Você reconhece isso como pecado?"
Karen:	"Sim."
Conselheiro:	"Por que você não tomou medidas para corrigir essa situação?"
Karen:	"Não sei."[22]

Nessa situação, o conselheiro obteve praticamente nenhuma informação, porque ele deixou de fazer as perguntas que produzem fatos.

Observe, em primeiro lugar, que ele fez várias perguntas que começavam com *por que*. Ele deveria ter feito o esforço de fazer mais perguntas do tipo *o que*. Normalmente, perguntas do tipo *o que* rendem muito mais informações do que perguntas do tipo *por que*, que muitas vezes resultarão na resposta que Karen deu por duas vezes: "Não sei". Os conselheiros terão mais sucesso em sua tentativa de colher informações se fizerem perguntas do tipo: "Qual é o seu problema? O que está acontecendo? O que você está querendo dizer? O que você tem feito em relação a isso? O que piorou sua situação? O que você pensa em relação a isso?".

Outras perguntas úteis começam com a palavra *como*: "Como você se sente? Como você agiu? Como você reagiu? Como você tentou resolver a situação?". Também: "Há quanto tempo você está tendo esse problema? Quantas vezes você já teve esse problema? Como posso lhe ajudar?".[23]

Outro problema das perguntas do conselheiro à Karen refere-se ao fato de que as outras perguntas eram fechadas, o que significa que podiam ser respondidas satisfatoriamente com um "sim" ou "não".[24] Ele deveria ter feito mais perguntas abertas, de modo que a aconselhada não pudesse responder com um simples sim ou não, mas seria obrigada a fornecer mais informações. Seguem alguns exemplos desses dois tipos de perguntas:

Fechado:	Você quer se casar?
Aberto:	O que você pensa sobre o casamento?
Fechado:	Você ama seu marido?
Aberto:	Como você descreveria sua postura em relação ao seu marido?
Fechado:	Você está satisfeito com seu emprego?
Aberto:	Do que você gosta e desgosta no seu emprego?
Fechado:	Você se dá bem com seus pais?
Aberto:	Que tipo de relacionamento você tem com seus pais?

Precisamos estar cientes dos tipos de perguntas que fazemos no aconselhamento; precisamos escolhê-las com cuidado para que elas forneçam o máximo possível de informações. Eis alguns exemplos de perguntas úteis que podemos fazer em cada uma das seis categorias:

Estado físico

- Em termos bem gerais, como você descreveria sua saúde física atual e no passado?
- Conte-me algo sobre seus padrões de sono.
- O que você precisa fazer em seu emprego?
- Se você pudesse mudar quatro coisas em seu trabalho, quais seriam?
- Descreva para mim o que você costuma fazer num dia típico.

Recursos

- Conte-me algo sobre as pessoas mais importantes em sua vida, e diga por que elas são tão importantes.
- Compartilhe comigo os relacionamentos em sua vida que lhe dão mais alegria, mais tristeza e mais dor.
- Quando você tem um problema, o que costuma fazer?
- Conte-me sobre as pessoas em sua vida com as quais se sente à vontade a ponto de compartilhar seus pensamentos e seus sentimentos privados.
- Conte-me sobre seu relacionamento com Deus; como começou, como se desenvolveu, quão importante ele é, onde Deus se encaixa em sua vida ou naquilo que está acontecendo atualmente, o que você está fazendo para fortalecer seu relacionamento com ele.
- Descreva o que sua igreja significa para você.
- Quando você tinha problemas no passado, o que mais lhe ajudou a resolvê-los?
- Quais são alguns de seus melhores recursos, qualidades? E maiores deficiências/fraquezas?
- Quais são seus padrões de leitura bíblica e oração?

Emoções

- Quais são algumas das suas emoções mais frequentes?
- Como os outros o veem emocionalmente?
- Se pudesse mudar algo em você emocionalmente, o que mudaria?
- Dê-me alguns exemplos de quando se sentiu extremamente ... (irritado, feliz, triste).
- Como se sente com relação ao que está acontecendo em sua vida no momento?
- Se eu tivesse gravado o que você acabou de dizer e o reproduzisse para você, quais emoções eu ouviria?

Ações

- Ao olhar para sua vida até agora, quais são algumas das coisas que fez e que valeram a pena?
- Quais são algumas das coisas que gostaria de mudar?
- Se você contemplar sua vida no momento, quais são algumas das coisas que acredita estar fazendo certo ou errado?
- Diga-me como se vê crescendo como cristão.
- Diga-me como você pode melhorar como cristão, em seu relacionamento com Cristo e como testemunha dele.
- Diga-me como você tem ajudado outras pessoas e como tem sido um problema para outras pessoas.
- Se pensar nos Dez Mandamentos, quais são os mais difíceis para você?

Conceitos

- Qual você considera ser seu problema mais urgente?*[25]
- Sabe por que o problema se tornou tão grave?*
- Como você acha que tem lidado com o problema?*
- O que tudo isso lhe diz sobre si mesmo?*
- Faz alguma ideia de por que tem tantas dificuldades de aceitar críticas?*
- Se eu tivesse um gravador e gravasse seus pensamentos neste momento, o que eu ouviria?*
- O que acontece em sua cabeça quando eu lhe faço uma sugestão sobre como lidar com o problema?*
- O que você quer, deseja, procura, ambiciona, persegue, espera?*
- Quais são seus objetivos, expectativas ou intenções?*
- Em que você procura obter segurança, sentido, felicidade, satisfação, alegria ou consolo?*
- O que você mais teme? O que tende a evitar?*
- O que deixaria você feliz?*
- O que faz você mostrar seu melhor lado?*
- O que ou quem controla você nos detalhes da vida? A que ou a quem você obedece?*
- Em que ou em quem você deposita sua confiança funcional? O que motiva você? Em que ou em quem você deposita suas esperanças?*
- Quando está sob pressão ou tenso, para onde corre? Onde encontra alívio? Como escapa?*

Informações históricas

- Quando começou a vivenciar esse problema?
- Conte-me o que estava acontecendo em sua vida quando...
- Descreva seu relacionamento com o Senhor ao longo dos anos: os pontos altos e os baixos.

- Ao olhar para a sua vida, quais foram as experiências mais felizes e mais tristes que já teve?
- Conte-me algo sobre as influências mais positivas e mais negativas em sua vida.
- Fale sobre seu casamento, sua família, sua igreja, seu trabalho etc.
- Se você pudesse mudar alguma circunstância em sua vida, qual mudaria?
- O que em sua vida lhe traz o maior prazer, a maior dor e a maior angústia?
- Quais são as pressões externas que está sofrendo no momento?

COMO OBSERVAR AS INFORMAÇÕES NAS ENTRELINHAS

Os conselheiros podem aprender algo sobre seus aconselhados também por meio das informações contidas nas entrelinhas, das informações comunicadas de formas não verbais. Isso inclui a conduta não verbal e a comunicação paralinguística.

1. ***Conduta não verbal.*** Gênesis 3:8 diz que "o homem e sua mulher esconderam-se da presença do SENHOR Deus entre as árvores do jardim". Antes disso, Adão e Eva nunca haviam fugido de Deus, e esse ato revelou algo importante sobre como eles estavam se sentindo. Não precisavam dizer uma única palavra para sabermos que eles estavam sentindo a culpa e o medo do pecado. No aconselhamento, podemos aprender muito das ações dos nossos aconselhados durante as sessões.

Às vezes, seus rostos exibirão expressões que claramente revelam irritação, tristeza ou outras emoções. Às vezes, aproximarão sua cadeira da escrivaninha ou a afastarão quando entrarem no consultório. Às vezes, casais afastam suas cadeiras uma da outra. Às vezes, famílias se acomodarão de um modo que revela claramente quem se dá bem com quem ou qual filho é o preferido dos pais. Os aconselhados podem se agarrar aos braços de sua poltrona ou olhar para o chão sempre que o conselheiro mencionar um tema específico. Alguns aconselhados se atrasarão sempre para as sessões. Todas essas coisas (e muitas outras) podem revelar informações úteis na nossa tentativa de ajudar na mudança dos nossos aconselhados.

2. ***Comunicação paralinguística.*** Esse tipo de informação nas entrelinhas tem a ver, em primeiro lugar, com como nossos aconselhados falam: não o que eles dizem, mas *como* eles o dizem. O tom de sua voz transmite esperança ou comunica desesperança? Comunica ansiedade ou paz? Raiva ou perdão? Amor ou ódio? Interesse ou indiferença? E sua voz os representa como rudes, insensíveis ou manipuladores? Ela passa outras impressões negativas que podem contribuir para seus conflitos interpessoais? Comunicação paralinguística envolve também sobre o que o aconselhado está disposto a conversar e o que ele se recusa a discutir. Às vezes, a hesitação em falar sobre um tema é a fonte do problema.

Ambos os tipos de informações nas entrelinhas precisam ser observados especialmente em relação a como os aconselhados se relacionam com o conselheiro, pois é provável que eles o tratem como tratam outras pessoas, e é provável que os outros os percebam da mesma forma que o conselheiro os percebe. Jamais subestime a importância desse tipo de observação; ela pode fornecer tanta informação quanto aquilo que o aconselhado diz explicitamente.[26]

Conclusão

Outras formas de colher informações de modo eficaz incluem tarefas de casa desenvolvidas especificamente para esse propósito,[27] conversar com outras pessoas que conhecem o aconselhado e fazer anotações precisas para que possam ser revistas ao longo do aconselhamento.[28]

A importância de se tornar um hábil coletor de informações não pode ser subestimada. Em grande medida, todos os outros elementos do aconselhamento bíblico dependem disso. O desenvolvimento eficaz de envolvimento com o nosso aconselhado e a inspiração de esperança serão determinados e direcionados por aquilo que sabemos sobre ele e seus problemas.

Compreender e aconselhar pessoas biblicamente é uma responsabilidade desafiadora e recompensadora. Mas a negligência na coleta de dados pode minar o processo inteiro. É por isso que conselheiros bíblicos precisam desenvolver habilidade nesse empreendimento. Precisamos trabalhar com cuidado e com muita oração para melhorar nossas habilidades de fazer um inventário, como se nossa eficácia como conselheiros dependesse disso, pois, de um ponto de vista humano, é disso que ela realmente depende!

11

Interpretando os dados do aconselhado

Wayne A. Mack

No capítulo anterior, discutimos o processo de coletar informações. Agora, voltamos nossa atenção para o desafio de usar esses dados. Não importa quantas informações consigamos obter dos nossos aconselhados, elas nada valem se não as usarmos para tirar conclusões sobre o que está acontecendo na vida deles. Precisamos não só interpretar os dados para nós mesmos, mas, muitas vezes, ajudar também os aconselhados a reinterpretá-los, pois é possível que já tenham tirado conclusões erradas sobre sua situação.

O processo de aconselhamento bíblico que discutiremos nos próximos capítulos depende de uma interpretação correta dos problemas dos aconselhados. Se a interpretação do conselheiro for errada, a instrução, o induzimento e a implementação também serão errados. Uma compreensão correta do sentido dos dados colhidos fornece a direção estratégica a todo o processo de aconselhamento.

A definição de interpretar dados

O que significa interpretar dados? Esse processo envolve dois elementos básicos: analisar ou conceitualizar minuciosamente os dados e explicá-los ao aconselhado. Em outras palavras: um aspecto da interpretação envolve aquilo que se passa na nossa mente como conselheiros. Precisamos analisar os dados colhidos durante a fase do inventário para que possamos entendê-los do ponto de vista bíblico. E precisamos decidir o que deve ser feito em relação aos problemas de acordo com a Bíblia.

O segundo aspecto da interpretação envolve aquilo que dizemos aos aconselhados sobre seus problemas. Nossa interpretação da situação só está completa quando a interpretamos *para eles*. Precisamos explicar nossa análise e nossos conceitos ao aconselhado de modo que ele entenda a natureza e as causas reais das dificuldades sob uma perspectiva bíblica. Em muitos casos, não há progresso no aconselhamento simplesmente porque o conselheiro não identificou o problema corretamente ou não o explicou adequadamente para que o aconselhado pudesse concordar com a interpretação e seguir o conselho. Em uma situação assim, existem duas interpretações do problema, a do conselheiro e a do aconselhado, e elas trabalham uma contra a outra.

Ao discutirmos a interpretação de dados, precisamos não apenas contemplar como o conselheiro deve pensar sobre os problemas, mas também como o conselheiro deve comunicar essas conclusões ao aconselhado.

O PROCESSO DA INTERPRETAÇÃO DE DADOS

O conselheiro bíblico alcança o objetivo de uma análise precisa e de uma explicação clara seguindo estes quatro passos: 1) reunir dados adequados; 2) interpretar os dados; 3) formular uma interpretação prática dos dados; e 4) testar a validade da interpretação.

Quando formos explicar esses passos neste capítulo, você talvez pense: "Esse processo vai exigir tempo e esforço enormes!". Sim, exigirá muito tempo e esforço. As pessoas são seres complexos, e uma abordagem simplicista quase sempre fracassará. Não somos como Jesus, que conhecia imediatamente os pensamentos das pessoas quando caminhou nesta terra. Certamente não conseguimos olhar para uma pessoa e dizer do que ela precisa. Na maioria dos casos, nem seremos capazes de conversar com a pessoa e dizer-lhe do que ela precisa. O processo de interpretação pode ser um tanto demorado e extenso. Mesmo que um conselheiro experiente seja capaz de emitir conclusões em menos tempo, jamais devemos chegar ao ponto de não estar mais dispostos a refletir profundamente sobre os problemas de cada pessoa.

Antes de começarmos a discutir os passos no processo da interpretação, veja o seguinte estudo de caso, que servirá como ilustração ao longo deste capítulo:

> "Sentimentos de inferioridade me deixaram doente fisicamente e impotente como pessoa", diz Gus. "Tentei fazer o que você me disse, mas simplesmente não consigo." Numa sessão anterior, você pediu que Gus buscasse o perdão de seu pai por várias ofensas cometidas contra ele. Gus está agora em sua quarta sessão e a tarefa que lhe foi dada para as últimas duas semanas continua por fazer. "'Você não consegue' significa na verdade que você não quer, não é?", você responde. "Não", ele diz, "eu não consigo fazer nada. Não costumo desistir, mas não consigo fazer isso. Eu quero, eu sei que preciso fazer e, se eu tivesse um ego mais forte, eu seria capaz de fazê-lo."[1]

Primeiro, analisemos o caso do ponto de vista de Gus. Como ele está interpretando o problema? Ele acredita que não tem a capacidade de completar a tarefa de casa ou de superar seus problemas de outra forma. Ele se vê como vítima que não é responsável por seus atos. Ele cita "sentimentos de inferioridade" e um "ego fraco" como causas de sua impotência para fazer o que é certo.

Podemos ver que o conselheiro de Gus precisa interpretar o problema biblicamente e comunicar a interpretação a Gus. Ao discutirmos esse processo nas páginas seguintes, forneceremos algumas sugestões para interpretar a situação de Gus de uma maneira que seja útil para ele e que glorifique a Deus.

Reunir dados adequados

O primeiro passo no processo de interpretação é garantir que colhemos dados suficientes. Apliquemos cada uma das categorias discutidas no capítulo 10 à situação de Gus.

Informações físicas. O que Gus quer dizer quando fala que está fisicamente doente? Quando essa doença começou? Quanto ele está dormindo? Ele tem procurado um médico para ver se há algum problema orgânico? O que ele quer dizer quando usa a palavra *impotente*?[2]

Recursos. Gus é cristão? Ele aprendeu com base nas Escrituras a respeito de sua suficiência em Cristo? Que tipo de relacionamentos ele tem com os outros membros da família?[3] Ele tem amigos cristãos que o encorajam e ajudam? Seus amigos são parte do problema ou da solução? Faltam-lhe habilidades sociais? Ele está comparando suas habilidades com as de outros e concluindo que ele é inferior? Como ele se envolve na igreja? Ele tem um pastor capaz e disposto a ajudá-lo?

Emoções. Gus consegue se entusiasmar ou é indiferente? Ele guarda mágoas, ressentimentos ou raiva? Ele tem medo? Ele tem raiva ou medo do pai? Ele está aflito com seus problemas? O que ele quer dizer com "sentimentos de inferioridade"? Ele entende o propósito e o papel bíblico das emoções? Que papel as emoções exercem na vida de Gus, em suas decisões, naquilo que faz ou deixa de fazer e em como ele vê e interpreta a si mesmo e a sua situação? Quanta confiança ele dá à precisão e validade de suas emoções?

Ações. Gus tem tentado fazer alguma das coisas pedidas pelo conselheiro ou por Deus? Em caso positivo, o que aconteceu? Quais são outras coisas que ele não fez ou não está fazendo por lhe faltar um "ego forte"? Ele disse que não costuma desistir. Em quais atividades ele tem persistido, levando-as a cabo? Em que sentidos ele não está vivendo biblicamente ou não cumprindo suas responsabilidades bíblicas? O que ele está conseguindo fazer atualmente em qualquer área de sua vida?[4]

Conceitos. Como Gus define o termo *ego forte*? Como ele acha que deveria proceder para conseguir um ego mais forte? O que ele acredita ser necessário para que uma pessoa seja bem-sucedida? Qual é a sua visão da natureza da vida cristã? Quais são suas expectativas? A quem ele procura agradar e servir? Como ele acha que Deus descreveria seu problema? Deus diria que seus sentimentos de inferioridade o tornaram uma pessoa impotente e doente?[5] O que, em sua opinião, o satisfaria? Qual o entendimento bíblico dele sobre o sucesso verdadeiro? Quais são seus deuses funcionais a essa altura da vida? Quais são as vozes às quais ele obedece? Quais são suas ansiedades? Seus desejos dominantes? A quem Gus adora? Em quem ele se apoia em termos de recursos para viver de modo cristão e fazer o que Deus espera?

Informações históricas. Há quanto tempo Gus está tendo esses "sentimentos de inferioridade", e existe algum evento em sua vida relacionado a isso? Existe um evento específico por meio do qual ele vê sua vida inteira? Em sua opinião, como a falta de um ego forte tem afetado sua vida ao longo dos anos? O problema com seu pai se deve a uma série de coisas que aconteceram? Quando essas coisas surgiram? Qual é seu histórico de trabalho? Existem outras figuras de autoridade com as quais ele teve problemas no emprego, na escola? No passado, quando precisava fazer algo difícil, como ele reagiu? Quais desculpas Gus usou no passado para fugir à responsabilidade?

Interpretar os dados

Esse segundo passo é o aspecto mais difícil do processo de interpretação, porque envolve refletir sobre o significado e as implicações dos dados do inventário. Após fazer múltiplas perguntas ao aconselhado, o conselheiro precisa responder a algumas perguntas. As perguntas seguintes são úteis para essa parte do processo interpretativo.

Qual categoria bíblica descreve melhor a pessoa que estou aconselhando? Precisamos evitar os perigos de estereotipar ou generalizar quando avaliamos as pessoas, mas precisamos saber também que a Bíblia fala de várias categorias em que as pessoas se encaixam em uma ou outra medida.

Essa pessoa é salva ou não? Cada pessoa pertence a uma dessas duas categorias; como discutimos no capítulo 10,[6] as pessoas salvas dispõem de recursos que as outras não têm. Precisamos então avaliar aquilo que os dados sugerem sobre se o aconselhado é ou não um cristão verdadeiro. O que os dados sugerem sobre o relacionamento da pessoa com Cristo? É genuíno e está crescendo? A pessoa passa tempo com o Senhor em oração consistente e estudo da Bíblia? Existe alguma evidência de que esse relacionamento com Deus seja apenas histórico, significando que o indivíduo se agarra a uma decisão no passado sem evidências da obra atual de Deus em sua vida? As convicções são da própria pessoa, ou foram adotadas dos pais ou amigos? Sua abordagem das outras fases do aconselhamento, principalmente instrução e induzimento, dependerá de sua interpretação nessa área.

Essa pessoa é espiritualmente madura ou imatura? Uma segunda maneira de avaliar o aconselhado consiste em avaliar se ele é espiritualmente maduro ou imaturo. Hebreus 5:11-14 menciona essas duas categorias:

> Quanto a isso, temos muito que dizer, coisas difíceis de explicar, porque vocês se tornaram lentos para aprender. De fato, embora a esta altura já devessem ser mestres, vocês precisam de alguém que lhes ensine novamente os princípios elementares da palavra de Deus. Estão precisando de leite, e não de alimento sólido! Quem se alimenta de leite ainda é criança, e não tem experiência no ensino da justiça. Mas o alimento sólido é para os adultos, os quais, pelo exercício constante, tornaram-se aptos para discernir tanto o bem quanto o mal.

Essa passagem ensina que maturidade espiritual é mais do que aquilo que alguém sabe. É aquilo que ele coloca em prática. Cristãos maduros são capazes de discernir entre o bem e o mal porque são consistentes na prática da santidade. Por outro lado, cristãos imaturos são descritos como aqueles aos quais foram ensinadas muitas verdades, mas que não foram suficientemente praticadas. Segundo essa definição, até mesmo pessoas que foram salvas há muitos anos podem ser imaturas. Suas mentes podem estar cheias de fatos e informações bíblicas, podem ser capazes de recitar versículos e crenças de memória, podem até ser capazes de discutir teologia, mas elas não são maduras, porque não vivem essas verdades.

Avaliar se seus aconselhados são maduros ou imaturos determinará em certa medida a profundidade da instrução que você pode lhes dar, se os alimentará com "comida sólida" ou apenas com "leite".[7] Também lhe ajudará a decidir o quanto deve se concentrar em instrução, pois, se a pessoa for um cristão maduro, sua primeira atitude deve ser dar-lhe apoio e encorajamento. Muitas vezes cristãos maduros que experimentam problemas sabem o que precisa ser feito; o aconselhamento se torna uma questão de ajudá-los a fazer o que já sabem ser o certo. Cristãos imaturos, por sua vez, muitas vezes precisam de instrução extensa antes de conseguir tomar os passos necessários para resolver seus problemas.

Essa pessoa é ociosa, desanimada ou fraca? Em 1Tessalonicenses 5:14, o apóstolo Paulo forneceu uma terceira maneira de avaliar os aconselhados. Ele mencionou três categorias de pessoas e a abordagem geral que devemos adotar em relação a cada uma: "Exortamos vocês, irmãos, a que advirtam os ociosos, confortem os desanimados, auxiliem os fracos, sejam pacientes para com todos".

O primeiro tipo de pessoa mencionado é o "ocioso". No original grego, essa palavra (*ataktos*) significa "estar fora de passo", "ser desafiador" ou "rebelde". É uma referência a pessoas que não demonstram respeito e que são teimosas. Obviamente, essas se opõem a fazer o que Deus quer que façam. Paulo nos instrui a "admoestar" essas pessoas (ou seja, adverti-las). Diz também em Tito 3:10 que devemos rejeitar esse tipo de pessoa após uma primeira e segunda admoestações. Se essa pessoa não reage à nossa advertência e apenas deseja discutir, não devemos gastar nosso tempo tentando aconselhá-la. Provérbios 26:4 diz: "Não responda ao insensato com igual insensatez, do contrário você se igualará a ele".[8] Não podemos permitir que essas pessoas nos influenciem de forma negativa envolvendo-nos em discussões inúteis. Por isso, devemos simplesmente adverti-las de que o caminho que escolheram só pode terminar no juízo de Deus e de que estaremos dispostos a ajudá-las quando estiverem abertas para conselhos.

A segunda categoria de pessoas mencionada na passagem de 1Tessalonicenses 5:14 é a das pessoas "desanimadas". A palavra grega *oligopsychos* significa literalmente "de alma pequena". É uma referência às pessoas cuja alma se encolheu, isto é, perderam a esperança, cansaram-se ou se tornaram desesperadas. Seus problemas não provêm de rebelião ou teimosia, mas de um sentimento de derrota e de uma falta de objetivo. Em vez de adverti-las ou confrontá-las, Paulo diz que devemos encorajá-las.

Creio ser significativo o fato de Paulo não ter dito: "Admoestem os desanimados". Desânimo não é necessariamente pecado; as pessoas podem cair nessa categoria simplesmente por causa de provações difíceis e decepções que as levam a lutar contra o desencorajamento. Gus pode estar nessa situação. Por causa dessa possibilidade, seu conselheiro deveria ter sido mais cuidadoso ao repreendê-lo antes de interpretar adequadamente o problema. Às vezes, temo que os conselheiros bíblicos sejam rápidos demais em rotular como pecado o desencorajamento e em exigir arrependimento das pessoas quando deveriam demonstrar primeiro compaixão e fornecer encorajamento.

O terceiro grupo de pessoas mencionado em 1Tessalonicenses 5:14 é composto pelos "fracos". A palavra grega traduzida como "fraco" (*asthenēs*) significa "sem força", e costuma ser usada para descrever pessoas com limitações físicas. É usada também num sentido geral para descrever aqueles que têm alguma deficiência.[9] Sua deficiência pode ser falta de estudo, de oportunidades ou dinheiro, ou, talvez, um problema físico. Às vezes, essas pessoas têm mais dificuldades de fazer o certo por causa de suas "fraquezas". Segundo Paulo, elas precisam de mais do que um mero encorajamento: precisam de alguém que as acompanhe e as ajude a fazer o que precisam fazer.

O verbo grego para "ajudar" (*antekomai*) pode ser traduzido também como "apoiar" ou "servir" (veja Mateus 6:24). Algumas pessoas jamais conheceram alguém que lhes fosse fiel e dedicado. Estão acostumadas a ser criticadas, negligenciadas e abandonadas em tempos de necessidade. Jamais ouviram alguém dizer: "Assumi um compromisso com você. Serei seu amigo aconteça o que acontecer, e não desistirei de você". Precisam sentir que alguém realmente as ama e está disposto a apoiá-las independentemente de suas deficiências.

Qual linguagem bíblica descreve melhor os problemas que essa pessoa está experimentando? A Bíblia oferece não somente categorias de pessoas, mas também rótulos para vários tipos de conduta. Precisamos identificar os termos usados na Bíblia para descrever cada problema que enfrentamos no aconselhamento. Isso nos ajudará a encontrar os conhecimentos bíblicos de que precisamos sobre as causas do problema e sobre as suas soluções; também nos ajudará a pensar na terminologia bíblica durante todo o processo. Por isso, vale perguntar-se: "Que palavras, rótulos ou categorias bíblicas poderiam ser usados para descrever os vários problemas que essa pessoa está enfrentando?".

No caso de Gus, por exemplo, é evidente que ele tem um problema com "confiança na carne" (veja Filipenses 3:3). Ele acredita que a solução para os seus problemas está em "fortalecer o ego". Mas as Escrituras dizem que um cristão pode todas as coisas *por meio de Cristo que nos fortalece* (Filipenses 4:13; grifo meu), e Paulo escreveu em 2Coríntios 12:9-11 que o poder de Deus opera em nossa fraqueza. A Bíblia ensina que a única maneira de experimentar o poder e a força de Deus é entender quão fracos somos, pois somente assim abandonamos a esperança em nossos próprios recursos e passamos a depender inteiramente do Senhor. Jamais deveríamos confiar em nossa própria força, mas na de Deus. Por isso, Gus está procurando no lugar errado quando deposita sua confiança na carne. Ele precisa aprender a depositar sua confiança no Todo-Poderoso.

Quais conhecimentos a Bíblia fornece sobre as causas mais próximas desses problemas? A Bíblia fala diretamente sobre as razões por trás das ações das pessoas. Quando lidamos com um problema específico no aconselhamento, precisamos descobrir se as Escrituras nos dão alguma dica sobre a causa dessa dificuldade. Podem existir exemplos de pessoas que se encontravam em situações semelhantes e que experimentaram problemas semelhantes, ou podem existir referências diretas à conduta e suas causas. Aqui seguem alguns exemplos desse tipo:

- ***Conflito.*** Tiago 4:1-2 ensina que pessoas que causam brigas o fazem porque são egoístas. Ficam insatisfeitas e irritadas porque querem impor sua própria vontade. Veem os outros como assistentes ou obstáculos para conseguir o que elas querem, por isso maltratam os outros para conseguir o que querem.
- ***Instabilidade.*** Segundo Tiago 1:8, uma das causas de instabilidade é a "mente dividida". Esse termo descreve uma pessoa que não se entregou verdadeiramente ao senhorio de Jesus Cristo. Está "tentando servir a dois mestres", no sentido de que ela alega seguir Cristo, mas outra coisa se torna prioritária para ela (veja Mateus 6:24). Esse foco dividido resulta numa vida instável.
- ***Mentira.*** Em Gênesis 18:1-15, Abraão mentiu porque era dominado pelo medo, e muitos aconselhados que lutam com a mentira têm esse mesmo problema fundamental. São controlados pelo medo de serem magoados, medo de rejeição, medo de fracassar, medo de perder o respeito das pessoas etc. Mas dizer a essas pessoas apenas que elas precisam parar de mentir é uma maneira superficial e ineficiente de lidar com seu problema. Em casos assim, precisamos falar sobre o medo controlador que estão experimentando, antes de resolver seu problema.
- ***Confusão.*** Se estivermos trabalhando com um aconselhado que parece confuso ou desorganizado, uma das possibilidades é que essa pessoa esteja cometendo os pecados da inveja ou da ambição egoísta. Tiago 3:16 diz que, onde existem esse pecados, "há *confusão* e toda espécie de males" (grifo meu). Lidar com a confusão ou falta de organização de um aconselhado pode não ser suficiente; talvez seja necessário ir mais a fundo e tratar das questões do coração antes de ajudarmos essa pessoa.
- ***Medo.*** 1João 4:18 diz: "No amor não há medo; pelo contrário, o perfeito amor expulsa o medo, porque o medo supõe castigo. Aquele que tem

medo não está aperfeiçoado no amor". Quando as pessoas sofrem de medos excessivos, a causa pode ser uma falta de compreensão do amor de Deus ou (até mais frequentemente) a falta de amor por outros. Muitas vezes, medo é causado por egoísmo. Nós o experimentamos quando focamos em nós mesmos e não em servir ao Senhor e a outros. Mas o medo desaparece quando nos preocupamos mais com o bem dos outros do que com aquilo que acontece conosco.[10]

- ***Insegurança.*** Quando as pessoas exibem uma conduta que chamaríamos de "insegurança" (ou até mesmo de "paranoia"), muitas vezes tendemos a pensar que elas o fazem porque foram maltratadas por outras pessoas ou porque lhes falta autoconfiança.[11] Mas Provérbios 28:1 fornece uma visão interessante desse problema. Diz: "O ímpio foge, embora ninguém o persiga, mas os justos são corajosos como o leão". Alguns que demonstram insegurança o fazem simplesmente porque se envolveram em pecado e se sentem culpados por isso. Aqueles que praticam a enganação, por exemplo, tentam se proteger o tempo todo e são hesitantes em sua fala, porque precisam ter cuidado para não caírem em contradição pelas mentiras que contaram. No entanto, aqueles que sempre dizem a verdade costumam ser mais confiantes e seguros na fala, porque não receiam ser desmascarados.
- ***Comportamento bizarro.*** As Escrituras contêm inúmeros exemplos de conduta bizarra que oferecem informações sobre por que as pessoas agem dessa forma. Em 1Samuel 21:10-15, por exemplo, Davi fingiu insanidade para enganar outros. Algumas pessoas fazem o mesmo hoje em dia pela mesma razão. Não querem ser responsabilizadas por seus atos e sabem que, se agirem de modo bizarro, as pessoas esperarão muito menos delas. Talvez descobriram que os outros se preocupam e cuidam delas quando agem dessa forma. (Conheci muitas pessoas com comportamento bizarro em meu aconselhamento que mais tarde me contaram que o faziam intencionalmente para atrair a atenção de outros. Em alguns casos, praticaram esse tipo de comportamento com tanta frequência, que ele se transformou em padrão de hábito essencialmente não planejado, automático, em uma reação de reflexo. Tornou-se um modo de vida.)[12] Outro exemplo bíblico de conduta bizarra é o rei Nabucodonosor da Babilônia, que se transformou em um lunático delirante e agiu mais como um animal do que como um homem (Daniel 4:28-33). Isso ocorreu como parte do juízo de Deus por causa de seu orgulho.[13] E observe que a solução para sua conduta bizarra foi um arrependimento concedido por Deus (vv. 34-37).
- ***Preocupação ou ansiedade.*** Quando encontramos pessoas que alegam estar tão ocupadas que não conseguem dar conta de tudo, podemos nos lembrar de Marta em Lucas 10:38-42 e perguntar se sua situação é semelhante à dela. Marta interpretou seu problema como excesso de trabalho,

mas Jesus lhe mostrou que suas prioridades estavam erradas. Ela deveria estar adorando a Cristo, não se preocupar com coisas temporais e não julgar sua irmã.

- ***Postura crítica de condenação.*** 3João 9-10 menciona um homem extremamente crítico e cismático chamado Diótrefes. Nesses versículos, João nos revela a causa da conduta de Diótrefes, dizendo que "ele gosta muito de ser o mais importante". Era necessário confrontar o orgulho desse homem para impedi-lo de criar facções dentro da igreja.

Como você pôde ver nesses exemplos, a Bíblia fornece uma abundância de informações sobre por que as pessoas fazem o que fazem. O conselheiro bíblico precisa estar dedicado a investigar a Palavra de Deus continuamente para encontrar a ajuda necessária para interpretar as causas dos problemas de um aconselhado.

O que os dados sugerem sobre a relação entre os vários problemas? Quando lidamos com vários problemas num caso específico, precisamos fazer perguntas como: "O que veio primeiro, a galinha ou o ovo?". Suponhamos que você esteja aconselhando uma pessoa que está sofrendo de ansiedade e também está tendo dificuldades de dormir à noite. É a ansiedade que está impedindo a pessoa de dormir, ou a falta de sono que está influenciando a ansiedade? Todos nós sabemos que, quando não dormimos, torna-se muito mais difícil lidar com os problemas do que quando estamos descansados. Quando estamos cansados, nossos problemas parecem gigantescos. Por outro lado, não lidar com o estresse de forma bíblica pode causar perda de sono. Um dos problemas é a raiz e, o outro, o fruto? Um é a causa e, o outro, o resultado? Essas perguntas são importantes para determinarmos a estrutura e a ênfase do nosso aconselhamento.

Precisamos também observar se um caso específico apresenta um padrão comum a várias áreas. Uma falta de autocontrole, uma reação inadequada à autoridade ou algum outro problema individual se repetem na vida da pessoa? É possível que um denominador comum se revele como chave para todos os outros aspectos da situação.

Quais obstáculos existem na vida do aconselhado para uma mudança bíblica? Em primeiro lugar, precisamos descobrir se o aconselhado tem um entendimento correto de mudança bíblica. Descobri que muitas pessoas não entendem como a mudança ocorre do ponto de vista bíblico. Esperam que Deus as toque (normalmente por meio da oração) e sobrenaturalmente retire seus problemas ou elimine seu desejo de fazer o que é errado. Infelizmente, não entendem o que a Bíblia tem a dizer sobre o papel da autodisciplina na santificação, e elas precisam ser instruídas em relação a isso antes de uma mudança verdadeira poder ocorrer.[14]

A mudança bíblica pode ser obstruída também quando a carroça é colocada na frente dos bois. No caso de Gus, ele não conseguiu pedir perdão ao pai conforme instruiu seu conselheiro, provavelmente porque guarda mágoas. Essa questão interna precisa ser resolvida antes de uma possível reconciliação.

Aqui estão outras perguntas que podem ajudar a identificar os obstáculos que precisam ser removidos na vida dos aconselhados:

- Os dados indicam por que eles não têm sido capazes de resolver as dificuldades por conta própria?
- Como eles veem o problema? Qual é sua compreensão do problema?
- Eles não conseguiram mudar porque não querem ou porque não sabem como?
- Quais fatores ambientais podem estar intensificando o problema?[15]
- Que ideias equivocadas estão contribuindo para o problema?
- Que recompensas eles estão recebendo por seu comportamento? Em outras palavras: eles acreditam que os resultados de sua conduta são benéficos em algum sentido ou que eles os encorajam de alguma forma?

O que os dados revelam sobre as expectativas e os desejos de uma pessoa em relação ao processo de aconselhamento? Precisamos descobrir por que nossos aconselhados procuram nosso aconselhamento. Às vezes, um marido não quer estar ali, mas sua esposa lhe deu um ultimato. Ou talvez seu pastor tenha insistido, mas a pessoa está determinada a não mudar, só para provar que o pastor estava errado. Precisamos saber também se nossos aconselhados querem uma solução rápida ou se eles estão preparados para um longo processo de inúmeras sessões. Eles vieram para obter uma mudança, ou estão apenas à procura de aprovação?

O que os dados sugerem sobre qualquer fator orgânico ou fisiológico?[16] É importante descobrir se nossos aconselhados têm se consultado com algum médico e, se sim, a que conclusões o médico chegou. Em alguns casos, as pessoas têm problemas médicos reais (como uma função irregular da tireoide, por exemplo, diabetes ou um tumor) que afetam negativamente os pensamentos e a conduta. Nesses casos, o conselheiro precisa trabalhar com o médico para corrigir o problema físico e aconselhar a pessoas sobre a reação bíblica a doenças e sofrimentos.

É também provável que o conselheiro encontre pessoas que acreditam que seu problema seja físico, mesmo quando não há provas de que seja o caso. Procuram vários médicos, fazem vários exames, sem que nenhuma causa orgânica seja detectada. Mesmo que a possibilidade de uma causa orgânica ainda exista, é provável que o problema não seja de natureza fisiológica. Mesmo quando o médico diagnostica um problema médico, nem sempre precisamos supor que o diagnóstico esteja correto, pois alguns diagnósticos se baseiam apenas nos relatos dos sintomas do paciente, que podem ser o resultado de um raciocínio errado ou comportamento inapropriado, e não o resultado de uma causa orgânica. Eu, por exemplo, já aconselhei pessoas cujos problemas estavam arraigados no pecado pessoal, mas, por causa da culpa daquele pecado, elas estavam experimentando sintomas como dores múltiplas e até mesmo alucinações.[17]

O que os dados dizem sobre a motivação da pessoa para buscar a mudança? Se uma esposa deseja mudar simplesmente porque ela quer que o marido mude e facilite sua vida, essa motivação está errada. Se alguém quer mudar simplesmente para ser aceito pelos outros, da mesma forma. Uma mudança duradoura só será produzida se a motivação do aconselhado for o desejo de agradar a Deus (veja 1Coríntios 10:31; 2Coríntios 5:9).

Alguma vez eu já experimentei uma situação ou um problema semelhante? Como conselheiro, você deveria perguntar a si mesmo como suas próprias experiências podem ajudá-lo a interpretar o que está acontecendo em cada um dos casos. Lembrar-se de como você se sentiu pode ajudá-lo a sentir empatia pelo aconselhado, e avaliar objetivamente se a dinâmica de sua própria experiência pode fornecer pistas para a causa do problema. Você pode perguntar a si mesmo: "Quando me encontro numa situação semelhante a essa, o que sou tentado a fazer? Como sou tentado a reagir? O que sou tentado a pensar? Como me sinto ou como sou tentado a me sentir? O que eu quero, desejo, anseio ou exijo numa situação assim? O que penso em fazer como possível maneira de escapar? Para quem ou o que eu me volto para pedir ajuda? De que ou de quem posso depender para ser liberto?".

Eu já aconselhei alguém no passado com problemas semelhantes? Às vezes, uma experiência de aconselhamento antiga pode ajudar a interpretar um caso atual. No entanto, precisamos ser cuidadosos quando recorremos a experiências pessoais ou de terceiros para avaliar a natureza do problema de outro aconselhado. Dois casos que se parecem podem ser bem diferentes. Visto que as Escrituras deixam claro que ninguém de nós entende completamente o que outra pessoa está experimentando (veja Provérbios 14:13,19), precisamos ter o cuidado de não supor que problemas semelhantes tenham a mesma causa subjacente. Mesmo assim, as Escrituras nos dizem que "não sobreveio a vocês tentação que não fosse comum aos homens" (1Coríntios 10:13); seríamos tolos se ignorássemos a possibilidade de convergências.

Formule uma interpretação para trabalhar. Após processarmos os dados fazendo perguntas pertinentes sobre eles, o terceiro passo da interpretação é usar nossas respostas às perguntas para tirar conclusões preliminares sobre o caso. Precisam ser conclusões preliminares, porque ainda não foram testadas; mesmo assim, é importante desenvolvê-las. O processo de aconselhamento continuará indefinidamente se, em algum momento, não começarmos a identificar possíveis problemas e soluções.

Identifique possíveis razões para o problema. À luz dos dados analisados e do seu conhecimento das Escrituras, identifique possíveis explicações para os problemas do aconselhado. No caso de Gus, por exemplo, existem várias possibilidades: talvez, Gus não entende o que é mudança bíblica e está esperando que Deus o toque com a varinha mágica e desperte nele o desejo e o poder de obedecer; talvez ele seja orgulhoso demais para admitir seu pecado e pedir perdão ao pai; ou talvez ele tenha medo da vergonha ou da rejeição e, por isso, preocupe-se mais com seus próprios sentimentos do que com o bem de seu pai.

O conselheiro de Gus deveria ponderar cada uma dessas possibilidades (e outras também) e então decidir a direção que pretende seguir no aconselhamento (e, especialmente, na instrução) com base da possibilidade que mais se aproxima dos dados. Então, o conselheiro precisa testar a validade dessa interpretação, mas, antes de discutirmos esse passo, existe ainda outro assunto que precisa ser tratado se quisermos ter a esperança de formular uma interpretação útil.

Contemple o coração do aconselhado. Ao refletir sobre as perguntas e suas respostas, o propósito primário do conselheiro deve ser identificar o que está acontecendo no coração do aconselhado. Segundo a Palavra de Deus, a conduta pecaminosa é apenas o indício externo dos problemas no âmbito do coração. Uma pesquisa do ensinamento bíblico sobre o coração nos mostrará como isso é importante.

- "O SENHOR está perto dos que têm o coração quebrantado e salva os de espírito abatido" (Salmos 34:18).
- "Cria em mim um coração puro, ó Deus, e renova dentro de mim um espírito estável. [...] Os sacrifícios que agradam a Deus são um espírito quebrantado; um coração quebrantado e contrito, ó Deus, não desprezarás" (Salmos 51:10,17).
- "Guardei no coração a tua palavra para não pecar contra ti" (Salmos 119:11).
- "Acima de tudo, guarde o seu coração, pois dele depende toda a sua vida" (Provérbios 4:23).
- "Assim como a água reflete o rosto, o coração reflete quem somos nós" (Provérbios 27:19).[18]

- "O coração é mais enganoso que qualquer outra coisa e sua doença é incurável. Quem é capaz de compreendê-lo? Eu sou o SENHOR que sonda o coração e examina a mente, para recompensar a cada um de acordo com a sua conduta, de acordo com as suas obras" (Jeremias 17:9-10).
- "Pois do interior do coração dos homens vêm os maus pensamentos, as imoralidades sexuais, os roubos, os homicídios, os adultérios, as cobiças, as maldades, o engano, a devassidão, a inveja, a calúnia, a arrogância e a insensatez. Todos esses males vêm de dentro e tornam o homem 'impuro'" (Marcos 7:21-23).[19]

Duas passagens adicionais, uma do Antigo Testamento e outra do Novo Testamento, merecem um comentário especial por causa daquilo que revelam sobre a importância do coração.

Em Ezequiel 13 e 14, Deus fala duramente com os anciãos de Israel sobre o julgamento que traria sobre eles. Ele os advertiu de que o julgamento estava se aproximando e lhes disse que estava vindo em parte por causa de sua conduta má, mas primariamente por causa daquilo que estava se passando no coração deles. No capítulo 14, o Senhor se refere quatro vezes ao fato de que eles haviam erguido "ídolos em seus corações" (vv. 3-5,7). Essas pessoas alegavam ser fiéis a Deus, mas em seu coração estavam adorando, servindo e temendo a outros deuses, e confiando neles. O mesmo se aplica a nós quando agimos de forma contrária à Bíblia. O problema primário não é a nossa conduta; nossos corações deixaram de adorar, servir e temer ao Senhor; não mais dependemos dele.

Em 1Coríntios 10:6-7, Paulo reconta os eventos de outro momento em que o juízo caiu sobre os israelitas, e diz que "essas coisas ocorreram como exemplos para nós, para que não *cobicemos* coisas más, como eles fizeram" (grifo meu). Então, exorta seus leitores: "Não sejam idólatras, como alguns deles foram". Depois dessas declarações sobre desejos e idolatria, Paulo descreve a conduta pecaminosa das pessoas — sua imoralidade e suas queixas. Não creio que seja por acaso que Paulo menciona suas cobiças idólatras antes de falar sobre sua atividade pecaminosa. Ele sabia que o problema dos israelitas não era apenas de natureza comportamental; o problema estava no coração, e essa dificuldade se manifestava em sua conduta.[20]

Visto que os conselheiros bíblicos reconhecem o lugar proeminente do coração no processo de entender e ajudar as pessoas, eles se preocupam em primeiro lugar com aquilo que as pessoas pensam, como adoram, em quem confiam e a quem procuram agradar.[21] Tentarão identificar os desejos ou as ambições que se tornaram ídolos na vida do aconselhado. Em muitos casos, identificar e derrubar esses deuses funcionais representa um fator significativo para promover uma mudança bíblica que honre a Deus.[22]

Teste a validade de sua interpretação

Este quarto e último passo no processo interpretativo é necessário porque nossas conclusões iniciais devem sempre ser tentativas. Precisamos sempre reconhecer que, como seres humanos, somos finitos e marcados pela queda do pecado, e que, por isso, podemos fazer uma interpretação equivocada da situação. Mesmo que tenhamos certeza de ter adquirido uma compreensão bíblica da natureza e das causas dos problemas de uma pessoa, nossas conclusões precisam ser testadas e validadas. Os seguintes passos ajudam o conselheiro a validar suas conclusões interpretativas.

1. Reveja as anotações mentais e escritas para confirmar que as informações adquiridas fornecem uma base factual para as conclusões. Ore sobre os dados mais uma vez e garanta que você não está projetando sobre eles suas próprias suposições e opiniões. Não "dê tiros no escuro". Deixe que os fatos o levem às suas interpretações (veja Provérbios 18:2,13,15).
2. Contemple a possibilidade de outras interpretações sobre aquilo que está acontecendo na vida da pessoa. Pergunte a si mesmo: "Existem alternativas? Estou ignorando algo? Existe outra explicação?".
3. Peça informações adicionais, sabendo que mais informações podem levar à outra perspectiva. Continue a coletar dados nas sessões de aconselhamento. Peça que seus aconselhados mantenham um diário (por exemplo, peça que o aconselhado descreva cada ocorrência de determinada conduta durante a semana). Analise cuidadosamente esses diários à procura de padrões, temas e outras informações que possam validar ou refutar sua interpretação. Obtenha dados adicionais de outras partes. Convide-os para uma sessão de aconselhamento, peça que preencham formulários de inventário especializados, converse com eles por telefone ou visite-os.[23]
4. Sem mencionar nomes ou identificar detalhes (normalmente), discuta o caso com outros conselheiros bíblicos experientes e peça que compartilhem com você seu ponto de vista e suas sugestões. Quais erros eles veem em sua interpretação? Eles acham que você está ignorando algo? Eles também acham que os fatos apoiam suas conclusões?
5. De modo amoroso, manso e prudente, explique sua interpretação ao aconselhado e peça sua opinião para confirmar, refutar ou fornecer uma alternativa à sua interpretação. Eu costumo apresentar minhas conclusões preliminares cuidadosamente e em oração ao aconselhado, com uma explicação dos fatos que apoiam minha conclusão adquirida a partir do aconselhamento e do conhecimento bíblico. Às vezes, compartilho isso com meus aconselhados de forma direta, e então peço que reajam à minha interpretação. Em outras, eu lhes apresento os fatos, destacando te-

> mas, padrões, conhecimentos e exemplos bíblicos que podem se aplicar à sua situação, e então pergunto o que acham que esses fatos podem indicar sobre a natureza e as causas de seus problemas. Escolho a abordagem com base nas minhas observações sobre a condição espiritual, emocional e física do aconselhado, sua personalidade, seu estilo de aprendizado e a força ou fraqueza do meu relacionamento com eles.

Quando testar a validade de sua interpretação dessa forma, poderá descobrir que ela não passou no teste, mas não perca o ânimo. Você eliminou uma possibilidade e já está mais perto da conclusão correta. Você precisa processar mais uma vez todos os dados e talvez investir tempo para determinar em que ponto sua interpretação falhou. Provavelmente, terá que obter mais informações a essa altura.

Se sua interpretação for correta, mas seu aconselhado não concordar com ela, cabe a você instruí-lo com amor para que ele possa aprender a pensar biblicamente sobre sua situação. (Discutiremos a instrução bíblica em extenso no próximo capítulo.)

Conclusão

Interpretar os dados do aconselhado é uma ciência e uma arte. É uma ciência no sentido de que lida com fatos — fatos das Escrituras e fatos sobre o aconselhado e seu mundo - que exigem muita pesquisa, investigação e análise. Neste capítulo, fornecemos muitas sugestões para realizar esse aspecto científico da interpretação.

Mas precisamos reconhecer que a interpretação é também uma arte. Ninguém se torna um bom artista simplesmente pelo fato de ter um talento artístico ou por meio do aprendizado das técnicas artísticas. Alguém se torna um bom artista praticando o que aprendeu. O mesmo vale para a disciplina do aconselhamento bíblico. Tornar-se um conselheiro eficiente envolve não só um talento espiritual e o conhecimento da ciência de interpretar dados, mas uma prática contínua desses princípios, até eles se transformarem em sua segunda natureza. Após estudar as informações deste capítulo, sugiro que você as aplique continuamente, procurando entender as Escrituras e as pessoas a quem Deus quer que você ajude. É assim que nos tornamos hábeis na ciência e na arte de interpretar biblicamente os dados do aconselhado.

12

Providenciando instrução por meio do aconselhamento bíblico

Wayne A. Mack

No aconselhamento, são comuns duas ideias equivocadas sobre a instrução. Uma é a ideia de que o aconselhamento é apenas instrução; ou seja, quando alguém tem um problema específico, tudo que precisamos fazer é encontrar os versículos bíblicos que se aplicam a ele e fazer um sermão sobre o tema. Espero que tenhamos refutado essa ideia suficientemente nos capítulos anteriores ao demonstrar a importância de outros aspectos no processo de aconselhamento, como envolvimento e inventário.

Uma segunda ideia equivocada é a de que o aconselhamento envolve pouca ou nenhuma instrução. Aqueles que defendem essa ideia acreditam que as pessoas conhecem as respostas aos seus problemas e que os conselheiros devem simplesmente fazer perguntas, ouvir e apoiá-las. Em outras palavras: acreditam que, se construirmos um relacionamento forte com nossos aconselhados, eles encontrarão suas próprias soluções e resolverão seus problemas sem precisarmos dizer-lhes o que devem fazer.

Mas essa abordagem ao aconselhamento não é bíblica, pois as Escrituras deixam claro que a instrução é uma parte necessária no crescimento espiritual de cada pessoa e que ela é indispensável no processo de resolver problemas.[1] Por isso, se quisermos ajudar as pessoas a mudar, precisamos ser hábeis na instrução de aconselhamento bíblico e precisamos fazer dela uma parte importante do nosso aconselhamento.

A natureza da instrução no aconselhamento

Já que a instrução é parte vital do aconselhamento bíblico, precisamos saber que tipo de instrução é necessário oferecer. A fim de agradar a Deus e ajudar os nossos aconselhados, nossa instrução precisa satisfazer três exigências básicas: 1) precisa ter um fundamento bíblico, 2) precisa ser biblicamente correta e 3) precisa ser biblicamente apropriada.

A instrução precisa ter um fundamento bíblico

Quando dizemos que a nossa instrução deve ser baseada na Bíblia, estamos afirmando que todas as informações que fornecemos aos nossos aconselhados para ajudá-los a mudar devem proceder das Escrituras, baseando-se *apenas* na Bíblia, e jamais em meras ideias ou observações humanas. Por quê? Porque a Bíblia é uma fonte de verdade prática, abrangente, confiável e profundamente adequada, enquanto o conhecimento humano é incapaz de lidar de forma eficaz com os problemas que enfrentamos na vida.

A Bíblia é prática. A Bíblia não é absolutamente um tratado teológico sobre temas e doutrinas esotéricos. É uma lâmpada para os nossos pés e uma luz para o nosso caminho (Salmos 119:105). Ela nos foi dada para nos ensinar como devemos viver cada dia para agradar a Deus, e ela nos foi dada para nos ajudar a resolver nossos problemas. Como disse Henry Ward Beecher: "A Bíblia é o mapa de Deus para ajudar-lhe a navegar, para impedir que você afunde e para mostrar-lhe onde fica o porto e como alcançá-lo sem se chocar contra rochas".[2]

A Bíblia é abrangente. As Escrituras deveriam ser a soma e a substância da nossa instrução no aconselhamento, pois elas tratam de *todas* as questões da vida que precisamos entender. 2Pedro 1:3 diz: "Seu divino poder nos deu todas as coisas de que necessitamos para a vida e para a piedade, por meio do pleno conhecimento daquele que nos chamou para a sua própria glória e virtude". O conhecimento do qual Pedro fala aqui se limita às realidades descritas na Bíblia; assim, o que ele está dizendo é que *tudo* que precisamos saber para uma vida bem-sucedida pode ser encontrado nas páginas da Palavra de Deus.[3] Algumas pessoas reagem com incredulidade a essa declaração, mas é isso que a Bíblia diz. A passagem de 2Pedro 1:3 ou é verdadeira ou é falsa; se fosse falsa, toda a Bíblia poderia ser questionada.

Mas nós sabemos que 2Pedro 1:3 é verdadeira. As Escrituras contêm todas as informações necessárias para "vida e santidade", e um estudo aprofundado de seu conteúdo é recompensado com conhecimentos sobre as experiências humanas mais complicadas. No entanto, muitas vezes o que acontece no aconselhamento é que o conselheiro supõe que a Bíblia não fala sobre o problema específico de um aconselhado e, por isso, abandona a Palavra precocemente e busca respostas em pensamentos formulados por homens. Se esses conselheiros agissem na suposição de que 2Pedro 1:3 é verdadeira, eles veriam problemas complexos como desafio para aprofundar sua compreensão teológica e crescer em seu conhecimento de como ela se aplica a situações específicas.

Passei minha vida inteira tentando ajudar as pessoas, e jamais encontrei um caso em que uma aplicação dos princípios bíblicos não tivesse sido relevante, suficiente e superior a qualquer coisa que o mundo tem a oferecer. Isso não significa que devemos simplesmente jogar versículos bíblicos na cara dos nossos aconselhados, mas que o único objetivo da nossa instrução deve ser a comunicação de verdades *bíblicas* relacionadas aos seus problemas. A verdade de 2Pedro 1:3

indica que qualquer pesquisa ou teoria psicológica secular é desnecessária (no melhor dos casos) no processo de ajudar as pessoas a mudar espiritualmente (da mesma forma como o seriam conhecimentos emprestados de religiões pagãs).

A Bíblia é confiável. Uma terceira razão pela qual nossa instrução deveria se fundamentar exclusivamente na Bíblia é que ela é o único livro que lida com os problemas práticos da vida de modo absolutamente confiável. Quando instruímos nossos aconselhados com base na Bíblia, podemos saber sem qualquer dúvida que sua aplicação mudará a vida deles positivamente. Nenhuma outra fonte de informação e conhecimento consegue inspirar esse tipo de confiança.

Veja o que os salmistas dizem sobre o manual do conselheiro bíblico:

- "As ordenanças do SENHOR são verdadeiras, são todas elas justas" (Salmos 19:9).
- "A tua palavra, SENHOR, para sempre está firmada nos céus" (Salmos 119:89).
- "Por isso considero justos os teus preceitos [...]" (Salmos 119:128).
- "A verdade é a essência da tua palavra, e todas as tuas justas ordenanças são eternas" (Salmos 119:160).

Jesus repetiu os salmistas quando declarou: "A tua palavra é a verdade" (João 17:17). Esses versículos e outros semelhantes nos ensinam que tudo que a Bíblia diz é verdade. Mas apresentam também uma epistemologia bíblica que lança suspeita sobre qualquer alegação a respeito da natureza humana ou verdade espiritual que não seja ensinada pelas Escrituras.[4] Segundo essa epistemologia, nós humanos não podemos descobrir a verdade absoluta senão por meio da revelação especial de Deus.[5] Uma observação feita ou uma opinião desenvolvida sem referência à Palavra de Deus podem ser verdadeiras, mas não podemos ter certeza de elas serem verdadeiras, porque somos criaturas finitas e caídas. Analisemos esse conceito um pouco mais a fundo.

1. *A finitude do homem.* Uma razão pela qual não podemos saber qualquer coisa sem a revelação de Deus refere-se ao fato de que nós somos finitos. Nosso conhecimento é necessariamente limitado, porque não podemos observar e compreender tudo. E, se não sabemos tudo, não podemos ter certeza das questões últimas da vida e de seu sentido (por conta própria), pois sempre podemos descobrir algo novo que refutará o que sabemos.

Essa ideia é ilustrada pela história famosa dos quatro homens cegos que estavam caminhando pela estrada e se chocaram contra um elefante. Um deles se chocou contra a perna do elefante e concluiu que era o tronco de uma árvore grande. O segundo se chocou contra a trompa e achou que era uma mangueira. O terceiro se deparou com o rabo e pensou que era uma corda. O quarto bateu contra a barriga do elefante e decidiu que era uma parede. Todos eles se chocaram contra o mesmo objeto, mas, por causa das limitações de suas observações, cada um acreditava que aquilo era algo diferente. Podemos chegar a conclusões igualmente erradas se confiarmos em nossas próprias observações e conhecimentos sem referência à Palavra de Deus, porque, como aqueles homens cegos, nós compreendemos apenas parcialmente. Deus, por sua vez, é infinito em seu conhecimento e compreensão. Como pergunta Isaías 40:14 retoricamente: "A quem o SENHOR consultou que pudesse esclarecê-lo, e que lhe ensinasse a julgar com justiça? Quem lhe ensinou o conhecimento ou lhe aponta o caminho da sabedoria?". Não há limites para a sabedoria de Deus. Ele diz: "Eu sou Deus, e não há nenhum outro; eu sou Deus, e não há nenhum como eu. Desde o início faço conhecido o fim, desde tempos remotos, o que ainda virá" (Isaías 46:9-10).

Deus conhece o fim desde o início. Ele conhece o passado, o presente e o futuro. Ele entende cada parte de nós e cada parte do nosso mundo perfeitamente. E ele nos revelou sua verdade em sua Palavra. É por isso que devemos instruir nossos aconselhados com base naquele depósito suficiente da verdade e jamais abandoná-lo em troca das ideias rigorosamente limitadas do homem.[6]

2. *O estado caído do homem*. Outra razão pela qual não podemos saber tudo absolutamente sem a revelação divina é que somos criaturas caídas. A Bíblia ensina que nossa mente foi negativamente afetada pelo pecado a ponto de que, mesmo se observarmos algo atentamente, seja provável que o interpretemos de forma errada. Nossa mente pecaminosa tende a distorcer a verdade, e a única maneira de pensar corretamente é permitir que o Espírito Santo renove a nossa mente (Romanos 1:18-32; 12:2; Efésios 4:23). Conseguimos isso apenas aprendendo a olhar para a vida pelas lentes das Escrituras.

Por causa da nossa finitude e do nosso estado caído somos incapazes de conhecer a verdade, a não ser que Deus a revele a nós. Além da Palavra de Deus, não temos nenhum padrão com a ajuda do qual podemos avaliar se algo é verdadeiro ou falso. Enquanto podemos confiar que tudo que compartilhamos da Palavra de Deus com nossos aconselhados é verdadeiro, devemos nutrir um ceticismo saudável em relação a qualquer teoria ou conhecimento que não procede das Escrituras.[7] Se aquilo não é ensinado pelas Escrituras, pode ser algo errado.

A Bíblia é adequada. A instrução do nosso aconselhamento deve se fundamentar na Bíblia, porque "toda a Escritura é inspirada por Deus e útil para o ensino, para a repreensão, para a correção e para a instrução na justiça, para que o homem de Deus seja apto e plenamente preparado para toda boa obra" (2Timóteo 3:16-17). Esses versículos dizem claramente que temos tudo de que necessitamos na Palavra de Deus para nos tornar aptos ou *completos* (outra tradução para a palavra grega). Não precisamos ser mais do que adequados, e não podemos acrescentar nada à perfeição. Como escreveu J. C. Ryle:

> O homem que tem a Bíblia e o Espírito Santo em seu coração tem tudo que é absolutamente necessário para torná-lo espiritualmente sábio [...]. Ele tem a fonte da verdade na sua frente, e o que mais ele pode querer? Sim! Mesmo que

> seja encarcerado numa prisão ou banido numa ilha deserta, [...] se ele tiver a Bíblia, ele tem o guia infalível e não deseja outro.[8]

Se realmente acreditarmos nessas palavras de inspiração, jamais seremos tentados a pensar que precisamos estudar teorias humanas fora das Escrituras para poder fornecer instruções úteis aos nossos aconselhados. Em vez disso, nós nos agarraremos ao único guia infalível para esse empreendimento, a Bíblia. Ela é prática, abrangente, confiável e adequada.[9] Procure estudá-la com zelo, meditar sobre ela profundamente e comunicá-la com precisão. E jamais a abandone supondo que ela não fala sobre determinado assunto; jamais a abandone em troca de "cisternas rachadas que não retêm água" (Jeremias 2:13). Se formos fiéis à Palavra de Deus, ele será fiel a nós, capacitando-nos para nosso ministério e produzindo frutos na vida de nossos aconselhados.

A instrução precisa ser biblicamente correta

Além de estar fundamentada biblicamente, nossa instrução também deve ser biblicamente correta. Se não tivermos o cuidado de compreender a Palavra de Deus corretamente, podemos acabar dando instruções que parecem ser bíblicas, mas que, na verdade, não o são. Paulo nos diz em 2Timóteo 2:15: "Procure apresentar-se a Deus aprovado, como obreiro que não tem do que se envergonhar, que maneja corretamente a palavra da verdade". O versículo dá a entender que podemos manusear a Palavra de Deus de forma errada, e, para evitar que façamos isso, precisamos ser "aprovados". Exige muito trabalho interpretar as Escrituras corretamente e instruir outros a partir delas.[10]

Aqui estão algumas sugestões que podem nos ajudar a evitar o mau uso das Escrituras e a garantir que nossa instrução seja correta.

Conheça o significado das palavras bíblicas. Algumas palavras da Bíblia não são usadas pela língua comum e ordinária de hoje, e outras que são usadas frequentemente têm hoje outro significado, diferente daquele que ocorre na Bíblia. Precisamos ter o cuidado de não projetar nosso entendimento de uma palavra específica sobre um texto e supor que é isso que a Bíblia diz.

Quando, por exemplo, usamos a palavra *esperança*, ela significa algo muito diferente da palavra bíblica. Dizemos: "Espero que não chova hoje" quando as nuvens indicam que, provavelmente, isso acontecerá. Nosso uso da palavra esperança revela muita insegurança. Mas isso não é o caso na Bíblia. Lá, a palavra "esperança" expressa uma antecipação confiante em um evento que certamente *ocorrerá*.[11]

Duas palavras bíblicas que usamos raramente em nossa fala cotidiana são *justificar* e *justificação.* Não me lembro da última vez em que ouvi alguém usar essas palavras fora de um contexto teológico. Muitas pessoas não fazem ideia do significado dessas palavras. Se já ouviram a palavra *justificar*, foi provavelmente no sentido de: "Ele estava tentando se justificar" (ou seja, estava inventando uma desculpa), e isso não é o que a Bíblia quer dizer quando fala sobre justificação.

Santificação, arrependimento, propiciação, regeneração, mansidão e até mesmo *sabedoria* são exemplos de palavras bíblicas importantes que não costumam ser usadas e, por isso, são interpretadas de forma equivocada. Um conselheiro bíblico eficiente precisa ser capaz de explicar o significado dessas palavras ao aconselhado, para ajudá-lo a entender o que as Escrituras dizem. Um bom dicionário bíblico, como o *Dicionário Vine*, é uma ferramenta útil para esse propósito. Ele fornece os significados de palavras nas línguas grega e hebraica originais.[12]

Determine o significado de um versículo (passagem) dentro de seu contexto. Instruir alguém com versículos retirados de seu contexto original pode ser tão prejudicial quanto acrescentar textos às Escrituras. Mesmo que a ideia que o conselheiro esteja tentando comunicar seja verdadeira, técnicas desleixadas de interpretação podem fazer do conselheiro um exemplo ruim.

Provérbios 23:7 é o exemplo de um versículo que é frequentemente tirado de seu contexto para propósitos de aconselhamento.[13] Na versão *Almeida Revista e Atualizada*, o versículo diz: "Como imagina em sua alma, assim ele é". Normalmente, seu sentido é interpretado como: nossos pensamentos determinam quem somos, ou aquilo a que dedicamos nossos pensamentos, naquilo nos transformamos. Assim, muitos livros cristãos (e até mesmo muitos sobre aconselhamento) destacam a importância dos nossos pensamentos, referindo-se a esse versículo.

É certamente correto que os pensamentos são importantes e que influenciam muito nosso caráter, mas não é isso que Provérbios 23:7 diz. Veja o versículo em seu contexto: "Não comas o pão do invejoso, nem cobices os seus delicados manjares. *Porque, como imagina em sua alma, assim ele é*; ele te diz: Come e bebe; mas o seu coração não está contigo. Vomitarás o bocado que comeste e perderás as tuas suaves palavras" (Provérbios 23:6-8; grifo meu). O conhecimento útil para o aconselhamento que podemos extrair desse versículo é mais completo do que normalmente se percebe. Ele revela que, às vezes, os atos de uma pessoa não são realmente iguais aos pensamentos dela. As pessoas pensam de um jeito e se comportam de outro para enganar e manipular. Por isso, se quisermos descobrir a verdade sobre o caráter de uma pessoa, não podemos julgar apenas com base em seus atos; precisamos descobrir também o que a pessoa está pensando.

Se eu quiser instruir meus aconselhados sobre a importância de seus pensamentos, eu o farei a partir de Romanos 12:2 ou 2Coríntios 10:5, pois são esses os versículos que, em seus contextos, discutem tal tema. Eu me preocupo tanto com o ensino de um método correto de interpretar as Escrituras quanto me preocupo com o ensino de uma verdade bíblica específica. Se eu usar as Escrituras levianamente, levando-as a dizer o que eu quero que elas digam ou limitando sua intenção, eu estou ensinando aos meus aconselhados um método ilegítimo de interpretação bíblica. A Bíblia é o livro de Deus, e nós precisamos ter o cuidado de apresentar cada uma de suas partes com o sentido que Deus atribui àquela parte. Além disso, cada texto das Escrituras tem apenas um sentido correto. Ele pode ter várias aplicações, mas tem apenas um sentido. Por isso, precisamos descobrir aquele sentido do texto antes de aplicá-lo à vida dos nossos aconselhados.[14]

Interprete cada passagem em harmonia com o restante das Escrituras. Importa não apenas o contexto imediato de uma expressão ou de um versículo, mas também o contexto maior da Bíblia inteira, procedimento interpretativo crucial para a compreensão do sentido de uma passagem específica. As Escrituras não se contradizem, por isso, se encontrarmos algo em uma passagem das Escrituras que parece contradizer aquilo que outras passagens dizem sobre o mesmo tema, é provável que a nossa interpretação da passagem divergente esteja errada.

Em 1Coríntios 15:29, por exemplo, Paulo fala sobre aqueles que foram "batizados pelos mortos". Baseando-se nesse versículo, os mórmons encorajam as pessoas a se batizarem pelos mortos. O problema com essa interpretação (além do fato de 1Coríntios 15:29 ser uma passagem obscura e difícil) é que o restante da Palavra de Deus diz muito sobre o batismo sem jamais mencionar o batismo por representante. E outras considerações teológicas negam a possibilidade de que Paulo poderia estar ensinando a prática dos mórmons (veja Lucas 16:26; Hebreus 9:27).

Um marido que aconselhei certa vez, e que pensava ter autoridade absoluta sobre sua esposa, é outro exemplo. Ele me disse que acreditava que sua esposa era obrigada a fazer tudo que ele lhe ordenasse, mesmo se lhe ordenasse fazer algo pecaminoso.

"O que você está querendo dizer é que, se você mandasse sua esposa matar alguém, ela seria obrigada a fazê-lo?", perguntei.

"Bem, eu jamais faria isso", ele respondeu. "Mas, sim, se eu mandasse fazê-lo, ela teria que obedecer."

"Em que você se baseia para afirmar isso?", perguntei.

"Em Efésios 5, que diz que as esposas devem se submeter aos maridos em tudo", ele respondeu. "E 'tudo' significa 'tudo'".

No entanto, outras passagens na Bíblia deixam claro que Paulo não quis dizer "tudo sem exceção" nessa passagem. "Tudo que você pode fazer sem pecar contra Deus" já é mais próximo do sentido da passagem. A única autoridade absoluta na vida cristã é o Senhor; a autoridade do marido é secundária e provém do Senhor. Por isso, se um marido ordena que sua esposa peque contra Deus, ela terá que responder como os apóstolos responderam quando disseram às autoridades judaicas: "É preciso obedecer antes a Deus do que aos homens!" (Atos 5:29).[15]

Se aquele marido tivesse compreendido o princípio da Reforma da *analogia scriptura* (a Escritura interpreta a Escritura), ele não teria errado tão gravemente em sua teologia sobre esse assunto. Semelhantemente, os conselheiros precisam ter o cuidado de instruir as pessoas corretamente comparando cada passagem com o restante da revelação de Deus.

A instrução bíblica precisa ser cristocêntrica e evangélica em sua ênfase. No aconselhamento, a instrução deveria sempre se concentrar em Cristo e nas verdades gloriosas do seu evangelho. Charles Spurgeon costumava dizer que cada texto na Palavra de Deus é como as estradas da Inglaterra: se você seguisse todas as estradas da Inglaterra até o fim, todas elas o levariam para Londres. Se você seguir todos os textos da Bíblia até o fim, todos eles o levarão para Cristo. Martinho Lutero disse que a Bíblia é a carruagem real em que Jesus viaja. Disse também: "A fé é o centro de um círculo. Se alguém se desvia do centro, é impossível que tenha o círculo ao redor de si, e ele se engana. O centro é Cristo".[16]

Cristo é a Palavra (João 1:1) e ele é o foco central da Palavra. Por isso, nossa instrução no aconselhamento não será bíblica se não exaltar Jesus Cristo. Não basta apresentar certos princípios e regras para a vida, pois isso seria mera ciência comportamental. Se nosso aconselhamento for verdadeiramente bíblico, as pessoas não podem sair das sessões dizendo: "A Bíblia é um livro maravilhoso"; devem dizer também: "Que Salvador maravilhoso nós temos". Devemos nos esforçar em toda a nossa instrução para direcionar o aconselhado para Jesus Cristo, e seremos bem-sucedidos nisso se pudermos ajudá-lo a contemplar o "Cordeiro de Deus que tira o pecado do mundo" (v. 29).

Use instruções com orientação prática. Nossa instrução não será biblicamente correta se não tiver o propósito de produzir práticas cristãs. Não basta fornecer informações ou comunicar fatos aos aconselhados. Nossa meta não é encorajá-los a aprender algo sobre a Bíblia para que eles possam vencer discussões teológicas. Queremos que a verdade que lhes ensinamos transforme sua vida e os torne mais semelhantes a Cristo.

Em Colossenses 1:9, Paulo diz: "Por essa razão, desde o dia em que o ouvimos, não deixamos de orar por vocês e de pedir que sejam cheios do pleno conhecimento da vontade de Deus, com toda a sabedoria e entendimento espiritual". Por que os leitores de Paulo precisam ser instruídos sobre a vontade de Deus? O versículo 10 diz: "E isso para que vocês vivam de maneira digna do Senhor e em tudo possam agradá-lo, frutificando em toda boa obra". Também Jesus, ao ordenar a Grande Comissão, disse que não devemos apenas transmitir aos pecadores informações sobre ele, mas "ensinar-lhes a obedecer a tudo o que eu lhes ordenei" (Mateus 28:20).

O propósito da nossa instrução deve ser o mesmo de Paulo e Jesus. Se ela não incentivar práticas cristãs em nossos aconselhados, ela não é verdadeiramente bíblica. Os conselheiros bíblicos fariam bem se seguissem o conselho que Martyn Lloyd-Jones deu aos pregadores:

> Tendo isolado sua doutrina dessa forma e tendo-a claramente em sua mente, você procede então para contemplar a relevância dessa doutrina para as pessoas que o ouvirão. Jamais se esqueça da questão da relevância. [...] Você não é um arqueólogo fazendo uma palestra sobre história antiga ou civilizações antigas, ou algo assim. O pregador [e conselheiro] é um homem que está falando com pessoas que estão vivas hoje e que precisam lidar com os problemas da vida; por isso, você precisa mostrar que não se trata de alguma questão acadêmica

> ou teórica, que pode ser de interesse para pessoas que tenham algum hobby específico, como palavras cruzadas ou algo assim. Você precisa mostrar que essa mensagem é de importância vital para elas e que elas precisam ouvir com todo o seu ser, pois isso realmente lhes ajudará a viver.[17]

Destaque as dimensões positiva e negativa da transformação bíblica. A transformação bíblica é sempre um processo de dois fatores: envolve "despir" e "vestir" (Efésios 4:22-32). Para que nossa instrução seja biblicamente correta, não basta dizer às pessoas o que elas não devem fazer, mas também o que devem fazer. Precisamos ajudá-las a substituir os velhos hábitos pecaminosos por hábitos piedosos. Já que os conselheiros bíblicos veem a necessidade de falar sobre o pecado na vida dos aconselhados, eles podem se concentrar demais no aspecto negativo de "despir". Dizem aos aconselhados: "Não faça isso", ou: "Pare de fazer aquilo"; infelizmente, porém, isso deixa um vácuo na vida do aconselhado, porque ele não conhece a contraparte positiva: o que ele deve fazer. Por outro lado, em alguns casos estaríamos igualmente enganados se simplesmente exortássemos os aconselhados a fazer o bem. Muitas vezes, pode ser necessário descobrir quais são os pecados que estão impedindo a prática do bem, antes de podermos instruí-los nesse sentido (veja Hebreus 12:1). Precisamos procurar consistentemente equilibrar os aspectos positivos e negativos da instrução.

Diferencie entre diretrizes divinas e sugestões humanas. Nosso aconselhamento não será biblicamente correto se confundirmos os princípios de Deus com nossas próprias ideias. No entanto, é fácil cair nessa tentação quando queremos ajudar as pessoas. Por exemplo, alguns pastores têm interpretado Hebreus 10:25 erradamente numa tentativa sincera de trazer as pessoas para a igreja com uma frequência maior. Enquanto o versículo diz simplesmente que é errado deixar "de reunir-nos como igreja, segundo o costume de alguns", alguns pastores o citam para encorajar seus membros a estarem na igreja não só no domingo de manhã, mas também no domingo à noite, na quarta-feira à noite e sempre que houver algum culto.

De fato, todo cristão precisa se envolver nas reuniões da igreja, e creio que precisamos estar lá o mais frequentemente possível. Creio também que, em alguns casos de aconselhamento, precisamos encorajar as pessoas a frequentar cada culto, porque isso lhes ajudará a satisfazer suas necessidades específicas. Mas não podemos concluir que todos que não aparecem em cada reunião são pessoas não espirituais e que estão sendo desobedientes a Deus. Isso seria uma ideia humana acrescentada às Escrituras, pois Hebreus 10:25 não diz: "Participe de cada culto". Diz simplesmente: "Não deixe de se reunir como igreja". Podemos cumprir essa ordem sem participar de cada culto; em alguns casos, é até melhor que o indivíduo não participe da cada culto. Uma mulher, por exemplo, que tem um marido não salvo: ele pode não querer que ela saia nas noites de domingo ou quarta-feira, e pode ser a vontade de Deus que ela fique em casa para ministrar a ele nessas noites (veja 1Pedro 3:1-6).

Outro exemplo de confundir diretrizes divinas com sugestões humanas seria se um conselheiro citasse Efésios 5:16 ("aproveitando ao máximo cada oportunidade, porque os dias são maus") e dissesse ao aconselhado que ele precisa planejar cada hora de cada semana preenchendo sua agenda. Esse tipo de procedimento pode ser útil para um aconselhado específico, mas o conselheiro não deve exigir issso de cada pessoa ou dar a entender que Deus exige que cada um siga uma agenda rígida. Pelo contrário, o conselheiro deve ter muito cuidado e comunicar sempre que a agenda é uma sugestão do conselheiro; não é um imperativo divino. O conselheiro pode explicar que isso é uma possível aplicação da verdade de Efésios 5:16, mas que o versículo em si ensina apenas que devemos usar nosso tempo com sabedoria.

Precisamos entender a diferença entre a verdade de Deus e as ideias do homem, e precisamos também ter muito cuidado para não projetar uma aplicação do texto sobre o sentido do texto. Ambos são passos importantes para garantir que a nossa instrução seja biblicamente correta.

A instrução precisa ser biblicamente apropriada

No aconselhamento, a instrução precisa ser não apenas fundamentada na Bíblia e estar biblicamente correta, mas também deve ser apropriada para cada aconselhado individual em conteúdo e método.

O conteúdo da instrução precisa ser apropriado. Tenho visto como alguns conselheiros preparam de antemão aquilo que dirão ao aconselhado, e eles compartilham então sua instrução sem confirmar que ela é relevante para as necessidades daquela pessoa. Isso é um desperdício de tempo, pois, mesmo que o conselho seja bíblico e correto, nesse caso específico ele não contribui para o processo de mudança. A fim de evitar esse erro, precisamos estar cientes dos aspectos pertinentes à situação de cada aconselhado e usar essa informação para adaptar a instrução adequadamente.

Em primeiro lugar, nossa instrução deve ser apropriada às *preocupações imediatas* do aconselhado. Mesmo sentindo que ele precisa de determinada instrução (da qual ele não está ciente e a qual não está pedindo), é melhor instruí-lo inicialmente sobre as questões que ele levantou, e então construir uma ponte para as questões cruciais que em nossa opinião precisam ser respondidas. Comece por onde ele se encontra e leve-o para onde ele precisa estar.

Precisamos levar em consideração também as *condições emocionais* do aconselhado. Talvez seja necessário determinar que tipo de instrução ele é capaz de absorver emocionalmente em determinado momento do aconselhamento. Uma pessoa, por exemplo, que está emocionalmente agitada normalmente não está em condições de ouvir uma repreensão forte e reagir apropriadamente a ela. (Esse foi o caso de Clara no capítulo 8.) Em casos assim, nossa primeira tentativa deve ser levar o aconselhado a um estado de estabilidade emocional para depois confrontar o indivíduo diretamente.

Uma instrução biblicamente apropriada leva em conta também a *maturidade espiritual* do aconselhado. Hebreus 5:12-14 deixa claro que alguns cristãos são imaturos e só podem receber "leite" espiritual, mas outros são maduros e sabem lidar com "comida sólida". Assim como um professor de matemática não pode levar um aluno diretamente de contar números para a álgebra em um único passo gigante, nós também não podemos esperar que um aconselhado acostumado com papinha de bebê espiritual consiga digerir carne. Com os espiritualmente imaturos, precisamos construir um caminho gradual e cauteloso que os leve para as verdades mais profundas.

Por fim, para que nossas instruções sejam apropriadas, precisamos estar atentos à *receptividade* dos nossos aconselhados em relação a conselhos. Jesus disse: "Não deem o que é sagrado aos cães, nem atirem suas pérolas aos porcos; caso contrário, estes as pisarão e, aqueles, voltando-se contra vocês, os despedaçarão" (Mateus 7:6). Pode haver situações em que você apresente uma verdade ao seu aconselhado e perceba que ele está resistindo a ela. Nesse momento, é prudente recuar dessa linha específica de instrução em vez de ficar batendo em sua cabeça com ela ou se envolver numa discussão infrutífera (veja Tito 3:9-10). Se você discutir outro assunto durante um tempo, talvez Deus abra o coração dele em relação ao tema anterior e você poderá retomá-lo mais tarde na mesma sessão ou em outra.

O método de instrução precisa ser apropriado. A instrução precisa corresponder à situação de aconselhamento, principalmente no que diz respeito ao método de comunicar essa instrução. Jesus, o Conselheiro-mor e Mestre dos mestres, usou diferentes métodos de instrução (veja Mateus 5:1-2; 16:13-20; 21:19-21), como o fizeram também seus apóstolos (veja Lucas 1:3-4; Atos 20:31). Conselheiros bíblicos dispõem de muitos métodos de comunicação consistentes com o modelo bíblico desses grandes professores. Parte da instrução ocorrerá durante as sessões de aconselhamento, e outra parte pode ser feita fora das sessões por meio de vários tipos de tarefas de casa.[18] A lista abaixo apresenta uma variedade de maneiras de comunicar a verdade das Escrituras ao aconselhado:

Discurso: O conselheiro apresenta instruções bíblicas sobre um tema específico da sessão.

Observação: O aconselhado observa o conselheiro ou outra pessoa que seja um bom exemplo nas áreas em que ele está tendo dificuldades.

Experiência: O aconselhado aprende fazendo.[19]

Pesquisa: O aconselhado estuda em casa assuntos e temas relevantes aos seus problemas.

Discussão: O aconselhado conversa abertamente sobre o tema com o conselheiro e outras pessoas experientes na área.

Perguntas: O conselheiro usa o método socrático para levar o aconselhado até a conclusão por meio de suas próprias respostas.

Tarefas: O aconselhado lê livros sugeridos ou ouve/assiste a áudios e vídeos e anota o que aprendeu. Isso pode ser feito durante a sessão de aconselhamento ou como tarefa de casa.

Avaliação: O aconselhado avalia uma afirmação, uma ideia ou uma prática.

Autorrevelação: O conselheiro relata experiências pessoais relevantes aos problemas do aconselhado.

Ilustração: O conselheiro usa exemplos para ajudar o aconselhado a entender uma verdade ou para desafiá-lo a refletir mais sobre ela.

Interpretação: O conselheiro interpreta casos de interação entre pessoas para demonstrar exemplos de comunicação eficiente e as consequências de uma comunicação ruim.

Entrevista: O aconselhado é incentivado a fazer perguntas a pessoas experientes numa área específica ou que tenham algum outro tipo de conhecimento sobre ela.

Usar uma grande variedade de métodos instrucionais é útil porque as pessoas aprendem de muitas formas diferentes, e algumas pessoas aprendem melhor de uma forma do que de outra. Alguns, por exemplo, aprendem melhor ouvindo áudios do que lendo um livro; outros aprendem muito mais por meio de observação do que de qualquer outra forma. O conselheiro deve tentar identificar o método ou os métodos de instrução mais benéficos para cada aconselhado.[20]

Como desenvolver um conhecimento sobre as Escrituras

A Bíblia é a farmácia perfeitamente equipada de Deus; ela contém os remédios para todos os problemas espirituais que enfrentamos na vida. Mas, assim como nenhum remédio pode curar todos os nossos problemas físicos, nenhuma passagem da Palavra de Deus consegue curar todos os nossos problemas espirituais. Um bom médico ou farmacêutico precisa saber qual remédio usar para cada problema de saúde. De igual modo, o conselheiro bíblico precisa saber que parte da Palavra de Deus deve aplicar a cada um dos problemas do aconselhado. Por isso, a fim de ser eficiente, o conselheiro bíblico precisa ter um conhecimento profundo das Escrituras.

Existem numerosas maneiras de desenvolver um conhecimento sólido das Escrituras, mesmo quando envolvido em um aconselhamento. Sugerimos estas três: 1) desenvolva uma lista temática, 2) crie seu próprio sistema de referências bíblicas e 3) utilize recursos de treinamento.

Desenvolva uma lista temática

Ao longo dos anos, tenho acumulado um rico depósito de informações num simples caderno de anotações. Iniciei esse projeto anotando no topo de páginas vazias do caderno os nomes de problemas ou temas específicos que eu queria entender. Conforme fui encontrando problemas novos no aconselhamento, eu fui acrescentando mais páginas ao caderno. Então, ao ler e estudar a Palavra de Deus ou ao ouvir o ensinamento de outros e aprender algo que se aplicava a esses problemas, eu anotava aquela referência bíblica ou aquela descoberta na página apropriada. Após muitos anos compilando essas anotações, tenho agora pelo menos uma página de informações bíblicas sobre quase todos os problemas que encontrei no aconselhamento. Essa lista temática tem sido um estímulo tremendo para estudar e um recurso útil na instrução.[21]

Crie seu próprio sistema de referências bíblicas

Quando você completar um estudo temático sobre algum assunto específico nas Escrituras, faça uma lista priorizada dos versículos apropriados, começando com o versículo que você pretende citar primeiro ao lidar com aquele assunto específico. Encontre aquele versículo na sua Bíblia e, na margem ao lado do versículo, anote o segundo versículo, e assim por diante. Com esse sistema, você pode passar por todas as passagens pertinentes sempre que haja necessidade de fazê-lo.

Por exemplo: suponhamos que você esteja tentando ajudar alguém que está tendo dificuldades de dormir, e quer instruí-lo inicialmente mostrando-lhe o que as Escrituras dizem sobre o sono. Se você criou uma sequência de referências para o tema, pode abrir a Bíblia no primeiro versículo sobre o sono. (Seria útil ter um índice de "primeiros versículos", talvez numa folha inserida em sua Bíblia.) Após ler e discutir o primeiro versículo, a referência o levará para o segundo versículo, e você pode fazer o mesmo com essa passagem. Usando esse sistema de referências, você pode processar todos os versículos bíblicos estratégicos que falam sobre o sono.

Utilize recursos de treinamento

Seus conhecimentos sobre as Escrituras e sobre como usá-las podem crescer se você aprender com outros. Recursos úteis incluem organizações dedicadas ao aconselhamento bíblico, como o The Master's College and Seminary, a Association of Certified Biblical Counselors e a Christian Counseling and Educational Foundation, nos Estados Unidos da América.[22] Essas organizações oferecem seminários e conferências todos os anos, e a ACBC e a Christian Counseling and Educational Foundation publicam periódicos e estudos sobre aconselhamento bíblico.[23]

Livros sobre aconselhamento bíblico também são recursos valiosos. Visite também as bibliotecas locais e procure comentários, teologias sistemáticas e outras obras de referência. Recursos audiovisuais também podem fornecer informações benéficas para o conselheiro, e alguns podem servir como tarefa de casa para os aconselhados.[24]

Conclusão

Quero compartilhar duas últimas sugestões em relação à instrução no aconselhamento. Em primeiro lugar, o conselheiro bíblico deveria ser extremamente cauteloso e evitar dar instruções sobre temas bíblicos que ele não estudou. Se não tivermos conhecimentos sobre algo, jamais devemos agir como se os tivéssemos. O que devemos dizer em casos assim é: "Não tenho certeza do que a Bíblia diz sobre isso, mas pesquisarei o tema e compartilharei com você na próxima semana o que descobrir". Não tenha vergonha de reconhecer sua incerteza em relação a um tema específico. Procure obter ajuda de livros e de outros conselheiros e aproveite a oportunidade para aprender e crescer nessa área.

A segunda sugestão é que o conselheiro deveria praticar aconselhamento em equipe sempre que possível. Evidentemente, nem sempre isso é viável, por causa da falta de conselheiros e da prevalência de problemas, mas é certamente uma boa ideia. Um dos meus ex-alunos me escreveu esta carta após eu ter participado de uma sessão de aconselhamento com ele. Creio que expressa bem o benefício de aconselhamento em equipe.

> Achei muito útil quando você interagiu conosco no fim da sessão. Isso me mostrou como você lida com esse tipo de situação e também ajudou o aconselhado a entender com maior clareza o conceito que você explicou a ele de seu jeito. Isso realmente me fez pensar em praticar aconselhamento em equipe. Imagino que em muitos casos difíceis o aconselhamento em equipe pode ser uma grande ajuda. Creio que, como observador, muitas vezes você vê coisas que a pessoa envolvida não vê. Às vezes, eu acho que ignoro muitas informações porque estou concentrado demais em minha interação com o aconselhado. Creio que uma das partes mais difíceis do aconselhamento seja interagir com o aconselhado e, ao mesmo tempo, conceitualizar o que está acontecendo em todo o processo de aconselhamento.

Se você conseguir formar uma equipe com outro conselheiro bíblico ou realizar um programa de treinamento em que os alunos participem das sessões, descobrirá que a contribuição da segunda pessoa pode ser muito útil para o processo da instrução. Precisamos nos desafiar a comunicar verdades bíblicas de forma clara e consistente. Acima de tudo, devemos lembrar sempre que "o objetivo dessa instrução é o amor que procede de um coração puro, de uma boa consciência e de uma fé sincera" (1Timóteo 1:5).

13

Aconselhamento bíblico e induzimento

Wayne A. Mack

Mudança não ocorre por acaso, mas por escolha. Muitas pessoas dizem que querem resolver seus problemas e mudar para melhor, mas poucas estão dispostas a assumir o compromisso necessário para mudar. Provérbios 14:23 diz: "Todo trabalho árduo traz proveito, mas o só falar leva à pobreza". O aconselhamento bíblico precisa levar as pessoas para além da fala, precisa levá-las à ação, e uma parte essencial desse processo é o *induzimento*.

Definindo "induzimento"

No aconselhamento bíblico, o termo "induzimento" significa motivar os aconselhados a tomar decisões bíblicas favoráveis à mudança. Essa motivação inclui os seguintes processos:

1. *Ajudar o aconselhado a assumir a responsabilidade pessoal por seus desejos e motivações, pensamentos, posturas, sentimentos, palavras e ações.* O aconselhado precisa parar de culpar as circunstâncias e as pessoas por seus problemas; precisa entender que, por meio dos recursos disponíveis em Cristo, é possível mudar.

2. *Levar o aconselhado ao entendimento de que a mudança bíblica envolve uma escolha pessoal.* As pessoas jamais mudarão se não decidirem que querem mudar. Na verdade, a razão pela qual as pessoas não conseguem mudar, a despeito dos recursos que Deus disponibiliza para a mudança, é, muitas vezes, o fato de que elas decidiram permanecer numa postura derrotista. Quando dizem "Não consigo mudar", o que estão querendo dizer é: "Não mudarei".

3. *Promover uma preocupação com pecados do coração e com pecados comportamentais.* Uma mudança bíblica e santa da conduta precisa sempre começar no coração. Deus nos chama para rasgar nosso coração, não só nossa roupa; para purificar nosso coração e lavar as mãos; e para honrá-lo e buscá-lo com nosso coração, não só com nossos lábios. Ele quer que nós nos arrependamos dos pecados do nosso coração (pensamentos, posturas, desejos, motivações, intenções), e não apenas lamentemos por ações ou reações não bíblicas. Nada menos do que o arrependimento do coração e a mudança do coração agradará a Deus e produzirá uma mudança genuína e duradoura.[1]

4. Fazer com que o aconselhado assuma o compromisso pessoal de se livrar de desejos, pensamentos e atos que impedem uma mudança bíblica, e de substituir esses por outros que promovem a mudança bíblica. No fundo, o aconselhamento só é realmente bem-sucedido quando essa meta é alcançada.

Tudo que discutimos nos últimos cinco capítulos culmina no objetivo de encorajar o aconselhado a se dedicar a pensamentos e comportamentos bíblicos em cada área de sua vida. Ao aconselhar, mesmo que possamos ter sido fiéis na aplicação de todos os princípios descritos até agora, ainda assim o induzimento pode ser difícil. Confiamos que este capítulo possa servir como guia para o conselheiro bíblico, de modo a fazer com que consiga superar essas dificuldades e garantir um compromisso santo por parte do seu aconselhado.

Definindo "compromisso"

Qual é o compromisso bíblico que esperamos do nosso aconselhado? Um compromisso bíblico inclui no mínimo seis fatores, descritos abaixo.

1. *Assuma a responsabilidade pessoal por seus atos e pensamentos.* O aconselhado não conseguirá mudar enquanto ele desculpar, culpar, racionalizar ou defender sua conduta pecaminosa. Precisamos ajudá-lo a entender que, independentemente de suas circunstâncias, se for realmente um cristão, ele pode reagir biblicamente por meio do poder do Espírito Santo.
2. *Decida analisar as circunstâncias do passado e do presente a partir de um ponto de vista bíblico.* A sabedoria e os sentimentos humanos muitas vezes impedem as pessoas de ver as coisas como Deus quer que elas sejam vistas. Os aconselhados precisam interpretar os acontecimentos por meio das lentes das Escrituras, não por meio de suas próprias opiniões e emoções.
3. *Dedique-se a eliminar tudo que impeça uma mudança bíblica.* Romanos 13:14 diz: "Revistam-se do Senhor Jesus Cristo, e não fiquem premeditando como satisfazer os desejos da carne". Se um aconselhado tem um problema com o desejo da carne, essa pessoa precisa se comprometer a destruir todos os materiais sedutores, a parar de assistir aos programas televisivos ou filmes com conteúdo sexual e a evitar lugares que encorajam a tentação. O aconselhado precisa estar disposto a remover qualquer obstrução à mudança bíblica.
4. *Esforce-se para alcançar a meta.* Mudança não é uma ocorrência automática e súbita. É trabalho duro. O aconselhado não fará progresso se não houver disposição de investir esforço na mudança.
5. *Persevere em obedecer.* Algumas pessoas querem desistir depois de duas ou três semanas se não perceberem algum avanço substancial. Por isso, o aconselhado precisa ser lembrado da verdade de Hebreus 10:36: "Vocês precisam perseverar, de modo que, quando tiverem

feito a vontade de Deus, recebam o que ele prometeu". Mudança leva tempo, por isso o aconselhado precisa saber que o conselheiro continuará o atendimento durante pelo menos seis ou sete semanas antes de avaliar o progresso do tratamento.

6. *Confie que Deus lhe dará a força e os recursos para mudar*. Paulo diz em Filipenses 2:12-13: "Ponham em ação a salvação de vocês com temor e tremor, pois é Deus quem efetua em vocês tanto o querer quanto o realizar, de acordo com a boa vontade dele". É verdade, a pessoa que deseja fazer mudanças bíblicas em sua vida precisa se esforçar, mas deve fazer isso confiando que Cristo proverá a força e os recursos necessários para essas mudanças. Sem Jesus, viver uma vida cristã e fazer mudanças santas não é apenas difícil, é impossível. Ele nos capacita a fazer o impossível. Ele nos capacita a despir-nos do velho homem, que se deixa corromper por desejos enganosos, e a nos revestirmos do novo homem, que se renova na justiça e santidade verdadeiras. Ao assumir o compromisso de obedecer completamente a Cristo, o aconselhado pode ter a certeza de que o poder de Deus realizará a obra de mudança em sua vida.[2]

Às vezes, a simples explicação da essência do compromisso bíblico não basta no aconselhamento. Se um conselheiro tem boas razões para duvidar de que uma pessoa tenha compreendido o conceito de compromisso e da dedicação a ele, pode ser útil pedir que essa pessoa escreva seu compromisso. Então, se necessário, ajude a pessoa a modificar esse compromisso de acordo com os critérios bíblicos. O conselheiro pode usar também esse compromisso escrito como ferramenta de prestação de contas caso o aconselhado comece a vacilar. Pode servir como lembrete ao aconselhado daquilo que este prometera ao Senhor.

Como motivar o aconselhado para o compromisso

O conselheiro bíblico deveria recorrer a todos os meios legítimos para motivar o aconselhado a assumir um compromisso decisivo de obedecer ao Senhor. As Escrituras fornecem muitas informações sobre como fazer isso de modo a agradar a Deus.

Duas abordagens à motivação

Uma abordagem centrada no homem. As pessoas podem ser motivadas por meio de seus pontos de controle, das coisas que mais lhes importam. Elas podem ser manipuladas a agir de certa forma quando acreditam que sua satisfação em áreas estratégicas é garantida por essas ações. É por isso que os marqueteiros investem muito tempo e dinheiro no estudo desses pontos de controle: querem descobrir o que impele as pessoas a comprar determinados produtos. Logicamente, os comerciais são criados para prometer ao consumidor que o produto satisfará seus desejos. Por que mulheres seminuas são usadas para vender de tudo, desde cerveja até carros? Porque a satisfação sexual é um ponto de controle em muitas pessoas. Os produtos e as mulheres sedutoras não apresentam praticamente nenhuma relação entre si, mas a mulher apela a um ponto de controle, e assim aumenta as vendas.

O desejo por dinheiro é outro ponto de controle em muitas pessoas. Assim, os comerciais de uma montadora de carros apelam a esse desejo levantando a pergunta: "O que você fará com todo o dinheiro que economizará?". A empresa vendeu milhares de carros com o argumento de economizar dinheiro em vez de focar nas virtudes do carro em si.

Outras pessoas desejam ser aceitas ou reconhecidas. Por isso, as empresas fazem promessas como: "Se você usar essa pasta de dente, as garotas vão arrombar sua porta!" ou "ALERTA: esse perfume atrairá bandos de garotos".

Qual é o efeito desse tipo de motivação centrada no homem? Apesar de, muitas vezes, induzir a ação desejada, a ênfase está na satisfação pessoal. Por isso, encoraja as pessoas a se preocuparem em primeiro lugar com seus próprios desejos e com as coisas visíveis, palpáveis e terrenas das quais elas esperam receber satisfação. O conselheiro bíblico jamais deveria motivar uma pessoa com o encorajamento desse tipo de idolatria (veja 1João 2:15-17). A motivação centrada no homem pode induzir determinado comportamento, mas os motivos por trás dessa ação são pecaminosos e tornam o comportamento inaceitável para Deus.

Uma abordagem centrada em Deus. O conselheiro bíblico deve optar por uma abordagem centrada em Deus quando motivar o aconselhado. Romanos 11:36 diz: "Pois dele, por ele e para ele são todas as coisas. A ele seja a glória para sempre!". Uma mudança verdadeira ocorre quando as pessoas tomam decisões para o propósito de glorificar a Deus, e não para satisfazer suas próprias necessidades. O foco da motivação centrada em Deus está voltado primeiro para o imaterial, não para o material, para o invisível, não para o visível, para o eterno, não para o temporal (Mateus 6:33; 2Coríntios 4:18; Colossenses 3:1).

O método de motivação de Paulo

Dentre as passagens das Escrituras que ensinam como aplicar princípios bíblicos de induzimento, nenhuma é tão clara e profunda quanto Romanos 6:1-14.[3] Nessa passagem, o objetivo de Paulo era gerar um compromisso de mudança no leitor (vv. 1-2). Será útil ver como ele perseguiu esse objetivo.

1. *Paulo motiva seus leitores por meio de afirmações indicativas sobre a posição deles em Cristo.*[4] Nos versículos 3-10, ele ensina que os cristãos têm a liberdade de mudar por meio da identificação com o Senhor Jesus Cristo. Ele diz que fomos unidos a Cristo em sua morte, seu sepultamento e sua ressurreição; por isso, "morremos para o pecado" e ressuscitamos para "viver com ele". Estar morto para o pecado significa que o pecado não reina mais em nossa vida; o poder escravizador do pecado foi destruído. O versículo 7 diz: "Pois quem morreu, foi

justificado do pecado". E viver com Cristo se refere ao novo poder que agora está disponível numa vida nova em Cristo. Por meio desse poder, o cristão é capaz de vencer qualquer tentação ou pecado da carne (veja Romanos 8:37).[5]

Paulo entendeu que, para mudar, os cristãos precisam estar cientes de sua posição em Cristo e dos recursos que têm à sua disposição por meio dele. A tendência é ver a si mesmos como vítimas impotentes sob o controle poderoso do pecado. Mas como conselheiros bíblicos podemos dizer aos cristãos (com a autoridade da Palavra de Deus) que eles têm a capacidade de superar qualquer padrão pecaminoso de pensamento ou conduta. Essa capacidade provém exclusivamente do Espírito Santo (Gálatas 5:16) como resultado de nossa união com Cristo. É apenas com essa base que podemos exigir o compromisso do aconselhado de obedecer a Deus em seus atos e pensamentos, como Paulo fez em Romanos 6:11-14.

2. Paulo motivou seus leitores por meio das exigências imperativas de viver a posição deles em Cristo. O versículo 11 diz: "Da mesma forma, considerem-se mortos para o pecado, mas vivos para Deus em Cristo Jesus". Mesmo que não nos sintamos mortos para o pecado, Deus diz que estamos mortos para o pecado, e precisamos aceitar isso por meio da fé. A palavra grega traduzida como "considerar" é um termo da contabilidade que significa "registrar algo como fato". Paulo exigiu que seus leitores pensassem corretamente sobre si mesmos e suas ações à luz da verdade que ele lhes ensinou sobre como foram unidos a Cristo. Então, foi além da reflexão e exigiu um compromisso em relação aos atos: "Portanto, não permitam que o pecado continue dominando os seus corpos mortais, fazendo que vocês obedeçam aos seus desejos. Não ofereçam os membros dos seus corpos ao pecado, como instrumentos de injustiça; antes ofereçam-se a Deus como quem voltou da morte para a vida; e ofereçam os membros dos seus corpos a ele, como instrumentos de justiça" (vv. 12-13).

Como disse John MacArthur:

> A palavra-chave é *oferecer*, ou apresentar (v. 13), que obviamente tem a ver com a vontade. Por causa das verdades incompreensíveis sobre seu relacionamento com Deus que o cristão conhece por meio de sua mente e sente profundamente em seu coração, ele é capaz de exercer sua vontade com sucesso contra o pecado e, pelo poder de Deus, impedir que o pecado reine em seu corpo mortal.
>
> Nesta vida presente, o cristão precisa levar em conta a força poderosa que o pecado tem. Mas este já não é mais o mestre, o senhor, e é possível resistir a ele. Paulo personifica o pecado como um monarca destronizado, ainda que poderoso, determinado a reinar na vida do cristão como o fazia antes de sua salvação. A admoestação de Paulo aos cristãos é, portanto, que eles não deixem o pecado reinar, pois este já não tem mais direito de reinar. Agora, o pecado não tem mais o poder de controlar o cristão, a não ser que o cristão decida obedecer aos seus desejos.[6]

Paulo encerra seu chamado ao compromisso no versículo 14, reforçando a posição do cristão em Cristo: "Pois o pecado não os dominará, porque vocês não estão debaixo da lei, mas debaixo da graça". Ele quer que o leitor jamais se esqueça de que é apenas por meio da graça de Deus que ele pode manter seu compromisso com ele.

Motivação divina para Moisés

Os capítulos 3 e 4 de Êxodo contêm outro exemplo útil de um induzimento bíblico centrado em Deus. O Senhor convenceu Moisés a fazer algo que ele não queria fazer, isto é, tirar o povo de Israel do Egito. Como Deus motivou Moisés? Observe que Deus não se concentrou nos pontos de controle de Moisés — desejos carnais ou orgulho pecaminoso —, mas antes em si mesmo e em sua glória.

Uma maneira pela qual Deus motivou Moisés foi por meio de suas *promessas* (veja 3:8,12,17-18). Quando as pessoas compreendem o caráter de Deus — sua fidelidade, sua honestidade e sua santidade absoluta —, elas descobrem que suas promessas são torres de poder nas quais se pode encontrar refúgio. Tenho visto Deus usar suas promessas na vida de pessoas como encorajamento quando todos os outros esforços de aconselhamento pareciam fúteis. Precisamos explicar as promessas de Deus às pessoas e aplicar essas promessas de modo prático e relevante.

Deus também motivou Moisés dando-lhe *metas concretas e alcançáveis* (veja 4:15-17). Ele disse a Moisés exatamente o que queria que ele realizasse; ele não sobrecarregou Moisés com metas inalcançáveis. Muitas vezes, os aconselhados não se sentem motivados simplesmente porque as metas que lhes são apresentadas são confusas ou assustadoras. Eles não têm certeza quanto ao que estamos pedindo que façam e se conseguem realizar aquilo.

Outra motivação de Deus a Moisés ocorreu nas *instruções específicas* sobre como executar essas metas (veja 3:14-22). O aconselhamento fracassa se as pessoas não sabem como alcançar as metas que são desafiadas a cumprir.

Moisés se sentiu motivado quando Deus lhe mostrou *evidências do poder divino* (veja 4:1-8). Quando Moisés jogou seu bastão no chão, Deus transformou o objeto em serpente. Quando Moisés a pegou pela cauda, a cobra se transformou novamente em bastão. Depois, Deus ordenou que Moisés colocasse sua mão no peito, e ela se tornou leprosa como neve. Às vezes, os conselheiros precisam lembrar as pessoas do incrível poder de Deus. Uma visão do todo-poderoso Deus com base nas Escrituras ou por experiência pessoal é, às vezes, tudo de que precisamos para motivar um aconselhado a agir.

Deus motivou Moisés também *redirecionando seu foco* (veja 4:10-12). Moisés usou sua própria limitação como desculpa para não fazer o que ele fora chamado para fazer, mas Deus redirecionou sua perspectiva da insuficiência humana para a suficiência divina. Deus afirmou diante de Moisés a capacidade divina de superar qualquer deficiência humana. Quando Moisés disse que não sabia falar muito bem, Deus respondeu que era ele quem fazia as bocas e que ele era capaz de lhe dar essa capacidade.

Moisés foi motivado também por uma *descrição do caráter e do plano de Deus* (veja 3:15-18). Deus não apenas lembrou quem ele era para Moisés, mas também lhe assegurou sua divina presença e ajuda. Além disso, Deus providenciou *alguém para ajudar* a Moisés em sua tarefa. Enviou Arão para falar no lugar dele (4:14-16). Após os repetidos esforços motivacionais de Deus, Moisés respondeu em obediência e se comprometeu a liderar o êxodo do Egito. Os conselheiros bíblicos também podem usar os princípios eficazes da motivação, imitando (quando necessário) a persistência de Deus em sua aplicação.[7]

Outros princípios bíblicos de motivação

Abaixo, esboço numerosos princípios de motivação encontrados nas Escrituras. Os conselheiros bíblicos são incentivados a usar esses princípios para ajudar seus aconselhados a assumir compromissos bíblicos.

a. Compartilhe sua percepção daquilo que está acontecendo na situação (Gálatas 2:11-14; Colossenses 2:9; 1João 1:7).
b. Forneça informações bíblicas para eliminar razões específicas de resistência (Mateus 28:18-20).
c. Lembre ao aconselhado quem Deus é (Provérbios 8:13; Isaías 6:1-8; Hebreus 11:24-26).
d. Ajude o aconselhado a refletir sobre quem ele é em Cristo (Salmos 90:3-6; 100:3; Isaías 2:22; 40:12-17; Jeremias 10:23).
e. Fale sobre o amor e a graça de Cristo (2Coríntios 5:14; 8:7-9; 1João 3:1-4; 4:9-11).
f. Exponha a grandeza dos nossos recursos em Cristo (Romanos 8:34; 2Coríntios 9:8; 10:4-5; Efésios 1:3; Filipenses 2:1).
g. Compartilhe as promessas de Deus (Isaías 41:10; Mateus 6:33; 28:20; Hebreus 13:5-6; 2Pedro 1:3-4).
h. Confirme as consequências da obediência (Salmos 1:1-3; 37:5-6; Provérbios 3:5-6; Lucas 11:28; João 13:17; Gálatas 6:7-8; Efésios 6:1-3; 1Timóteo 4:7; Tiago 1:25).
i. Dê informações específicas relacionadas àquilo que o aconselhado deve fazer e como ele deve fazê-lo (Mateus 5:21-26; Filipenses 4:6-9).
j. Mostre como é sensato ser obediente (Isaías 1:18; Romanos 12:1).
k. Desafie e exorte o aconselhado a optar pela obediência (Romanos 6:11-13,19-20; 1Timóteo 5:21; 6:13-14,17).
l. Instrua o aconselhado sobre os desejos e as preocupações benevolentes de Deus em relação a ele (Salmos 100:4-5; 136; Jeremias 29:11; Romanos 8:28; Efésios 2:4).
m. Aponte as consequências da desobediência (Provérbios 5:22-23; 6:32-33; 7:22-23; 13:15; 16:5,18; 29:1; Gálatas 6:7-8).

n. Expresse surpresa diante da resistência (Isaías 1:2-9; Gálatas 1:6; 3:1).
o. Lembre ao aconselhado seu interesse anterior pela obediência (2Coríntios 9:1-2; Gálatas 3:1-5; Filipenses 1:4-7; 2:12).
p. Mostre como Deus é afetado pela desobediência (Salmos 66:18; Efésios 4:30).
q. Expresse uma preocupação e um amor pessoal pelo aconselhado (Filipenses 1:3-8; 2:17; 4:1; 1Tessalonicenses 2:8,19; 3:1).
r. Compare os atos inapropriados com os das pessoas não salvas (Lucas 6:27-38; 1Coríntios 5:1; Efésios 4:17).
s. Forneça informações sobre valores e prioridades corretas (Provérbios 15:16-17).
t. Demonstre como a resistência pode afetar outros (Provérbios 15:25,27; 19:13; 27:11; 1Coríntios 5:6-7).
u. Alerte sobre a disciplina do Pai (1Coríntios 11:27-28; Hebreus 12:4-14).
v. Explique o ensinamento da Bíblia sobre a disciplina da Igreja (Mateus 18:15-17; 1Coríntios 5:1-13; 2Tessalonicenses 3:10-15; Tito 3:9-11).
w. Chame atenção para o dia em que o aconselhado se apresentará na presença de Deus (Mateus 16:26; Romanos 13:11-14; 14:10,12; Hebreus 9:26; 1João 2:18).

Como lidar com resistência ao compromisso

O tamanho da mudança experimentada por um aconselhado é diretamente proporcional ao seu nível de compromisso. Se o conselheiro identifica o problema com exatidão e fornece a instrução bíblica adequada, mas vê pouco ou nenhum progresso, isso indica muitas vezes uma resistência diante do compromisso. Em casos assim, o conselheiro bíblico precisa estar equipado para reconhecer e superar essa resistência.

Como reconhecer resistência

Encontramos dois tipos de resistência no processo de aconselhamento: a aberta e a dissimulada. O jovem rico serve como exemplo da resistência aberta. Em Marcos 10:17-26, Jesus o instrui a fazer algo, e ele simplesmente não está disposto a fazê-lo. Por vezes, orientei pessoas a se dedicarem ao casamento, e elas se recusaram. Outras se recusaram abertamente a perdoar alguém. Esse tipo de resistência aberta é dolorosamente óbvio.

O tipo mais frequente de resistência, porém, é o dissimulado: o aconselhado confirma externamente o compromisso, mas não está disposto a cumpri-lo. A história que Jesus conta em Mateus 21:28-31 ilustra esse tipo de resistência:

> "O que acham? Havia um homem que tinha dois filhos. Chegando ao primeiro, disse: 'Filho, vá trabalhar hoje na vinha'. E este respondeu: 'Não quero!' Mas depois mudou de ideia e foi. O pai chegou ao outro filho e disse a mesma coisa. Ele respondeu: 'Sim, senhor!' Mas não foi. Qual dos dois fez a vontade do pai?"

Os discípulos responderam: "O primeiro", e Jesus lhes disse que estavam corretos. Infelizmente, o primeiro filho espelha um comportamento típico de muitos aconselhados. A princípio, parecem animados com a perspectiva de solucionar seus problemas biblicamente, mas em algum momento se mostram resistentes ao compromisso que a mudança exige. Os seguintes sintomas da resistência dissimulada ajudarão o conselheiro a identificar quando um aconselhado não está disposto a assumir o compromisso:

Ausência. Uma pessoa que frequentemente cancela encontros, especialmente por razões questionáveis, pode estar evitando o confronto. Se esse padrão se repetir, é possível que o aconselhado não queira mudar. Atrasos crônicos também podem ser um sinal de que o aconselhado esteja evitando temas pertinentes.

Não fazer tarefas de casa. Um segundo sintoma de resistência dissimulada é não fazer as tarefas de casa. Um padrão de tarefas incompletas ou malfeitas pode indicar que o aconselhado prefere a fala ao trabalho.

Distanciamento. Em casos de distanciamento, o aconselhado mantém o conselheiro a certa distância. Quando perguntado sobre sua vida, o aconselhado se recusa a fornecer informações detalhadas. Essa reticência pode indicar uma falta de desejo de mudar. Infelizmente, o conselheiro não pode ajudar uma pessoa que o exclua de sua vida.

Ameaças. Alguns aconselhados fazem ameaças. De forma sutil, eles comunicam: "Se você não tiver cuidado, eu não voltarei". Podem até fazer ameaças físicas. Certa vez, por exemplo, um homem me disse: "Ninguém sabe o que sou capaz de fazer quando me irrito". Quando me disse algumas das coisas que faria, era evidente que ele estava me alertando para que eu fosse cauteloso ao lidar com ele.

Intimidação. Alguns aconselhados podem se tornar antagonísticos, outros se retraem ou até mesmo começam a chorar quando o conselheiro aborda determinado assunto. Nesses casos, pode ser tentador evitar certos temas, já que pode ser difícil confrontar as emoções ou a conduta do aconselhado.[8] No entanto, é preciso descobrir a razão da sensibilidade do aconselhado para que o conselheiro não se deixe intimidar e abalar por reações emocionais.

Manipulação. Existem várias maneiras pelas quais o aconselhado pode tentar manipular o conselheiro. Ele pode chorar ou lisonjear o conselheiro. Qualquer que seja a tática aplicada, são tentativas de desviar a discussão. Se o orgulho do conselheiro é suscetível a esse tipo de manipulação, as sessões podem se transformar em encontros de coleguinhas em que não ocorre nenhum aconselhamento útil.

Histórias criadas exclusivamente para provocar simpatia, discussões irrelevantes e descrições repetidas de ocorrências triviais são outras formas de manipulação para evitar temas difíceis. Isso é extremamente prejudicial, pois, ao afastar as sessões das respostas bíblicas dos seus problemas, o aconselhado multiplica sua dor. É importante que o conselheiro bíblico identifique e elimine a manipulação, pois enquanto esta dominar as sessões de aconselhamento, o conselheiro jamais conseguirá tratar dos assuntos fundamentais para viabilizar a mudança.

Ao reconhecer qualquer um desses sintomas de resistência ao compromisso, podemos apontá-lo ao aconselhado e pedir que explique sua resistência à luz dos compromissos verbais assumidos por ele ou do desejo de mudança que expressou. Esperamos que o aconselhado reconheça como ele está impedindo a obra do Espírito Santo e que sua resistência ao compromisso acabe.

Como reconhecer as razões da resistência

A fim de superar a resistência, é necessário compreender por que a resistência está ocorrendo e tratar dos assuntos fundamentais relacionados ao problema. A seguir cito algumas possíveis causas da resistência.

Um coração não regenerado. Em Atos 7:51, Estevão disse aos seus acusadores: "Povo rebelde, obstinado de coração e de ouvidos! Vocês são iguais aos seus antepassados: sempre resistem ao Espírito Santo!". As pessoas às quais ele se dirigia não eram salvas e, por isso, não podiam ser motivadas a mudar biblicamente. Como diz 1Coríntios 2:14: "Quem não tem o Espírito não aceita as coisas que vêm do Espírito de Deus, pois lhe são loucura; e não é capaz de entendê-las, porque elas são discernidas espiritualmente". A fim de induzir o compromisso de pessoas que não são regeneradas, o conselheiro precisa se tornar evangelista, pois essas pessoas precisam primeiro entregar-se ao senhorio de Cristo.

Fracassos repetidos. Se o aconselhado já tentou resolver o problema várias vezes, é possível que o conselheiro esteja lidando com um caso de desencorajamento severo. A chave para superar o desencorajamento é fornecer esperança bíblica.[9] O conselheiro precisa encorajar a pessoa mostrando-lhe que o aconselhamento bíblico tem algo melhor a oferecer do que os conselhos que recebeu em outros lugares.

Medo. Muitas vezes o aconselhado resiste ao compromisso porque está com medo. Certa vez, trabalhei com uma senhora cujo marido cometera adultério recentemente. Ele já tivera um caso 11 anos antes. Já que ele havia reconhecido seu pecado e pedido perdão após o primeiro caso, a mulher tinha dificuldades de acreditar na sinceridade desse reconhecimento atual do seu pecado e de seu compromisso renovado com ela. Agora ela queria uma garantia de que ele não voltaria a fazer aquilo. Ela tinha medo de se expor à mesma situação que experimentara anteriormente. Seu problema verdadeiro era o medo, e ela precisou da ajuda da Bíblia para superá-lo.

Orgulho. O aconselhado pode ter dificuldades de pedir perdão àquele contra o qual pecou; é um ato que exige muita humildade. Essa dificuldade aumenta se a outra pessoa pecou também contra ele. E aqueles que precisam fazer uma confissão pública podem ser impedidos de fazê-lo por seu orgulho.

Ignorância. Ideias não bíblicas sobre a vida cristã podem ser outra razão de resistência. Algumas pessoas, por exemplo, acreditam em passividade completa na vida cristã. Acreditam que devem "sair do caminho e deixar Deus fazer tudo". Certa vez, li um impressionante panfleto de uma mulher que alegava que, quando Satanás batia à sua porta, ela mandava Jesus atendê-lo. Esse tipo de conceito retira qualquer responsabilidade pessoal e, no fundo, culpa Jesus pelos fracassos humanos. Paulo escreveu em Filipenses 4:13: "Tudo posso naquele que me fortalece". Esse versículo evidencia o equilíbro da vida cristã. Os cristãos não podem ter vitória sem o poder de Cristo; mas a vitória não vem sem esforço. Na verdade, Paulo ensinou que a vitória é resultado de um esforço diligente, mas feito apenas por meio da força que Cristo fornece por meio do Espírito Santo.[10]

Outras pessoas se desviam porque não entendem a relação entre obediência e sentimentos. Argumentam que obediência sem sentimentos é legalismo. É claro, tentar obter ou manter a salvação por meio de obras humanas é legalismo, mas a obediência motivada pelo amor de Jesus, sua morte sacrificial e seu perdão gracioso é simplesmente obediência evangélica. Quando obedecemos ao Senhor a despeito de como nos sentimos, reconhecemos que ele é mais importante do que os nossos sentimentos. Precisamos nos lembrar de que sentimentos são o vagão que segue a locomotiva da obediência. Se desejarmos, pensarmos e fizermos o que é certo independentemente de como nos sentimos, nossas emoções se adequarão em decorrência de nossa decisão de obedecer.

Alguns podem objetar e alegar que esse tipo de obediência é hipocrisia. Na verdade, não o é, pois a hipocrisia é uma obediência do tipo faz de conta, não obediência sem sentimentos. Jesus condenou a hipocrisia dos fariseus porque eles queriam o louvor das pessoas, não de Deus (veja Mateus 6:1-6,16-18). Os hipócritas agem com motivações erradas. Obedecer a Deus a despeito de como nos sentimos, por sua vez, revela motivos virtuosos.[11]

Descrença. Pessoas que duvidam da suficiência e do poder da Palavra de Deus para mudar suas vidas duvidam, na verdade, de Deus. Elas podem não querer assumir o compromisso porque não estão convencidas de que Deus é capaz de fazer o que diz. Essa descrença, se não for confrontada e tratada, fará com que abandonem sua única esperança de mudança.

Amargura. Amargura e ressentimento também podem provocar resistência. Algumas pessoas veem a amargura como meio de se vingar do outro. Assim, elas se recusam a conversar, a pedir seu perdão ou a tomar os passos necessários em direção à reconciliação. No entanto, se esses indivíduos não estiverem dispostos a aceitar o propósito providencial de Deus em relação ao que aconteceu (Romanos 8:28) e a perdoar àqueles que os ofenderam (Salmos 86:5), o processo de mudança bíblica estará obstruído.

Compromissos inadequados. Os aconselhados podem resistir ao compromisso de obedecer à Palavra de Deus porque eles já assumiram compromissos com padrões pecaminosos ou ambições carnais, e não estão dispostos a romper com essas práticas. Como Jesus disse: "Ninguém pode servir a dois senhores; pois odiará a um e amará o outro, ou se dedicará a um e desprezará o outro. Vocês não podem servir a Deus e ao Dinheiro" (Mateus 6:24). Charles Spurgeon disse sobre esse versículo: "Esse versículo costuma ser interpretado de modo equivocado. Alguns leem: 'Ninguém pode servir a *dois* senhores'. Sim, ele pode sim, ele pode servir a três ou a quatro mestres. A forma correta de ler isso é: 'Ninguém pode servir a dois *senhores*'. Ele pode servir a dois, mas ambos não podem ser seus senhores ao mesmo tempo".[12]

Outras razões para resistir ao compromisso podem incluir atribuir culpa a outros, inventar desculpas ou não levar o pecado a sério. Como conselheiros bíblicos, precisamos identificar as causas da resistência e lidar com elas antes de tentar obter um compromisso bíblico do nosso aconselhado.

Motivação por meio da disciplina eclesiástica

E se aplicarmos todos os princípios discutidos acima e mesmo assim não conseguirmos induzir o aconselhado a mudar? Resta mais um método bíblico de motivação para pessoas que continuam a resistir à mudança durante um período extenso e que se mostram indispostas a assumir os compromissos exigidos pelas Escrituras. Mateus 18:15-18 ensina esse método oferecendo diretrizes para a disciplina eclesiástica formal:

> Se o seu irmão pecar contra você, vá e, a sós com ele, mostre-lhe o erro. Se ele o ouvir, você ganhou seu irmão. Mas se ele não o ouvir, leve consigo mais um ou dois outros, de modo que 'qualquer acusação seja confirmada pelo depoimento de duas ou três testemunhas'. Se ele se recusar a ouvi-los, conte à igreja; e se ele se recusar a ouvir também a igreja, trate-o como pagão ou publicano. Digo-lhes a verdade: Tudo o que vocês ligarem na terra terá sido ligado no céu, e tudo o que vocês desligarem na terra terá sido desligado no céu.

A princípio, o conselheiro bíblico pode ser envolvido ou no primeiro ou no segundo passo desse processo.[13] Se esses passos forem aplicados e, mesmo assim, não houver mudança, o conselheiro precisa garantir que o restante das ordens de Jesus também seja obedecido.

Quando um aconselhado continua a pecar após confrontações repetidas, Jesus nos admoesta a "contar à igreja".[14] A essa altura, o indivíduo deve ser repreendido publicamente, como afirmam 2Tessalonicenses 3:14 e 1Timóteo 5:20. A igreja local deve excluir essa pessoa da comunhão e chamá-la para o arrependimento. Ao falar sobre a pessoa pecaminosa, Paulo disse: "Não o considerem como inimigo, mas chamem a atenção dele como irmão" (2Tessalonicenses 3:15). O objetivo da disciplina não é castigar, mas promover a restauração e a reconciliação. Em alguns casos, a disciplina eclesiástica é absolutamente necessária para que isso aconteça. O pastor puritano Richard Baxton escreveu:

> No caso de ofensas públicas, e até mesmo em casos de natureza mais privada, quando o ofensor permanece impenitente, ele precisa ser repreendido na frente de todos e novamente ser convidado a se arrepender. O fato de não termos praticado esse tipo de disciplina não significa que não seja nosso dever. Não é só a ordem de Cristo que contemos à igreja, mas também a "repreensão na frente de todos" de Paulo. E a igreja a praticou constantemente até que o egoísmo e o formalismo nos levaram a sermos remissos nisso e em outros deveres. Não há espaço para duvidar de que isso seja nossa obrigação, tampouco há qualquer espaço para duvidar se temos sidos infiéis em sua execução. Muitos de nós que teriam vergonha de omitir a pregação ou de orar menos pouco se preocuparam com o que temos feito vivendo em negligência voluntária dessa obrigação e de outras partes da disciplina. Pouco pensamos sobre como temos atraído a culpa da blasfêmia, da embriaguez e da fornicação para a nossa própria vida ao negligenciar o emprego dos meios que Deus apontou como cura para eles.[15]

O último passo no processo da disciplina eclesiástica consiste em tratar os indivíduos que continuam a resistir como infiéis, visto que manifestam uma falta de submissão ao senhorio de Cristo. Apesar de não podermos julgar o coração deles, podemos julgar seus frutos. E a Igreja precisa agir nesse sentido para preservar a pureza do corpo de Cristo (veja 1Coríntios 5-6). Esse último passo não acontece de um dia para o outro; o processo pode levar meses para ser executado plena e corretamente. Mas, se tentativas repetidas de garantir um compromisso piedoso falharem, não resta opção senão expulsar a pessoa pecaminosa da igreja. No entanto, mesmo a essa altura do processo, o objetivo deve ainda ser o arrependimento e a restauração (1Coríntios 5:5; 1Timóteo 1:20). Essa "entrega a Satanás" (ou seja, a expulsão do pecador da comunhão e da proteção da igreja e sua entrega ao domínio de Satanás) é simplesmente a melhor forma de ajudar uma pessoa que continua a rejeitar o conselho e o compromisso bíblico. Richard Baxter também escreveu:

> Confesso que muita prudência deve ser exercida durante esses procedimentos, para que não causemos mais danos do que o bem; mas deve ser uma prudência cristã, orientada pelas obrigações e adequada a seus fins, não uma prudência carnal que os exclua. Ao exercer essa obrigação, devemos agir com humildade, mesmo quando agirmos com a maior severidade, e deixar claro que não agimos por má vontade ou disposição arrogante, nem por vingança por qualquer dano, mas uma obrigação necessária que não podemos negligenciar.[16]

Alguns podem achar que o processo que Jesus ensina em Mateus 18 seja cruel e desprovido de amor, mas na verdade é um ato de ternura. Deus abençoa aqueles que obedecem à sua Palavra (Tiago 1:25), por isso precisamos recorrer a todos os meios que Deus forneceu para ajudar as pessoas a experimentarem essas bênçãos. A disciplina eclesiástica é um dos métodos de Deus para motivar mudança nas pessoas.

O objetivo do aconselhamento bíblico é ajudar o aconselhado a se tornar mais semelhante a Jesus Cristo, um processo que necessariamente envolve compromisso. Cada aconselhado precisa *decidir* tomar os passos decisivos para "caminhar como ele caminhou" (1João 2:6). Alguns dirão que querem mudar e crescer, mas talvez não tenham certeza de querer assumir o compromisso necessário. Esses indivíduos se encontram numa encruzilhada importante, e, por meio da graça de Deus e dos princípios bíblicos discutidos neste capítulo, precisamos tentar induzi-los a seguir o Senhor.

14

Implementando a instrução bíblica

Wayne A. Mack

Um último elemento-chave do processo de aconselhamento é a implementação: o processo de atualizar a instrução bíblica e de torná-la permanente na vida do aconselhado. O aconselhamento bíblico procura promover a santidade ou a *mudança bíblica* como estilo de vida. Procura apoiar a implementação e a integração dos princípios bíblicos na vida das pessoas para que elas se tornem *consistentemente centradas em Cristo e semelhantes a Cristo em cada área da vida, inclusive em seus desejos, pensamentos, posturas, sentimentos e comportamentos.*

Esse processo de implementação envolve três componentes principais: 1) o conselheiro planeja estratégias específicas para ajudar o aconselhado a agir de acordo com diretrizes bíblicas pertinentes (o conselheiro precisa esclarecer não só o que ele deve fazer, mas como ele pode fazê-lo); 2) o aconselhado pratica essas estratégias no dia a dia; e 3) o aconselhado persevera na aplicação dos princípios bíblicos até que os padrões bíblicos de pensar, sentir e viver sejam integrados na sua vida e ele tenha sido integrado na vida da igreja.

Como planejar estratégias de implementação

Romanos 12:17 diz que devemos "fazer o que é correto aos olhos de todos". A palavra grega para "fazer" significa literalmente "planejar com antecedência". O versículo fala, portanto, do planejamento com antecedência de uma conduta correta. Isso é necessário para tornar a instrução bíblica relevante e aplicável.

Livrar-se do velho

O primeiro aspecto do planejamento é identificar fatores que impeçam a mudança bíblica e adotar medidas para eliminá-los. Romanos 13:14 nos diz: "Não fiquem premeditando como satisfazer os desejos da carne". As coisas que incitam os desejos da carne precisam ser identificadas e eliminadas. Isso pode significar que o aconselhado tenha que romper associações indesejáveis com outras pessoas. O apóstolo Paulo nos advertiu: "Não se deixem enganar: 'as más companhias corrompem os bons costumes'" (1Coríntios 15:33).

O livro de Provérbios também alerta repetidas vezes sobre os perigos da má companhia:

- "Aquele que anda com os sábios será cada vez mais sábio, mas o companheiro dos tolos acabará mal" (13:20).
- "Quem vive contando casos não guarda segredo; por isso, evite quem fala demais" (20:19).
- "Não se associe com quem vive de mau humor, nem ande em companhia de quem facilmente se ira; do contrário você acabará imitando essa conduta e cairá em armadilha mortal" (22:24-25).
- "Não ande com os que se encharcam de vinho, nem com os que se empanturram de carne. Pois os bêbados e os glutões se empobrecerão, e a sonolência os vestirá de trapos" (23:20-21).

Segundo esses versículos, indivíduos que se associam a pessoas más muitas vezes acabam se igualando a elas. Por isso, os conselheiros bíblicos precisam instruir seus aconselhados a romper qualquer relacionamento com pessoas que os encorajam a praticar o mal, se for biblicamente legítimo fazê-lo. Isso não significa que alguém deve pedir o divórcio se seu marido ou sua esposa não for cristão. Mas pode se aplicar a colegas de quarto, amigos ou colegas de trabalho que estão sendo uma influência má. Em alguns casos, pode ser necessário mudar de casa ou de cidade ou procurar outro emprego, para não satisfazer os desejos da carne.

Os aconselhados precisam também evitar lugares que representam fontes de tentação para eles. Uma mulher jovem, por exemplo, que lutava contra tendências lésbicas descobriu que se sentia tentada quando se encontrava em provadores de lojas de moda. Pedi que ela documentasse onde se sentia tentada e a encorajei a evitar esses lugares até se tornar forte o bastante para vencer essas tentações. Semelhantemente, um homem que luta contra a homossexualidade pode se sentir tentado numa academia ou num spa. Talvez ele precise evitar esses lugares até ser forte o bastante para resistir à tentação.

Nossos aconselhados não só devem evitar pessoas e lugares que podem tentá-los, mas precisam lidar também com qualquer prática que contribua para seus problemas. Tudo o que instiga o pecado do aconselhado precisa ser eliminado, sejam desvaneios, fantasias, determinados filmes ou programas de televisão ou certos tipos de música. Aqueles que hesitam em fazer isso podem não querer uma mudança verdadeira, pois Deus deixa claro em sua Palavra que, muitas vezes, precisamos tomar medidas drásticas para eliminar o pecado da nossa vida. A admoestação de Jesus ilustra bem que Deus espera que o cristão enfrente a tentação com seriedade:

> Se o seu olho direito o fizer pecar, arranque-o e lance-o fora. É melhor perder uma parte do seu corpo do que ser todo ele lançado no inferno. E se a sua mão

> direita o fizer pecar, corte-a e lance-a fora. É melhor perder uma parte do seu corpo do que ir todo ele para o inferno. (Mateus 5:29-30)

O grande pregador Martyn Lloyd-Jones explicou essa passagem claramente e repetiu a necessidade de remover quaisquer obstáculos no caminho para a mudança bíblica:

> Nosso Senhor estava ansioso para ensinar, ao mesmo tempo, a real e terrível natureza do pecado, o terrível perigo ao qual o pecado nos expõe e a importância de lidar com o pecado e de se livrar dele. Por isso, o diz deliberadamente dessa forma. Ele fala sobre as coisas preciosas, o olho e a mão, e ele destaca especificamente o olho direito e a mão direita. Por quê? Na época, as pessoas acreditavam que o olho e a mão da direita eram mais importantes do que os da esquerda. Todos nós conhecemos a importância da mão direita e a importância relativa do olho direito. O Senhor apela a essa crença comum e popular, e o que ele diz é isto: "Se a coisa mais preciosa que você tiver é, de certa forma, a causa de pecado, livre-se dela". O pecado é tão importante quanto isso na vida; e sua importância pode ser ilustrada dessa forma [...]. Ele está dizendo que, não importa quão valiosa uma coisa possa ser para você, se ela o levar a tropeçar, livre-se dela, jogue-a fora. É assim que ele destaca a importância da santidade e o terrível perigo que nos confronta como resultado do pecado.
>
> *Jamais devemos "alimentar a carne"*. "Não fiquem premeditando como satisfazer os desejos da carne", diz Paulo. Existe um fogo dentro de você; jamais aproxime óleo desse fogo, pois, se você o fizer, haverá uma chama, e haverá problemas. [...] Precisamos evitar tudo que tende a manchar e obstruir nossa santidade. "Abstenha-se de toda aparência do mal", o que significa: "evite toda forma do mal". Não importa qual seja essa forma. Tudo do qual sei que me fará mal, tudo que me excita, me perturba e abala minha compostura, não importa o que seja, preciso evitá-lo. Preciso "mortificar meus membros". É isso que isso significa; e precisamos ser estritamente honestos conosco mesmos.[1]

A fim de evitar a tentação, os aconselhados precisam evitar tudo que estimule pensamentos maus. Uma mulher jovem que me procurou para que eu lhe ajudasse com sua depressão havia se envolvido com um homem casado. Descobri que ela ainda tinha cartas, fotografias e presentes que ele lhe dera. Ela ouvia também o tipo de músicas que eles ouviam juntos. A fim de eliminar todas as lembranças de seu pecado, ela destruiu as cartas, jogou fora as fotos e os presentes. Também deixou de ouvir aquelas músicas. Esses passos foram essenciais para ajudá-la a se livrar de desejos ímpios de um relacionamento ilegítimo (um fator importante em sua dinâmica de depressão) e assumir um estilo de vida santo.[2]

Semelhantemente, após ter sido confrontada com a verdade de Romanos 13:14, a jovem mulher que se envolvera numa relação lésbica escreveu uma carta à sua ex-amante. Nessa carta, ela confessou sua participação no relacionamento pecaminoso. Reconhecendo que havia falhado e não amado a outra mulher da forma como Deus deseja, ela pediu perdão. Visto que sua vida estava agora dedicada a obedecer a Jesus Cristo, ela deixou claro que seu relacionamento tinha acabado. Para reforçar isso em relação à sua ex-amante (que continuou a persegui-la), ela ameaçou tomar medidas jurídicas se a mulher continuasse a insistir no relacionamento.[3] Finalmente, implorou que a outra mulher contemplasse seus caminhos e se arrependesse perante Deus. Ao escrever essa carta, a aconselhada derrubou as pontes para o seu pecado passado e eliminou essa fonte de tentação em sua vida.[4]

Assuma o novo

O processo de planejamento envolve não só a eliminação do pecado, mas também o cultivo da santidade no pensamento e na conduta. Romanos 13:14 não apenas diz que não devemos ficar "premeditando como satisfazer os desejos da carne", mas também que devemos "revestir-nos do Senhor Jesus Cristo". Na verdade, este segundo ato é condição para que o primeiro possa acontecer. O conselheiro bíblico precisa ajudar o aconselhado a desenvolver um plano específico para revestir-se do Senhor Jesus Cristo. Esse plano deveria incluir pelo menos os seguintes elementos:

Envolvimento com uma igreja local. Já que a Igreja é descrita como corpo de Cristo, revestir-se do Senhor Jesus Cristo significa envolver-se numa igreja local (Colossenses 1:18,24). Precisamos exortar nossos aconselhados a se envolverem de forma vital, e não apenas casual, com uma igreja na qual Cristo pode satisfazer suas necessidades de modo especial.[5]

Associações santas. Enquanto o tipo errado de associações leva ao pecado, as associações corretas estimulam santidade. Paulo instruiu Timóteo a seguir "a justiça, a fé, o amor e a paz, juntamente com os que, de coração puro, invocam o Senhor" (2Timóteo 2:22). As virtudes santas que Paulo menciona são estimuladas pela companhia de outros que também as buscam. Os cristãos devem "nos incentivar ao amor e às boas obras" (Hebreus 10:24). A maneira de se tornar sábio é, segundo Provérbios 13:20, andar na companhia de homens sábios. O aconselhado precisa desenvolver relacionamentos com cristãos amadurecidos na fé, pois nos tornamos iguais àqueles com quem nos associamos.

Devoções relevantes. Já que Jesus se revela nas Escrituras, é impossível revestir-se do Senhor Jesus Cristo sem estudar a Palavra de Deus.[6] Isso exige mais do que uma leitura mecânica ou acadêmica da Bíblia. Talvez seja necessário ensinar ao aconselhado como estudar a Bíblia com proveito e como orar de modo eficaz. Isso pode incluir orientação para a memorização da Bíblia e meditação. Como alguém observou corretamente: "Ou o pecado o manterá afastado da Palavra de Deus, ou a Palavra de Deus o manterá afastado do pecado".

Prestar contas. Às vezes, durante o aconselhamento, e muitas vezes após o encerramento do aconselhamento, será útil se o aconselhado estabelecer um relacionamento para prestar contas a alguém que pergunte como ele está indo a cada semana. Isso pode ser um aspecto importante do processo de implementação e integração.[7] O simples conhecimento de que alguém sabe com o que o aconselhado está lutando e de que essa pessoa fará perguntas sobre essas lutas pode fornecer o ímpeto de resistir à tentação e de fazer a coisa certa. Minha experiência no aconselhamento me ensinou que os aconselhados que se recusam a prestar contas também costumam não conseguir implementar e integrar a mudança bíblica, ao contrário daqueles que o fazem.

Alimentação, descanso, sono e exercícios apropriados. Até coisas aparentemente mundanas como alimentação e sono são importantes no planejamento do nosso aconselhado. É muito mais fácil resistir ao mal quando uma pessoa não está cansada ou doente. Como 1Timóteo 4:8 dá a entender, a disciplina física é importante. Devemos comer e beber para a glória de Deus, o que implica que uma alimentação inadequada (incluindo a recusa a se alimentar) mancha a honra de Deus.[8] Descanso e sono adequados são a vontade de Deus para nós: "O sono de um trabalhador é agradável"; "O SENHOR concede o sono àqueles a quem ama"; "Meu filho, guarde consigo a sensatez e o equilíbrio, nunca os perca de vista; [...] quando se deitar, não terá medo, e o seu sono será tranquilo".[9] Por vezes, Jesus negou a si mesmo sono e comida por razões especiais, mas não há evidências de que ele tenha feito disso uma regra. Há, pelo contrário, muitas evidências de que ele reconhecia a importância de respeitar as necessidades físicas de sono e alimentação adequados. Quando encorajamos pessoas a se revestirem do Senhor Jesus Cristo, precisamos ajudá-las a serem responsáveis quanto à alimentação, exercícios, descanso e sono. Pessoas que são desleixadas em relação às suas necessidades físicas não estão apenas desobedecendo a Deus, estão se colocando também numa posição desnecessária de exposição à tentação.

Serviço a outros. Jesus ensinou que, quando servimos a outros, servimos a ele (veja Mateus 25:40), e que o serviço altruísta é essencial a relacionamentos pessoais (20:20-28). Nosso Senhor Jesus Cristo, que não veio para ser servido, mas para servir, exorta-nos a seguir seu exemplo.[10] Além disso, sua Palavra nos diz que ele nos deu dons espirituais (habilidades concedidas divinamente para o ministério na Igreja), e que esses dons devem ser usados para o benefício de outros cristãos.[11] Revestir-se do Senhor Jesus Cristo inclui seguir o exemplo de Cristo de tornar-se servo de outras pessoas. Envolve aceitar o ensinamento da Bíblia sobre dons espirituais e descobrir, desenvolver e aplicar esses dons no serviço a outros. Assim o aspecto de implementação/integração do nosso aconselhamento deve incluir alguma discussão sobre os dons espirituais de cada aconselhado e um plano prático para usá-los no corpo de Cristo.

Uso sábio do tempo. Efésios 5:16 ordena que devemos aproveitar ao máximo o nosso tempo, pois os dias são maus. Em outras palavras, nosso tempo é valioso e pode ser desperdiçado ou usado com sabedoria; pode ser usado para propósitos construtivos ou destrutivos, de modo santo ou ímpio. Pode ser investido para trazer honra ou desonra a Deus, para edificar ou destruir vidas. Muitas pessoas têm posturas desleixadas em relação ao uso do tempo, mas isso não se aplica ao Senhor Jesus Cristo. Sobre seu uso do tempo, assim como sobre todos os outros aspectos de sua vida, ele pôde dizer: "Sempre faço as coisas que agradam ao Pai".[12] Revestir-se do Senhor Jesus Cristo significa seguir seu exemplo no uso construtivo do tempo. Precisamos ajudar o aconselhado a desenvolver uma agenda não só para que ele tenha tempo para as coisas importantes, mas também para que não tenha tempo para atividades pecaminosas.[13]

Todas essas sugestões podem ser adaptadas a situações específicas e aplicadas com eficácia no aconselhamento. Um conselheiro pode, por exemplo, pedir que uma esposa anote maneiras específicas de como respeitar e amar seu marido. Depois, ela relatará cada semana ao conselheiro, dizendo o que ela fez e quais foram os resultados. Sem um plano, ela pode não fazer essas coisas, ou não ficar atenta aos efeitos sobre o relacionamento e as bênçãos que isso traz.

Prepare-se para a tentação

O planejamento envolve também a decisão de como lidar com a tentação antes de ela aparecer. Provérbios 22:3 diz: "O prudente percebe o perigo e busca refúgio; o inexperiente segue adiante e sofre as consequências". É mais fácil lidar com a tentação se decidirmos de antemão como reagiremos a ela.

Uma mulher cujo marido era abusivo e tinha um temperamento violento veio se aconselhar comigo. Em nossa sessão de planejamento, pedi que ela refletisse sobre as situações de tentação que enfrentava e que planejasse uma reação bíblica para cada uma delas. Ela anotou mais de uma dúzia de situações que poderiam ser difíceis. Entre outras coisas, mencionou a situação em que seu marido gritava com ela por ter feito algo de que ele não gostava (quando, por exemplo, ela gastava dinheiro com algo não previsto no orçamento), quando ele a criticava por sua forma de tratar as crianças, quando ele se irritava por ela ter guardado algo num lugar em que ele não conseguia encontrar e quando ele fazia comentários pejorativos sobre sua comida. Então pedi que ela desenvolvesse e documentasse um plano bíblico, descrevendo como Deus queria que ela reagisse em cada uma dessas situações. Esse tipo de planejamento adiantado e detalhado pode ajudar o aconselhado a resistir à tentação.

Um plano para uma reação bíblica à tentação pode incluir os seguintes itens: 1) reconhecer nas primeiras fases da tentação que você está sendo tentado; 2) pedir a ajuda imediata de Deus para resistir;[14] 3) se possível, afastar-se imediatamente da fonte de tentação; 4) identificar o desejo não bíblico que seria satisfeito se a tentação fosse aceita;[15] 5) citar uma passagem bíblica apropriada e meditar sobre ela;[16] 6) refletir sobre o propósito da morte de Cristo;[17] 7) assumir um compromisso mental e verbal de fazer coisas santas; 8) ocupar-se com uma atividade santa; 9) ligar para um amigo cristão e pedir ajuda; 10) repetir os aspectos-chave desse plano contra a tentação até o poder da tentação se dissipar.

A fase de planejamento do processo de implementação deveria incluir também estratégias para lidar com fracassos. Já que a mudança costuma ser um processo, e não um evento, muitas vezes as pessoas sofrem um revés em seus esforços de se tornar mais santas. No entanto, isso costuma pegar as pessoas de surpresa e, pelo fato de terem vindo para o aconselhamento com expectativas irreais (que o progresso será rápido, fácil e contínuo), elas se desencorajam pelas lutas e pelos fracassos. Quando isso acontece, tendem a pensar que não houve qualquer progresso, que o aconselhamento é inútil e que não podem e jamais conseguirão mudar.

A essa altura, para o sucesso do aconselhamento, é vital desenvolver um plano de recuperação (um plano de como lidar com o fracasso). O aconselhado precisa saber que, apesar de o fracasso ser sério e não ter sido inevitável, isso de forma alguma significa que ele chegou ao fim da linha. Pode haver lapsos, mas o lapso (um fracasso, uma derrota ou um revés temporário) não precisa se transformar em recaída (em derrota total, um retorno completo à iniquidade antiga, uma dominação total por padrões pecaminosos). O povo de Deus pode cair, mas, pela graça e pelo poder de Deus, ele pode e vai se levantar, aprender com a experiência, seguir em frente e triunfar sobre os padrões pecaminosos da vida.[18] A recuperação após o fracasso e a transformação em direção a uma libertação do pecado que reside em nós são possíveis se desenvolvermos e seguirmos estratégias bíblicas para lidar com lapsos.

Um plano de recuperação pode incluir os seguintes passos: 1) chame desejos, pensamentos, sentimentos e ações não bíblicas de "pecado", como Deus o faz também; 2) assuma plena responsabilidade pelo pecado; 3) confesse o pecado a Deus e a todos que foram prejudicados por ele;[19] 4) peça a ajuda de Deus para não pecar de novo; 5) lembre-se daquilo que Cristo fez e está fazendo por você; 6) reflita sobre os recursos disponíveis àqueles que creem em Cristo; 7) medite sobre as promessas de Deus de perdoar e libertar do poder do pecado; 8) faça uma avaliação precisa das mudanças que já ocorreram e do progresso feito; 9) aprenda com o fracasso examinando o que você fez que não deveria ter feito e o que não fez que deveria ter feito; 10) faça restituições, caso sejam necessárias; 11) decida deixar o passado para trás de forma bíblica e retome seus esforços de mudar de maneira santa.[20]

O planejamento é o primeiro passo necessário da implementação. Ao determinar como ele lidará com sucesso e fracasso, nosso aconselhado aumentará em muito suas chances de obter uma mudança bíblica.

Colocando a mudança bíblica em prática

O planejamento é um primeiro passo importante para efetivar a mudança bíblica, mas o planejamento sozinho não conseguirá fazer nada. Para que um plano seja eficiente, ele precisa ser aplicado. Uma chave para fazer isso consiste em entender a importância dos hábitos.

Hábitos são modos de viver adquiridos. Um hábito é criado quando algo é feito repetidas vezes e se torna padrão. Hábitos podem ser atos, posturas ou padrões de pensamento tão inculcados, que se tornaram uma segunda natureza. Hebreus 5:14, por exemplo, fala sobre pessoas que, "pelo exercício constante, tornaram-se aptos para discernir tanto o bem quanto o mal". E 2Pedro 2:14 diz que os mestres falsos têm um "coração exercitado na ganância".

Como indica esse primeiro versículo, hábitos não são necessariamente ruins. Na verdade, são uma dádiva de Deus, pois sem hábitos teríamos que reaprender tudo constantemente. Passamos, por exemplo, por um longo processo quando aprendemos a andar, mas, uma vez que sabemos andar, o andar se torna algo tão habitual que nem pensamos mais sobre isso quando o fazemos. De forma semelhante, raramente precisamos pensar no que fazer quando nos levantamos de manhã, nos vestimos e nos preparamos para o dia. Essas coisas se transformaram em hábitos que não exigem mais muita reflexão. Se tivéssemos que repensar cada passo de manhã, não sairíamos do quarto antes do meio-dia!

Precisamos lembrar também que hábitos podem ser apreendidos e perdidos. 1Coríntios 6:9-11 descreve pessoas cuja vida era caracterizada por adultério, imoralidade, homossexualidade, roubo, ganância, embriaguez e difamação. Paulo disse a esses coríntios: "Assim foram alguns de vocês. Mas vocês foram lavados, foram santificados, foram justificados no nome do Senhor Jesus Cristo e no Espírito de nosso Deus" (v. 11). Esses hábitos pecaminosos haviam definido sua vida como infiéis, mas eles mudaram. Nossos aconselhados também podem mudar padrões de pensamento, posturas, práticas ou reações se estiverem dispostos. Por meio da prática consistente, hábitos não bíblicos podem ser perdidos, e hábitos bíblicos podem ser aprendidos ou fortalecidos.

Paulo escreveu: "Aprendi a adaptar-me a toda e qualquer circunstância" (Filipenses 4:11). Essa adaptação não era um dom natural de Paulo. Anteriormente, ele escrevera que a lei o condenará por cobiça (Romanos 7:7-8), que é uma expressão de insatisfação. Mas, mais tarde, esse homem foi capaz de proclamar: "Aprendi a contentar-me". Nós também precisamos aprender isso. Ou nós nos treinamos para ser contentes, como Paulo o fez, ou nós nos treinamos para ser insatisfeitos.

Podemos ajudar nosso aconselhado a evitar frustração e desencorajamento ajudando-lhe a compreender que a mudança é um processo gradual que exige prática. E podemos ajudar-lhe dando-lhe deveres de casa que facilitam a prática: não só deveres de casa que ensinam princípios, mas tarefas de casa que exigem a aplicação desses princípios.

Na Palavra de Deus, o aprendizado nunca é apenas um exercício acadêmico, mas sempre depende de reações práticas na vida da pessoa. O salmista disse: "Foi bom para mim ter sido castigado, para que aprendesse os teus decretos" (Salmos 119:71). Apesar de entender os decretos de Deus intelectualmente, ele teve que aprendê-los praticamente por meio da aflição. O verdadeiro aprendizado bíblico sempre ocorre por meio da obediência. Por isso, o conselheiro bíblico precisa ajudar as pessoas a praticar os princípios bíblicos para a vida.

A seguinte tarefa, que dei à mulher com o marido abusivo, é um exemplo de uma tarefa que facilita a prática. Pedi que ela relesse seus planos assim que acordasse de manhã. Isso a lembrou de como ela pensava em lidar com situações específicas. Ela também passava uns 15 minutos em oração, pedindo que Deus lhe ajudasse a pôr em prática os seus planos. Todos os dias, ao meio-dia, ela relia seus planos e seu diário para ver em que ela havia sido bem-sucedida ou em que havia falhado. Então agradecia a Deus pelos sucessos e pedia sua ajuda para a tarde. Quando falhava, pedia que Deus lhe perdoasse e lhe ajudasse a mudar naquela área. No início da noite, fazia uma retrospectiva dos eventos da tarde e fazia o mesmo para a noite, antes de dormir. Ela repetiu esse padrão todos os dias e registrava tudo em seu diário para discuti-lo nas sessões de aconselhamento no fim da semana.

Tarefas específicas como essas ajudam o aconselhado a praticar as verdades bíblicas que ele está aprendendo. Jamais devemos permitir que o aconselhado assuma um compromisso apenas mental ou verbal; devemos lhe dar a oportunidade de viver esse compromisso e de fazer mudanças concretas em sua vida. À medida que fizer isso ao longo do tempo, criará novos hábitos que substituirão os antigos.[21]

PERSEVERANDO NA MUDANÇA BÍBLICA

O terceiro aspecto da implementação é a perseverança. Como disse o autor de Hebreus, nossos aconselhados "precisam perseverar" (10:36), porque a mudança bíblica após a salvação é um processo; raramente é um evento instantâneo. Paulo diz em 2Coríntios 3:18: "Todos nós [...] estamos sendo transformados com glória cada vez maior". Em outro lugar, Paulo escreve que o cristão "está sendo renovado em conhecimento, à imagem do seu Criador" (Colossenses 3:10). Algumas pessoas aprendem e mudam mais rápido do que outras, mas cada uma precisa de tempo para adquirir hábitos novos. O conselheiro precisa estar ciente disso e encorajar o aconselhado a perseverar enquanto estiver envolvido no processo de mudança.

A mudança bíblica exige também prática diária. Segundo Jesus, precisamos negar a nós mesmos, tomar sobre nós a nossa cruz e segui-lo diariamente.[22] A prática de ontem não serve para hoje. Cada dia é, em certo sentido, um novo dia em nosso relacionamento com Cristo e no processo de assemelhar-nos à sua imagem. Deixar-se levar ou confiar em sucessos e vitórias do passado não é um luxo ao qual os cristãos podem se dar.

O puritano Thomas Boston escreveu: "O pecado está amarrado ao nosso coração por natureza, com algemas de ferro e de aço. A graça da conversão as solta na raiz, mas elas precisam ser soltas cada vez mais, por meio da prática diária da mortificação. 'Pois se vocês viverem de acordo com a carne, morrerão; mas, se pelo Espírito fizerem morrer os atos do corpo, viverão'" (Romanos 8:13).[23]

Um atleta pode estar na melhor forma física de sua vida, mas, se ele parar de treinar, rapidamente perderá todos os benefícios de seus exercícios. O mesmo vale para o âmbito espiritual. Se o aconselhado não perseverar na prática diária da santidade, rapidamente voltará ao ponto de partida. 2Pedro 2:20-22 adverte que aqueles que voltarem para o pecado estarão numa posição pior do que aquela em que estiveram no início. Algumas pessoas começam bem, e seu movimento em direção a uma vida santa lhes fornece alguma liberdade de sua dor. Mas muitas vezes aquela dor servia como motivador primário; por isso, quando a dor é aliviada, elas param de praticar o bem, e rapidamente voltam a se encontrar na mesma confusão em que estavam antes. Dessa vez, porém, podem sentir-se sem esperança e acreditar que o conselho que receberam e o compromisso que assumiram não funcionaram.

Em muitos casos assim, o problema é causado não pelo conselho ou pelo compromisso, mas pela falta de perseverança. É por isso que o conselheiro bíblico precisa ressaltar que mudança exige prática diária. O apóstolo Paulo reforçou essa verdade quando escreveu aos coríntios: "*Todos os dias* enfrento a morte" (1Coríntios 15:31; grifo meu). Ao explicar o significado desse versículo, Thomas Boston escreveu:

> Devemos nos acostumar a morrer e frequentemente exercitar-nos na morte. [...] Pergunte a si mesmo o que você faria se estivesse prestes a expirar; e faça o mesmo agora. Um cristão deveria fazer seu testamento com frequência. Quando cumprir uma tarefa, faça-a como se fosse a última coisa que está fazendo na terra. Quando acordar de manhã, aja como se o túmulo fosse sua próxima cama; quando se deitar à noite, aja como se nunca mais fosse acordar.[24]

Quando uma mudança significativa ocorre na vida de um aconselhado, eu costumo aumentar os intervalos entre as sessões de aconselhamento. Isso me permite monitorar o progresso do aconselhado e, ao mesmo tempo, diminui sua dependência do conselheiro. Desenvolve também a iniciativa e responsabilidade do aconselhado, e encoraja a continuação da implementação. Em vez de me encontrar com o aconselhado semanalmente, passo a vê-lo a cada duas semanas; se ele mostrar bons resultados com esse ritmo, marco uma sessão final em quatro ou seis semanas. Nessa sessão, fazemos uma revisão daquilo que aconteceu em sua vida, principalmente em referência aos seus problemas originais. Peço então que cite cenários específicos em que fez progresso desde o início do aconselhamento.[25] Então usamos essa lista como oportunidade de destacar a importância da perseverança e a necessidade de continuar a desenvolver padrões santos em áreas específicas de sua vida. Eu lhe digo claramente que, se ele parar de aplicar os princípios bíblicos que discutimos, voltará à fase inicial, ou pior.[26] Se eu vir claramente que ele continua a implementar os princípios bíblicos e as estratégias apresentadas ao longo do aconselhamento, encerramos formalmente o aconselhamento, com louvores a Deus pelas mudanças ocorridas e com um encorajamento para perseverar.

Conclusão

Estabelecer um envolvimento com o aconselhado; inspirá-lo a ter esperança bíblica; fazer um inventário minucioso; fazer uma interpretação confiável e bíblica do aconselhado e de seus problemas; instruí-lo de forma adequada e bíblica; e induzi-lo a um compromisso com a obediência bíblica: cada uma dessas dimensões é vital no aconselhamento bíblico. No entanto, o conselheiro bíblico sabe que cumprir esses elementos com habilidade e fidelidade não é tudo que o aconselhamento bíblico representa. Sabe que cada um deles funciona como meio para um fim.

E qual é o fim? É o objetivo último apresentado no início deste capítulo. O conselheiro bíblico deseja promover a *mudança bíblica como estilo de vida*; quer incentivar a implementação e a integração de princípios bíblicos na vida da pessoa, para que ela se torne consistentemente *centrada em Cristo e semelhante a Cristo em cada área da vida, incluindo seus desejos, pensamentos, posturas, sentimentos e condutas.*

É isso que aconselhamento bíblico significa. O aconselhamento bíblico não pretende primariamente fazer as pessoas felizes, ou bem-sucedidas, ou realizadas. Seu objetivo não é principalmente eliminar angústia emocional, dor e sofrimento que as pessoas experimentam. É claro que o conselheiro se preocupa com essas coisas, e é fato que todas essas coisas desejáveis e muitas outras acontecerão no sentido mais pleno ao longo do aconselhamento bíblico. No entanto, essas coisas não são a preocupação principal do conselheiro bíblico; são antes produtos colaterais da realização do verdadeiro propósito do aconselhamento bíblico, que é promover a santidade e a vida bíblica como estilo de vida, e assim ajudar as pessoas a serem transformadas na imagem de Cristo em cada aspecto de suas vidas.

Quarta parte

O ministério do aconselhamento bíblico

15

Pregação e aconselhamento bíblico

John MacArthur

A ascensão da psicoterapia e o declínio do aconselhamento bíblico na Igreja vieram acompanhados de um declínio na pregação bíblica. A epidemia da psicologia começou infectando os púlpitos evangélicos vários anos atrás, e seus efeitos sobre a pregação têm sido desastrosos.

Em muitas igrejas evangélicas, os sermões já não contêm mais qualquer exposição das Escrituras. O conteúdo bíblico foi substituído por ilustrações, histórias, alegorias e discursos psicológicos. Temas como relacionamentos humanos, depressão e comportamento são tratados sob um ponto de vista psicológico, e não bíblico. As noções psicológicas, como amor-próprio e autoestima, conseguiram banir do púlpito até conceitos como arrependimento e pecaminosidade humana.

Alguns pregadores veem a psicoterapia com um respeito que chega a se aproximar de reverência. As autoridades que citam não são as Escrituras, mas psicólogos famosos e especialistas em comportamento. A psicologia sitiou o púlpito, e a pregação bíblica se encontra em declínio sério.

Isso desencadeou uma série de eventos que apenas perpetuam os problemas que levam as pessoas à terapia. Ao não oferecerem respostas bíblicas aos problemas das pessoas, muitos pregadores passam para elas a ideia de que as Escrituras não oferecem respostas aos problemas que as atormentam. Assim, ao oferecerem psicologia como substituto, os pregadores alimentam o equívoco amplamente propagado de que as respostas da psicologia são mais confiáveis, mais úteis e mais sofisticadas do que o aconselhamento "meramente" bíblico.

A resposta a esse pensamento é uma ênfase renovada na suficiência da Bíblia, a começar pelo púlpito. As Escrituras oferecem ajuda suficiente para todas as necessidades mais profundas do coração humano. Quando o pregador confia nessa verdade, o ministério de aconselhamento inevitavelmente refletirá a mesma fé na suficiência da Bíblia. E, quando a Palavra de Deus é pregada com convicção, ela começa a falar sobre os problemas em razão dos quais as pessoas procuram aconselhamento. A Palavra de Deus *sempre* cumpre seus propósitos: "Assim também ocorre com a palavra que sai da minha boca: Ela não voltará para mim vazia, mas fará o que desejo e atingirá o propósito para o qual a enviei"

(Isaías 55:11). "Pois a palavra de Deus é viva e eficaz, e mais afiada que qualquer espada de dois gumes; ela penetra até o ponto de dividir alma e espírito, juntas e medulas, e julga os pensamentos e intenções do coração" (Hebreus 4:12).

Nossa suficiência vem de Deus

Já que a própria Bíblia alega ser um recurso suficiente para satisfazer as necessidades emocionais e espirituais, afirmo que aqueles que declaram o contrário se encontram em erro sério. Já que a Palavra de Deus ensina que todos os cristãos têm abundantes meios espirituais para a vitória genuína, não deveria estar claro que a psicologia moderna não oferece qualquer benefício espiritual que falte à Igreja?

2Coríntios 3:5 resume a questão da nossa suficiência espiritual: "Não que possamos reivindicar qualquer coisa com base em nossos próprios méritos, mas *a nossa capacidade vem de Deus*" (grifo meu). A versão Almeida Atualizada afirma: "a nossa suficiência vem de Deus".

Ao desdobrar essa grande verdade mais adiante na mesma epístola, Paulo escreve: "E Deus é poderoso para fazer que lhes seja acrescentada toda a graça, para que em todas as coisas, em todo o tempo, tendo tudo o que é necessário, vocês transbordem em toda boa obra" (2Coríntios 9:8). Os "todos" e "tudos" nesse versículo ressaltam sua abrangência total. Em outras palavras, não há nada em que não sejamos suficientes por meio da provisão da graça de Deus. Se Deus quiser se glorificar por meio de nós, ele precisa providenciar todos os recursos necessários.

E é o que ele faz. Pedro escreve: "Seu divino poder nos deu *tudo de que necessitamos para a vida e para a piedade*, por meio do pleno conhecimento daquele que nos chamou para a sua própria glória e virtude" (2Pedro 1:3, grifo meu).

As Escrituras nos advertem claramente que não devemos recorrer a nada além dos recursos que Deus providenciou de forma tão abundante. Paulo advertiu os colossenses: "Tenham cuidado para que ninguém os escravize a filosofias vãs e enganosas, que se fundamentam nas tradições humanas e nos princípios elementares deste mundo, e não em Cristo. Pois em Cristo habita corporalmente toda a plenitude da divindade, e, por estarem nele, que é o Cabeça de todo poder e autoridade, vocês receberam a plenitude" (Colossenses 2:8-10). Em outra epístola, acrescenta: "Aquele que não poupou a seu próprio Filho, mas o entregou por todos nós, como não nos dará juntamente com ele, e de graça, todas as coisas?" (Romanos 8:32). De que mais o cristão precisa? Certamente não a filosofia e a enganação vazia de um sistema espiritualmente destituído como o comportamentalismo.

Os recursos que pertencem a cada cristão incluem muitos benefícios espirituais: o fruto do Espírito, a comunhão com outros cristãos, a certeza da esperança e a vida eterna e abundante que Jesus prometeu (João 10:10). Mas todas essas realidades foram descritas e fornecidas por meio da Palavra de Deus. Por isso, a suficiência da Bíblia é o grande tema abrangente que cada pregador precisa entender.

A Palavra de Deus é viva e poderosa

Jesus orou por seus discípulos: "Santifica-os na verdade; a tua palavra é a verdade" (João 17:17). Essa é uma declaração clara e abrangente de que a santificação em seu sentido mais pleno é realizada pela Palavra de Deus.

Paulo escreveu que o Espírito de Deus revelou a verdade de Deus não nas palavras ensinadas pela sabedoria humana, mas nas palavras ensinadas pelo Espírito Santo (1Coríntios 2:13). Visto que temos a Palavra de Deus por meio do Espírito Santo, podemos julgar e avaliar *todas as coisas* (v. 15). Por quê? Porque recebemos a mente de Cristo por meio das Escrituras e do Espírito (v. 16).

Em Marcos 12:24, Jesus afirma que conhecer as Escrituras significa experimentar o poder de Deus. Como observamos acima, a Palavra de Deus é viva e poderosa. Ela revela a parte mais íntima da alma da pessoa, "ela penetra até o ponto de dividir alma e espírito, juntas e medulas, e julga os pensamentos e intenções do coração" (Hebreus 4:12). As Escrituras penetram a profundeza do ser a fim de que "tudo [esteja] descoberto e exposto" (v. 13). Em outras palavras, a Palavra consegue fazer o que nenhuma psicoterapia é capaz: ela abre a alma.

João acrescentou: "Quanto a vocês, a unção que receberam dele permanece em vocês, e não precisam que alguém os ensine; mas, como a unção dele recebida, que é verdadeira e não falsa, os ensina acerca de todas as coisas, permaneçam nele como ele os ensinou" (1João 2:27). Isso não significa que não precisamos de pastores ou professores bíblicos; Deus os forneceu graciosamente para a edificação da Igreja (Efésios 4:11-12). O apóstolo João estava falando sobre mestres da sabedoria humana. Nós que temos o Espírito Santo dentro de nós temos a capacidade de compreender a verdade eterna (1Coríntios 2:15-16). Quando se trata da verdade espiritual, não precisamos de instrução humana.

A lei do Senhor é perfeita

Nenhuma passagem em todo o Antigo Testamento trata da suficiência bíblica de forma tão sucinta quanto o salmo 19. (O salmo 119 trata do assunto com maior profundeza, mas analisá-lo em detalhes aqui exigiria mais espaço do que esse curto capítulo oferece.) Em Salmos 19:7-14, temos uma declaração breve e potente sobre a plena suficiência da Palavra de Deus. A meu ver, essa passagem é definitiva ao demonstrar por que a psicologia é incompatível com o aconselhamento bíblico.

O tema do salmo é a revelação de Deus. Os seis primeiros versículos lidam com a *revelação natural*, ou seja, com a revelação de Deus por meio da criação (descrita também em Romanos 1). Os versículos 7 a 9 descrevem a *revelação especial* de Deus, ou seja, a revelação de Deus por meio de sua Palavra. São estes os versículos que queremos contemplar com maior cuidado:

- A lei do Senhor é perfeita, e revigora a alma.

- Os testemunhos do SENHOR são dignos de confiança, e tornam sábios os inexperientes.
- Os preceitos do SENHOR são justos, e dão alegria ao coração.
- Os mandamentos do SENHOR são límpidos, e trazem luz aos olhos.
- O temor do SENHOR é puro, e dura para sempre.
- As ordenanças do SENHOR são verdadeiras, são todas elas justas.

Em primeiro lugar, precisamos observar a estrutura da passagem:

- Há seis declarações. Cada uma contém três elementos.
- As Escrituras recebem seis títulos. Elas são chamadas de *lei* e *testemunhos* no versículo 7; de *preceitos* e *mandamentos* no versículo 8; e de *temor* e *ordenanças* no versículo 9. Todos são títulos para as Escrituras.
- Há seis características das Escrituras; novamente duas em cada versículo. Elas são *perfeitas, dignas de confiança, justas, límpidas, puras* e *verdadeiras.*
- As Escrituras oferecem seis benefícios. *Revigoram a alma, tornam os sábios inexperientes, dão alegria ao coração, trazem luz aos olhos, duram para sempre* e *são todas elas justas.*
- O nome da aliança — YHVH — ocorre seis vezes, traduzido aqui com a expressão "do Senhor". Assim, a passagem nos lembra seis vezes, em seis afirmações sobre a Palavra de Deus, que a fonte da revelação especial é Deus.

Esses versículos demonstram a abrangência total da suficiência bíblica; são o testemunho de Deus da adequabilidade total de sua Palavra para todas as necessidades espirituais. Enquanto analisamos cada uma dessas seis declarações, observe quão abrangente é a reivindicação que Deus faz sobre a suficiência plena de sua Palavra para satisfazer cada necessidade espiritual.

A lei do SENHOR é perfeita, e revigora a alma. O primeiro título para as Escrituras nesses versículos é "lei", ou *torah*, uma das palavras bíblicas favoritas para fazer referência às Escrituras. A palavra identifica as Escrituras como instrução divina. Refere-se ao fato de que as Escrituras são Deus ensinando a verdade à humanidade. Tem em vista a instrução divina referente à crença, ao caráter e à conduta. Retrata as Escrituras como manual completo que expõe a lei de Deus para a nossa vida. Em outras palavras, a Bíblia é a lei de Deus para a vida humana. Como tal, ela é perfeita. Aqui, o salmista contrasta as Escrituras com raciocínios e instruções imperfeitos da humanidade.

Certa vez, passei uma tarde estudando em meus léxicos a palavra hebraica traduzida como "perfeita", seguindo-a por todo o Antigo Testamento para tentar obter um melhor sentido de seu significado. Após várias horas, cheguei à conclusão de que o significado dessa palavra é "perfeito". Fala da perfeição em cada sentido da palavra — não apenas como algo que é perfeito em relação ao imperfeito, mas também como algo que é perfeito em oposição a incompleto. A palavra poderia ser traduzida corretamente também como "abrangente". Fala de algo tão completo, que abarca todos os aspectos de uma questão. Em outras palavras, não há nada que falte à Palavra de Deus. Ela é sem mácula, é abrangente e completamente suficiente.

A lei do Senhor — essa divina instrução completamente abrangente - tem o efeito de restaurar, converter, reavivar e refrescar a alma. Tudo isso poderia ser uma tradução adequada da palavra hebraica "perfeita". "Alma" é a palavra hebraica *nephesh*, um substantivo hebraico que todo estudante do Antigo Testamento conhece. *Nephesh* é traduzido por, pelo menos, 21 palavras ao longo do Antigo Testamento: "vida", "pessoa", "si mesmo", "coração" são alguns exemplos. Refere-se à pessoa interior.

Este, então, é o sentido desse primeiro versículo: As Escrituras, que são as instruções divinas, são tão abrangentes que são capazes de transformar totalmente a pessoa interior. Essa pretensão é monumental. Significa que as Escrituras são totalmente suficientes para conversão, transformação, restauração, nascimento e crescimento espiritual para a perfeição. A declaração é feita sem qualquer equívoco e sem qualquer ressalva.

Os testemunhos do Senhor são dignos de confiança, e tornam sábios os inexperientes. A palavra "testemunhos" nesse versículo fala das Escrituras como testemunho divino. É o testemunho que Deus dá de si mesmo, seu testemunho pessoal sobre quem ele é. E é um testemunho "digno de confiança", ou seja, é inerrante, confiável, inabalável. As Escrituras são mais dignas de confiança do que qualquer outra coisa. Fornecem um fundamento que não se abala e sobre o qual todas as pessoas podem construir uma vida e um destino eterno sem hesitação. E essa Palavra segura, esse testemunho confiável de Deus sobre ele mesmo torna os sábios inexperientes.

A palavra hebraica traduzida como "inexperiente" nesse versículo provém de uma raiz que descreve uma porta aberta. Os santos do Antigo Testamento viam uma pessoa de mente simples como tendo uma porta aberta no intelecto. Você alguma vez já ouviu alguém dizer: "Tenho uma mente aberta"? Um judeu do Antigo Testamento diria: "Feche-a". Em seu modo de pensar, uma pessoa simplista era alguém que literalmente tinha uma mente aberta — incapaz de manter qualquer coisa dentro ou fora dela. O mesmo termo hebraico é usado muitas vezes em Provérbios para identificar a pessoa ingênua, o tolo que não discerne, que não diferencia, o inexperiente e ignorante. Segundo o salmista, as Escrituras — o testemunho seguro, confiável e inabalável de Deus sobre si mesmo — vêm para a pessoa simples e a tornam sábia.

Observe cuidadosamente que a sabedoria mencionada aqui não se refere a dados intelectuais que devem ser arquivados no cérebro. O conceito hebraico de sabedoria tem mais a ver com o modo de vida. No Antigo Testamento, a sabedoria é definida como capacidade de fazer escolhas certas na conduta diária ou de viver na terra com uma compreensão celestial. A palavra *sábio* significa "hábil em todos os aspectos da vida santa". O maior tolo de todos é aquele que conhece a verdade, mas não vive de acordo com ela.

Assim, essa declaração significa que as Escrituras são tão seguras e confiáveis e inabaláveis, que elas transformam a pessoa simples e ignorante em uma pessoa hábil em todos os aspectos da vida santa. Nisso reside o poder santificador da Palavra.

Os preceitos do Senhor são justos, e dão alegria ao coração. Essa terceira afirmação sobre as Escrituras fala da Palavra de Deus como coletânea de princípios divinos. Em outras palavras, a Palavra de Deus é um conjunto divino de diretrizes para a vida. E esses princípios são *justos.* O sentido da palavra hebraica aqui é que os preceitos de Deus apontam um caminho correto. Não somos largados para vaguear por aí na neblina da opinião humana. Temos uma Palavra verdadeira que aponta um caminho verdadeiro que pode ser seguido. E qual é o resultado disso? "A alegria do coração." A vida da alegria verdadeira é resultado de viver segundo os princípios divinos. As pessoas que seguem o caminho do mundo, longe da Palavra, não encontram alegria, que pode ser encontrada plenamente por aqueles que seguem o caminho apontado pelas Escrituras.

Então, o que essa frase está dizendo é que a Palavra de Deus expõe os princípios corretos que estabelecem um caminho seguro que leva para a plenitude da alegria.Você pode ver como essas descrições das Escrituras começam a se encaixar, respondendo a cada necessidade do coração humano.

Os mandamentos do Senhor são límpidos, e trazem luz aos olhos. A palavra "mandamentos" nessa expressão representa as Escrituras como ordem divina. Isso significa: a Palavra de Deus é normativa, obrigatória, não é opcional. A Bíblia não é um livro de sugestões de Deus. Contém ordens divinas que não são negociáveis. Essas ordens são, segundo o salmista, "límpidas", o que significa: "claras". Os mandamentos divinos são lúcidos, fáceis de reconhecer, e eles oferecem uma direção clara. O fato é que as Escrituras iluminam nossos olhos para as coisas sombrias da vida.

Cristãos recém-convertidos, que viveram muitos anos nas trevas, entendem a importância dessa afirmação. Você deve ter percebido que, quando cristãos recém-convertidos falam sobre as mudanças ocorridas em sua vida, eles costumam destacar essa verdade. Quando uma pessoa nasce de novo, muitas coisas obscuras se tornam claras. É assim porque a Palavra de Deus ilumina os olhos. Muitas coisas se tornam claras. O que estava confuso na vida se torna compreensível.

E assim a Palavra de Deus é suficiente para a salvação, para a transformação total da pessoa interior, a fonte de habilidades em todas as questões da vida santa, o caminho para a alegria e a fonte de uma compreensão clara.

O temor do Senhor é puro, e dura para sempre. O substantivo usado aqui é *temor*, mas, por causa do paralelismo, sabemos que se refere às Escrituras. Por que as Escrituras são descritas como temor? Porque a Bíblia é o manual para a adoração. Ela nos ensina a temer a Deus, a venerá-lo. Visto que a inclinação da alma humana é adorar, precisamos de instruções sobre quem devemos adorar e como adorar corretamente.

Como manual para a adoração, a Bíblia é "límpida", isto é, sem mal, sem corrupção e sem erro. A palavra hebraica é *tahor*, que significa "sem impurezas, máculas, manchas ou imperfeições". O salmista estava dizendo que as Escrituras não foram afetadas pelo pecado. Um versículo paralelo é Salmos 12:6: "As palavras do SENHOR são puras, são como prata purificada num forno, sete vezes refinada". Não há impurezas nelas. Elas são consagradas; são santas. Estão separadas do pecado.

O ponto central é que a Palavra de Deus nos levará para a pureza. Jamais você encontrará nas Escrituras uma representação errada de Deus, do homem, de Satanás, de anjos ou de demônios. Jamais encontrará nelas qualquer afirmação equivocada sobre o que é certo ou errado. Tudo nelas é perfeitamente puro e límpido. Temos nelas um perfeito recurso.

E observe que esse "temor do SENHOR" dura para sempre. É permanente e eternamente relevante. Não precisa ser atualizado. Não precisa ser revisado. Não precisa ser polido ou refinado. Qualquer pessoa em qualquer período da história, em qualquer cultura, em qualquer clima descobrirá que a Bíblia é perfeitamente aplicável. Os mesmos princípios básicos da Palavra de Deus se aplicam igualmente a uma miríade de pessoas e a situações diferentes com o mesmo efeito poderoso.

As ordenanças do SENHOR são verdadeiras, são todas elas justas. A palavra *ordenanças* vê as Escrituras como vereditos divinos. Essa expressão apresenta Deus como juiz de toda a Terra e, as Escrituras, como o pronunciamento do tribunal divino. Essas ordenanças são, segundo o salmista, verdadeiras. Existe uma abundância de significados importantes nesse simples adjetivo.

Onde encontramos salvação? Onde encontramos as habilidades para viver o dia a dia? Onde encontramos alegria em todas as tribulações da vida? Onde encontramos luz para iluminar o que está escondido na alma? Onde encontramos o recurso permanente que nunca muda? Onde encontramos verdade?

Existe apenas uma resposta: na Palavra de Deus, na Bíblia. Em nenhum outro lugar encontramos aquilo que realmente consegue transformar toda a pessoa, torná-la sábia, trazer-lhe alegria, iluminar seus olhos, ser eternamente relevante e produzir justiça abrangente.

Não é nenhuma surpresa que o versículo 10 diga o que diz. "São mais desejáveis do que o ouro, do que muito ouro puro; são mais doces do que o mel, do que as gotas do favo". Existe algo tão doce? Existe algo tão precioso? "Por elas o teu servo é advertido; há grande recompensa em obedecer-lhes. Quem pode discernir os próprios erros? Absolve-me dos que desconheço! Também guarda o teu servo dos pecados intencionais; que eles não me dominem! Então serei íntegro, inocente de grande transgressão" (vv. 11-13).

Aqui, o salmista resume tudo que Deus diz sobre sua Palavra: as Escrituras são nosso maior bem, mais preciosas do que o ouro. São o nosso maior prazer, mais doce do que mel. São a nossa maior proteção, pois nos advertem do erro. Oferecem-nos a maior promessa: uma recompensa eterna. São o nosso maior purificador, mantendo-nos longe do pecado. E assim, no versículo 14, a reação do salmista é previsível: "Que as palavras da minha boca e a meditação do meu coração sejam agradáveis a ti, SENHOR, minha Rocha e meu Resgatador!".

O salmista parece ter em mente Josué 1:8: "Não deixe de falar as palavras deste Livro da Lei e de meditar nelas de dia e de noite, para que você cumpra fielmente tudo o que nele está escrito. Só então os seus caminhos prosperarão e você será bem-sucedido". Que tipo de meditação e que tipo de palavras são aceitáveis? As Escrituras, segundo Josué 1:8, são o único recurso suficiente para garantir sucesso àquele cuja mente medita sobre sua imensa riqueza. Salmos 1:1-3 é eco do mesmo pensamento: "Como é feliz aquele que não segue o conselho dos ímpios, não imita a conduta dos pecadores, nem se assenta na roda dos zombadores! Ao contrário, sua satisfação está na lei do SENHOR, e nessa lei medita dia e noite. É como árvore plantada à beira de águas correntes: Dá fruto no tempo certo e suas folhas não murcham. Tudo o que ele faz prospera!".

PREGUE A PALAVRA

Essas passagens excluem a possibilidade de que o povo de Deus possa encontrar uma verdade espiritual essencial em qualquer outro recurso à parte da Palavra de Deus.

2Timóteo 3:16-17 resolve a questão da suficiência bíblica para o cristão. Esses versículos são, muitas vezes, vistos como uma afirmação da inspiração, e certamente são também isso. Mas observe a clareza e firmeza com que afirmam também a suficiência das Escrituras: "Toda a Escritura é inspirada por Deus e útil para o ensino, para a repreensão, para a correção e para a instrução na justiça, *para que o homem de Deus seja apto e plenamente preparado para toda boa obra*" (grifo meu).

A tarefa do pregador é proclamar a suficiência absoluta da Palavra de Deus, e nada mais. Paulo escreveu isto a Timóteo:

> Na presença de Deus e de Cristo Jesus, que há de julgar os vivos e os mortos por sua manifestação e por seu Reino, eu o exorto solenemente: *Pregue a palavra*, esteja preparado a tempo e fora de tempo, repreenda, corrija, exorte com toda a paciência e doutrina. Pois virá o tempo em que não suportarão a sã doutrina; ao contrário, sentindo coceira nos ouvidos, juntarão mestres para si mesmos, segundo os seus próprios desejos. Eles se recusarão a dar ouvidos à verdade, voltando-se para os mitos. (2Timóteo 4:1-4; grifo meu)

Observe: Paulo reconhece que nem sempre as Escrituras seriam populares. Ele reconhece prontamente que viria um tempo em que as pessoas se afastariam, sentindo coceira nos ouvidos (i.e., "querendo satisfazer suas necessidades"), buscando pregadores dispostos a fomentar desejos egoístas, oferecendo uma mensagem alternativa além da verdade bíblica. No entanto, Paulo lembra Timóteo que pregar a Palavra de Deus é o único guia confiável para o ensinamento, a repreensão, a correção e a exortação das pessoas segundo a vontade de Deus. É a única mensagem legítima a ser proclamada por qualquer pregador chamado por Deus. E, assim, Paulo solenemente encoraja Timóteo a continuar com a pregação da Palavra.

Tenho certeza absoluta de que a pregação da Palavra é o fundamento necessário sobre o qual um ministério eficaz do aconselhamento precisa ser construído. Até mesmo o aconselhamento bíblico mais forte é minado se ele vier acompanhado de uma pregação fraca ou ambígua. Por outro lado, uma pregação clara e poderosa consegue, muitas vezes, tocar os corações que resistem ao conselho sábio.

Uma pregação sem uma mensagem bíblica clara pode, por sua vez, ter nenhum ou apenas pouco efeito positivo. Os pregadores que preenchem seus sermões com psicologia, minimizando o conteúdo bíblico, terão mais pessoas lutando com deficiências emocionais e espirituais crônicas à procura de respostas nos lugares errados. Esse é precisamente o estado de grande parte da Igreja evangélica de hoje.

Acredito que a crise e a controvérsia no aconselhamento da Igreja desapareceriam rapidamente se os pregadores obedecessem a essa simples orientação do apóstolo Paulo: "Pregue a palavra". Os pregadores estariam apontando seus ouvintes para a única fonte de ajuda real para seus problemas espirituais. A confiança das pessoas na suficiência das Escrituras seria restaurada. A Palavra de Deus seria liberta para realizar seu propósito verdadeiro. E ocorreria uma revolução em toda a Igreja.

16

Os dons do Espírito e o aconselhamento bíblico

John MacArthur

Vivemos na era do especialista. O espírito de autossuficiência que capacitou nossos ancestrais pioneiros a colonizar regiões inexploradas praticamente desapareceu da nossa cultura. As pessoas procuram cada vez mais a ajuda do especialista e do profissional para que estes façam o que, antigamente, cada um fazia por conta própria. O efeito nem sempre é positivo.

A criação dos filhos, por exemplo, no passado, se baseava na sabedoria do senso comum, passada de geração para geração. Hoje em dia, porém, vários gurus especializados em criação de filhos inundam o mercado com novas e, muitas vezes, contraditórias teorias que condenam grande parte da antiga sabedoria que nos foi legada por gerações passadas. Os resultados têm sido desastrosos tanto para as famílias quanto para a sociedade.

Infelizmente a Igreja não escapou desse avanço da mentalidade especializada. Ministérios como visita aos enfermos ou evangelização dos perdidos são entregues a profissionais pagos. Hoje, acreditamos precisar de especialistas para aconselhar os líderes da Igreja sobre tudo, desde demografia, estratégias de crescimento, práticas de administração até a encenação de um show no domingo de manhã.

Em nenhuma área, porém, a veneração dos "especialistas" tem tido um impacto mais insídio do que na área do aconselhamento. Um número cada vez maior de vozes dentro da Igreja defende a noção de que o aconselhamento é uma atividade que precisa ser exercida por profissionais habilitados, principalmente por psicoterapeutas diplomados. O psicólogo O. Hobart Mowrer, apesar de não ser evangélico, observou a tendência e perguntou: "Será que a religião evangélica vendeu seu direito de nascença por um mingau psicológico?".[1] Para a nossa vergonha, a resposta é "sim" em muitos casos. É incrível que muitas igrejas que afirmam a inerrância e a suficiência das Escrituras encaminhem seus membros sofridos para "especialistas" psicológicos e psiquiátricos, para conselheiros muitas vezes não cristãos totalmente ignorantes sobre as coisas de Deus (1Coríntios 2:14).

O salmista que escreveu o salmo 1 jamais teria compreendido essa prática. Ele observou a tolice de buscar conselho em fontes ímpias. Escreveu: "Como é feliz aquele que não segue o conselho dos ímpios, não imita a conduta dos pecadores, nem se assenta na roda dos zombadores!" (Salmos 1:1). Ele entendeu claramente o que a Igreja parece ter esquecido. A felicidade verdadeira vem não de seguir as especulações fúteis da psicologia humanista, mas de viver os princípios bíblicos. Ouça sua descrição do indivíduo abençoado por Deus:

> Sua satisfação está na lei do Senhor, e nessa lei medita dia e noite. É como árvore plantada à beira de águas correntes: Dá fruto no tempo certo e suas folhas não murcham. Tudo o que ele faz prospera! (Salmos 1:2-3)

Aconselhamento: uma função de cada cristão

Efésios 4:15-16 oferece uma receita para a saúde espiritual do corpo de Cristo:

> Antes, seguindo a verdade em amor, cresçamos em tudo naquele que é a cabeça, Cristo. Dele todo o corpo, ajustado e unido pelo auxílio de todas as juntas, cresce e edifica-se a si mesmo em amor, na medida em que cada parte realiza a sua função.

Conforme os membros do corpo servem uns aos outros, falando a verdade em amor, a Igreja é edificada. O fortalecimento de cada membro resulta num crescimento coletivo até a plenitude da estatura de Cristo. Assim, o corpo inteiro amadurece quando os membros servem uns aos outros de acordo com seus dons.

O aconselhamento é um meio importante por intermédio do qual os membros do corpo devem servir uns aos outros. Quando o corpo funciona corretamente, os ociosos são advertidos, os desencorajados são confortados e os fracos são auxiliados (1Tessalonicenses 5:14). A noção de que o aconselhamento é domínio exclusivo daqueles que foram iniciados nos segredos esotéricos da teoria psicológica moderna contradiz plenamente o conceito bíblico da vida no corpo. A Bíblia apresenta o aconselhamento (como todos os outros aspectos do ministério) como função da comunhão que ocorre naturalmente quando o corpo é saudável. Estude as passagens bíblicas referentes à vida na Igreja e à comunhão, e esta verdade clara emergirá: Todos os cristãos *devem* aconselhar uns aos outros. Cada cristão recebeu a ordem de participar no ministério da exortação, da admoestação e do encorajamento do rebanho. Nossa obrigação de aconselhar é até mesmo aumentada, não diminuída, quando vemos um irmão ou uma irmã lutando com sérias dificuldades e pecados. Citamos algumas dessas passagens-chave no início do capítulo 1. Examinemos uma delas com mais cuidado:

> Irmãos, se alguém for surpreendido em algum pecado, vocês, que são espirituais, deverão restaurá-lo com mansidão. Cuide-se, porém, cada um para que também não seja tentado. Levem os fardos pesados uns dos outros e, assim,

> cumpram a lei de Cristo. Se alguém se considera alguma coisa, não sendo nada, engana-se a si mesmo. Cada um examine os próprios atos, e então poderá orgulhar-se de si mesmo, sem se comparar com ninguém, pois cada um deverá levar a própria carga. O que está sendo instruído na palavra partilhe todas as coisas boas com quem o instrui. (Gálatas 6:1-6)

Nessa passagem, Paulo esboça um processo de três passos para restaurar a saúde espiritual de membros pecaminosos do corpo: levante-os, sustente-os e edifique-os.

Antes que uma pessoa caída em pecado possa voltar a participar da corrida cristã, essa pessoa precisa ser levantada. A pessoa presa na garra feroz do pecado precisa tanto de ajuda quanto precisa de repreensão. Por isso, o aconselhamento envolve ajudar a pessoa a se levantar espiritualmente por meio da confissão de pecado e do arrependimento. Essa responsabilidade cabe claramente aos membros da congregação, não a profissionais contratados, e certamente não cabe a conselheiros seculares. Apenas irmãos cristãos, por meio do uso de seus dons espirituais, são verdadeiramente capazes de ajudar aqueles que tropeçam. Sobre o dever dos espiritualmente fortes, Paulo orienta a "suportar as fraquezas dos fracos, e não agradar a nós mesmos" (Romanos 15:1).

Os espiritualmente fortes devem não somente levantar aqueles que caem; precisam também ajudar a sustentá-los quando esses irmãos mais fracos voltam a ficar de pé. Aqueles que acabaram de confessar e de abandonar o pecado são extremamente vulneráveis à tentação. Satanás lança seus ataques mais selvagens após uma vitória espiritual. "Fardos", em Gálatas 6:2, se refere às tentações de sofrer uma recaída com os mesmos pecados dos quais o cristão acaba de ser liberto. Não existe fardo mais esmagador do que uma tentação persistente e opressiva. A pessoa liberta da garra de um pecado persistente precisa, muitas vezes, de encorajamento, aconselhamento e, acima de tudo, oração.

Por fim, após levantar e sustentar um cristão pecaminoso, os espiritualmente fortes precisam edificá-lo. "O que está sendo instruído na palavra partilhe todas as coisas boas" uns com os outros (v. 6). Observe que essa mesma ordem se aplica tanto ao mestre quanto à pessoa instruída. Assim, todos os cristãos — líderes, discípulos, fracos, fortes — são responsáveis por compartilhar as coisas boas da Palavra. Essa é a essência do aconselhamento bíblico.

Se, como afirma a passagem, todos os cristãos são responsáveis uns pelos outros, então todos precisam, em alguma medida, ter os dons para fazer isso. O apóstolo Paulo confirma essa verdade em Romanos 15:14: "Meus irmãos, eu mesmo estou convencido de que vocês estão cheios de bondade e plenamente instruídos, *sendo capazes de aconselhar-se uns aos outros*" (grifo meu).

Equipados com os dons espirituais

De que maneira os cristãos são equipados para advertir e aconselhar uns aos outros? São equipados por meio dos dons espirituais conferidos a cada membro do corpo. O propósito primário dos dons espirituais é o serviço à própria Igreja: "Há diferentes tipos de ministérios, mas o Senhor é o mesmo. Há diferentes formas de atuação, mas é o mesmo Deus quem efetua tudo em todos. A cada um, porém, é dada a manifestação do Espírito, *visando ao bem comum*" (1Coríntios 12:5-7; grifo meu). Quase todos os dons espirituais mencionados no Novo Testamento são úteis no ministério do aconselhamento.

É importante entender que os dons espirituais descritos na Bíblia não são entidades isoladas concedidas em medida igual ou de acordo com um único padrão. Cada cristão tem um dom espiritual distinto. "A *cada um*, porém, é dada a manifestação do Espírito" (v. 7; grifo meu). Cada dom é absolutamente único, projetado pela graça de Deus para cada indivíduo em particular: "Há diferentes tipos de dons, mas o Espírito é o mesmo" (v. 4). "Temos diferentes dons, de acordo com a graça que nos foi dada" (Romanos 12:6). Os dons espirituais são oferecidos em variedade infinita, cada um diferente do outro, como flocos de neve. Os dons mencionados no Novo Testamento (por exemplo, em Romanos 12:4-8; 1Coríntios 12:4-10) são simplesmente categorias. O dom espiritual de um indivíduo deveria abarcar vários aspectos das diversas habilidades mencionadas como dons nessas passagens. Em outras palavras, alguém cujo dom primário é a instrução deve receber também, em alguma medida, o dom da sabedoria, do discernimento ou da misericórdia. O dom dessa pessoa é uma mistura singular de habilidades e características que a capacitam a servir segundo o chamado de Deus.

Examinemos alguns dos tipos principais de dons mencionados nas Escrituras.

Profecia

Normalmente, a profecia é associada à previsão do futuro. A palavra grega *propheteuo* significa, porém, simplesmente "pronunciar-se" ou "proclamar". Refere-se à proclamação pública das Escrituras. Em tempos bíblicos, é claro, o trabalho de um profeta envolvia muitas vezes o recebimento e a proclamação de uma nova revelação. O título *profeta*, porém, se refere a todos cujo dom é pregar, ou declarar a verdade com autoridade. Assim, um profeta, especialmente nesta era, é simplesmente um proclamador da verdade bíblica, não alguém que recebe a revelação diretamente de Deus. O grande reformador João Calvino entendeu o dom da profecia sob essa luz. Escreveu: "Prefiro, porém, seguir aqueles que entendem a palavra no sentido mais amplo de um dom específico de revelação, por meio do qual um homem executa o ofício de intérprete com habilidade e destreza na exposição da vontade de Deus".[2]

O apóstolo Pedro disse basicamente o mesmo quando exortou os irmãos com o dom da profecia nestas palavras: "Se alguém fala, faça-o como quem transmite a palavra de Deus" (1Pedro 4:11).

A afirmação mais clara sobre como funciona o dom da profecia parece ser 1Coríntios 14:3-4: "Mas quem profetiza o faz para a edificação, encorajamento e consolação dos homens. [...] quem profetiza edifica a igreja". O dom da profecia pode ser usado para edificar cristãos, chamá-los para obedecer à Palavra de Deus e encorajá-los em tempos de necessidade: edificar, exortar, consolar. O que seria isso senão aspectos do aconselhamento bíblico? Assim, o profeta é equipado para aconselhar simplesmente em virtude de seus dons.

A importância do dom da profecia pode ser vista na ênfase que Paulo lhe dá em 1Coríntios 14. Aqui, o apóstolo o contrasta com o dom das línguas, demonstrando a superioridade da profecia. Ele exorta os coríntios: "Sigam o caminho do amor e busquem com dedicação os dons espirituais, principalmente o dom de profecia" (v.1).

Em certo sentido, a cada sermão o pregador realiza um elemento importante do trabalho do conselheiro. Atos 15:32 dá um exemplo do dom da profecia em ação. Após terem entregue a carta do Concílio de Jerusalém à igreja de Antioquia, "Judas e Silas, que eram profetas, encorajaram e fortaleceram os irmãos com muitas palavras". Eles investiram tempo para fortalecer os cristãos proclamando as verdades da Palavra de Deus. Seu ministério de pregação profética teve o mesmo efeito de um bom aconselhamento.

Uma das últimas exortações de Paulo ao seu protegido Timóteo ressalta a importância de proclamar a Palavra:

> Na presença de Deus e de Cristo Jesus, que há de julgar os vivos e os mortos por sua manifestação e por seu Reino, eu o exorto solenemente: Pregue a palavra, esteja preparado a tempo e fora de tempo, *repreenda, corrija, exorte com toda a paciência e doutrina*. Pois virá o tempo em que não suportarão a sã doutrina; pelo contrário, sentindo coceira nos ouvidos, segundo os seus próprios desejos juntarão mestres para si mesmos. Eles se recusarão a dar ouvidos à verdade, voltando-se para os mitos. Você, porém, seja sóbrio em tudo, suporte os sofrimentos, faça a obra de um evangelista, cumpra plenamente o seu ministério. (2Timóteo 4:1-5; grifo meu)

Em outras palavras, os pregadores da Palavra devem exercer seus dons exatamente como conselheiros sábios: repreendendo, corrigindo e exortando com toda a paciência e cuidadosa instrução.

Uma pregação e um aconselhamento verdadeiramente bíblicos serão aplicados ao coração pelo Espírito Santo e produzirão crescimento espiritual. Afinal de contas, a Palavra de Deus é "útil para o ensino, para a repreensão, para a correção e para a instrução na justiça" (2Timóteo 3:16). Ao exercer seu ofício profético, um pastor age como conselheiro para toda a congregação. Ao equipá-la e instruí-la, o pastor facilita o exercício dos dons e a equipa com aquilo que ela precisa saber para o aconselhamento mútuo eficaz. Uma forte pregação bíblica está, portanto, intimamente vinculada ao aconselhamento bíblico eficaz na igreja. O ministério do aconselhamento começa com o púlpito e de lá se estende para cada nível do ministério na Igreja.

Instrução

O dom da instrução é intimamente vinculado à profecia. Na verdade, a pregação bíblica precisa incluir um forte elemento de instrução. Diferentemente da pregação, a instrução é exercida em todos os níveis da Igreja, não só no púlpito. Todos aqueles que ensinam na escola dominical, coordenam estudos bíblicos ou discipulam outros exercem o dom da instrução.

O verbo grego *didaskō* ("ensinar") inclui a ideia de um treinamento ou de uma instrução sistemática. O dom da instrução é a habilidade de levar outros a uma compreensão mais profunda das Escrituras.

O ministério do nosso Senhor era marcado por uma ênfase na instrução. No fim do Sermão do Monte, "as multidões estavam maravilhadas com o seu ensino, porque ele as ensinava como quem tem autoridade, e não como os mestres da lei" (Mateus 7:28-29). Mateus 4:29; Marcos 2:13; 6:6; Lucas 13:22; 20:1 e muitas outras passagens descrevem a centralidade do ensino no ministério de Jesus.

Uma forte ênfase no ensino caracterizava também o ministério dos apóstolos. Atos 2:42 descreve a Igreja primitiva como dedicada "ao ensino dos apóstolos" (veja também Atos 5:42). Atos 15:35 relata que "Paulo e Barnabé permaneceram em Antioquia, onde com muitos outros ensinavam e pregavam a palavra do Senhor". Atos 18:11 nos informa que Paulo "ficou ali [em Corinto] durante um ano e meio, ensinando-lhes a palavra de Deus". "Vocês sabem que não deixei de pregar-lhes nada que fosse proveitoso, mas ensinei-lhes tudo publicamente e de casa em casa", disse Paulo aos líderes de Éfeso (20:20). Em sua carta aos Colossenses, o grande apóstolo resume seu ministério com essas palavras: "Nós o proclamamos, advertindo e ensinando a cada um com toda a sabedoria, a fim de que apresentemos todo homem perfeito em Cristo" (Colossenses 1:28).

O dom da instrução é um pré-requisito para ser um pastor (1Timóteo 3:2; Tito 1:9). Nem todos os pastores são chamados para proclamar a Palavra publicamente; mas todos devem ser capazes de ensinar a Palavra sistematicamente aos que estão sob sua supervisão. É essa a qualificação que separa os pastores dos diáconos. Ensinar a Palavra é o método primário por meio do qual os pastores exercem a supervisão de seu rebanho (veja 1Timóteo 4:6,11,13,16; 5:17; 2Timóteo 2:15,24; Tito 2:1). Ao ensinar a Palavra, os pastores protegem a congregação de erros doutrinais e práticos. Eles também transmitem os princípios para uma vida santa.

O que caracteriza um mestre eficaz? Em primeiro lugar, o professor precisa viver em harmonia com o ensinamento bíblico. Paulo admoestou Timóteo: "Seja um exemplo para os fiéis na palavra, no procedimento, no amor, na fé e na pureza" (1Timóteo 4:12). O puritano Richard Baxter escreveu: "Aquele que acredita no que diz certamente fará o que diz".[3]

Em segundo lugar, o professor precisa ser "nutrido com as verdades da fé e da boa doutrina" (1Timóteo 4:6). Quanto mais profundos os conhecimentos doutrinais, mais eficiente será a instrução. "Aquele que ensina aos homens aquelas coisas misteriosas necessárias para a salvação não pode ser um bebê em conhecimento", escreveu Richard Baxter.[4] Como Timóteo, o professor precisa procurar "apresentar-se a Deus aprovado, como obreiro que não tem do que se envergonhar, que maneja corretamente a palavra da verdade" (2Timóteo 2:15).

Em terceiro lugar, esse conhecimento deve produzir humildade, não orgulho. Aqueles cujo ensino é marcado por uma postura arrogante contradizem com sua vida as verdades que ensinam. Paulo descreveu a Timóteo a postura adequada daqueles que ensinam:

> Ao servo do Senhor não convém brigar mas, sim, ser amável para com todos, apto para ensinar, paciente. Deve corrigir com mansidão os que se lhe opõem, na esperança de que Deus lhes conceda o arrependimento, levando-os ao conhecimento da verdade (vv. 24-25).

Por fim, um mestre hábil é caracterizado pela pureza do coração e pela santidade de sua vida. As exortações de Paulo a Timóteo de "exercitar-se na piedade" (1Timóteo 4:7) e de "buscar a justiça, a piedade, a fé, o amor, a perseverança e a mansidão" (6:11) devem ser aplicadas por todos que ensinam a Palavra de Deus.

A importância da instrução no aconselhamento não pode ser minimizada. O aconselhamento é essencialmente um processo de instrução. O conselheiro sábio precisa ser capaz de ouvir com atenção para então aplicar a Palavra de Deus a quaisquer problemas que possam surgir durante a sessão de aconselhamento. Um aconselhado jamais aplicará um princípio que ele desconhece. Ensinar princípios bíblicos ocupa, portanto, o centro do processo do aconselhamento bíblico. Adams escreveu: "Um confronto noutético precisa ser um confronto bíblico. Confronto noutético é o confronto com os princípios e as práticas das Escrituras".[5] Ao contrário da metodologia rogeriana "centrada no cliente" praticada por tantos hoje em dia, o objetivo do aconselhamento bíblico é transformar os padrões pecaminosos de pensamento e da vida. Isso ocorre por meio do poder das Escrituras:

> A Bíblia é a única pedra angular imutável para avaliar pensamento, sentimento e conduta. A Palavra de Deus oferece orientação e direção em abundância para a vida. Por isso, a metodologia do aconselhamento bíblico depende da Palavra de Deus, não da sabedoria dos homens [...]. Por isso, os conselheiros bíblicos procuram ajudar seus aconselhados a viver em submissão ao amor de Deus, à sua Palavra e à sua capacitação.[6]

Aqueles que receberam o dom da instrução têm o dom especial de agir nesse aspecto do aconselhamento.

Exortação

Enquanto a profecia proclama a verdade bíblica e a instrução o sistematiza, a exortação exige uma reação adequada a ela. Romanos 12:8 menciona a exortação como um dos dons do Espírito. A palavra grega *paraklesis*, usada também em passagens como Atos 20:2, 1Coríntios 14:3, 1Timóteo 4:13 e Hebreus 13:22, significa "exortar", "encorajar", "aconselhar" ou "confrontar". Sua relação com o ministério do aconselhamento deveria ser óbvia.

Exortar significa desafiar irmãos cristãos a agir de modo consistente com a vontade de Deus. Como já observamos, o aconselhamento bíblico envolve admoestar os ociosos, encorajar os desanimados e ajudar os fracos (1Tessalonicenses 5:14). Por meio do dom da exortação, o conselheiro encoraja o cristão pecador a abandonar seu pecado e a praticar a justiça; ele conforta aquele que foi devastado pela dor e por dificuldades e fortalece a fé daquele que está desanimado e fraco. Conselheiros com o dom especial da exortação são de valor inestimável e muitas vezes representam a coluna dorsal do ministério de aconselhamento da igreja local.

Sabedoria

O dom da sabedoria, mencionado em 1Coríntios 12:8, é a capacidade de entender como as verdades das Escrituras se aplicam a questões práticas do dia a dia. *Sophia* ("sabedoria") é usada com frequência no Novo Testamento para descrever a habilidade de discernir e obedecer à vontade de Deus (veja Mateus 11:19; 13:54; Tiago 1:5; 3:13,17). Todos os conselheiros precisam ter alguma medida de sabedoria. Obviamente, não adiantaria muito ensinar conselhos bíblicos ao aconselhado e exortá-lo a segui-los sem lhe mostrar especificamente como fazê-lo. O aconselhado precisa de conselhos sábios (veja Provérbios 1:5; 12:15; 19:20), e o dom da sabedoria capacita o conselheiro a fornecê-los.

Conhecimento

O conhecimento é fundamental para a pregação, a instrução e o aconselhamento. O dom do conhecimento é a habilidade dada por Deus de entender os mistérios da Palavra revelada de Deus, aquelas verdades inconcebíveis sem a revelação de Deus (veja Romanos 16:25; Efésios 3:3; Colossenses 1:26; 2:2; 4:3). Envolve também a habilidade de apresentar esse conhecimento de forma que outros consigam entendê-lo. O dom do conhecimento não é apenas a capacidade de acumular e reunir fatos, mas a habilidade espiritual de ver a verdade bíblica e doutrinal de forma coerente e sensata.

Sem algum grau de conhecimento espiritual, o conselheiro tem pouco a oferecer além de especulações fúteis e tolas da sabedoria mundana. A opinião de Deus sobre esse tipo de conselho pode ser vista em sua condenação dos conselheiros de Jó. O dom do conhecimento capacita o conselheiro a oferecer conselhos sábios com base na Palavra de Deus, a única que oferece esperança ao aconselhado.

Administração

Mencionado em Romanos 12:8 ("exercer liderança") e 1Coríntios 12:28 ("administração"), esse é o dom da liderança. *Proistēmi*, o termo usado em Romanos 12:8, significa "liderar", "administrar", "estar em controle" ou "supervisionar", enquanto *kybernēsis* (1Coríntios 12:28) significa "guiar ou pilotar um navio". O dom da liderança ou da administração é a capacidade dada pelo Espírito de organizar, supervisionar e motivar outros a realizar uma tarefa.

Visto que muitos aconselhados, principalmente aqueles que sofrem de depressões, levam uma vida desestruturada, o dom da administração é útil para o conselheiro. Ajudar o aconselhado a organizar sua vida com o fim de glorificar a Deus é um aspecto importante do aconselhamento bíblico.

Misericórdia

As pessoas que têm esse dom têm um amor especial por aqueles que vivem em miséria — seja pobreza, doença física ou destruição causada pelo pecado. O Senhor Jesus Cristo é o exemplo supremo daquele que demonstrou misericórdia. Em Lucas 4:18, Jesus diz:

> O Espírito do Senhor está sobre mim, porque ele me ungiu para pregar boas novas aos pobres. Ele me enviou para proclamar liberdade aos presos e recuperação da vista aos cegos, para libertar os oprimidos.

Sem o dom espiritual da misericórdia, o aconselhamento pode ser frio e clínico. Muitas pessoas que enfrentam agitação emocional, consequências de algum desastre da vida ou que procuram alívio da depressão precisam ser capazes de compartilhar o fardo com alguém que tem o dom da misericórdia. Muitas vezes essas pessoas se sentem rejeitadas pela psicanálise, que as incentiva apenas a ser introspectivas, a focar em si mesmas e em seus sentimentos. O que elas realmente precisam é de alívio do peso e do fardo (veja Mateus 11:28-29). Irmãos cristãos com o dom da misericórdia são perfeitamente equipados para ajudar a carregar esse peso.

Ministério no Corpo de Cristo

Igrejas saudáveis geram relacionamentos que incentivam o crescimento espiritual e a saúde emocional, pois, à medida que os cristãos servirem uns aos outros com seus dons, grande parte do trabalho do aconselhamento poderá ocorrer na interação natural da comunhão. Como mostra essa lista sucinta dos dons espirituais essenciais, o propósito explícito deles é ajudar a satisfazer as necessidades que levam a maior parte das pessoas para o aconselhamento.

Todo ministério no Corpo de Cristo inclui, portanto, aspectos do aconselhamento. Um aconselhamento tanto formal quanto informal deveria ocorrer na igreja local em cada nível de ministério e comunhão. Membros com dons do Espírito servem naturalmente uns aos outros admoestando, encorajando, fortalecendo e instruindo — todas essas são formas de aconselhamento. Quando essas funções são retiradas da comunhão e transferidas para clínicas remotas, desorganiza-se a vida inteira do Corpo.

Infelizmente, na corrida para integrar a psicologia na Igreja, muitos cristãos capacitados são desencorajados a aconselhar irmãos cristãos segundo as Escrituras. Em decorrência disso, tem-se negligenciado severamente os dons espirituais. Pessoas que deveriam estar admoestando, corrigindo, encorajando e demonstrando misericórdia estão encaminhando as pessoas para terapeutas profissionais. Muitos cristãos têm acatado a noção de que tolerância e condescendência são as únicas posturas aceitáveis que devemos comunicar a pessoas em dificuldades. A consequência inevitável é que muitos cristãos atrofiaram seus dons espirituais sem necessidade.

Tenho certeza de que uma ênfase saudável no ministério dos dons espirituais aliviaria grande parte da necessidade de aconselhamento formal. As pessoas serviriam umas às outras de forma mais eficaz como resultado natural da comunhão cotidiana. À medida que os cristãos adquirissem habilidade no uso de seus dons, toda uma geração nova de conselheiros espiritualmente capazes surgiria dentro da Igreja.

Se isso não acontecer, a Igreja está condenada. A explosão no número de clínicas de aconselhamento não está produzindo cristãos mais saudáveis. Pelo contrário, está produzindo uma geração de cristãos totalmente dependentes de terapia e incapazes de desfrutar a vida no Corpo de Cristo. Psicólogos profissionais não conseguem substituir pessoas com dons espirituais. Além do mais, a psicologia de aconselhamento não pode substituir a sabedoria bíblica e o poder divino.

Cada cristão recebeu um dom único de Deus para ajudar a satisfazer as necessidades de seus irmãos no Corpo. Se conseguirmos recuperar essa verdade simples e vivê-la com entusiasmo em nossa comunhão, restauraremos a saúde do Corpo e, ao mesmo tempo, satisfaremos até mesmo as necessidades mais profundas das vidas mais atribuladas.

17

Aconselhamento bíblico e igreja local

William W. Goode

Quase toda semana alguém me pergunta como iniciar um ministério de aconselhamento numa igreja local. A meu ver, essa é uma pergunta que ilustra um equívoco muito comum sobre a natureza verdadeira do aconselhamento. Durante muito tempo, o aconselhamento bíblico tem sido visto como ministério opcional da igreja. Junto a programas de rádio e lares para mães solteiras, o aconselhamento bíblico tem sido jogado no monte de ministérios "frívolos", aqueles que, algum dia, espera-se poder realizar.

No entanto, o aconselhamento bíblico não é uma opção, e isso é algo que as Escrituras deixam bem claro. Nosso Senhor ordenou que os cristãos amassem uns aos outros, e ver o aconselhamento como ministério opcional significa negar o amor bíblico num momento em que ele é mais necessário na vida do cristão: quando ele ou ela está em dificuldades. Como o apóstolo Paulo ordenou aos cristãos gálatas, precisamos restaurar, não ignorar esses cristãos.

A maior ameaça ao processo do discipulado é o cristão dominado pelo pecado. O homem ou a mulher com um padrão contínuo de pecado precisa de ajuda para mudar e restabelecer um padrão de crescimento. Assim, Paulo se dirigiu a todos os membros da igreja, não só aos líderes, quando disse: "Exortamos vocês, irmãos, a que advirtam os ociosos, confortem os desanimados, auxiliem os fracos, sejam pacientes para com todos" (1Tessalonicenses 5:14). Em outra ocasião, Paulo lembrou aos cristãos de Roma sua responsabilidade de aconselhar e encorajar uns aos outros, garantindo-lhes que eles eram "capazes de aconselhar-se uns aos outros" (Romanos 15:14).

Um cristão jamais se tornará semelhante a Cristo se ele não estiver vencendo a batalha contra o pecado em sua vida e investindo na vida de outros. E não pode haver discipulado se não houver um plano de ajudar o discípulo que se encontra em dificuldades. Restaurar e encorajar não podem estar separados de amar, como exemplificado na vida do nosso Salvador.

Aconselhamento: uma parte da Igreja

O aconselhamento jamais deve ser imaginado como uma hora semanal de mágica ou como um ministério independente realizado fora da igreja. Pregação, instrução, evangelização, discipulado e aconselhamento são partes de um ministério bíblico eficaz. A igreja local é o instrumento que Cristo escolheu para ajudar os cristãos a crescerem à sua semelhança. É a única organização — ou melhor, o único organismo — que ele prometeu construir, sustentar e usar. O aconselhamento é parte essencial do ministério da igreja local para discipular e ajudar o cristão a assemelhar-se a Cristo. Paulo tinha esse objetivo em mente quando escreveu: "Nós o proclamamos, advertindo e ensinando a cada um com toda a sabedoria, a fim de que apresentemos todo homem perfeito em Cristo" (Colossenses 1:28).

O envolvimento e a liderança do pastor no aconselhamento

O aconselhamento é a responsabilidade de cada cristão, e seu único palco legítimo é a igreja. Essas verdades têm uma consequência séria: o envolvimento e a liderança do pastor são essenciais.

Em Efésios 4, o propósito do pastor-mestre e da Igreja é descrito como "preparar os santos para a obra do ministério, para que o corpo de Cristo seja edificado, até que todos [...] cheguemos à maturidade, atingindo a medida da plenitude de Cristo" (4:12-13). Isso inclui um plano para alcançar os cristãos jogados para lá e para cá por uma doutrina ruim e filosofias enganosas. Muitos dos problemas que encontramos no aconselhamento são problemas doutrinários baseados numa visão inadequada de Deus, do pecado e do eu. Deus quer que esses problemas sejam resolvidos, e ele levantou pastores-mestres para equipar os santos para isso.

Nos versículos seguintes, é como se Paulo antecipasse que alguns duvidariam da capacidade dos cristãos de fazer isso. Por esse motivo, descreve o milagre dos dons espirituais que Deus forneceu, garantindo-nos que "todo o corpo, ajustado e unido pelo auxílio de todas as juntas, cresce e edifica-se a si mesmo em amor, na medida em que cada parte realiza a sua função" (v. 16). Em outras palavras, todos os cristãos deveriam usar seus dons, talentos e habilidades para satisfazer as necessidades dos outros. Como Colossenses 1:28 reforça, os santos são equipados para usar seus dons por meio da pregação, do aconselhamento e da instrução.

É desnecessário dizer que o envolvimento do pastor precisa ser mais do que uma aparição simbólica uma vez por semana. Paulo lembrou aos líderes de Éfeso de seu ministério entre eles, de seu sacrifício altruísta e de sua confrontação (aconselhamento) ousada, noutética, dia e noite, cheia de lágrimas. Paulo não ousou abandonar a obrigação que Deus lhe dera. Quando ele via um irmão cristão em dificuldades, não se escondia; ele aconselhava dia e noite. Jesus disse que o mercenário foge quando o lobo vem, mas o pastor cuida da ovelha quando ela estiver em dificuldades. Essa é a imagem que vemos de Paulo em Atos 20:31, um pastor verdadeiro envolvido no ministério sempre que precisavam dele.

No entanto, uma palavra de cautela se faz necessária. Sim, o pastor precisa se envolver no aconselhamento, mas esse envolvimento deve ser equilibrado. Se o pastor se empenha no aconselhamento e negligencia o estudo e o preparo do sermão, sua pregação sofre, e ele causará mais problemas de aconselhamento em vez de fortalecer os santos e incentivar o processo de amadurecimento.

Além disso, se um pastor permitir que o aconselhamento assuma o lugar de cuidar de sua família, de sua saúde ou suas próprias necessidades espirituais, ele não só não estará preparado para aconselhar quando necessário, mas todo seu ministério sofrerá. O aconselhamento é importante, mas ele só pode ser eficaz se o conselheiro compreender as prioridades espirituais corretamente.

A Igreja — incompleta sem aconselhamento

Aconselhamento e eficácia do pastor

Quando um pastor negligencia o ministério do aconselhamento, áreas cruciais de seu ministério sofrem. Sua pregação, por exemplo, é afetada dramaticamente. Paulo disse que as armas da nossa batalha não são carnais, mas espirituais, capacitadas por Deus a derrubar as fortalezas mentais e os argumentos que foram levantados contra Deus. Mas, quando um pastor não se envolve na vida de seu povo, ele perde o contato com suas dificuldades e com os pensamentos e hábitos que geram esses problemas. Assim, não está preparado para fornecer as armas espirituais de que seu povo precisa para superar esses problemas.

Como ilustração, imaginemos um pastor que não pratica o aconselhamento pregando sobre embriaguez. No entanto, as pessoas que o ouvem sentadas nos bancos da igreja se embriagam regularmente pelas mais variadas razões. Elas precisam ceder à pressão dos colegas porque preferem agradar às pessoas no lugar de Deus, ou talvez não sejam capazes de se comunicar com seu cônjuge, de modo que passam a se esconder de seus problemas refugiando-se na bebida. É possível que estejam adorando a bens e sucessos materiais, por isso fazem de tudo — inclusive beber com os clientes — para conseguir o que querem. Podem estar bebendo para afogar sua culpa. A razão pela qual bebem pode até mesmo ser algo tão simples quanto mera irresponsabilidade. Todas essas são razões para beber: razões que um pastor que não aconselha ignora facilmente, mas ele reconhecerá prontamente se estiver envolvido no aconselhamento de sua congregação. Se as questões do pecado não são confrontadas com seriedade, a pregação do púlpito nada mais é do que um esparadrapo. Jesus disse que aquilo que mancha uma pessoa não é o que entra no corpo, mas aquilo que sai do coração; é isso que leva a pessoa ao pecado, e é com isso que essa pessoa precisa lidar (Mateus 15:17).

O apóstolo Paulo investiu muito tempo para aconselhar as pessoas. Quando escrevia aos irmãos, ele costumava parar e afirmar: "Vocês me dirão...". Ele ia direto ao assunto porque conhecia intimamente as pessoas que aconselhava e era capaz de antecipar suas reações. Ele conhecia também a Palavra de Deus e sempre recorria a ela quando precisava de uma resposta para os seus problemas. Paulo compreendia o pensamento confuso causado pelo pecado, por isso ensinou princípios claros e específicos para a vida cristã. Nem Cristo nem Paulo mimavam aqueles aos quais ajudavam. Diziam: "Faça isso" e "Não faça aquilo", pois ambos conheciam aqueles a quem aconselhavam e viam claramente os muros de desculpas por trás dos quais eles se escondiam. Pregavam com uma mente disposta a derrubar essas barreiras.

O pastor que aconselha prega não só para informar, mas para causar mudanças, e crescimento, e santificação progressiva. Um pastor fiel à Palavra precisa entender a única missão da Igreja em relação aos cristãos: facilitar seu crescimento em Cristo. A tarefa do pastor não é entreter sua congregação; seu objetivo deveria tampouco ser estimular as emoções ou o intelecto; sua obrigação é pregar a Palavra de Deus para instigar mudança.

O pastor que aconselha desejará ser usado por Deus para pregar e ensinar a Palavra, para proclamar a dignidade de seu Santo Filho e para guiar seu povo ao crescimento. Por quê? Porque ele vê os resultados de um coração endurecido que se recusa a lidar com os problemas de maneira bíblica: as vidas arruinadas, os casamentos destruídos, os relacionamentos amargurados e o crescimento espiritual impedido. Ele entende o vínculo entre fracasso ao entender e aplicar a Palavra de Deus e fracasso na vida cristã. Com convicção ardente, o crescimento e a transformação se tornarão o objetivo de sua pregação.

Uma das razões mais trágicas pelas quais os pastores não aconselham as pessoas e não as ajudam a entender a santificação progressiva é que eles próprios não a entendem. Esses pastores se perdem facilmente no jargão confuso e insensato de um cristianismo *pop*. Eles encorajam as pessoas a ler a Bíblia como fim em si mesma, a orar a Deus para que, num estalar de dedos, todos os males sejam curados, ou a orar por reavivamento, tudo isso sem uma compreensão clara de como Deus opera na vida humana e de como ele transforma os corações. Infelizmente, é mais provável que eles façam parte do problema, e não da solução.

É por isso que o pastor que deseja aconselhar biblicamente precisa se impregnar com as verdades acerca da santificação progressiva e entender a suficiência das Escrituras. Ele precisa entender que, quando usada corretamente, a Palavra de Deus pode identificar processos mentais e hábitos pecaminosos e substituí-los por outros que sejam bíblicos. Se o conselheiro não estiver atuando exclusivamente com base na Palavra de Deus, frequentemente não conseguirá diferenciar entre revelação especial e opinião, entre teoria e senso comum.

Aconselhamento e evangelismo

O aconselhamento bíblico pode beneficiar a igreja local também no evangelismo. Muitas ferramentas evangelísticas são eficientes e merecem nossa atenção, mas é importante observar que o modelo bíblico sempre começa tratando dos desafios, dos pecados ou das provações que uma pessoa está enfrentando. Assim, o conselheiro bíblico que segue as Escrituras não se contentará em apenas proclamar a Palavra, mas se empenhará em ouvir e em fazer perguntas, para depois apresentar o evangelho de Jesus Cristo.

Ao longo dos anos, esse método de aconselhamento tem sido uma ferramenta altamente eficaz no evangelismo da nossa congregação. Existem hoje muitos casais lindos em nossa igreja cujos casamentos estavam destruídos ou que viviam em união estável sem a preocupação com o casamento civil. No entanto, por meio do aconselhamento, confiaram em Cristo, resolveram seus problemas e agora são discípulos eficientes e produtivos. Outros que inicialmente vieram para a nossa igreja com depressões profundas e grandes dificuldades não só encontraram as respostas que precisavam por meio do aconselhamento bíblico, mas se tornaram também evangelistas e conselheiros eficientes para cristãos e não cristãos.

A igreja — essencial para o aconselhamento

Embora o aconselhamento seja parte necessária da igreja local, precisamos lembrar que é apenas uma parte. Uma hora de aconselhamento na igreja uma vez por semana para uma pessoa que está sofrendo não é o plano completo de Deus para seu crescimento espiritual. No plano de Deus para o ministério, o aconselhamento deve ser uma parte sincronizada de um todo.

Na verdade, o emprego mais eficiente do aconselhamento ocorre quando este é parte da igreja local. Os aconselhados precisam da ajuda de todos os ministérios da igreja: precisam do ministério do púlpito para ensinar e incentivar crescimento e transformação, precisam do amor da coletividade para apoiar e encorajar, precisam da comunhão do corpo de Cristo para interagir e se relacionar, precisam da autoridade do corpo para a disciplina da igreja e precisam do exemplo de líderes que estão crescendo e mudando. Acima de tudo, porém, os aconselhados precisam da determinação de uma igreja dedicada a seguir os princípios bíblicos em áreas práticas como comunicação, finanças e solução de problemas. Não há nada mais incentivador para um aconselhado que uma igreja dedicada a liderar por meio do exemplo.

Como desenvolver um ministério de aconselhamento bíblico na igreja local

Antes de discutirmos os detalhes de como desenvolver um ministério de aconselhamento na igreja, deixe-me fazer uma afirmação um tanto ousada: creio que existem apenas duas maneiras de iniciar um ministério de aconselhamento. Uma maneira — infelizmente, um padrão que costuma ser seguido com a maior frequência — é aconselhar de modo superficial, o que acaba levando apenas a problemas ainda maiores. Envolve um ministério de aconselhamento que é desenvolvido às pressas, no qual o aconselhado recebe orientação das Escrituras no centro de aconselhamento, mas esses mesmos princípios não são aplicados pela igreja que sustenta o centro. Nessas situações de aconselhamento, em que a santificação progressiva não é o método bíblico de crescimento e os líderes da igreja não assumiram o compromisso com a Bíblia como único padrão de autoridade para as decisões diárias, o aconselhado ficará confuso.

A outra maneira, a alternativa bíblica, é bastante simples. Começa com esforços cuidadosos de moldar líderes da igreja — pastores, presbíteros, diáconos, professores, funcionários e líderes leigos — conforme um padrão de crescimento que pode ser seguido pelas pessoas que buscam o aconselhamento. Exige um ministério da igreja construído sobre o conceito bíblico da santificação progressiva, que produz um modelo de crescimento e transformação centrado em Deus.

Agora, a pergunta óbvia é: "Como desenvolver um programa de aconselhamento bíblico que seja parte *natural* do ministério da igreja, um programa que transcenda os remédios superficiais adotados pelo mundo e por tantas igrejas?". Existem vários passos que precisam ser contemplados no desenvolvimento desse tipo de ministério de aconselhamento.

Os líderes precisam ser dedicados

Se uma igreja buscar o crescimento espiritual e fizer da mudança espiritual uma prioridade, a vida do pastor precisa exemplificar esse mesmo tipo de crescimento e transformação. Se a Palavra não causar mudança na vida do pastor, ele terá dificuldades de ensiná-la com convicção e de inspirar confiança em sua suficiência.

O pastor precisa desenvolver também um relacionamento de preocupação mútua e de encorajamento amoroso com outros líderes na igreja. Precisa estar disposto a receber admoestação com a mesma presteza e graça com que ele a aplica. Sua convicção de que ferro afia o ferro precisa ser muito mais do que uma confissão da boca pra fora; ele precisa acreditar nisso e praticar isso aberta e rigorosamente. O relacionamento com aqueles que servem ao seu lado precisa ser marcado pelo encorajamento sincero e, se necessário, pela confrontação firme.

Se uma igreja quiser crescer espiritualmente, o pastor e os líderes precisam estar crescendo espiritualmente. A equipe de liderança é o modelo para o qual o aconselhado olhará como exemplo da vida cristã. É por isso que um pastor faz bem ao seguir as qualificações de Deus para um conselheiro quando ele selecionar professores e líderes para a igreja (Romanos 15:24). Ele precisa procurar cristãos que estão crescendo em seu conhecimento das Escrituras e que o aplicam de forma consistente em sua vida.

As escolhas que o pastor e os líderes da igreja fazem e as decisões que tomam também são vitais para o desenvolvimento de um ministério de aconselhamento bíblico. Por exemplo, se o pastor exorta o aconselhado na congregação a seguir os princípios bíblicos, ele e sua equipe de liderança precisam demonstrar obediência a esses mesmos princípios. Se ele aconselha um casal sobre o uso sábio de suas finanças, suas decisões em relação às finanças da igreja precisam ser exemplo de uma administração sábia. Se ele instruir um aconselhado sobre os princípios bíblicos da comunicação, sua própria comunicação dentro da igreja precisa ser um exemplo positivo para essa pessoa.

Os líderes precisam entender e observar a santificação progressiva

Todo aconselhamento e toda mudança bíblica precisam ser realizados por meio da santificação progressiva, que é o único plano de Deus para o crescimento espiritual. Essa verdade precisa ser esclarecida na igreja por meio de uma declaração doutrinal eloquente e por escrito. Além disso, precisa ser ensinada claramente, pois é uma verdade muitas vezes mal compreendida pelos aconselhados. Na verdade, isso é com frequência parte essencial de seus problemas. Muitas pessoas não entendem como um cristão cresce e realiza mudanças positivas. Querem crescimento espiritual e desenvolvimento sob seus próprios termos, fácil e rápido. Alguns procuram o aconselhamento esperando uma solução instantânea do céu. Contudo, o apóstolo Paulo, ao falar sobre o crescimento espiritual, não falou sobre experiências emocionais misteriosas, mas sobre trabalho árduo. O processo de crescimento exige ação. É por isso que Paulo falou em corrida, luta e guerra. Em 1Coríntios 9:27, ele escreveu: "Esmurro o meu corpo e faço dele meu escravo" — dificilmente as palavras de um homem que esperava que o crescimento espiritual caísse do céu como um raio.

Outros, confusos sobre a santificação progressiva, dedicam-se à introspecção mórbida e, sem querer, desviam seus olhos de Cristo. Isso não significa que as pessoas que se confundem em relação à santificação se desviaram desse caminho por conta própria. Inúmeros livros, seminários e palestras transmitem conselhos quase bíblicos (às vezes, antibíblicos) que servem apenas para criar mais problemas. Conselhos como "Sinta-se bem consigo mesmo", "Entregue tudo a Jesus", "Leia a Bíblia sete minutos por dia" e "Fale do passado para curar suas memórias" criaram um ambiente hostil para soluções bíblicas. É por isso que o ministério de aconselhamento de uma igreja só será bíblico e bem-sucedido se a igreja assumir um compromisso com os padrões bíblicos de crescimento e se esse ministério instilar o mesmo compromisso naqueles que procuram o aconselhamento.

Os líderes precisam ter uma noção clara de direção

Antes de uma igreja iniciar um ministério de aconselhamento, ela precisa definir um propósito claro para seu programa. Lloyd Jonas, da Association of Certified Biblical Counselors, ressaltou que, "ao iniciar um ministério de aconselhamento, não pode haver ninguém em posição elevada ou próxima na hierarquia de comando que não tenha assumido um compromisso total com o aconselhamento noutético" (palestra do presidente, conferência da ACBC [antiga Nanc], 1987).

Todos os membros da equipe precisam estar teologicamente treinados para aconselhar outros; precisam demonstrar o desejo e a habilidade de aconselhar; e, por fim, precisam estar dispostos a investir o tempo necessário para treinar outros conselheiros leigos. No início do treinamento de conselheiros, pode ser útil usar um programa de aconselhamento aprovado pela Association of Certified Biblical Counselors. Isso garantirá que os alunos da igreja aprendam a aconselhar corretamente, através da observação direta do aconselhamento e por meio de estudos de caso.

Os líderes precisam ser estudantes

Todos os conselheiros bíblicos precisam ser aprendizes. Sem uma sede de Deus, um apreço pela sua Palavra e uma fome de conhecê-lo melhor, os conselheiros não estarão interessados em investir em sua educação de aconselhamento. Eles precisam lembrar-se constantemente de que Deus disse: "Os meus pensamentos não são os pensamentos de vocês, nem os seus caminhos são os meus caminhos" (Isaías 55:8). Uma compreensão firme desse conceito impele o conselheiro a investir em estudo e desenvolvimento. O conselheiro que se sente apto para a tarefa e satisfeito em sua compreensão da verdade de Deus é, provavelmente, a pessoa menos apta para a tarefa.

Os conselheiros jamais devem se esquecer do efeito noético do pecado, que exige um abastecimento contínuo pela Palavra de Deus. O apóstolo Paulo, um fundador talentoso e profícuo de igrejas, jamais se jactou de ter alcançado alguma superioridade espiritual, mas sempre insistiu em crescer ainda mais. Com uma postura reverente e uma abordagem hermenêutica saudável, o conselheiro bíblico precisa estudar a Palavra regularmente e desejar aprender mais de outros que também a estudam.

Os líderes devem ser treinados dentro de um ministério bíblico da igreja

Assim como os membros da igreja precisam ser treinados em evangelismo, eles precisam ser também treinados em aconselhamento. Em que contexto esse treinamento deveria ocorrer? Essa pergunta é o divisor de águas de toda a questão do aconselhamento. Para o conselheiro bíblico, o campo de treinamento precisa ser a igreja local. Enquanto parte do treinamento acontece em aulas de aconselhamento, a maior parte do treinamento do conselheiro bíblico ocorre por meio de um envolvimento ativo e normal na igreja. Se acreditamos que a Palavra de Deus pode trazer transformação, soluções, cura e crescimento autênticos, então a preparação do conselheiro precisa focar mais nas responsabilidades bíblicas de pastorear e menos no aconselhamento como habilidade separada, como tarefa paraeclesiástica.

Em nossa igreja, apesar de oferecermos vários cursos em aconselhamento bíblico, nossos leigos recebem a maior parte de seu treinamento tornando-se simplesmente participantes ativos na adoração, no ministério e na comunhão, todos eles partes naturais da vida de todo cristão no corpo. O cristão que entende claramente o processo de crescimento espiritual da santificação progressiva e os recursos celestiais que estão à sua disposição já percorreu grande parte do caminho de não somente realizar esse crescimento, mas também de ajudar outros ao longo do caminho. O núcleo do aconselhamento bíblico não é a forma, mas a substância: a Palavra de Deus.

A essência do nosso programa de treinamento para diáconos, suas esposas e leigos consiste em um curso de 11 semanas. Os alunos se encontram durante oito horas todas as segundas-feiras e, ao longo dos três meses, recebem quarenta horas de palestras e 22 horas de observação de aconselhamento. Exigimos também que os alunos completem a leitura de uma extensa bibliografia, muitas vezes entre mil e 2 mil páginas. Ocasionalmente oferecemos também cursos mais breves, que consistem em duas sessões de 1 hora em combinação com uma agenda adaptada de observação de aconselhamento.

Algumas ajudas práticas

- A igreja deve deixar claro que seu ministério de aconselhamento se baseia em princípios de aconselhamento bíblico.
- Por razões jurídicas, acreditamos que seja sábio que pessoas não membros da igreja assinem a seguinte declaração: "Entendo que o conselho que receberei reflete o modo como o conselheiro interpreta a Bíblia". Devo porém acrescentar que essa declaração ainda não foi testada em tribunal americano. Temos o simples compromisso de ser honestos com nossos aconselhados sobre o que eles podem esperar dos nossos conselheiros. Além disso, insistimos que cada membro da equipe que aconselha pessoas que não são membros da nossa igreja precisa adquirir a certificação pela ACBC.
- A igreja não deveria sacrificar as necessidades de seus membros para satisfazer às necessidades de aconselhamento de pessoas externas à igreja. O plano de Deus para a transformação não se baseia em uma hora isolada a cada semana. Ele é mais eficaz quando executado dentro do contexto de toda a gama de ministérios bíblicos da igreja. Quando os conselheiros precisam escolher entre aconselhar alguém de dentro da igreja — de uma igreja que ensina, encoraja e cuida biblicamente de seus membros — e alguém que não se beneficia desse contexto, eles precisam fazer a escolha que demonstra a melhor administração de seu tempo e amor. Inevitavelmente haverá momentos em que será necessário fazer exceções, mas um princípio básico a ser lembrado é que os aconselhados precisam do ministério de toda a igreja.

Conclusão

Um ministério de aconselhamento numa igreja pode ter efeitos profundos e de longo alcance na vida de sua congregação. Na nossa igreja, cada pastor aconselha. Ao interagirem com as Escrituras no contexto do aconselhamento, a compreensão que eles têm da Palavra e de seu valor prático se aprofunda, e isso, por sua vez, influencia o ensinamento deles do púlpito. Em decorrência disso, os membros da nossa igreja aprenderam muitos princípios bíblicos que são aplicados no aconselhamento. Assim, um ministério de aconselhamento fornece ajuda prática e relevante baseada nos princípios sãos da Palavra de Deus que capacita o cristão a se equipar adequadamente para toda boa obra (2Timóteo 3:17).

18

Recursos para o aconselhamento bíblico*

Dennis M. Swanson e Wayne A. Mack

Conselheiros eficientes precisam ter uma biblioteca básica de materiais à sua disposição para enriquecimento pessoal e para fornecer ferramentas de ajuda aos aconselhados. Neste capítulo, apresentamos uma seleção de materiais indispensáveis para o aconselhamento bíblico. Os materiais são divididos em sete categorias: 1) recursos básicos para o conselheiro bíblico; 2) recursos teológicos para o conselheiro bíblico; 3) outros recursos para o conselheiro bíblico; 4) recursos para o aconselhado; 5) recursos de áudio e vídeo; 6) revistas; e 7) oportunidades de treinamento. Alguns dos títulos mais importantes são acompanhados de comentários sucintos.

Num capítulo sobre recursos desse escopo, agradecemos a quem contribuiu com sugestões, especialmente a David Powlison, da Christian Counseling and Education Foundation, e a John Street, presidente do departamento de aconselhamento bíblico do The Master's College.

Recursos básicos para o conselheiro bíblico

Adams, Jay. *Competent to Counsel*. Grand Rapids: Zondervan, 1970. [*Conselheiro capaz*. 3ª ed. S. J. dos Campos, SP: Fiel, 2008.]
Esse livro lançou o aconselhamento noutético com uma polêmica voltada contra a psicoterapia e um chamado para ver o aconselhamento como um aspecto do ministério que visa à santificação e, portanto, depende do Espírito Santo e da Palavra de Deus. A psiquiatria tem tentado usurpar e limitar o papel do pastor no aconselhamento e definir os problemas da vida em termos seculares, fornecendo respostas não bíblicas a questões bíblicas.

_____. *Godliness Through Discipline*. Phillipsburg, NJ: Presbyterian and Reformed, 1972.

_____. *The Christian Counselor's Manual*. Grand Rapids: Zondervan, 1973. [*Manual do conselheiro cristão*. S. J. dos Campos, SP: Fiel, 2006.]
Essa sequência a *Competent to Counsel* é um manual de instruções que fornece informações não só sobre a filosofia do aconselhamento, mas também

* Todos esses recursos foram produzidos em língua inglesa. À medida do possível, indicaremos entre colchetes o que foi publicado no Brasil. [Nota dos editores.]

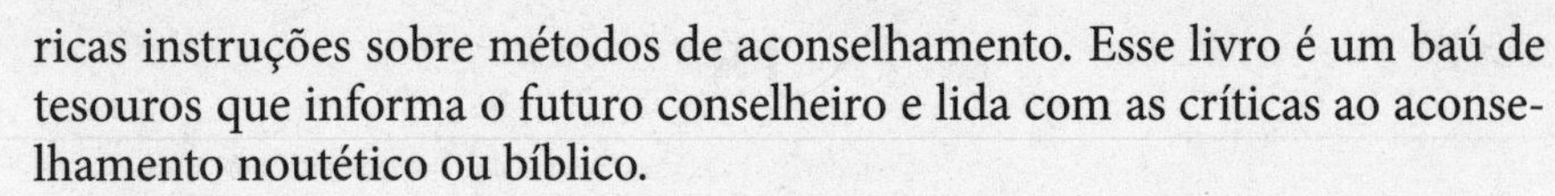

ricas instruções sobre métodos de aconselhamento. Esse livro é um baú de tesouros que informa o futuro conselheiro e lida com as críticas ao aconselhamento noutético ou bíblico.

_____. *The Christian Counselor's Casebook*. Grand Rapids: Zondervan, 1974.

_____. *Ready to Restore: The Layman's Guide to Christian Counseling*. Phillipsburg, NJ: Presbyterian and Reformed, 1981.

Esse livro é uma apostila introdutória ao aconselhamento noutético. Acessível e compacto, ele trata de questões conceituais e metodológicas. Foi escrito para o estudo individual e para a aula ou grupo de estudo bíblico.

_____. *Solving Marriage Problems: Biblical Solutions for Christian Counselors*. Phillipsburg, NJ: Presbyterian and Reformed, 1983.

_____. *The Biblical View of Self-Esteem, Self-Love, and Self-Image*. Eugene, OR: Harvest House, 1986. [*Autoestima*: uma perspectiva bíblica. 2ª ed. São Paulo: Neutra, 2007.]

_____. *A Call to Discernment: Distinguishing Truth from Error in Today's Church*. Eugene, OR: Harvest House, 1987.

_____. *A Thirst for Wholeness*. Wheaton: Victor Books, 1988.

_____. *The Grand Demonstration: A Biblical Study of the So-Called Problem of Evil*. Santa Barbara, CA: EastGate Publishers, 1991.

Bobick, Michael W. *From Slavery to Sonship: A Biblical Psychology for Pastoral Counseling*. Sun Valley, CA: Grace Books International, 1989.

Broger, John C. *Self-Confrontation: A Manual for In-Depth Discipleship*. Rancho Mirage, CA: Biblical Counseling Foundation, [1978] 1991.

Essas 24 lições semanais pretendem incentivar uma pessoa a passar pelo processo de transformação pessoalmente como fundamento para se tornar conselheiro (Mateus 7:1-5). O livro pode ser usado em escola dominical e em outros cursos ou no estudo pessoal, e é um recurso importante.

_____. *Instructor's Guide for the Self-Confrontation Course*. Rancho Mirage, CA: Biblical Counseling Foundation, [1978] 1992.

Bulkley, Ed. *Why Christians Can't Trust Psychology*. Eugene, OR: Harvest House, 1994. [*Somente Deus pode restaurar o coração ferido*. Rio de Janeiro, RJ: Betel, 1997.]

Esse livro foi escrito para demonstrar as falácias de uma abordagem integracionista ao aconselhamento. Bulkley analisa alguns dos maiores mitos da psicologia e apresenta uma abordagem bíblica positiva ao aconselhamento de pessoas.

Kruis, John G. *Quick Scripture Reference for Counseling*. Grand Rapids: Baker, 1988.

Lloyd-Jones, D. Martyn. *Spiritual Depression: Its Causes and Cure*. Grand Rapids: Eerdmans, 1965. [*Depressão espiritual*. São Paulo: Pes, 1987.]

MacArthur, John. *Our Sufficiency in Christ*. Dallas: Word, 1991. [*Nossa suficiência em Cristo*. 2ª ed. S. J. dos Campos, SP: 2007.]

Essa é uma apresentação excelente da suficiência do cristão em Jesus Cristo e dos recursos do Espírito Santo e da Palavra de Deus. Demonstra as ofertas

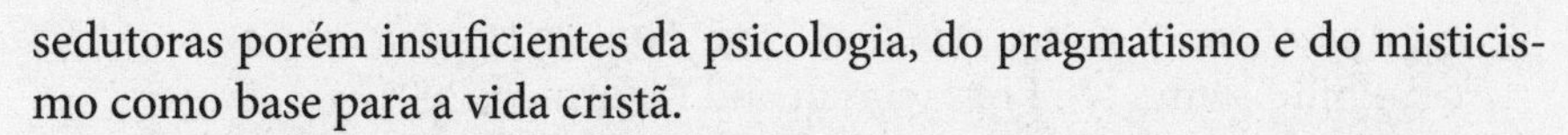

sedutoras porém insuficientes da psicologia, do pragmatismo e do misticismo como base para a vida cristã.

_____. *The MacArthur Topical Bible*. Nashville, TN: Thomas Nelson, 1999.

Mais expansiva do que a obra de Kruis, essa referência temática abarca mais de 20 mil temas e subtemas bíblicos e mais de 100 mil referências. Essa é uma ferramenta de referências obrigatória para pastores, professores bíblicos e conselheiros.

_____. *The MacArthur Study Bible*. Nashville, TN: Word. 1997. [*Bíblia de estudo MacArthur*. Barueri, SP: SBB, 2010.]

Uma das bíblias de estudo mais detalhadas disponíveis. Oferece anotações sobre todas as passagens-chave e difíceis da Bíblia, com mapas, explicações e esboços úteis.

_____ e Richard L. Mayhue. *Think Biblically: Recovering a Christian Worldview*. Wheaton, IL: Crossway Books, 2003. [*Pense biblicamente*. São Paulo: Hagnos, 2005.]

Essa obra contém capítulos que são contribuições do corpo docente do The Master's College, e apresenta uma visão do mundo cristã que abarca todas as disciplinas acadêmicas.

Mack, Wayne A. *Homework Manual for Biblical Living*, volume 1: *Personal and Interpersonal Problems*. Cherry Hill, NJ: Presbyterian and Reformed, 1979.

_____. *Homework Manual for Biblical Living*, volume 2: *Family and Marital Problems*. Phillipsburg, NJ: Presbyterian and Reformed, 1980.

_____. *Preparing for Marriage God's Way, Counselor/Teacher's Guide*. Tulsa, OK: Virgil W. Hensley, 1986; Sun Valley, CA: Grace Book Shack, 1993.

Payne, Franklin E. *What Every Christian Should Know About the AIDS Epidemic*. Augusta, GA: Covenant Books, 1991.

_____. *Biblical Healing for Modern Medicine*. Augusta, GA: Covenant Books, 1993.

O autor é médico e diretor das Covenant Enterprises. Especialista em ética médica sob uma perspectiva bíblica, essas são obras preciosas que lidam com considerações médicas que os conselheiros enfrentarão.

Playfair, William L. *The Useful Lie*. Wheaton: Crossway Books, 1991.

O autor, um médico, demonstra como a "indústria de recuperação" criou um "modelo de doença" para problemas pessoais. O modelo de doença elimina a responsabilidade pessoal pelos pecados do abuso de drogas e álcool e joga a culpa em outras coisas, prendendo as pessoas em um ciclo infinito de grupos de terapia e aconselhamento. Essa obra documenta as origens, o pano de fundo e os objetivos da indústria de recuperação e sua "mentira útil".

Powlison, David. *Seeing with New Eyes: Counseling and the Human Condition Through the Lens of Scripture*. Phillipsburg, NJ: Presbyterian and Reformed, 2003. [*Uma nova visão*: o aconselhamento e a condição humana através da lente das Escrituras. São Paulo: Cultura Cristã, 2010.]

Welch, Edward T. *Counselor's Guide to the Brain and its Disorders: Knowing the Difference Between Disease and Sin*. Grand Rapids: Zondervan, 1991.

_____. *Addictions: A Banquet in the Grave, Finding Hope in the Power of the Gospel*. Phillipsburg, NJ: Presbyterian and Reformed, 2001.

_____. *Depressão*: a tenebrosa noite da alma. São Paulo, Cultura Cristã, 2011.

Recursos teológicos básicos para o conselheiro bíblico

A seguinte lista apresenta algumas das obras que explicam os fundamentos teológicos do aconselhamento bíblico. A maioria dos títulos citados aqui é conhecida, e há muitos outros que poderiam ser citados. Algumas obras, apesar de não falarem exclusivamente sobre o aconselhamento, tocam em questões importantes com as quais o conselheiro bíblico terá que lidar. Essas obras são ferramentas de estudo imprescindíveis não só para pastores, mas para todos que estejam envolvidos no aconselhamento bíblico.

O conselheiro bíblico precisa ser, acima de tudo, um estudante da Bíblia. Uma correta teologia bíblica, sistemática e pastoral precisa fluir do texto das Escrituras. É impossível praticar um aconselhamento bíblico adequado sem um fundamento teológico sólido. A prática do aconselhamento precisa estar baseada na aplicação de conceitos bíblicos derivados da exegese minuciosa das Escrituras.

Adams, Jay E. *A Theology of Christian Counseling*. Grand Rapids: Zondervan, 1979.

Berkhof, Louis. *Systematic Theology*. Grand Rapids: Eerdmans, 1959. [*Teologia sistemática*. Campinas: Luz para o Caminho, 1990.]

Charnock, Stephen. *The Existence and Attributes of God*. Minneapolis, MN: Klock and Klock, 1977. [*Um retrato de Deus*. Disponível em www.palavraprudente.com.br/estudos/daniel-c/charnock/index.html.]

Escrita em 1797, essa obra clássica permanece imensamente valiosa ainda hoje.

Erickson, Millard J. *Christian Theology*. 2ª ed. Grand Rapids: Baker Books, 1998. [*Teologia sistemática*. São Paulo: Vida Nova, 2015.]

Feinberg, John S. *No One Like Him: The Doctrine of God*. Wheaton, IL: Crossway Books, 2001.

Essa é talvez a melhor e mais profunda obra publicada recentemente sobre a doutrina de Deus. Contém uma apresentação profunda e bíblica da pessoa e da natureza de Deus.

_____. *Deceived by God: A Journey Through Suffering*. Wheaton, IL: Crossway Books, 1997. [*Apesar do sofrimento*. São Paulo: Eclesia, 1998.]

_____ e Paul S. Feinberg. *Ethics for a Brave New World*. Wheaton, IL: Crossway Books, 1993.

Grudem, Wayne A. *Systematic Theology: An Introduction to Biblical Doctrine*. Grand Rapids: Zondervan, 1994. [*Teologia sistemática*. São Paulo: Vida Nova, 2011.]

É, em muitos sentidos, uma das melhores teologias sistemáticas publicadas em anos recentes. O The Master's College and Seminary não concorda com a posição do autor sobre o pactualismo, o não cessacionismo e o premilenismo histórico, mas, como um todo, o valor dessa obra é significativo.

Hodge, A. A. *Outlines of Theology*. Grand Rapids: Eerdmans, 1949.

Hodge, Charles. *Systematic Theology*, 3 vols. Grand Rapids: Eerdmans, 1946. [*Teologia sistemática de Hodge*. São Paulo: Hagnos, 2003.]

Esses três volumes estão disponíveis em vários formatos, mas os volumes não abreviados são, de longe, o melhor que se pode adquirir. Hodge tem sido chamado de "o teólogo" da grande tradição de Princeton. Sua apresentação das doutrinas do pecado, da salvação, de Deus, das Escrituras e da santificação é leitura obrigatória.

Hoekema, Anthony A. *Created in God's Image*. Grand Rapids: Eerdmans, 1986. [*Criados à imagem de Deus*. São Paulo: Cultura Cristã, 1999.]

Nessa obra importante, Hoekema apresenta uma explicação clara e bíblica do homem como criado à imagem de Deus. Ele discute o pecado, a queda, a depravação total e a graça comum. Um capítulo discute a questão da soberania vs. o livre-arbítrio e a capacidade de escolher.

MacArthur, John. *The Gospel According to Jesus*. Grand Rapids: Zondervan, 1994. [*O evangelho segundo Jesus*. 2ª ed. S. J. dos Campos: Fiel, 2008.]

Esse é o livro essencial sobre a controvérsia da "salvação do senhorio". MacArthur apresenta as questões e o ensinamento bíblico sobre arrependimento, fé salvadora e santificação.

_____. *Faith Works: The Gospel According to the Apostles*. Dallas: Word, 1993. [*O evangelho segundo os apóstolos*. S. J. dos Campos: Fiel, 2011.]

Esse volume é a continuação da discussão de *The Gospel According to Jesus*. Nesse livro, MacArthur explica claramente a fé salvadora do ponto de vista bíblico e na tradição da história da doutrina cristã ortodoxa.

_____. *Ashamed of the Gospel: When the Church Becomes Like the World*. Wheaton, IL: Crossway, 1993. [*Com vergonha do evangelho*. S. J. dos Campos: Fiel, 1997.]

Nessa obra, MacArthur desenvolve uma comparação entre a igreja moderna na América do Norte e a controvérsia "Downgrade" [Declínio] que Charles H. Spurgeon teve que enfrentar no final do século 19. O livro não trata especificamente do aconselhamento, mas fornece conhecimentos valiosos sobre integração e compromisso na Igreja de hoje.

_____. *Found, God's Will*. Wheaton, IL: Victor Books, 1978.

_____. *Anxiety Attacked*. Wheaton, IL: Victor Books, 1993.

_____. *Whose Money is it Anyway*? Nashville, TN: Word, 2000.

Uma das questões mais frequentes que surgem no aconselhamento é a má administração das finanças pessoais e familiares. Por isso, esse livro é uma ferramenta excelente a ser colocada nas mãos do aconselhado. É uma exposição bíblica clara e detalhada dos temas dinheiro, riqueza e posses.

_____. *Biblical Parenting*. Nashville, TN: Word, 2000.

_____. *Battle for the Beginning*. Nashville, TN: Word, 2001. [*Criação ou evolução*. São Paulo: Cultura Cristã, 2004.]

Uma exposição clara de Gênesis 1-3 sobre o relato da criação. Discute a importância absoluta de uma visão bíblica da criação e como uma visão não bíblica ou sub-bíblica afeta cada aspecto da vida e da sociedade.

_____. *Safe in the Arms of God: Truth from Heaven About the Death of a Child*. Nashville, TN: Thomas Nelson, 2003.

Esse livro é um recurso obrigatório para todo pastor ou conselheiro que lida com pais que sofreram a morte de um filho. Apresenta um ensinamento bíblico claro sobre o tema.

Mayhue, Richard L. *The Healing Promise*. Inglaterra: Christian Focus, 1997.

_____. *How to Interpret the Bible for Yourself*. Inglaterra: Christian Focus, 2001.

_____. *Practicing Proverbs: Wise Living for Foolish Times*. Inglaterra: Christian Focus, 2003.

Owen, John. *Temptation and Sin*. Grand Rapids: Zondervan, 1958. [*Para vencer o pecado e a tentação*. São Paulo: Cultura Cristã, 2011.]

Piper, John e Wayne Grudem (orgs.). *Recovering Biblical Manhood and Womanhood: A Response to Evangelical Feminism*. Wheaton: Crossway Books, 1990. [*Homem e mulher*: seu papel bíblico no lar, na igreja e na sociedade. S. J. dos Campos, SP: Fiel, 1996.]

Uma obra abrangente sobre todo o tema dos papéis bíblicos de homens e mulheres na igreja, na família e na vida. Os autores apresentam uma discussão exegética profunda a respeito do ensinamento bíblico sobre homens e mulheres, incluindo: liderança, submissão, maternidade, ministério e homens e mulheres à imagem de Deus. O mundo procura eliminar todas as distinções entre homens e mulheres, por isso esse livro é um recurso vital para o conselheiro.

Smith, F. Lagard. *Sodom's Second Coming: What You Need to Know about the Deadly Homosexual Assault*. Eugene, OR: Harvest House, 1993.

Uma apresentação bem-documentada da agenda homossexual na América do Norte. O autor é professor de Direito na Pepperdine University, formado em Yale.

Wells, David F. *No Place for Truth or Whatever Happened to Evangelical Theology?* Grand Rapids: Eerdmans, 1993.

Talvez um dos livros mais importantes publicados recentemente. Wells narra não só a perda de foco no que tange à verdade na teologia evangélica, mas também a intolerância em relação a ela em grande parte do evangelicalismo moderno.

OUTROS RECURSOS PARA O CONSELHEIRO BÍBLICO

As obras mencionadas nesta seção pretendem oferecer ao conselheiro um guia para a literatura disponível que lida com temas mais específicos relacionados ao aconselhamento. Essa lista não é exaustiva, e a literatura nessa área continua a crescer.

Adams, Jay. *The Big Umbrella and Other Essays and Addresses on Christian Counseling*. Phillipsburg, NJ: Presbyterian and Reformed, 1972.

_____. *Lectures on Counseling*. Grand Rapids: Zondervan, 1975.

_____. *What About Nouthetic Counseling*? Grand Rapids: Baker, 1976.

_____ .*Change Them?... Into What?: Counseling in America Today*. Laverock, PA: Christian Counseling and Educational Foundation, 1977.

_____. *Matters of Concern to Christian Counselors: A Potpourri of Principles and Practices*. Phillipsburg, NJ: Presbyterian and Reformed, 1977.

_____. *The Power of Error: Demonstrated in an Actual Counseling Case*. Phillipsburg, NJ: Presbyterian and Reformed, 1978.

_____. *Update on Christian Counseling*. vol. 1. Phillipsburg, NJ: Presbyterian and Reformed, 1979.

Continua uma série que começou com *Matters of Concern to Christian Counselors*.

_____. *Update on Christian Counseling*. vol. 2. Phillipsburg, NJ: Presbyterian and Reformed, 1981.

_____. *Marriage, Divorce, and Remarriage in the Bible*. Grand Rapids: Zondervan, 1980.

_____. *The Language of Counseling*. Grand Rapids: Zondervan, 1981.

_____. *Insight and Creativity in Christian Counseling: An Antidote to Rigid and Mechanical Approaches*. Grand Rapids: Zondervan, 1982.

_____. *Handbook of Church Discipline*. Grand Rapids: Zondervan, 1986.

_____. *How to Help People Change: The Four-Step Biblical Process*. Grand Rapids: Zondervan, 1986.

_____. *Sibling Rivalry in the Household of God*. Denver, CO: Accent Books, 1988.

_____. *From Forgiven to Forgiving: Discover the Path to Biblical Forgiveness*. Wheaton: Victor Books, 1989.

Ennis, Pat e Lisa Tatlock. *Becoming a Woman Who Pleases God*. Chicago, IL: Moody Publishers, 2003.

_____. *Designing a Lifestyle That Pleases God*. Chicago, IL: Moody Publishers, 2004.

Eyrich, Howard A. *Three to Get Ready: A Christian Premarital Counselor's Manual*. Phillipsburg, PA: Presbyterian and Reformed, 1978.

Payne, Franklin E. *Biblical and Medical Ethics*. Milford, MO: Mott Media, 1985.

_____. *Making Biblical Decisions: Birth Control, Artificial Reproduction and Genetic Engineering*. Escondido, CA: Hosanna Book House, 1989.

Scott, Stuart. *The Exemplary Husband*. Bemidji, MN: Focus Publishing, 2000.

Recursos para o aconselhado

Adams, Jay. *Christ and Your Problems*. Nutley, NJ: Presbyterian and Reformed, 1971 (panfleto).

_____. *Christian Living in the Home*. Phillipsburg, NJ: Presbyterian and Reformed, 1972. [*A vida cristã no lar*. S. J. dos Campos, SP: Fiel, 2011.]

_____. *How to Overcome Evil*. Nutley, NJ: Presbyterian and Reformed, 1977.

_____. *What Do You Do When Anger Gets the Upper Hand?* Phillipsburg, NJ: Presbyterian and Reformed, 1975 (panfleto).

_____. *What Do You Do When Fear Overcomes You?* Phillipsburg, NJ: Presbyterian and Reformed, 1975 (panfleto).

_____. *What Do You Do When You Become Depressed?* Phillipsburg, NJ: Presbyterian and Reformed, 1975 (panfleto).

_____. *What Do You Do When You Know that You're Hooked?* Phillipsburg, NJ: Presbyterian and Reformed, 1975 (panfleto).

_____. *What Do You Do When You Worry All the Time?* Phillipsburg, NJ: Presbyterian and Reformed, 1975 (panfleto).

_____. *What Do You Do When Your Marriage Goes Sour?* Phillipsburg, NJ: Presbyterian and Reformed, 1975 (panfleto).

_____. *What to Do about Worry*. Phillipsburg, NJ: Presbyterian and Reformed, 1980.

_____. *How to Handle Trouble: God's Way*. Phillipsburg, NJ: Presbyterian and Reformed, 1982.

_____. *The War Within: A Biblical Strategy for Spiritual Warfare*. Eugene, OR: Harvest House, 1989.

Blanchard, John. *Ultimate Questions*. Durham, England: Evangelical Press, 1987. [*Perguntas cruciais*. S. J. dos Campos, SP: Fiel, 2005.]
Talvez o melhor tratado do evangelho disponível hoje em dia. Bem-escrito, colorido e direto. Esse livro é ideal para conselheiros que trabalham com não cristãos. Apresenta Deus, as Escrituras, o pecado e o plano da salvação.

Bridges, Jerry. *Trusting God*. Colorado Springs, CO: NavPress, 1989.
Esse livro apresenta a diretriz bíblica para confiar em Deus, mesmo em meio às dificuldades e à confusão da vida. É especialmente proveitoso para o aconselhado que atravessa profunda dor e luta.

Hodge, Charles. *The Way of Life: A Guide to Christian Belief and Experience*. Edimburgo: Banner of Truth Trust, 1978 (reimpressão da edição original de 1841).
Essa obra apresenta as Escrituras de modo sistemático e responde à pergunta a respeito de como as grandes doutrinas da Bíblia precisam ser traduzidas para o dia a dia dos cristãos. É um livro que todo cristão deveria ler uma vez por ano.

Kinneer, Jack. *How to Grow in Christ*. Phillipsburg, NJ: Presbyterian and Reformed, 1981.

Klempel, Richard e Lois Klempel. *Abused? How You Can Find God's Help*. Lima, OH: Fairway Press, 1991 (prefácio de Jay Adams).

Mack, Wayne A. *The Bible's Answer to the Question: What is a Christian?* Cherry Hill, NJ: Mack Publishing, 1972. [*Quem é cristão?* São Paulo: PES, 1979.]

_____. *Where Are You in Relation to God?* Cherry Hill, NJ: Mack Publishing, 1973.

_____. *Strengthening Your Marriage*. Phillipsburg, NJ: Presbyterian and Reformed, 1977.

Oito unidades tratam dos fundamentos da união conjugal: O propósito de Deus para o casamento, as responsabilidades da esposa, as responsabilidades do marido, comunicação, finanças, sexo, criação de filhos e religião da família. Cada capítulo fornece instrução seguida por um estudo bíblico, autoanálise, resposta personalizada e aplicação.

_____. *A Homework Manual for Biblical Living*. vols. 1 e 2. Phillipsburg, NJ: Presbyterian and Reformed, 1979; 1980.

_____. *Your Family God's Way: Developing and Sustaining Relationships in the Home*. Phillipsburg, NJ: Presbyterian and Reformed, 1991.

_____. *Down But Not Out: How to Get Up When Life Knocks You Down*. Phillipsburg, NJ: Presbyterian and Reformed, 2004.

_____. *Reaching the Ear of God*. Phillipsburg, NJ: Presbyterian and Reformed, 2004.

_____ e Nathan A. Mack. *Preparing for Marriage God's Way*. Tulsa, OK: Virgil W. Hensley, 1986.

_____ e Nathan A. Mack. *The Twin Pillars of the Christian Life*. Sand Springs, OK: Grace and Truth Books, 2003.

Matzat, Don. *Christ Esteem: Where the Search for Self-Esteem Ends*. Eugene, OR: Harvest House, 1990.

Mayhue, Richard. *Fight the Good Fight*. Fearn, Ross-shire: Great Britain: Christian Focus, 1999.

Esse volume enfatiza a construção de caráter cristão mediante o estudo do povo do Antigo Testamento. Por meio do estudo de vários casos pessoais, alguns bem-sucedidos e outros fracassados, o cristão pode aprender o que evitar e o que cultivar em sua jornada com Deus.

_____. *Seeking God*. Inglaterra: Christian Focus, 2000.

Apesar de não ser um livro sobre o aconselhamento em si, é um livro sobre a teologia e a prática da vida cristã. É um livro ideal para ser colocado na mão de cristãos novos, que ainda não receberam uma boa alimentação inicial da fé cristã ou que precisam ser lembrados sobre o que Deus espera deles.

_____. *Unmasking Satan*. Grand Rapids: Kregel, 2001.

Esse volume expõe os muitos truques de tentação que Satanás usa para seduzir o cristão despreparado ou desatento. Oferece contratáticas bíblicas ilustradas e aplicadas para um plano de batalha prático e bem-sucedido.

Ray, Bruce A. *Withhold Not Correction*. Phillipsburg, NJ: Presbyterian and Reformed, 1978 (prefácio de Jay Adams). [*Não deixe de corrigir seus filhos*. S. J. dos Campos, SP: Fiel, 1986.]

Sande, Ken. *The Peacemaker: A Biblical Guide to Resolving Personal Conflict*. Grand Rapids: Baker, 1990. [*O pacificador*. Rio de Janeiro: CPAD, 2010.]

Whitney, Donald S. *Spiritual Disciplines for the Christian Life*. Colorado Springs, CO: NavPress, 1991. [*Disciplinas espirituais para a vida cristã*. São Paulo: IBR, 2009.]

Wiersbe, Warren W. *Why Us? When Bad Things Happen to God's People*. Old Tappan, NJ: Fleming H. Revell, 1985.
Wiersbe assume a tarefa de responder ao livro do rabino Harold S. Kushner, *When Bad Things Happen to Good People*. Kushner defende a posição de que coisas ruins são uma ocorrência infeliz, mas que Deus não é capaz de evitá-las. O problema do mal e do sofrimento dos filhos de Deus no mundo é tão velho quanto a humanidade. Wiersbe apresenta o entendimento bíblico e a compaixão de um pastor piedoso. Esse livro pode ser uma grande ajuda para um aconselhado que esteja atravessando qualquer tipo de provação severa.

_____. *Jesus presente*. Rio de Janeiro: Thomas Nelson Brasil, 2011.

Recursos de áudio e vídeo

Um grande número de gravações em áudio e vídeo está disponível para ajudar o conselheiro bíblico. Aqui estão algumas fontes de materiais confiáveis. Muitas dessas fontes têm hoje sistemas de encomenda on-line.

1. ***Strengthening Ministries International*** (www.mackministries.org)
   Telefone: 888-751-5141 (EUA)
   E-mail: director@mackministnes.org
2. ***Sound Word Associates*** (www.soundword.com)
   P.O. Box 2036
   Chesterton, IN 46304
   Telefone: (219) 548-0933
   Fax: (219) 548-0931
   E-mail: tapes@soundword.com
3. ***Grace to You*** (www.gty.org)
   P.O. Box 4000
   Panorama City, CA 91412
   Telefone 1-800-554-7223-55-GRACE
4. ***Grace Books International*** (www.gbibooks.com)
   13248 Roscoe Boulevard
   Sun Valley, CA 91352
   Telefone 1-800-472-2315

As sessões da conferência anual da ACBC (Association of Certified Biblical Counselors) são gravadas e disponibilizadas para quem pede uma cópia. Normalmente, um único tema é focado todos os anos. Essas gravações são disponibilizadas por meio da *Sound Word Associates*, que tem também uma grande coleção de material sobre o aconselhamento bíblico. *Grace to You* é a fonte primária de gravações e materiais produzidos por John MacArthur. (O ministério de John MacArthur é o da exposição bíblica, mas seu material é de imenso valor para o conselheiro.) *Grace Book Shack* tem um estoque de uma grande variedade de livros e materiais de John MacArthur, Jay Adams, Wayne

Mack e outros conselheiros bíblicos. Títulos adicionais de autoria de vários líderes do movimento de aconselhamento bíblico estão disponíveis por meio das fontes citadas acima.

PERIÓDICOS

The Journal of Biblical Counseling (antigamente *The Journal of Pastoral Practice*) é a publicação trienal da *Christian Counseling and Education Foundation* (CCEF). Para saber mais a respeito, incluindo o valor da assinatura, acesse o site: www.ccef.org.

A Association of Certified Biblical Counselors (ACBC) publica a *ACBC Essays*. Para mais informações, acesse este endereço: http://biblicalcounseling.com/resources/acbc-essays/.

OPORTUNIDADES DE TREINAMENTO

The Master's College (www.masters.edu)
21726 Placerita Canyon Road
Santa Clarita, CA 91321
Telefone 661-259-3540

Informações sobre estudos de aconselhamento e outros cursos são disponibilizadas para quem as pedir. Sob a direção do dr. John Street, o Biblical Studies Department oferece estudos com ênfase em aconselhamento bíblico. Os oito cursos centrais em aconselhamento bíblico incluem: 1) introdução ao aconselhamento bíblico, 2) a base teológica do aconselhamento bíblico, 3) métodos bíblicos de mudança, 4) aconselhamento de casamento e família, 5) problemas e procedimentos no aconselhamento bíblico e 6) estágio em aconselhamento.

Biblical Counseling Foundation (www.bcfministries.org)
42550 Aegean St.
Indio, CA 92203 USA
Telefone: 760-347-4608
E-mail geral: admin@bcfministries.org

Essa fundação treina leigos e pastores nos métodos de discipulado com grande influência do aconselhamento bíblico.

Faith Biblical Counseling Ministries (www.faithlafayette.org/counseling)
5526 State Road 26 East
Lafayette, IN 47905
Telefone 765-448-1515

Essa organização oferece aconselhamento na região local e treina pessoas interessadas nos princípios do aconselhamento bíblico. Oferece também assistência a igrejas locais no desenvolvimento e refinamento do ministério de aconselhamento.

Association of Certified Biblical Counselors (htpps://biblicalcounseling.com)
ACBC Headquarters
2825 Lexington Road
Louisville, KY 40280
502-410-5526

A ACBC oferece seminários em todos os Estados Unidos com líderes-chave em aconselhamento bíblico. Oferece também treinamento em sua sede e serve como centro de recursos para as igrejas locais.

Christian Counseling and Educational Foundation (www.ccef.org)
1803 East Willow Grove Avenue
Glenside, PA 19038
Telefone 215-884-9435

A CCEF oferece treinamento extenso em aconselhamento bíblico em vários formatos: 1) treinamento para a aquisição de uma certidão leiga em aconselhamento bíblico, 2) módulos de treinamento de fim de semana em igrejas locais e 3) participação em programas de mestrado no Biblical Theological Seminary e no Westminster Theological Seminary.

The Master's Seminary (www.tms.edu)
13248 Roscoe Boulevard
Sun Valley, CA 91352

O The Master's Seminary, em seu programa de Master of Divinity, oferece cursos em aconselhamento bíblico como parte dos cursos obrigatórios e eletivos. O seminário oferece também um curso de mestrado em teologia, de doutorado em teologia e de doutorado em ministério da pregação expositiva.

19

Perguntas frequentes sobre o aconselhamento bíblico

John MacArthur e Wayne A. Mack (orgs.)

O propósito deste livro é ajudar pastores e cristãos em geral a se familiarizarem com os princípios do aconselhamento bíblico e a aplicarem-nos à vida da Igreja. Visto que o conceito da integração tem dominado durante tantos séculos e o modelo psicológico de aconselhamento tem permanecido inquestionado pela Igreja, os cristãos têm levantado muitas perguntas em relação a todo o conceito do aconselhamento bíblico. Jay Adams, em seu livro *What About Nouthetic Counseling* (Baker, 1976), tratou de muitas perguntas sobre o tema, mas surgiram perguntas adicionais e mais específicas feitas com frequência. As perguntas apresentadas aqui representam uma seleção das mais frequentes. As respostas a essas perguntas foram elaboradas por vários membros da equipe e do corpo docente do The Master's College, The Master's Seminary, da Grace Community Church e por outros que contribuíram para este livro.

Existe alguma diferença entre aconselhamento bíblico e psicologia cristã?

À primeira vista superficial, parece que um conselheiro bíblico e um psicoterapeuta cristão fazem muita coisa igual. Ambos conversam com as pessoas; ambos procuram conhecer as pessoas; ambos estão interessados em motivação, pensamentos, emoções e conduta; ambos exploram as várias pressões na situação de uma pessoa; ambos oferecem uma resposta; talvez ambos falem sobre Jesus ou uma passagem das Escrituras. Qual, então, é a diferença?

Para entender em que sentido uma psicoterapia cristianizada se distingue do aconselhamento bíblico, precisamos analisar o que cada um pratica e ensina. Aqui estão algumas diferenças entre eles.

A perspectiva da Bíblia e sua contribuição para o aconselhamento. A maioria dos psicólogos cristãos vê a Bíblia como recurso inspiracional, mas seu principal sistema de aconselhamento, tanto na teoria quanto em seus métodos, é adotado sem alteração da psicologia secular. A maioria é autoconscientemente eclética, escolhendo e selecionando teorias e técnicas de acordo com suas preferências. O conselheiro bíblico, por sua vez, segue a visão da Bíblia como fonte de uma abordagem abrangente e detalhada para o entendimento e o aconselhamento do ser humano (2Timóteo 3:15-17; 2Pedro 1:4).

Alguns psicoterapeutas cristãos usam pouco a Bíblia; outros a usam muito. Mas a frequência de citação é muito menos importante do que a maneira como as passagens são usadas ou tiradas de seu contexto, e na maioria dos casos as passagens citadas são completamente um pretexto. Existe uma falta de exegese contextualizada (uma interpretação crítica do texto) e uma abundância de eisegese (interpretação do texto como projeções próprias sobre o texto). O aconselhamento bíblico permite que Deus fale por si mesmo por meio de sua Palavra, procurando aplicar a Palavra da Verdade corretamente (2Timóteo 2:15).

A perspectiva de Deus. Existem muitos aspectos de Deus que os psicólogos cristãos ignoram o tempo todo. Em específico, sua soberania, sua santidade, sua justiça, sua autoridade real e seu poder permanecem praticamente ignorados. O amor paternal de Deus é o grande tema desses psicoterapeutas, mas, sem qualquer vínculo com a totalidade daquilo que Deus é, seu amor se transforma em preocupação positiva e incondicional do grande terapeuta no céu, indistinguível da teologia liberal clássica. O aconselhamento bíblico segue a Bíblia e procura administrar o amor do Deus vivo e verdadeiro, um amor que lida com o pecado e produz obediência (1João).

A perspectiva da natureza e motivação humanas. Quase todo psicólogo cristão emprega alguma variedade da teoria da necessidade. Necessidade de autoestima, de amor e aceitação e de sentido tendem a dominar. Se essas necessidades forem satisfeitas, crê-se que a pessoa será feliz, gentil e moral; se não forem satisfeitas, a pessoa continuará a se sentir miserável, irritada e imoral. Os psicólogos cristãos embasam sua teoria de motivação diretamente na psicologia humanista. As Escrituras se opõem claramente a esse tipo de teoria de necessidade. Elas ensinam que a motivação humana pecaminosa tem suas raízes em vários desejos e prazeres (Gálatas 5:16-24; Efésios 2:3; Tiago 1:14-16; 3:13-4:12), que Deus transforma nossos desejos e que a motivação santa tem suas raízes no desejo de Deus e na santidade. Se as pessoas anelarem por autoestima, amor e sentido, elas serão felizes quando forem satisfeitas e miseráveis quando não o forem, mas em ambos os casos permanecerão centradas em si mesmas. Por outro lado, se as pessoas desejarem Deus (Salmos 42:1-2; 73:25), o reino dele (Mateus 6:9-13; 6:33; 13:45-46), a sabedoria divina (Provérbios 3:15; 2Timóteo 2:22) e a glória da ressurreição (Romanos 8:18-25), elas vão servir a Deus satisfeitas, alegres, obedientes e úteis.

A perspectiva do evangelho. Para a maioria dos psicólogos cristãos, Jesus Cristo é aquele que satisfaz necessidades psíquicas inatas e o curador de feridas psíquicas. O amor de Deus na cruz representa simplesmente quão valiosos somos aos olhos de Deus, a fim de aumentar nossa autoestima e satisfazer a nossa necessidade de sermos amados. Mas, na Bíblia, Jesus Cristo é o Cordeiro de Deus crucificado no lugar dos pecadores. O amor de Deus destrói a autoestima e o desejo de autoestima. Produz, em seu lugar, uma grande estima pelo Filho de Deus, que nos amou e deu sua vida por nós, pelo Cordeiro de Deus, o único que é digno. O amor de Deus não satisfaz nosso desejo de sermos amados como somos. Destrói esse desejo ilusório para nos amar a despeito daquilo que somos e para nos ensinar a amar a Deus e ao próximo (1João 4:7-5:3).

A perspectiva do aconselhamento. Os psicólogos cristãos tendem a ver o aconselhamento da mesma forma que os psicólogos seculares o veem: atividade profissional sem qualquer vínculo necessário com a Igreja de Jesus Cristo. Um cliente com uma necessidade percebida contrata um profissional para ajudá-lo a alcançar os objetivos de adaptação pessoal, felicidade emocional, estabilidade, autorrealização e coisas semelhantes. Mas o conselheiro bíblico segue a Bíblia e vê o aconselhamento como atividade pastoral. Seu aconselhamento visa à santificação progressiva e precisa comunicar os conteúdos verdadeiros das Escrituras. O aconselhamento bíblico apresenta um vínculo lógico e estrutural com a adoração, o discipulado, a pregação, a supervisão pastoral, o uso dos dons, a disciplina da igreja e outros aspectos da vida no corpo de Cristo.

(*David Powlison*)

É verdade que aqueles que praticam o aconselhamento bíblico são antipáticos, rancorosos e insensíveis?

Um conselheiro bíblico certamente não é nenhuma dessas coisas. Na verdade, é o contrário. O conselheiro bíblico quer ficar do lado do aconselhado, amando-o e preocupando-se com ele, enquanto buscam a resolução dos problemas; quer ajudar o aconselhado a encontrar soluções bíblicas; incentiva a mudança em primeiro lugar para a glória de Deus, mas também para o benefício do próprio aconselhado.

O apóstolo Paulo serve como bom modelo para um conselheiro bíblico. Ele lembrou os líderes da igreja de Éfeso (Atos 20:20) de como ele não lhes negara nada em termos de instrução útil. Havia até ido de casa em casa para servir-lhes. Então, no versículo 31, demonstrou o espírito da humildade em seu coração quando disse: "Lembrem-se de que durante três anos jamais cessei de advertir [*noutheteo*] a cada um de vocês disso, noite e dia, com lágrimas". Apesar de se ver obrigado a advertir essas pessoas e dizer-lhes a verdade, ele não era antipático, rancoroso e insensível.

Outra passagem que ilustra a compaixão de Paulo é 1Tessalonicenses 2:7-9. Aqui, ele diz o quanto foi afetuoso com seus leitores (v. 7) e que ele dividira com eles não só a verdade, mas também a vida (v. 8). Paulo era conhecido por falar a verdade, e por fazê-lo em amor (Efésios 4:15,29). É assim que um conselheiro bíblico atua. Ele se envolve na vida do aconselhado e lhe dá esperança de que seus problemas podem ser superados. Muitos aconselhados nunca experimentaram esse tipo de confrontação amorosa. Nunca experimentaram preocupação e compaixão autênticas, traços que são pré-requisitos essenciais de um conselheiro noutético.

(*Carey Hardy*)

As disciplinas seculares não têm absolutamente nada a oferecer à metodologia de aconselhamento bíblico?

Precisamos esclarecer primeiro o que queremos dizer quando falamos de metodologia de aconselhamento. Uma metodologia de aconselhamento é um sistema de compromissos teóricos, de princípios, objetivos e métodos apropriados. É um conjunto de componentes interconectados; não é uma coleção de elementos aleatórios e ecléticos de observação ou técnica. Uma metodologia de aconselhamento é uma maneira organizada de entender e enfrentar os problemas de uma pessoa.

As disciplinas seculares têm algo a oferecer à metodologia de aconselhamento bíblico? A resposta é um simples e claro "não". As Escrituras fornecem o sistema para o aconselhamento bíblico. Outras disciplinas, como história, antropologia, literatura, sociologia, medicina, psicologia, biologia, administração ou ciências políticas podem ser úteis numa variedade de maneiras secundárias para o pastor e o conselheiro bíblico, mas essas disciplinas jamais podem fornecer um sistema de compreender e aconselhar as pessoas.

As disciplinas seculares podem ser úteis em sua descrição das pessoas; elas nos desafiam pela forma como procuram explicar, orientar e mudar as pessoas; mas elas nos levam para o caminho errado quando as aceitamos como absolutas, pois são seculares. Elas explicam as pessoas, definem o que as pessoas deveriam preferir e tentam solucionar os problemas das pessoas sem levar em conta Deus e o relacionamento do homem com o Senhor. As disciplinas seculares assumiram um compromisso sistemático de estarem erradas.

Isso não significa que uma pessoa secular não possa ser uma observadora brilhante de outros seres humanos. Muitas vezes, essas pessoas são críticas e teóricas engenhosas. Mas elas também distorcem o que veem e enganam por meio daquilo que ensinam e fazem, porque, do ponto de vista de Deus, a sabedoria do mundo está impregnada de uma tolice fundamental. Ela não reconhece que ele criou o ser humano e o fez para se relacionar com ele e lhe prestar contas. A postura do secularismo é como uma serra elétrica ajustada incorretamente. Pode ser uma serra poderosa e pode cortar muita madeira, mas todos os seus cortes são tortos.

Em vista dessa distorção embutida na natureza dessas ciências, como as observações, ideias e práticas seculares podem ser úteis para os cristãos? Não deveriam exercer *nenhum* papel em nosso *modelo* de aconselhamento. Mas, interpretadas radicalmente, podem exercer um papel ilustrativo, fornecendo exemplos e detalhes que ilustram o modelo bíblico e completam nosso conhecimento. Podem exercer também um papel provocativo, desafiando-nos a desenvolver nosso modelo em áreas sobre as quais ainda não refletimos ou as quais negligenciamos. Em *Conselheiro capaz*, Jay Adams afirmou isso sucintamente quando disse que a psicologia pode ser um "assistente útil" no aconselhamento bíblico de duas formas: 1) "para os propósitos de ilustrar, fornecendo os detalhes específicos às generalizações"; e 2) "desafiando interpretações humanas erradas das Escrituras, obrigando o aluno a voltar a estudar as Escrituras".[1]

O que as disciplinas seculares têm a oferecer ao conselheiro bíblico? Deus é o especialista quando se trata de pessoas, e ele falou e agiu para nos transformar e nos equipar com as ferramentas de que precisamos para ajudar outros em sua transformação. Os secularistas têm o ponto de vista distorcido em relação a isso e só podem ser úteis ao conselheiro bíblico se esse ponto de vista for radicalmente reinterpretado segundo a metodologia de aconselhamento revelada nas Escrituras. (Os capítulos 8-14 deste livro apresentam uma metodologia bíblica para ajudar as pessoas.)

(*David Powlison*)

O aconselhamento bíblico não é excessivamente simplista?

Se "excessivamente simplista" significa que o aconselhamento bíblico não é tão sofisticado quanto, digamos, a psicologia ou a psiquiatria, com seus termos e métodos complicados, então a resposta é "sim", é mais simples. Mas observe que simples não significa simplista.

Como já foi observado corretamente: "Uma linguagem simples não indica um pensamento simplista, assim como uma linguagem complexa não indica um pensamento profundo". Em sua essência, o aconselhamento bíblico é simples porque procura encontrar respostas para os problemas do pecado nas páginas da Bíblia. Não procura encontrar essas respostas em outro lugar senão na Palavra de Deus, pois em nenhum outro lugar existe um remédio para essa cura tão necessária. Para não sermos criticados desnecessariamente a essa altura, precisamos esclarecer que as dificuldades da vida são, reconhecidamente, enormes, mas elas podem ser compreendidas e podem fornecer um impulso para o crescimento. Afirmar simplesmente que os problemas da vida e do pecado são simples e então passar para o próximo tema significa um equívoco total. A Palavra de Deus contém as verdades simples, mas profundas, que transformam as pessoas na imagem de Jesus Cristo. Aqueles que assumiram um compromisso com as Escrituras e sua suficiência fundamentarão seus esforços de aconselhamento no fundamento desse padrão.

Pedro expressou seu compromisso da seguinte forma: "Seu divino poder nos deu todas as coisas de que necessitamos para a vida e para a piedade, por meio do pleno conhecimento daquele que nos chamou para a sua própria glória e virtude" (2Pedro 1:3). O aconselhamento bíblico, então, fornece a única base segura para ajudar as pessoas; por ser assim, ele não pode ser chamado de "inerentemente simplista". Caso contrário, mancharíamos o caráter do próprio Deus, dando a entender que ele é simplista. No fim das contas, a verdade é que os conselheiros bíblicos são aqueles que vão ao encontro do homem interior — onde todas as batalhas humanas são travadas — enquanto os outros não se aprofundam o bastante. Apenas o homem ou a mulher equipados com as ferramentas de Deus (sua Palavra e seu Espírito) podem atravessar as águas turvas do coração humano. Provérbios 20:5 declara: "Os propósitos do coração do homem são águas profundas, mas quem tem discernimento os traz à tona". Os conselheiros bíblicos, e não aqueles que pretendem lidar com os temas profundos, são aqueles que realmente conseguem trazer à tona as questões reais da vida.

Conselheiros comprometidos exclusivamente com a Bíblia não precisam ceder à pressão daqueles que gostariam que eles reconhecessem de alguma forma problemas complexos e complicados em cada situação de aconselhamento. É claro, algumas situações serão mais difíceis do que outras, mas ninguém pode afirmar que o aconselhamento bíblico é excessivamente simplista. Jay Adams refutou essa acusação duramente quando disse: "Para mim, clareza e simplicidade são virtudes, não vícios. Na minha opinião, tudo que obscurece o entendimento é detrimento; tudo que ilumina merece louvor. [...] Vejo a clareza como obrigação sagrada de um ministro cristão, esteja ele falando no púlpito ou escrevendo com sua caneta. Obscuridade é o pai da heresia, e a ambiguidade é a mãe de todo erro. A clareza está intimamente vinculada à verdade".[2]

(*S. Lance Quinn*)

Visto que a Bíblia não é um manual de psicologia, não precisamos completá-la com outras disciplinas para entender e ajudar as pessoas com suas profundas necessidades psicológicas?

À primeira vista, isso parece ser uma pergunta sensata. As disciplinas científicas nos *revelaram* verdades que vão além da verdade das Escrituras. Todos nós nos beneficiamos do conhecimento médico, que é extrabíblico. Apendicectomias, por exemplo, salvaram inúmeras vidas nos últimos cem anos. Vacinas contra varíola praticamente extinguiram a doença. Se na medicina nós nos limitássemos aos remédios revelados especificamente nas Escrituras, estaríamos numa tremenda desvantagem em relação ao tratamento de doenças.

As Escrituras *não* alegam ser um manual de medicina, física ou qualquer outra ciência.[3] Mas a psicologia se distingue destas em dois aspectos importantes: em primeiro lugar, a psicologia não é uma ciência verdadeira. Ela não lida com dados objetivos e verificáveis que podem ser submetidos a testes confiáveis e confirmados pelo método científico. É uma pseudociência, e a maioria de suas doutrinas cardeais é mera especulação, não verdade confiável.

Em segundo lugar, a psicologia, diferentemente da medicina e da física, lida com questões que são fundamentalmente espirituais. Na verdade, a palavra *psicologia* significa "estudo da alma". O que seriam profundas necessidades psicológicas senão questões espirituais com as quais o evangelho se preocupa? E a Bíblia certamente reivindica suficiência absoluta quando se trata dessas necessidades: "Toda a Escritura é inspirada por Deus e útil para o ensino, para a repreensão, para a correção e para a instrução na justiça, *para que o homem de Deus seja apto e plenamente preparado para toda boa obra*" (2Timóteo 3:16-17; grifo meu). "A lei do SENHOR é perfeita, e revigora a alma" (Salmos 19:7). A própria Bíblia promete ao cristão os recursos espirituais mais abrangentes: "todas as coisas de que necessitamos para a vida e para a piedade" (2Pedro 1:3).

O problema é depressão? As Escrituras oferecem o único remédio confiável. O problema é culpa? O que a psicologia pode oferecer que vá além da solução perfeita que a Bíblia sugere: "o sangue de Cristo, que [...] purificará a nossa consciência de atos que levam à morte, de modo que sirvamos ao Deus vivo" (Hebreus 9:14)? Cada assim chamada necessidade psicológica que não pode ser remetida a uma causa física é, na verdade, um problema espiritual, e a Bíblia reivindica sim ser o único guia suficiente para tratar problemas espirituais. Tentar acrescentar teoria psicológica ao testemunho infalível da Palavra de Deus significa adulterar a verdade de Deus por meio da opinião humana.

(*John MacArthur*)

O aconselhamento bíblico é realmente necessário? O discipulado não basta?

Discipulado cristão é o processo de compartilhar as verdades aprendidas e aplicadas da Palavra de Deus com outra pessoa (2Timóteo 2:2). Isso exige tempo. Pode envolver o investimento de anos de ensino, treinamento, encorajamento e repreensão. O objetivo durante esse processo é ajudar o discípulo a crescer para a maturidade em Cristo, isto é, a viver consistentemente segundo a Palavra de Deus. O discipulador equipa o indivíduo de modo que essa pessoa possa, por sua vez, inserir princípios bíblicos na vida de outros (novamente, 2Timóteo 2:2). A pessoa que compartilha a verdade sobre Deus com outra pessoa também amadurece ao longo do processo de discipulado.

Sob esse ponto de vista, deve ser evidente que o aconselhamento bíblico é, na verdade, *parte* do discipulado. O aconselhamento não é uma entidade distinta como querem o mundo e muitos cristãos. Na verdade, muito daquilo que diríamos sobre o discipulado poderia ser dito também sobre o aconselhamento. No aconselhamento, porém, o processo do discipulado se concentra numa aplicação mais *específica* dos princípios bíblicos, se volta para problemas mais *específicos* na vida do cristão. Talvez o indivíduo precise de mais estrutura e responsabilidade do que um relacionamento de discipulado normal poderia fornecer. Isso vale especialmente se as questões com que lidamos são hábitos impregnados na vida do aconselhado.

Normalmente, num relacionamento de aconselhamento, lidamos com problemas específicos durante um período muito mais curto do que no relacionamento de discipulado. Não é necessário aconselhar um indivíduo durante anos. Em muitos casos, uma pessoa salva precisa apenas de poucas semanas para entender os princípios bíblicos envolvidos na mudança de seu pensamento em relação àquele assunto e, assim, mudar sua conduta ou reação à circunstância em que se envolveu.

No processo de discipulado há momentos em que problemas específicos são identificados e, no decurso da discussão sobre esses assuntos, o discipulador aconselha o indivíduo. Também é verdade que, embora uma pessoa possa ser capaz de resolver a questão no processo do aconselhamento bíblico, talvez ela queira continuar num relacionamento de discipulado com um cristão maduro para que este lhe ajude a crescer espiritualmente. Assim, o discipulado precisa, por vezes, do aconselhamento; e o aconselhamento, às vezes, funciona como forma concentrada de discipulado.

(*Carey Hardy*)

Como a graça de Deus e o evangelho se encaixam no aconselhamento bíblico?

A Bíblia fala da graça de Deus nas boas-novas de Jesus Cristo. Quando Jesus abriu a mente de seus discípulos para que entendessem as Escrituras, explicou-lhes as coisas que diziam respeito a ele mesmo. A Bíblia fala *sobre* Jesus Cristo, o Salvador e Senhor; portanto, o aconselhamento bíblico é *sobre* Jesus Cristo, o Salvador e Senhor. Quando Jesus abriu a mente de seus discípulos para que eles entendessem as Escrituras, falou sobre arrependimento, sobre perdão dos pecados e sobre como fazer discípulos. A Bíblia fala *sobre* transformar pecadores em filhos do Pai; por isso, o aconselhamento bíblico é sobre transformar pecadores em filhos do Pai. Quando Jesus abriu a mente de seus discípulos para que entendessem as Escrituras, ensinou-lhes a servir como seu Mestre gracioso, por isso a mensagem do aconselhamento bíblico é graciosa. Os conselheiros bíblicos encarnam um método gracioso: amor sincero, humildade, dependência, sabedoria, ternura, ousadia, mansidão, persistência, coragem, autoridade, flexibilidade, autossacrifício e paciência. A Bíblia equipa o conselheiro para que ele possa administrar todo o conselho de Deus.

Então, qual é o lugar da graça de Deus e do evangelho no aconselhamento bíblico? Isso é como perguntar: "Qual é o lugar da água e do oxigênio na fisiologia humana?". O evangelho é o material fundamental do aconselhamento bíblico. Cada parte do aconselhamento bíblico consiste em evangelho e graça, desde o esforço para entender as pessoas e seus problemas até a resolução desses problemas.

Por que as pessoas se perguntam se a graça é central ao aconselhamento bíblico? Existem três possíveis razões. A primeira é que muitas pessoas acreditam que o propósito da Bíblia é salvar as pessoas e dizer-lhes o que elas devem fazer. Sob essa perspectiva, tudo o que o conselheiro pode dizer às pessoas é: "É assim que você aceita o evangelho e a graça perdoadora de Deus para que você entre no céu. Agora, até lá, faça isso. Não faça aquilo. Seja homem. Apenas diga 'não'. Seja uma boa pessoa". Esse tipo de moralização, porém, não é bíblico. A Bíblia não acrescenta força de vontade e esforço próprio à graça. O evangelho e a graça de Deus não tratam apenas do perdão da culpa pelo pecado, mas também do poder de Deus para transformar o cristão progressivamente ao longo de sua vida. O Espírito pretende transformar as pessoas nos detalhes práticos da vida. A autorrevelação de Deus se torna o ambiente em que passamos a viver; as promessas de Deus se transformam em nosso alimento; e os mandamentos de Deus se tornam a vida que praticamos. Alguém pode duvidar de que um aconselhamento bíblico que mereça esse nome é um ministério do próprio poder de Deus no evangelho, que transforma as pessoas por dentro e por fora?

Uma segunda razão pela qual as pessoas perguntam pelo lugar da graça no aconselhamento bíblico é: os conselheiros bíblicos visam uma obediência prática. Muitas pessoas acreditam que enfatizar a obediência aos mandamentos de Deus significa ignorar ou contradizer a graça livre do evangelho. Mas a graça gratuita é uma graça eficaz. Não perdoa o adultério para que continuemos adúlteros. Perdoar a raiva e permitir que as pessoas continuem entregues a ataques de raiva não é algo que glorifica a Deus. Não traz honra ao evangelho se a ansiedade pode ser perdoada, mas as pessoas continuam a viver em descrença. O Reino de Deus não avança com o perdão de pessoas egocêntricas se elas não aprendem a pensar também nos interesses das outras pessoas. Uma pessoa que se queixa o tempo todo não ficará mais feliz se continuar absorvida por si mesma, exigente e pessimista. Tampouco favorece o mundo ou a igreja se provocadores de conflitos não aprendem a ser pacificadores. Deus faz discípulos por meio da graça do evangelho. O Espírito produzirá seus desejos e seu fruto, e o aconselhamento bíblico é um servo dessas mudanças práticas e doces.

A terceira razão pela qual se pergunta o lugar da graça no aconselhamento bíblico é que, às vezes, candidatos a conselheiros bíblicos não são tão bíblicos assim. Qual conselheiro bíblico não está ciente de suas falhas no que se refere à sabedoria pastoral quando procura administrar o conselho de Deus? A solução para esse dilema é curto e sucinto: os conselheiros bíblicos precisam se tornar mais bíblicos. Precisam pedir a Deus que lhes revele suas falhas; precisam se arrepender de sua tolice; precisam procurar Deus, que dá sabedoria sem repreender; e precisam aprender humildemente com conselheiros mais hábeis e mais maduros. O aconselhamento bíblico é o ministério da graça de Deus a indivíduos, assim como a pregação bíblica é o ministério da graça de Deus a multidões.

(*David Powlison*)

Por que os conselheiros bíblicos se recusam a usar informações da ciência e da psicologia?

Em primeiro lugar, o conselheiro bíblico se preocupa primariamente com o problema do pecado e com a transformação e o crescimento das pessoas (santificação) para a glória de Deus. A ciência (em geral) não se preocupa nem com o problema do pecado nem com Deus, portanto, não há razão para o conselheiro bíblico usar a ciência para a santificação do homem e levá-lo a glorificar a Deus. A questão do uso da psicologia no aconselhamento é um pouco diferente. Precisamos lembrar primeiro que a psicologia como tal não é uma ciência. Mesmo que os psicólogos queiram que as pessoas acreditem que seja, a psicologia é o *estudo* do comportamento humano, não a *ciência* do comportamento humano. A conduta humana não pode ser estudada cientificamente, como se uma pessoa num jaleco branco pegasse a atitude de uma pessoa e a examinasse num tubo de ensaio. Mesmo que de alguma forma todas as questões do coração humano pudessem ser quantificadas empiricamente, nenhum psicólogo ou cientista conseguiria fornecer as interpretações corretas ou as soluções para os problemas sem recorrer à Palavra revelada de Deus e sua aplicação direta ao coração humano.

Precisamos afirmar da forma mais clara possível que os conselheiros bíblicos não objetam à psicologia ou aos psicólogos como tais. Existem alguns atuando no campo geral da psicologia que realizam tarefas importantes, como, por exemplo, na área de estudos de padrões de sono de indivíduos, analisando quais benefícios podem ser adquiridos por meio disso. A objeção que os conselheiros bíblicos fazem aos psicólogos (e até mesmo aos psiquiatras) refere-se a quando eles tentam oferecer às pessoas soluções não bíblicas (e, em muitos casos, abertamente antibíblicas) para os problemas que têm origem no pecado. Como observou corretamente Jay Adams, um dos líderes do movimento do aconselhamento bíblico: "Quando os psicólogos tentam mudar o homem, apesar de não terem nenhuma missão de Deus para fazê-lo, nenhum padrão para determinar o que seriam posturas ou condutas apropriadas ou desviadas, nenhum conceito de como deveria ser o homem e nenhum poder por meio do qual poderiam alcançar a transformação interior do coração e do pensamento, não tenho como não me preocupar".[4]

Quando se trata de "trabalho com a alma", apenas as pessoas ordenadas por Deus para esse fim podem ser usadas por Deus para transformar vidas. O aparato necessário é a Palavra de Deus compartilhada por meio da iluminação do Espírito de Deus e administrada por pessoas chamadas por Deus na igreja local. A psicologia ou a psiquiatria, mesmo alegando estarem sob o controle da igreja local, não são úteis para o conselheiro bíblico se não estiverem sob o controle das Escrituras Sagradas, e podem até ser danosas (e certamente o são!) para o processo do aconselhamento.

Não podemos supor que, quando psicólogos fazem avaliações da conduta humana, eles o estão fazendo de forma puramente científica se sugerirem soluções para a mudança de comportamento fora do alcance da Palavra de Deus. Todas as soluções propostas para o problema do pecado se reduzem à nossa visão de Deus e de sua Palavra. Qualquer tentativa de fornecer soluções sem exegese, teologia e aplicação bíblica do fruto desses estudos aos corações resultará num aconselhamento falho, seja ele feito por psicólogos, seja por pastores.

(*S. Lance Quinn*)

É verdade que o aconselhamento bíblico não dá valor a estudos acadêmicos e ressalta excessivamente o treinamento em discipulado bíblico?

A maioria das profissões atuais exige uma formação com ensino superior. Se quisermos ser reconhecidos oficialmente como profissionais na área de assistência, como psicologia ou aconselhamento conjugal ou familiar, precisamos de uma formação universitária. Normalmente, nos Estados Unidos, isso exige um ano de pós-graduação e muitas horas de estágio supervisionado. Essa é a abordagem normal para a maioria de programas em psicologia cristã.

Mas o aconselhamento bíblico não segue essa via educacional tradicional e, por causa disso, é visto por alguns como menos rigoroso em termos acadêmicos e, por isso, como menos substancial. No entanto, precisamos perguntar: "O que o aluno estuda num curso de psicologia cristã?". Se analisarmos o catálogo de qualquer faculdade cristã nos Estados Unidos, veremos imediatamente que os cursos oferecidos nos níveis de graduação e pós-graduação consistem prioritariamente em aulas de teoria e aplicação em psicologia. Alunos que seguem esse currículo completam um conjunto de cursos bíblicos com cursos em aconselhamento ou psicologia, administrados em grande parte por instrutores com um mínimo de formação acadêmica em estudos bíblicos. Como, porém, um instrutor sem treinamento teológico consegue integrar psicologia e Bíblia? E como ele pode usar a Bíblia como o ponto de referência infalível para a psicologia?

Já que o conselheiro bíblico acredita que a Bíblia é suficiente para tratar todos os assuntos de fé e prática, os estudantes que desejam entrar no aconselhamento bíblico são encorajados a continuar seus estudos no nível de graduação com base teológica que ofereça cursos em ministérios e técnicas de aconselhamento bíblico. A essência e o núcleo do aconselhamento bíblico são o conhecimento e a aplicação da Palavra de Deus, e esta precisa ser o fundamento de qualquer treinamento em aconselhamento bíblico no nível de graduação e de pós-graduação.

Todos que se dediquem ao movimento de aconselhamento bíblico precisam sempre e rigorosamente buscar excelência acadêmica no treinamento como conselheiros. Isso exige um alto nível de educação formal, que deve ser adquirida em faculdades e seminários que respeitam as Escrituras. O corpo docente dessas instituições deveria ser altamente treinado na interpretação e na aplicação da teologia, do conteúdo bíblico e da teologia prática. Com esse fundamento, cursos práticos em aconselhamento bíblico deveriam ser lecionados por um corpo docente que tem habilidades bíblicas e teológicas e experiência prática em aconselhamento bíblico. A terceira parte desse preparo acadêmico precisa ser um estágio numa igreja local sob a orientação do corpo docente e do pastor. Precisamos produzir homens e mulheres que, por causa de seu entendimento das Escrituras e daquilo que elas revelam sobre a condição humana, são qualificados por treinamento acadêmico e por um compromisso com Cristo e sua Palavra para aconselhar outros.

(*John P. Stead, PhD.*)

O aconselhamento bíblico nega a existência de doenças mentais ou emocionais e a cura que se faz necessária nessas áreas?

O conceito da doença mental é uma teoria baseada num modelo médico de doença. No modelo médico, uma doença orgânica é a causa de vários sintomas no corpo. O corpo está doente porque algo de fora o afetou. Assim, uma pessoa está com gripe por causa de um vírus da gripe. Não é culpa dessa pessoa estar sofrendo de uma gripe. Essa pessoa não pode ser responsabilizada pela sua incapacidade de trabalhar, já que a doença é resultado de algo que afetou o corpo.

Essa mesma lógica é usada ao lidar com um comportamento que não conseguimos explicar. Quando uma pessoa apresenta um comportamento bizarro e nenhuma causa orgânica desse comportamento pode ser encontrada por exames no laboratório, os não cristãos desenvolveram a teoria de que a pessoa está mentalmente doente. Assim como o corpo adoece, acreditam que também a mente adoece. Já que a mente está doente, a pessoa não consegue controlar seu comportamento e, por isso, não é responsável por seus atos. Sempre que uma pessoa funciona de forma anormal (irresponsável), ela é considerada mental ou emocionalmente doente, com mente e emoções consideradas doentes.

A dificuldade com essa teoria é que ela não pode ser comprovada. Existem testes que medem o pensamento, mas eles não conseguem provar que a mente está doente. Mesmo que a mente use o cérebro, a mente não é o cérebro. Tumores, ferimentos graves, AVCs etc. podem danificar parte do cérebro e afetar como uma pessoa pensa e age, mas não são doenças mentais; são doenças orgânicas que podem ser comprovadas no laboratório. Podem causar doenças no cérebro, mas não na mente. Enquanto as partes danificadas do cérebro podem não estar à disposição da mente, a mente não está doente. Existe um dano do cérebro, mas não uma doença mental. O conceito de "mente doente" é uma teoria sem constatação científica.

A psiquiatria usa rótulos de doenças para descrever diversos grupos de sintomas. Quando uma doença orgânica é encontrada, ela recebe um rótulo que descreve o problema no corpo. Por exemplo: um exame médico descobre que uma pessoa com o diagnóstico de depressão tem uma tireoide subativa. Nesse caso, o diagnóstico é alterado de depressão para hipotiroidismo. Se uma doença mental tem uma causa orgânica, o termo *doença mental* é substituído pelo nome da doença física no corpo.

Um argumento para a existência de um fundamento orgânico para problemas comportamentais se baseia na melhoria do quadro clínico que algumas pessoas apresentam quando recebem medicação. Essa lógica, porém, não é científica. Dois eventos simultâneos não significam automaticamente que um é causado pelo outro. Por exemplo: 100% das pessoas que comeram cenouras em 1825 estão mortas agora. Se seguíssemos o raciocínio acima, concluiríamos que a cenoura é um alimento perigoso — obviamente uma conclusão ilógica. No entanto, é igualmente ilógico concluir que, pelo fato de um remédio melhorar os sentimentos de uma pessoa, essa pessoa tem uma doença orgânica.

O conselheiro bíblico é acusado de negar a realidade. No entanto, quem pode afirmar que isso é a realidade? Mesmo que a maioria das pessoas na nossa sociedade aceite a teoria da doença mental como fato, isso não faz disso um fato. Esse raciocínio não é científico, mas sim filosófico. É a mesma lógica que afirma que o cristão nega a existência do Papai Noel ou do Coelho da Páscoa. Muitas pessoas acreditam que eles existem, mas isso os torna reais? Uma vez que a doença mental é uma teoria, e não um fato, conselheiros bíblicos não negam a existência de algo que tenha sido comprovado por informações empíricas adquiridas no laboratório. Não existe necessidade de negar a existência de algo que não existe.

O comportamento e o pensamento classificados como doença mental ignoram totalmente o que a Bíblia ensina. Quando os problemas de uma pessoa não são tratados biblicamente, o resultado é um pensamento confuso e sentimentos ruins. Isso aumenta os problemas que precisam ser tratados. Quando as pessoas vivem seguindo seus sentimentos, isso afeta sua conduta. Fazem tentativas de melhorar os sentimentos e, por meio disso, melhorar a conduta. Mas, quando essas tentativas fracassam (como sempre acontece), surgem novos problemas. O pensamento se torna cada vez mais confuso na tentativa de lidar com situações difíceis. Presa nesse ciclo vicioso, a pessoa acaba tendo pensamentos e comportamentos bizarros. O problema não são os sentimentos ou as emoções, mas o pensamento e a ação. Quando não usamos a Bíblia para lidar com problemas, pensamentos e sentimentos, resultam disso pensamentos e atos confusos. Isso continua até o pensamento e a conduta se tornarem bizarros. As emoções não precisam ser curadas, pois não estão doentes; são um resultado natural de um pensamento não bíblico.

A pergunta alega também que a falha de aceitar a doença mental como realidade é cruel, pois significa que não existe cura. Na verdade, vale o contrário. Aqueles que rotulam o comportamento como doença são cruéis, pois removem a esperança e a vitória disponíveis por meio da aplicação de princípios bíblicos. Quando o modelo médico argumenta que uma pessoa está doente, ele pode garantir que a cura é possível? Como devemos definir cura? O que acontece se ela não ocorrer? Já que, na realidade, não existe doença mental, oferecer cura significa encorajar uma esperança fraudulenta e fútil. Em essência, isso remove a esperança verdadeira, e essa é a ação verdadeiramente cruel.

O conselheiro bíblico pode oferecer algo superior à cura. Ele pode oferecer vitória em meio a circunstâncias difíceis, e não apenas melhoria dos sentimentos ou tentativas de mudar as circunstâncias. Isso é bíblico e muito superior a uma cura que não pode ser definida ou medida. O aconselhamento bíblico é amoroso porque produz a vitória que Deus prometeu.

(*Robert Smith, médico*)

Por que o aconselhamento bíblico defende uma visão dicotômica e não tricotômica da humanidade?

A dicotomia ensina que as pessoas são compostas de dois elementos distintos: corpo e alma. O corpo representa tudo que é material, enquanto a alma representa tudo que é imaterial. Nesse caso, os termos *alma* e *espírito* são vistos como aspecto imaterial da natureza humana de pontos de vista diferentes. Isso é, a essência numérica de *alma* e *espírito* é uma.

Evidências da dicotomia podem ser encontradas no emprego intercambiável pelas Escrituras dos termos *alma* (*nephesh* no Antigo Testamento e *psychē* no Novo Testamento) e *espírito* (*ruach* no Antigo Testamento e *pneuma* no Novo Testamento). Por exemplo, compare Gênesis 35:18 e 31:5, e também João 12:27 e 13:21. Outra linha de argumentação é a importância da *alma* em vários contextos para representar a totalidade do aspecto imaterial da humanidade. Veja, por exemplo, Marcos 12:30, Lucas 1:46, Hebreus 6:18-19 e Tiago 1:21. Por fim, as Escrituras usam *corpo* e *alma* juntos como representação da pessoa completa, como ocorre em Mateus 10:28 e 16:26.

Na avaliação da dicotomia, a defesa mais forte é o argumento da criação. Gênesis 2:7 registra que o homem se tornou uma *alma* viva. O termo inclui tudo que constitui um ser vivo que respira. Desse modo, seria mais preciso dizer que o homem *tem* um *espírito*, mas é uma *alma*. Além do mais, o fato de esses termos serem intercambiáveis fala em prol da dicotomia. Do lado negativo encontram-se as passagens (1Tessalonicenses 5:23; Hebreus 4:12) que parecem fazer uma distinção entre *alma* e *espírito*, como alegam aqueles que defendem a tricotomia.

A tricotomia ensina que os seres humanos são compostos de três elementos distintos: corpo, alma e espírito. A *alma* inclui o princípio da animação e as faculdades da natureza humana, como mente, coração e vontade. O *espírito*, por sua vez, é a capacidade espiritual de se relacionar com Deus. É o espírito que nasce de novo na salvação.

Evidências para essa posição podem ser encontradas em algumas passagens bíblicas que apontam uma função distinta para a *alma* e o *espírito*, como Mateus 16:26 (o que um homem daria por sua *alma*, não por seu *espírito*) e Romanos 8:16 (o Espírito Santo testifica ao nosso *espírito*, não à nossa *alma*). Além do mais, os termos são diferenciados um do outro em 1Tessalonicenses 5:23. E Hebreus 4:12 indica que a *alma* e o *espírito* são capazes de ser divididos pela Palavra de Deus e, portanto, devem ser compreendidos como entidades diferentes.

À primeira vista, a tricotomia explica melhor como um indivíduo pode estar fisicamente vivo e, ao mesmo tempo, espiritualmente morto. Correspondentemente, muitas apresentações do evangelho se baseiam numa visão tricotômica da humanidade. Mas essa vantagem aparente é anulada pela falta de apoio bíblico para essa posição. No que diz respeito a 1Tessalonicenses 5:23, precisamos observar acima de tudo que Paulo estava ocupado com o assunto "oração". Ele não estava fazendo um discurso sobre a constituição humana. Em segundo lugar, o "e" que conecta *alma* e *espírito* poderia ser visto como um *kai* epexegético, e não como simples conectivo, de modo que os termos representariam diferentes meios de se referir ao mesmo aspecto imaterial do homem. Em terceiro lugar, a locução "ser conservado" e o adjetivo "todo" estão no singular. Mesmo que um verbo no singular possa modificar sujeitos neutros plurais na gramática grega, a regra da concordância sugere que, "quando um sujeito coletivo é tratado como massa, o verbo está no singular".[5] Por fim, a palavra "inteiramente" em grego é *holoteleis*, não *holomereis*, o que significa que não se refere a partes. Assim, os indícios lexicais, contextuais e gramaticais minam significantemente a interpretação tricotomista do versículo.

Hebreus 4:12 é igualmente problemático. A passagem não ensina a separação da alma do espírito, pois as preposições *ek*, *apo* e *kata* estão ausentes. Também não há um verbo para indicar uma divisão *entre* duas coisas. Os objetos do particípio são uma série de genitivos, como "divisão *da* alma e *do* espírito". Em outras palavras, o que é afirmado aqui é a capacidade da Palavra de Deus de dividir a alma de si mesma e o espírito de si mesmo. Apoio adicional para essa interpretação do versículo pode ser encontrado na referência "juntas e medulas". Isso não significa a separação das juntas da medula, já que não apresentam qualquer relação. Antes, refere-se à separação dos ossos na junta e da medula do osso da superfície do osso. Consequentemente, Hebreus 4:12 não pode ser usado exegeticamente para defender a tricotomia.

O dicotomista tem uma maneira melhor de relacionar a *alma* e o *espírito* de forma consistente com a interpretação bíblica. A *alma* anima o corpo e é o centro da consciência e da personalidade, incluindo o intelecto, os afetos e a vontade. O *espírito* se refere às mesmas faculdades imateriais em relação a Deus. Uma pessoa espiritualmente morta é uma pessoa cujas capacidades da alma não estão relacionadas corretamente a Deus. Na regeneração, o Espírito reorienta as faculdades da alma em direção a Deus, de modo que a alma se torna espiritualmente viva.

(*Ken L. Sarles*)

Por que as pessoas envolvidas no aconselhamento bíblico são tão críticas e julgadoras em relação a outros cristãos que defendem outras visões?

Seria grosseiramente injusto caracterizar todo o movimento do aconselhamento bíblico como crítico e julgador. Após ler grande parte da literatura do movimento, fiquei impressionado com o raciocínio equilibrado, sensato, proativo e bíblico empregado por pessoas como Jay Adams, Richard Ganz, Wayne Mack e outros.

O erro que o movimento do aconselhamento bíblico procura encarar é, porém, extremamente sério, pois trata da integridade e da autoridade da Bíblia. Muito está em jogo. Aqueles que se dedicam ao aconselhamento bíblico compreendem que diluir as Escrituras com a sabedoria tola do mundo (veja 1Coríntios 1:20; 3:19) significa abrir mão do poder e da bênção de Deus no ministério do aconselhamento.

É inerentemente grosseiro ou julgador afirmar que a visão de outra pessoa é errada? Não se tivermos a autoridade bíblica para afirmá-lo. Na verdade, permanecer em silêncio e permitir que o erro não seja exposto e corrigido significa trair o papel da liderança (Tito 1:9). O apóstolo Paulo chamou Pedro publicamente de hipócrita por comprometer os princípios bíblicos (Gálatas 2:11-15). Pedro havia sido publicamente hipócrita; era correto que ele fosse repreendido publicamente (veja 1Timóteo 5:20).

Não concordar com a visão publicada de uma pessoa ou criticá-la não representa um ataque pessoal. Se a Igreja não consegue suportar um diálogo polêmico entre visões opostas, especialmente se um líder cristão não pode ser responsabilizado por um ensinamento não bíblico, o erro reinará livremente.

(*John MacArthur*)

O que o aconselhamento bíblico pode oferecer a um não cristão que pedir aconselhamento?

Em primeiro lugar, o aconselhamento bíblico reconhece que cristãos e não cristãos não podem ser aconselhados da mesma forma. Não podemos usar as Escrituras para aconselhar um não cristão que não se submeteu a essa autoridade. Na verdade, o aconselhado não pode responder e não responderá à verdade se seus olhos espirituais cegados não são abertos por Deus. Como disse Paulo: "Quem não tem o Espírito não aceita as coisas que vêm do Espírito de Deus, pois lhe são loucura; e não é capaz de entendê-las, porque elas são discernidas espiritualmente. Mas quem é espiritual discerne todas as coisas, e ele mesmo por ninguém é discernido [...]" (1Coríntios 2:14-15). Assim, para que uma pessoa possa mudar, ela precisa ter submetido sua vontade à vontade de Deus. A única mudança que pode ocorrer na vida de um não cristão é uma mudança superficial que jamais transformará seu coração. E é exatamente isso que o aconselhamento bíblico procura: transformar o coração para que ele responda a Deus.

O que, então, o aconselhamento bíblico pode oferecer a uma pessoa não regenerada? Podemos comunicar a verdade de que ninguém pode mudar em qualquer medida significativa sem aceitar Jesus Cristo como Senhor e Salvador. A mudança verdadeira começa por aqui. O aconselhamento bíblico pode apresentar o evangelho, a resposta às necessidades humanas mais profundas. Esse é o objetivo e o fundamento de qualquer aconselhamento com não cristãos. Se a pessoa se recusa a reconhecer a necessidade da obra salvadora de Cristo, não há outra maneira de ajudar essa pessoa.

(*S. Lance Quinn*)

Quais compromissos teológicos são fundamentais para o método noutético de aconselhamento bíblico?

A pergunta pode ser respondida em duas partes. Primeiro: quais são os compromissos teológicos envolvidos? Segundo: quais questões teológicas não estão envolvidas?

Em termos gerais, o conselheiro bíblico procura afirmar as doutrinas fundamentais da fé. Três compromissos doutrinais são fundamentais para o aconselhamento bíblico. O primeiro compromisso é a autoridade e suficiência das Escrituras. Essa verdade, mais do que qualquer outra, diferencia o aconselhamento bíblico de todas as outras abordagens ao aconselhamento. A Palavra de Deus, usada pelo Espírito Santo, é suficiente para resolver todos os problemas espirituais, psicológicos e relacionais do filho de Deus (2Timóteo 3:16-17). Nenhum outro ramo do conhecimento precisa ser acrescentado à Bíblia. Ela é suficiente e fala com autoridade absoluta e final.

O segundo compromisso diz respeito à pessoa e à vontade de Deus, que é o autor e o tema das Escrituras. Todo problema de aconselhamento pode ser remetido a um pensamento errado sobre o caráter e a vontade de Deus (Isaías 55:8-9). Por isso, todo o sofrimento, as tragédias, as provações e as dores do coração precisam ser colocados em seu devido lugar em relação à pessoa gloriosa e majestosa de Deus. Já que apenas ele é Deus e já que não há nenhum outro além dele, as dificuldades de qualquer tipo precisam ser relacionadas a seu plano soberano (Romanos 8:28-30).

O terceiro compromisso envolve a doutrina do pecado, um distintivo do aconselhamento bíblico. Apenas o método noutético leva em consideração adequadamente a natureza radicalmente deficiente da humanidade. O dilema mais fundamental não é o fato de as pessoas estarem sofrendo, ou de lhes faltar autoestima, ou de virem de uma família disfuncional; o problema fundamental é que elas são caídas (Gênesis 3) e se revoltam contra Deus (Romanos 5:10). Elas adoram e servem à criatura, e não ao Criador (Romanos 1:25).

Apesar de a abordagem noutética ser não integracionista, isso não elimina toda diversidade teológica ou denominacional entre aqueles que a usam. No aconselhamento bíblico não há, por exemplo, quaisquer implicações eclesiológicas ou escatológicas. Um conselheiro bíblico pode ser dispensacionalista, pactualista ou nenhum dos dois. O conselheiro pode ser da igreja episcopal, presbiteriana, batista ou congregacional em relação à forma de governo da igreja, e defender as correntes pré, pós ou amilenista em relação ao futuro profético. O aconselhamento bíblico é não sectário e interdenominacional. Não está vinculado a qualquer indivíduo, igreja ou organização. Com exceção dos princípios teológicos fundamentais à prática noutética, esse método de aconselhamento não se alinha a qualquer campo ideológico específico. Em decorrência disso, sempre que os fundamentos da fé são afirmados, o aconselhamento bíblico pode ser usado independentemente da estrutura da igreja ou da posição escatológica.

(*Ken L. Sarles*)

Como o conselheiro bíblico pode classificar dependência química simplesmente como pecado quando a ciência médica já provou que essa dependência é uma doença?

A ideia de que vícios e dependências são doenças já está tão difundida que parece tolice refutá-la. No entanto, a ideia de que a ciência médica já provou que dependências são doenças orgânicas não tem qualquer fundamento. Há um grande dissenso nas comunidades médicas e científicas em relação à questão de doença ou não doença.[6] O Supremo Tribunal da Califórnia, em seu famoso caso Sundance (*Sundance vs. a Cidade de Los Angeles*, 43 Cal 3rd 1101), aceitou o modelo de doença e, ao fazê-lo, removeu legalmente a responsabilidade da pessoa por sua embriaguez e impulsionou assim programas de tratamento governamentais e privados. Na verdade, o que o dr. William Playfair tem chamado de "indústria de recuperação" tem sido tão eficaz em propagar a ideia de que a dependência é uma doença médica que, segundo uma pesquisa de 1990, 87% dos norte-americanos defendem essa posição.

Por outro lado, a Bíblia declara que embriaguez — a introdução não médica de substâncias químicas no corpo com a intenção de obter prazer e percepções alteradas da realidade a fim de suportar ou escapar das provações e dificuldades da vida — é pecado (Gálatas 5:17-21; Efésios 5:18; 1Pedro 4:3-5). Essas substâncias químicas podem ser álcool ou drogas de vários tipos. O consumo dessas substâncias é uma escolha pessoal que está completamente dentro dos limites de controle do indivíduo. Postular o contrário significa sugerir uma predisposição genética à dependência ou sugerir que, conforme o abuso da substância continua, a pessoa perde gradualmente a capacidade de decidir que não deseja continuar com esse padrão de vida.

A resposta genética é, atualmente, a ideia mais popular, até mesmo em círculos cristãos. Segundo esse modelo, uma pessoa já nasce alcoólatra ou viciada, assim como ela nasce com olhos azuis ou castanhos. O que desencadeia o padrão de alcoolismo ou vício é a primeira bebida ou o primeiro comprimido. Esses indivíduos não têm opção, são vítimas de sua constituição genética. Esse conceito, além de ser não bíblico, não tem consenso nem mesmo na comunidade médica.[7] O outro modelo, que diz que uma pessoa perde aos poucos a capacidade de recuar do abuso dessas substâncias, é simplesmente uma modificação do modelo de doença e, novamente, não existe consenso na comunidade médica em relação a ele.

Quando uma pessoa passa a ser controlada por uma substância, não é fácil romper essa escravidão. É por isso que Paulo nos alerta de forma tão insistente diante do perigo de sermos controlados por qualquer coisa além do Espírito Santo (1Coríntios 6:12). O único tratamento eficaz da dependência química é reconhecer que se trata de um comportamento pecaminoso, arrepender-se dele e parar de praticá-lo. Isso pode não ser agradável ou fácil. Sabemos que os sintomas físicos de abstenção de hábitos de longa data são, muitas vezes, desagradáveis. Em alguns casos extremos, como no caso da dependência de heroína, isso pode até exigir uma supervisão médica. No entanto, a maneira bíblica de lidar com esses pecados é clara: arrepender-se e interromper a prática pecaminosa. O problema do abuso e da dependência de substâncias químicas não é, a despeito da opinião pública que afirma o contrário, uma doença indefinida, nem a genética, nem o ambiente social ou qualquer outra força exterior; é a escolha voluntária e pecaminosa do indivíduo caído.

(*Dennis M. Swanson*)

É verdade que o aconselhamento bíblico está arraigado no legalismo?

Legalismo é um termo que costuma ser usado sem levar em conta seu significado. Em essência, "legalismo" significa obter espiritualidade por meio daquilo que fazemos ou deixamos de fazer. No legalismo, alguém estabelece um padrão externo de espiritualidade e, então, julga todos segundo esse padrão. Já que o indivíduo estabeleceu o padrão, normalmente sempre o cumpre. O apóstolo Paulo denunciou essa atividade em 2Coríntios 10:12: "Não temos a pretensão de nos igualar ou de nos comparar com alguns que se recomendam a si mesmos. Quando eles se medem e se comparam consigo mesmos, agem sem entendimento".

O aconselhamento bíblico tem sido caricaturado por seus críticos como legalista, e precisamos reconhecer que, às vezes, por parte de alguns, essa acusação tem sido válida. Mas o aconselhamento bíblico não está arraigado em legalismo. É estrito no que diz respeito à sua fonte de autoridade aceita — a verdade de Deus revelada em sua Palavra — e não há tolerância para a integração de conceitos ou práticas psicológicas na área do aconselhamento. Mas o conselheiro bíblico não se impõe como padrão de vida e santidade. Pelo contrário, ele direciona as pessoas para as Escrituras a fim de que elas possam enxergar Deus com maior clareza e entender que ele lhes forneceu "todas as bênçãos espirituais nas regiões celestiais em Cristo" (Efésios 1:3). O conselheiro bíblico é como Paulo, que reconheceu: "Irmãos, não penso que eu mesmo já o tenha alcançado, mas uma coisa faço: esquecendo-me das coisas que ficaram para trás e avançando para as que estão adiante, prossigo para o alvo..." (Filipenses 3:13-14). O conselheiro bíblico também aponta o aconselhado na direção que Paulo seguiu quando disse "Tudo posso naquele que me fortalece" (4:13).

Chamar o aconselhamento bíblico de "legalista" significa negar a verdade. O aconselhamento bíblico procura honrar a Deus em todas as coisas, acompanhar os irmãos e as irmãs com admoestação, conselho e repreensão quando necessário, para demonstrar aos não cristãos que seus problemas nada são se comparados com sua necessidade de salvação em Cristo, e para proclamar a todos o Deus onisciente, onipotente e onipresente, que é o único capaz de salvar e então capacitar o salvo para servi-lo no mundo.

(*Dennis M. Swanson*)

Alguma vez vocês recorrem a psicólogos ou psiquiatras quando precisam de ajuda?

No aconselhamento, jamais encaminho alguém a esses profissionais, a não ser que a pessoa com esse título esteja comprometida com o aconselhamento bíblico — nesse caso, o título profissional da pessoa é irrelevante. Muitos conselheiros bíblicos são formados em psicologia, psiquiatria, neurologia, medicina geral, enfermagem, educação ou assistência social. Estudaram teorias e métodos de aconselhamento secular, que eles rejeitaram em prol da teoria e da prática bíblica.

Existe alguma situação em que eu encaminharia um aconselhado a um psiquiatra ou psicólogo por outras razões? A formação médica de um psiquiatra pode ajudar a determinar se problemas neurológicos ou orgânicos contribuem para os problemas de uma pessoa. E um psicólogo pode ajudar com testes de inteligência. Mas, infelizmente, os psiquiatras e psicólogos costumam adotar o papel de um psicoterapeuta. Eles invadem o domínio do Espírito, da Palavra e do ministério porque aconselham pessoas de maneiras não bíblicas. Uma carta de uma grande organização cristã continha a seguinte declaração:

> Os psicólogos se empenham muito mais na prática da psicoterapia. Para quem você levaria um garoto de seis anos para determinar se ele está emocional e fisicamente preparado para passar para o primeiro ano? [...] A quem

você recorreria se sua esposa ficasse esquizofrênica e saísse gritando e correndo pela rua? Seu pastor seria capaz de lidar com essa situação? E se você pretendesse mudar de carreira no meio da vida e quisesse uma avaliação objetiva de seus interesses e qualidades? A quem você poderia pedir ajuda? A quem você recorreria se tivesse um filho adolescente extremamente rebelde e ressentido com seu pai? Em cada um desses casos e em centenas de outros, você procuraria um psicólogo cujo primeiro amor e maior compromisso é com Jesus Cristo e a Palavra de Deus. Como é tolo dizer: "Tal coisa não existe".[8]

Quero comentar essa declaração frase por frase.

Os psicólogos se empenham muito mais na prática da psicoterapia. Isso é verdade. Claro, pois a psicoterapia é o caixa automático da maioria dos psicólogos cristãos. Mas essa prática de aconselhamento é legitimada por uma grande quantia de literatura e palestras populares. Na verdade, a maior influência dos psicólogos na Igreja cristã não ocorre por meio da psicoterapia, mas por meio de inúmeros livros, conferências, vídeos e programas de rádio. A declaração destaca o papel de serviço que os psicólogos assumiram, mas (pelo menos nessa citação) não menciona seu maior papel: o de professores sobre a natureza humana e sobre problemas e soluções. Num desenvolvimento triste, os psicólogos adquiriram três tipos de autoridade: 1) o direito de interpretar o ser humano e seus problemas; 2) o direito de trabalhar com pessoas que experimentam problemas na vida; e 3) o direito de tentar resolver os problemas das pessoas.

O dilema é este: as interpretações dos psicólogos cristãos são sistematicamente distorcidas pelo erro. O que eles ensinam? Por mais que se diferenciem nos detalhes, os psicólogos cristãos populares são unidos no ensino de que o problema fundamental do ser humano provém de alguma carência, vazio, necessidade não satisfeita, ferida ou trauma (por exemplo, "baixa autoestima", "desejo profundo de um relacionamento", "sede de amor" ou "busca de sentido"). A Bíblia, por sua vez, ensina que nosso problema fundamental provém de desejos, pensamentos e intenções ativos do coração. Somos fundamentalmente pecaminosos ou simplesmente reagimos de forma pecaminosa ao fato de que as pessoas responsáveis pela satisfação de nossas necessidades falharam?

A passagem citada apela à institucionalização *de facto* da psicologia dentro da cultura contemporânea secular e cristã, como se isso estabelecesse a legitimidade do psicólogo. A autoridade pretende se apresentar como óbvia: já que as pessoas procuram o psicólogo, elas precisam do psicólogo. No entanto, cada um dos exemplos citados acima revela ser questionável sob uma análise mais cuidadosa.

Para quem você levaria um garoto de seis anos para determinar se ele está emocional e fisicamente preparado para passar para o primeiro ano? Leve-o para um médico para resolver as perguntas físicas. Leve-o para o diretor e o professor do primeiro ano para responder às outras perguntas. Eles já lidaram com centenas de crianças ao longo dos anos. Outros pais também podem ajudar. Pessoas experientes podem lhe dar bons conselhos para ajudar-lhe em *sua* avaliação do preparo da criança.

A quem você recorreria se sua esposa ficasse esquizofrênica e saísse gritando e correndo pela rua? Se o comportamento e o pensamento de sua esposa apresentassem traços bizarros, com a ajuda de um médico, da polícia e do seu pastor (ou de um conselheiro pastoral), você deveria ser capaz de fazer tudo que é humanamente possível. O sucesso dos psicólogos no tratamento de pessoas supostamente esquizofrênicas não merece nem ser mencionado.

E se você pretendesse mudar de carreira no meio da vida e quisesse uma avaliação objetiva de seus interesses e qualidades? A quem você poderia pedir ajuda? Um conselheiro de carreiras poderia fornecer testes de interesse de aptidão e conhecimentos sobre o mercado de trabalho. Qualquer conselheiro pastoral que mereça esse título poderia ajudar-lhe a refletir sobre suas motivações e ajudar-lhe com outros aspectos do processo de tomar uma decisão. Pessoas que o conhecem bem e pessoas em sua carreira atual e sua carreira desejada também podem oferecer conselhos práticos.

A quem você recorreria se tivesse um filho adolescente extremamente rebelde e ressentido com seu pai? Isso é aconselhamento bíblico básico. Traga o adolescente e os pais para o aconselhamento. Descubra por que o adolescente está sendo rebelde e ressentido e se isso se deve à provocação do pai. Ajude os dois a fazerem as mudanças necessárias.

Em cada um desses casos e em centenas de outros, você procuraria um psicólogo cujo primeiro amor e maior compromisso é com Jesus Cristo e a Palavra de Deus. Como é tolo dizer: "Tal coisa não existe". Sinceramente, não consigo imaginar nenhum caso, com a exceção, talvez, de testes de inteligência administrados pelo psicólogo da escola, em que o título de psicólogo importa. Pessoas biblicamente sábias em todos os caminhos da vida podem ajudar nesses casos. Meu maior problema com o "psicólogo cujo primeiro amor e maior compromisso é com Jesus Cristo e a Palavra de Deus" é que a maioria daqueles que eu conheci e li se afasta decisivamente desse compromisso professo tanto na teoria quanto na prática. O compromisso verbal com a Palavra de Deus coexiste com ensinamentos dos inimigos da Palavra.

Psicólogos cristãos são praticamente obrigados a se afastar da Bíblia se quiserem se definir como profissionais legítimos com alguma especialização única. Afinal de contas, o território que estão reivindicando não pertence a eles por algum direito natural. É o território dos pais, dos pastores, dos professores, dos médicos, dos amigos e de uma legião de conselheiros práticos que não pretendem ser psicólogos. É o território dos problemas da vida. E a sabedoria nesse território se apresenta abertamente nas páginas das Escrituras. Conquistada por meio de muita experiência na aplicação da verdade à vida, essa sabedoria está disponível para todos que a procuram.

(*David Powlison*)

Apêndice

FORMULÁRIO DE INVENTÁRIO PESSOAL[1]

INFORMAÇÕES GERAIS

Nome ________________________________ Telefone ____________________

Endereço ____

Profissão ________________________ Tel. comercial_________________

Sexo ☐ M ☐ F Altura __________ Data de nascimento_____/_____/_____

Idade ______

Estado civil ☐ Solteiro ☐ Em relacionamento estável ☐ Casado ☐ Separado

☐ Divorciado ☐ Viúvo

Educação (ano do último ensino completo — Fundamental, Médio ou Superior)

____

Formação adicional (cite os tipos e os anos em que as concluiu):

____

____

____

Pessoa que o indicou ____

Endereço ____

INFORMAÇÕES SOBRE A SAÚDE

Avalie sua saúde: ☐ Muito boa ☐ Boa ☐ Mediana ☐ Em declínio

☐ Outros _________________

Peso aproximado (em quilos) _______

Mudanças de peso recentes: ☐ Perda ☐ Ganho

Indique todas as doenças importantes atuais e passadas, também ferimentos ou deficiências:____

____

Data do último exame médico ________ Diagnósticos ___________________

Seu médico ____

Endereço ____

Está tomando alguma medicação no momento? ☐ Sim ☐ Não

O quê? ____________________

Usou drogas por razões que não fossem médicas? ☐ Sim ☐ Não

Quais? ____________________

Teve alguma crise emocional séria? ☐ Sim ☐ Não

Que tipo? ____________________

Foi preso alguma vez? ☐ Sim ☐ Não

Está disposto a assinar uma procuração que permita acesso a seu histórico social, médico ou psiquiátrico? ☐ Sim ☐ Não

Sofreu a perda recente de uma pessoa que lhe era próxima? ☐ Sim ☐ Não

Explique ____________________

Sofreu uma perda recente em decorrência de algum sério revés social, profissional ou de qualquer outro tipo? ☐ Sim ☐ Não

Explique ____________________

INFORMAÇÕES RELIGIOSAS

Igreja/denominação/religião____________________ Membro Sim ☐ Não ☐

Frequência mensal aos cultos ou às reuniões: ①②③④⑤⑥⑦⑧⑨⑩ ou mais.

Frequentou uma igreja na infância? Sim ☐ Não ☐

Você é batizado? Sim ☐ Não ☐

Igreja/denominação/religião do cônjuge (se casado) ____________________

Você se considera uma pessoa religiosa? Sim ☐ Não ☐ Indeciso

Você acredita em Deus? Sim ☐ Não ☐ Indeciso

Você ora a Deus? ☐ Nunca ☐ Ocasionalmente ☐ Com frequência

Você é salvo?☐ Sim ☐ Não ☐ Não tenho certeza do que isso significa

Com que frequência você lê a Bíblia? ☐ Nunca ☐ Ocasionalmente ☐ Com frequência

Você desfruta de momentos devocionais com sua família regularmente? ☐ Sim ☐ Não

Explique mudanças recentes em sua vida, caso existam: ____________________

____

INFORMAÇÕES SOBRE SUA PERSONALIDADE

Você já recorreu a uma psicoterapia ou a um aconselhamento antes?

☐ Sim ☐ Não

Em caso positivo, cite o conselheiro ou terapeuta e as datas ________________

____

Qual foi o resultado? ____

Marque quaisquer palavras abaixo que melhor descrevem você agora:

☐ ativo ☐ ambicioso ☐ autoconfiante ☐ persistente ☐ nervoso ☐ trabalhador

☐ impaciente ☐ impulsivo ☐ mal-humorado ☐ melancólico ☐ excitável

☐ criativo ☐ calmo ☐ sério ☐ relaxado ☐ tímido ☐ benevolente ☐ introvertido

☐ extrovertido ☐ amável ☐ líder ☐ quieto ☐ durão ☐ submisso ☐ solitário

☐ autoconsciente ☐ sensível ☐ outros _________________

Alguma vez se sentiu observado? ☐ Sim ☐ Não

Às vezes, os rostos das pessoas lhe parecem desorientados? ☐ Sim ☐ Não

Já teve dificuldades de distinguir rostos? ☐ Sim ☐ Não

As cores lhe parecem fortes demais? ☐ Sim ☐ Não

Às vezes você é incapaz de avaliar distâncias? ☐ Sim ☐ Não

Já teve alucinações? ☐ Sim ☐ Não

Tem medo de entrar num carro? ☐ Sim ☐ Não

Sua audição é excepcionalmente boa? ☐ Sim ☐ Não

Tem dificuldades para dormir? ☐ Sim ☐ Não

INFORMAÇÕES SOBRE CASAMENTO E FAMÍLIA

Sobre seu cônjuge

Nome do cônjuge ___________________________ Telefone ______________

Endereço ____

Profissão ______________________ Tel. comercial _____________________

Idade do cônjuge __________ Formação/ano de conclusão _______________

Seu cônjuge está disposto a vir para o aconselhamento?

☐ Sim ☐ Não ☐ Não tenho certeza

Vocês já estiveram separados? ☐ Sim ☐ Não Quando? ___________

Data do casamento _______________

Quantos anos vocês tinham quando se casaram? Marido ______Esposa ______

Há quanto tempo conhecia seu cônjuge antes de se casar? ____________

Duração do namoro com o cônjuge __________ / Duração do noivado ______

Forneça informações sucintas sobre casamentos anteriores ____________

____

Sobre seus filhos:

(Marque este item se o filho for de um casamento anterior.)

(Filho 1) Nome____________________________________ Idade _____

Sexo ☐ M ☐ F / Vivo ☐ Sim ☐ Não

Formação/ano de conclusão: ___________ Estado civil ______________

(Filho 2) Nome____________________________________ Idade _____

Sexo ☐ M ☐ F / Vivo ☐ Sim ☐ Não

Formação/ano de conclusão: ___________ Estado civil ______________

(Filho 3) Nome____________________________________ Idade _____

Sexo ☐ M ☐ F / Vivo ☐ Sim ☐ Não

Formação/ano de conclusão: ___________ Estado civil ______________

Se você foi criado por pessoas que não tenham sido seus pais, explique sucintamente:

____

____

Quantos irmãos/irmãs mais velhos você tem? _______ irmãos ______ irmãs

Quantos irmãos/irmãs mais novos você tem? _______ irmãos ______ irmãs

RESPONDA RAPIDAMENTE ÀS SEGUINTES PERGUNTAS:

1. Qual é o seu problema?

2. O que você tem feito em relação a ele?

3. O que nós podemos fazer? (Quais são suas expectativas ao nos procurar?)

4. Em sua própria percepção, que tipo de pessoa você é? Descreva a si mesmo.

5. O que você teme?

6. Há alguma outra coisa que nós precisamos saber?

NOTAS

Prefácio

1. John F. MacArthur et al., *Think Biblically!* (Wheaton: Crossway, 2003).

Introdução

1. Paul Gray, "The Assault on Freud", *Time*, 29 de novembro de 1993, p. 47.
2. Citado em Frank B. Minirth, *Christian Psychiatry* (Old Tappan, NJ: Revell, 1977), p. 27.
3. Sigmund Freud, *New Introductory Lectures on Psychoanalysis*, preleção 35 (Nova York: Norton, 1977).
4. Vergilius Ferm, *A Dictionary of Pastoral Psychology* (Nova York: Philosophical Library, 1955), p. 208, grifos meus.

Capítulo 1: Redescobrindo o aconselhamento bíblico

1. Grande parte deste capítulo foi adotado e ampliado de John MacArthur, *Our Sufficiency in Christ* (Dallas: Word, 1991), p. 55-72.
2. Veja Martin e Deidre Bobgan, *PsychoHeresy* (Santa Barbara: EastGate, 1987), p. 53-54. Os Bobgan apresentam oito evidências para a "psicologização da igreja".
3. Jay Adams, *Competent to Counsel* (Grand Rapids: Baker, 1970), p. 17-18. A análise extraordinariamente precisa de Adams sobre o estado do aconselhamento no evangelicalismo foi feita há mais de 25 anos, mas nunca foi tão certeira quanto hoje. Ele tem oferecido à Igreja um corretivo indispensável para várias tendências que estão corroendo a vitalidade espiritual da Igreja. Os líderes fariam bem em obedecer à sua admoestação. Ainda há tempo.
4. Jay Adams, *More Than Redemption* (Phillipsburg, NJ: Presbyterian and Reformed, 1979), p. x-xi.
5. Sigmund Koch, "Psychology Cannot Be a Coherent Science", *Psychology Today* (setembro de 1969), p. 66.
6. D. Martyn Lloyd-Jones, *Healing and Medicine* (Eastbourne: Kingsway, 1987), p. 144-145.
7. Bobgan, *PsychoHeresy*, p. 5-6.

8. Veja o comentário de um conselheiro psicólogo citado em Bobgan, *PsychoHeresy*, p. 5-6: "Atualmente não existe uma psicologia cristã aceitável que seja decisivamente diferente da psicologia não cristã. É difícil alegar que funcionamos de modo fundamentalmente distinto dos nossos colegas não cristãos".
9. Larry Crabb, *Understanding People* (Grand Rapids: Zondervan, 1987), p. 54-58.
10. Crabb, *Understanding People*, p. 129.
11. Ibid., p. 211.
12. Citado em Bobgan, *PsychoHeresy*, p. 23.
13. Veja Gary R. Collins, *Christian Counseling: A Comprehensive Guide* (Dallas: Word, 1980), p. 19.
14. Arthur Janov, *The Primal Scream* (Nova York: Dell, 1970).
15. Daniel Casriel, *A Scream Away from Happiness* (Nova York: Grosset and Dunlap, 1972).
16. Leo Steiner, "Are Psychoanalysis and Religious Counseling Compatible?" Um estudo apresentado à Society for the Scientific Study of Religion, Harvard, novembro de 1958, citado em Jay Adams, *Competent to Counsel*, p. 18-19.
17. "Psychiatry on the Couch", *Time* (abril de 1979), p. 74.
18. Ibid., p. 79.
19. Ibid.
20. Ibid., p. 82.
21. Ann Japenga, "Great Minds on the Mind Assemble for Conference", *The Los Angeles Times* (18 de dezembro de 1985).
22. Ibid., p. 17.
23. "A Therapist in Every Corner", *Time* (dezembro de 1985), p. 59.
24. Ibid.
25. Japenga, "Great Minds".
26. "Therapist", p. 59.
27. Japenga, "Great Minds".
28. Adams respondeu habilmente a esse tipo de pensamento, citando *The Crisis in Psychiatry and Religion*, de O. Hobart Mowrer, em: Adams, *Competent to Counsel*, p. xvi-xvii.
29. Nicole Brodeur, "Center Aids Christian Sex Addicts", *Orange County Register* (13 de fevereiro de 1989).
30. Ibid.
31. Ibid.

Capítulo 2: Aconselhamento bíblico em tempos recentes

1. Para uma introdução útil a essa herança, veja Timothy Keller, "Puritan Resources for Biblical Counseling", *The Journal of Pastoral Practice* 9, nº 3 (1988), p. 11-44, e o segundo capítulo deste livro.

2. Jay E. Adams, *The Christian Counselor's Manual* (Phillipsburg, NJ: Presbyterian and Reformed, 1973), p. 130. O primeiro volume de *A Pastor's Sketches*, de Ichabod Spencer, foi publicado em 1850; o segundo, em 1853. *Sketch* [esboço] foi a palavra que Spencer usou para um estudo de caso. Para uma visão mais detalhada de um historiador de Spencer, veja o capítulo 4 em *A History of Pastoral Care in America: From Salvation to Self-Realization*, de E. Brooks Holifield (Nashville: Abingdon, 1983).
3. Leitores interessados na história do eclipse do trabalho pastoral pelas profissões da saúde mental podem encontrar uma análise provocadora em Andrew Abbott, *The System of Professions: An Essay on the Division of Expert Labor* (Chicago: University of Chicago Press, 1988). Leia o capítulo 10, especialmente as páginas 294-314. Abbott descreve como os pastores estavam na vantagem para lidar com os problemas pessoais das pessoas no final do século 19. "Mas a análise clerical permaneceu primitiva. O reconhecimento gradual dos problemas pessoais como categorias legítimas de trabalho profissional não gerou um esforço clerical sério para conceitualizá-los. O fracasso clerical de não fornecer qualquer fundamento acadêmico para sua prática com problemas finais acabou selando seu destino" (p. 286). As profissões recém-nascidas da área de saúde mental ocuparam o campo. Abbott fala então sobre o subsequente "deslocamento do aconselhamento pastoral para a psicoterapia secular" e sobre "o abandono clerical voluntário de seu trabalho tradicional" (p. 310, 313).
4. Compare, por exemplo, *Personal Work: A Book of Effective Methods*, de R. A. Torrey, escrito na virada do século 19 (Nova York: Fleming H. Revell, sem data), com os autores mais antigos citados acima. Apesar de ter algumas qualidades, o livro de Torrey é pobre em seu entendimento das pessoas, das Escrituras, do ministério pastoral e do processo de mudança.
5. O método (e o tema) de Jonathan Edwards em *A Treatise on Religious Affections* foi acatado por William James em *The Varieties of Religious Experience* (sem editora, 1902), uma das monografias fundamentais na psicologia moderna.
6. Philip Rieff, *The Triumph of the Therapeutic: Uses of Faith After Freud* (Chicago: University of Chicago Press, 1987), p. 24.
7. O sociólogo e apologeta Os Guinness transformou esse reconhecimento de Rieff em um chamado para o arrependimento em níveis múltiplos. Veja "America's Last Men and Their Magnificent Talking Cure", em: *No God But God*, orgs. Os Guinness e John Seel (Chicago: Moody, 1992), p. 111-132.
8. "As palavras 'trabalhador pastoral secular' podem muito bem servir como fórmula geral para descrever a função que o analista, seja ele médico ou leigo, precisa executar em relação ao seu público". Sigmund Freud, "The Question of Lay Analysis, Postscript", em: *The Freud Reader*, org. Peter Gay (Nova York: W. W. Norton, 1989), p. 682.

9. Carl Jung, *Modern Man in Search of a Soul* (Nova York: Harcourt Brace Jovanovich, 1933), p. 241. Os dois últimos capítulos desse livro, "O problema espiritual moderno" e "Psicoterapeutas ou clero", são reveladores. Jung via a "neurose" como crise de sentido espiritual, não como questão médica. A psicoterapia procurava dar sentido à vida. Jung exortava os terapeutas: o que farão quando virem que os problemas do paciente decorrem "do fato de ele não ter amor, mas apenas sexualidade; de não ter fé, porque tem medo de tatear no escuro; de não ter esperança, porque ficou desiludido com o mundo e a vida; de não ter compreensão, porque ele não conseguiu ler o sentido de sua própria existência?" (p. 225s.). Os psicoterapeutas precisavam assumir a tarefa de fornecer amor, fé, esperança e entendimento às pessoas seculares.
10. B. F. Skinner, *Walden Two* (Nova York: McMillan, 1948), p. 199.
11. O artigo fundamental de Charles Rosenberg sobre a história da psiquiatria, "The Crises in Psychiatric Legitimacy", merece um público maior (em *American Psychiatry Past, Present and Future*, orgs. George Kriegman et al. [Charlottesville: University Press of Virginia, 1975], p. 135-148; reimpressão em Charles Rosenberg, *Explaining Epidemics and Other Studies in the History of Medicine* [Nova York: Cambridge University Press, 1992]). Rosenberg observou primeiro que a psiquiatria assumiu um papel social enorme — os diversos males da alma humana —, mas tem pouco conhecimento real ou eficácia a oferecer. Em segundo lugar, a psiquiatria depende de sua identidade médica para legitimar-se, no entanto é incapaz de fornecer uma compreensão ou um alívio correspondente à sua pretensão de ser uma especialidade verdadeiramente médica. Em terceiro lugar, a atividade médica mais evidente da psiquiatria — cuidar de pacientes com sintomas orgânicos crônicos nos hospitais — é considerada de *status* inferior; psiquiatria de *status* elevado é justamente no ponto em que ela se torna altamente filosófica, pastoral e semiteológica. "Grande parte dos escritos psiquiátricos mais influentes do nosso século tem consistido em declarações gerais sobre a condição humana" (p. 142). Rosenberg aceitou a legitimidade da psiquiatria praticamente como padrão; em termos gerais, não existe outra estrutura de sentido, porque os valores das religiões mais antigas "já não convencem mais a maioria dos norte-americanos" (p. 147). Mas, para aqueles que ainda se deixam convencer pelos valores religiosos mais antigos, para aqueles que acreditam no Deus e Pai de Jesus Cristo, a alternativa à psiquiatria é maravilhosa!
12. Veja Holifield, *A History of Pastoral Care: From Salvation to Self-Realization*. Como revela o subtítulo, o livro é essencialmente a história de como um liberalismo psicologizado substituiu a ortodoxia. Holifield não assumia a responsabilidade para si, mas fez algumas declarações provocadoras. Por exemplo: "Quando Harry Emerson Fosdick se referiu ao sermão como aconselhamento em grande escala, ele se esqueceu de que sermões protestantes têm interpretado um texto antigo que resiste à redução ao psicológico" (p. 356).

13. Em outro lugar, escrevi extensamente sobre o relacionamento entre a psicologia moderna e o cristianismo conservador. Veja David Powlison, "Integration or Inundation?", em: *Power Religion*, org. Michael Horton (Chicago: Moody, 1992), p. 191-218.
14. Betty Jane Adams, em entrevista realizada pelo autor em 4 de dezembro de 1990.
15. Jay Adams escreveu sobre essa experiência em *The Power of Error* (Phillipsburg, NJ: Presbyterian and Reformed, 1978).
16. Anotações de Jay E. Adamas de uma palestra apresentada pelo capelão do Marlboro State Hospital (Nova Jersey) nos meados da década de 1960.
17. Jay E. Adams, em entrevista realizada pelo autor, 4 de dezembro de 1990.
18. Jay E. Adams, entrevista.

Da palavra grega *noutheteō*, literalmente "colocar na mente", que significa reprovação ou admoestação ou um ensinamento decididamente pessoal. É uma palavra ligada a aplicar uma verdade específica aos detalhes da vida de um indivíduo. É associada a um amor intenso: por exemplo, o "advertir com lágrimas" de Paulo, em Atos 20:31, e seu "adverti-los, como a meus filhos amados", em 1Coríntios 4:14 servem como resumo para uma edificação verbal: seja uns para os outros ("capazes de aconselhar-se uns aos outros", Romanos 15:14) ou sob autoridade pastoral (1Tessalonicenses 5:12). Resume também os aspectos verbais de um pai criando seus filhos (e.g., "criem-nos segundo a instrução e o conselho do Senhor", Efésios 6:4). *Noutheteō* "anda de mãos dadas" com o ensinamento e a adoração em Colossenses 3:16, reforçando o sentido da palavra como envolvendo a aplicação *pessoal* da verdade de Deus, expressa em humildade, mansidão e submissão a Deus. Adams tem sido criticado por não ter escolhido *parakaleō*, que é usado com maior frequência no Novo Testamento e também é um resumo para a edificação verbal (e.g., Hebreus 3:13; 10:25). Mas, como Adams observou, a escolha da palavra não importa — ambas têm o mesmo campo semântico. Ambas as palavras envolvem a verdade de Deus aplicada à vida, comunicam amor, preocupação, retidão e dureza apropriadas.

19. Jay E. Adams, *Ready to Restore* (Phillipsburg, NJ: Presbyterian and Reformed, 1981), p. 9-12.
20. Jay E. Adams, *Insight and Creativity in Christian Counseling: An Antidote to Rigid and Mechanical Approaches* (Grand Rapids: Zondervan, 1982).
21. Westminster Theological Seminary, P. O. Box 27009, Philadelphia, PA 19118.
22. Christian Counseling and Education Foundation, 1803 East Willow Grove Avenue, Glenside, PA 19038.
23. Para mais informações sobre a ACBC, veja o capítulo 18.
24. Jay E. Adams, *Journal of Pastoral Practice* 1, nº 1 (1977), p. 1.

25. *The Journal of Biblical Counseling*, 1803 East Willow Grove Avenue, Glenside, PA 19038.
26. Biblical Counseling Foundation, P. O. Box 925, Rancho Mirage, CA 92270.
27. Faith Baptist Counseling Ministry, 5526 State Road 26 East, Lafayette, IN 47905.
28. The Master's College, 21726 Placerita Canyon Road, Santa Clarita, CA 913231. The Master's Seminary, 13248 Roscoe Blvd., Sun Valley, CA 91352.
29. Veja D. Powlison, "Crucial Issues in Contemporary Biblical Counseling", *Journal of Pastoral Practice* 9, nº 3 (1988), p. 53-78, para áreas específicas com potencial de crescimento.

Capítulo 3: Por que aconselhamento bíblico e não psicologia?

1. Para uma discussão histórica sobre essa disputa jurisdicional de quem é qualificado a aconselhar, o psiquiatra ou o pastor, veja Andrew Abbott, *The System of Professions: An Essay on the Division of Expert Labor* (Chicago, IL: University of Chicago Press, 1988) e David A. Powlison, "Competent to Counsel? The History of a Conservative Protestant Anti-psychiatry Movement", dissertação de doutorado, University of Pennsylvania, 1996.
2. Veja Salmos 1:1-2; 119:50, 92; 2Timóteo 3:15-17; 2Pedro 1:3,19-21.
3. Veja Lucas 2:35; Hebreus 4:12-13.
4. Veja Salmos 73:25-28; Romanos 11:36; 1Coríntios 10:31; 1João 1:3-4.
5. Termo alemão para uma visão abrangente do mundo.
6. Um axioma universal ensinado a estudantes pastorais independentemente da tradição psicológica do seminário ilustra a invasão jurisdicional da agenda terapêutica: "O aconselhamento pastoral serve apenas para os problemas mais básicos da vida (e.g., conflitos interpessoais, aconselhamento pré-marital). O pastor jamais deveria assumir o aconselhamento das questões mais difíceis de 'doenças mentais' (e.g., depressão bipolar, tendências suicidas, ataques de pânico, esquizofrenia, sadomasoquismo, personalidades múltiplas, deficiência de atenção etc.) para as quais apenas um psicoterapeuta treinado é qualificado". Esse raciocínio se baseia na suposição fundamental de que a Palavra de Deus não trata da substância desses problemas e de que essas pessoas precisam ser encaminhadas para um "profissional" treinado nas questões da *psychē* (i.e., da psicologia humana).
7. Poucos sabem que Ladd foi nomeado o segundo presidente da *American Psychological Association* antes do mais conhecido William James.
8. Sigmund Koch, "Psychology Cannot be a Coherent Science", *Psychology Today* (setembro de 1969), p. 66.
9. As mais comuns são o Minnesota Multiphasic Personality Inventory (MMPI/MMPI-2) e a Taylor-Johnson Temperament Analysis (T-JTA).
10. John F. MacArthur e Wayne A. Mack, *Introduction to Biblical Counseling* (Dallas, TX: Word, 1994), p. 7.

11. Ocorre 101 vezes no Novo Testamento e mais de 900 vezes na Septuaginta, tradução comum da palavra hebraica *nepeš* (alma, sopro), mas, às vezes, também de *lêb* (coração, homem interior, 25 vezes), ḥayyâh (vida, 5 vezes), *rûaḥ* (espírito, 2 vezes) e *'îš* (homem, 1 vez, Levítico 17:4).
12. O emprego bíblico do termo *logos* significava "palavra" ou "lei", enquanto o grego clássico ressaltava a disciplina ou o estudo humano *-ologia*. Veja também uma distinção já antiga entre *psychē* (alma inconsciente) e *thymos* (alma consciente) em Homero, *Ilíada*, 11, 334.
13. Mateus 25:15; Marcos 5:30; Romanos 1:16; 1Coríntios 4:19-20; Filipenses 3:10.
14. D. A. Carson, *Exegetical Fallacies* (Grand Rapids, MI: Baker, 1984), p. 32-33.
15. Na prática, é a Bíblia que acaba suplementando a teoria psicoterapêutica na psicologia cristã, não vice-versa.
16. Frank B. Minirth, *Christian Psychiatry* (Old Tappan, NJ: Fleming H. Revell, 1977), p. 64-65.
17. Jay E. Adams, *A Theology of Christian Counseling* (Grand Rapids, MI: Zondervan, 1979), p. 116.
18. Provérbios 30:5-6; veja Deuteronômio 4:2; 12:32; Mateus 5:18-20; Apocalipse 22:18-19.
19. Robert C. Roberts, "A Christian Psychology View", em: *Psychology & Christianity: Four Views*, orgs. Eric L. Johnson e Stanton L. Jones (Downers Grove, IL: IVP, 2000), p. 159.
20. Ibid.
21. Ibid., p. 110. A Bíblia não pretende ser um manual sobre biologia, química, física, astronomia ou administração de empresas. Mas, quando fala sobre essas áreas, ela o faz de forma infalível e com autoridade. No entanto, a Bíblia pretende sim ser o conselho de Deus para o homem.
22. Esse é o termo usado pelo dr. Powlison (instrutor na Christian Counseling and Education Foundation e professor no Westminster Theological Seminary da Filadélfia).
23. Robert S. Feldman, *Essentials of Understanding Psychology*, 4ª edição (Boston, MA: McGraw Hill, 2000), p. 4.
24. Karl Popper, "Science Theory and Falsifiability", em: *Perspectives in Philosophy*, org. Robert N. Beck (Nova York, NY: Holt, Richart, Winston, 1975), p. 343.
25. Scott O. Lilienfeld, "The Scientific Review of Mental Health Practice: Our Raison d'Être", *The Scientific Review of Mental Health Practice* (primavera e verão de 2002), p. 5.
26. Veja o estudo clássico do psicólogo Harry Harlow; H. F. Harlow e R. R. Zimmerman, "Afectional Responses in the Infant Monkey", *Science* (1959), p. 130, 421-432.
27. Edward T. Welch, *Blame it on the Brain?* (Phillipsburg, NJ: P&R, 1998), p. 91.

28. David Powlison, "Critiquing Modern Integrationists", *The Journal of Biblical Counseling*, XI (primavera de 1993), p. 32.
29. Ibid., p. 33.
30. 1Samuel 18:1; Mateus 22:37-40; Marcos 12:30-31; Efésios 5:28-29; veja também Jay E. Adams, *The Bliblical View of Self-Esteem, Self-Love, Self-Image* (Eugene, OR: Harvest House, 1986) e Paul Brownback, *The Danger of Self Love: Re-examining a Popular Myth* (Chicago, IL: Moody Press, 1982).
31. Sanguíneo, fleumático, melancólico e colérico têm raízes latinas que se referem aos quatro fluidos físicos — sangue, fleuma, bílis negra e bílis amarela. Os gregos antigos acreditavam que uma abundância de qualquer um desses fluidos no corpo determinava as características da personalidade.
32. Para mais informações sobre a ACBC, veja o capítulo 18.
33. Lawrence J. Crabb Jr., *Effective Biblical Counseling* (Grand Rapids, MI: Zondervan, 1977), p. 36-37.
34. Uma expressão cunhada por Jay E. Adams e ouvida pessoalmente por este autor.
35. John H. Coe, "Why Biblical Counseling is Unbiblical?", CAPS 1991, apresentação de posição, 7, www.students.biola.edu~jay/bcresponse.html.
36. Ronald Barclay Allen, *Praise! A Matter of Life and Breath* (Nashville: TN: Thomas Nelson, 1980), p. 140.
37. Ernst Jenni, Claus Westermann, *Theological Lexicon of the Old Testament*, vol. 3, trad. Mark E. Biddle (Peabody, MA: Hendrickson Publishers, Inc., 1997), p. 1.312-1.317.
38. Um tratado excelente sobre como instruir aconselhados vítimas de sofrimento injusto é 1Pedro 2:13-4:19.
39. João Calvino, *Institutes of the Christian Religion*, vol. 1, org. John T. McNeill, trad. Ford Lewis Battles (Filadélfia, PA: The Westminster Press, reimpressão 1960), p. 72.

Capítulo 4: O foco divino do aconselhamento bíblico

1. John N. Oswalt, "*Chabod*", em: *Theological Wordbook of the Old Testament*, orgs. R. L. Harris, G. L. Archer, B. K. Waltke (Chicago: Moody, 1980), 1:426. Em todas as suas variantes, o termo ocorre 376 vezes no Antigo Testamento. Seu emprego mais concreto ocorre como título da nuvem da glória teofânica que apareceu quando Israel partiu do Egito (Êxodo 13:22) e que residiu no tabernáculo (Êxodo 40:34); *Kabod* é usado pelo menos 45 vezes no Antigo Testamento em referência a essa manifestação visível de Deus.
2. Gerhard von Rad, "*Chabod* in the Old Testament", em: *Theological Dictionary of the New Testament*, org. G. Kittel (Grand Rapids: Eerdmans, 1964), 2:235.
3. O Antigo Testamento usa o termo duas vezes como referência a um peso literal: Eli, o sacerdote, é descrito como "pesado" em 1Samuel 4:18, e o cabelo de Absalão é retratado como "pesando sobre ele" em 2Samuel 14:26. O termo pode ser usado

para designar "lentidão ou embotamento", como também um coração pesado (ou endurecido) (Êxodo 7:14; 8:15,18; 9:7); ou ouvidos (Isaías 6:10), uma língua (Êxodo 4:10) ou olhos (Gênesis 48:10) pesados e insensíveis. Pode significar rigor, quando usado em relação a trabalho (Êxodo 5:9), escravidão (1Reis 12:10), guerra (Juízes 20:34) ou um jugo (2Crônicas 10:4,11).

4. Oswalt, "Chabod", p. 426.
5. Observe que essa riqueza material é chamada de *Kabod* não porque o termo teria um sentido primário de riquezas, mas porque as riquezas eram vistas como algo que conferia a um indivíduo sua honra distintiva. O conceito básico, portanto, é o de peso ou aquilo que distingue um indivíduo, diferenciando-o dos outros.
6. Observe que a palavra para "glória" nesses versículos é *Kabod.*
7. Payne disse sobre a nuvem da glória: "Um homem de *kavodh* tem peso aos olhos de seus companheiros (Gênesis 45:13). O *kavodh* de Deus é, portanto, a extensão visível de sua perfeição divina". J. B. Payne, *The Theology of the Older Testament* (Grand Rapids: Zondervan, 1962), p. 46. No Antigo Testamento, o termo é transliterado no nome Icabode, que foi dado a uma criança logo após sua mãe saber que a arca da aliança havia sido capturada pelos filisteus e que a nuvem da glória havia abandonado Israel (1Samuel 4:21); o termo *Icabode* envolve um uso raro da partícula hebraica, mas pode ser traduzido simplesmente como "sem glória".
8. Esses dois aspectos do conceito da glória de Deus são, às vezes, diferenciados e chamados de "glória *intrínseca*" (aquilo que é inerente a Deus) e "glória *atribuída*" (o reconhecimento consciente da glória de Deus pelas criaturas racionais). Veja, por exemplo, John F. MacArthur Jr., *The Ultimate Priority* (Chicago: Moody, 1983), p. 128-130.
9. Observe que a palavra traduzida como "glorificado" nos versículos 17 e 18 é a forma verbal de *Kabod* em hebraico.
10. Observe que era precisamente esse cativeiro na Babilônia e a libertação subsequente efetuada pelo persa Ciro que estava em vista quando YHWH declarou em Isaías 48:11: "Por amor de mim mesmo, por amor de mim mesmo, eu faço isso. [...] Não darei minha glória a um outro".
11. Existe hoje em dia um grande debate sobre a pergunta a respeito de a queda de Lúcifer ser mencionada em Isaías 14 (e/ou em Ezequiel 28). Eu acredito que essas passagens fazem referência intencional àquela insurreição primordial, mas a mensagem do texto se mantém mesmo se a caracterização de Isaías 14 se limita à iniquidade do rei da Babilônia.
12. A. H. Strong, *Systematic Theology* (Valley Forge, PA: Judson, 1907), p. 572. Isso ocorre numa seção em que Strong estava defendendo que "o princípio essencial do pecado é o egoísmo". Ele insistiu que o egoísmo não é "simplesmente o amor-próprio exagerado, que constitui a antítese à benevolência, mas a escolha do eu como fim

supremo, que constitui a antítese ao amor supremo de Deus" (p. 567). Apesar de existirem várias sugestões em relação ao que constitui a essência do pecado nas Escrituras (descrença, dureza do coração, orgulho, sensualidade, medo, autopiedade, inveja, ganância etc.), o argumento de Strong é bom: visto que o amor a Deus e ao homem constituem juntos toda a lei de Deus (Mateus 22:37-39; Romanos 13:8-10; Gálatas 5:14; Tiago 2:8), é sensato concluir que o amor-próprio, que exalta a si mesmo acima de Deus e de outros, constitui a violação fundamental da lei de Deus (2Tessalonicenses 2:3-4). Para outros argumentos bíblicos em defesa dessa definição da essência do pecado, veja Strong, p. 572.

13. S. C. Burn, *The Prophet Jonah* (Londres: Houghter and Stoughton, 1880; reimpressão Minneapolis: Klock and Klock, 1981), p. 130. Compare a representação de Pusey do verbo como significando "observar com diligência, pagar respeito a, cortejar" em E. B. Pusey, *The Minor Prophets: A Commentary* (Grand Rapids: Baker, 1950), 1:410.
14. O verbo é *shamar*, "manter, guardar, observar, dar ouvidos". Austel afirmou que a ideia básica de sua raiz é "aplicar grande cuidado a", e que esse sentido "pode ser visto como subjacente a várias modificações semânticas notadas nesse verbo", em H. J. Austel, "Shamar", em: *Theological Wordbook of the Old Testament* (Chicago: Moody, 1980), 2:939. Pusey ressaltou o fato de que o verbo significa mais do que apenas *fazer* vaidades; tem a ver com "aqueles que observam, guardam vaidades ou mentiras, em cujos afetos do coração essas vaidades entraram; que não só fazem vaidades, mas que as guardam, como que as amando, crendo que encontraram um tesouro". Pusey, *Minor Prophets*, 1:410.
15. Pusey, *Minor Prophets*, 1:410. Entender um pouco da crueldade e da ganância da Assíria significa começar a entender o desejo de Jonas de ver esse país destruído, mas nada disso reduz a culpa da rebelião e da fuga de Jonas.
16. C. F. Keil, "The Twelve Minor Prophets", em *Biblical Commentary on the Old Testament*, orgs. C. F. Keil e F. Delitzsch (Grand Rapids: Eerdmans, 1949), 1:403. Há algum debate sobre se Jonas estava criticando a religião idólatra dos pagãos que o lançaram no mar ou sua própria iniquidade ao resistir a YHWH. O fato de que o substantivo traduzido como "vaidades" é, às vezes, usado em referência a ídolos é aplicado como argumento em favor da alegação de que o foco de Jonas estava voltado para os rituais pagãos dos marinheiros. Mas o espírito dessa oração demonstra que o profeta estava falando aqui de seu próprio pecado. Talvez, a referência a "vaidades mentirosas" incluía a admissão de que, ao resistir a Deus, ele estava tratando seu próprio desejo da destruição de Nínive como um ídolo a ser adorado.
17. G. T. Coster, "Jonah", em: *The Pulpit Commentary*, orgs. H. D. M. Spence e J. S. Exell, 22 vols. (Grand Rapids: Eerdmans, 1958), p. 55.
18. J. R. Thomson, "Jonah", em: *The Pulpit Commentary*, orgs. H. D. M. Spence e J. S. Exell, 22 vols. (Grand Rapids: Eerdmans, 1958), p. 47.

19. Keil, "Minor Prophets", p. 403.
20. Compare a observação de Elifaz de que o homem "bebe iniquidade como água" (Jó 15:16) com a observação de Salomão: "Como o cão volta ao seu vômito, assim o insensato repete a sua insensatez" (Provérbios 26:11, citado por Pedro em 2Pedro 2:22), a repreensão de Jeremias aos seus contemporâneos, porque seus pés "gostam muito de vaguear" (Jeremias 14:10), a aplicação de Oseias de sua própria experiência familiar infeliz, ao repreender seus conterrâneos porque eles "têm prazer em sua iniquidade" (Oseias 4:8), a condenação de Jesus do povo, porque eles "amaram as trevas, e não a luz, porque as suas obras eram más" (João 3:19), e a declaração de Paulo de que as pessoas serão enganadas pelo homem do pecado porque elas "rejeitaram o amor à verdade" e "tiveram prazer na injustiça" (2Tessalonicenses 2:10,12). O testemunho uníssono das Escrituras é que a causa fundamental do pecado não é a confusão, mas a rebelião; as pessoas obedecem a impulsos iníquos não porque esses desejos parecem moralmente nobres ou espiritualmente críveis, mas porque seus corações desejam fazer o mal (Romanos 1:18-25).
21. Em cada uma dessas passagens a palavra traduzida como "vida" é *psychē*, o termo grego normalmente traduzido como "alma". A palavra não se refere à alma/espírito (i.e., ao aspecto imaterial do homem) em oposição ao corpo (o aspecto material); Jesus estava se referindo ao "princípio da vida em geral". F. J. A. Hort, *Expository and Exegetical Studies* (Minneapolis: Klock and Klock, 1980; Grand Rapids: Kregel Publications, 1987), p. 122.
22. Hort, *Expository and Exegetical Studies*, p. 122.
23. J. Morison, *A Practical Commentary on the Gospel According to St. Matthew* (Boston: Bartlett, 1884; reimpressão Minneapolis: Klock and Klock, 1981), p. 291.
24. J. C. Ryle, *Expository Thoughts on the Gospels: John* (Greenwood, SC: Attic Press, 1965), 2:333.
25. A. W. Tozer, *The Pursuit of God* (Camp Hill, PA: Christian Publications, 1982), p. 104.

Capítulo 5: Aconselhamento e pecaminosidade humana

1. Adaptação e resumo de *The Vanishing Conscience* (Dallas: Word, 1994).
2. Jerry Adler et al., "Hey I'm Terrific", *Newsweek* (17 de fevereiro de 1992), p. 50.
3. Charles Krauthammer, "Education: Doing Bad and Feeling Good", *Time* (5 de fevereiro de 1990), p. 70.
4. Cheryl Russell, "Predictions for the Baby Boom", *The Boomer Report* (15 de setembro de 1993), p. 4.
5. Adler et al., "Terrific", p. 50.
6. Ibid., p. 50.
7. Norman Vincent Peale, *The Power of Positive Thinking* (Englewood Cliffs, NJ: Prentice Hall, 1952).

8. Ibid., p. viii.
9. Ibid., p. ix.
10. Adler et al., "Terrific", p. 50.
11. D. Martyn Lloyd-Jones, *The Plight of Man and the Power of God* (Grand Rapids: Eerdmans, 1945), p. 87.
12. George F. Will, "A Trickle-Down Culture", *Newsweek* (13 de dezembro de 1993), p. 84.
13. Dennis Prager, "The Belief that People Are Basically Good", *Ultimate Issues* (janeiro-março de 1990), p. 15.
14. Prager, "People Are Basically Good", p. 15.
15. J. C. Ryle, *Holiness* (1879; reimpressão Durham, Inglaterra: Evangelical Press, 1991), p. 9-10.

Capítulo 6: A obra do Espírito e o aconselhamento bíblico

1. Wendy Kaminer, *I'mDysfunctional, You're Dysfunctional* (Reading, MA: Addison-Wesley, 1992).
2. Ibid., p. 121.
3. Ibid., p. 124.
4. Ibid., p. 124-125.
5. John Murray, *Redemption — Accomplished and Applied* (Grand Rapids: Eerdmans, 1955), p. 161.

Capítulo 7: Disciplina espiritual e conselheiro bíblico

1. Jay Adams, *What to Do on Thursday* (Nutley, NJ: Presbyterian and Reformed, 1982), p. 31-49.
2. Jay Adams, *The War Within* (Eugene, OR: Harvest House, 1989), p. 87-88.
3. Jay Adams, *A Theology of Counseling* (Grand Rapids: Zondervan, 1979), p. 309-325.
4. Jerry Bridges, *Trusting God* (Colorado Springs: NavPress, 1989), p. 25-26.

Capítulo 8: Desenvolvendo um relacionamento de assistência com os aconselhados

1. Poderíamos discutir em extenso a necessidade do envolvimento do conselheiro com Cristo, pois apenas quando ele tem um relacionamento vital e íntimo com o Senhor o aconselhamento pode ser verdadeiramente eficaz (veja Mateus 7:3-5; Atos 4:13; 1Coríntios 11:1). Mas este capítulo discutirá em primeira linha o envolvimento do conselheiro com o aconselhado, um envolvimento que pretende desenvolver e manter um relacionamento de facilitação entre os dois. O propósito último e preeminente desse envolvimento é melhorar o envolvimento do aconselhado com Cristo. Essa dimensão vertical é o que diferencia o aconselhamento bíblico de todas as outras formas de aconselhamento.

2. Adaptado de Jay Adams, *The Christian Counselor's Casebook* (Grand Rapids: Zondervan, 1974), p. 186.
3. Infelizmente, o conselheiro que age assim justifica a crítica de que os conselheiros bíblicos simplesmente "cospem versículos bíblicos" e "enfiam as Escrituras na goela das pessoas". Como veremos mais adiante neste capítulo, esse tipo de aconselhamento "bíblico" é tudo, menos bíblico.
4. O pecado de Clara nessa situação era de importância suprema, e precisava ser confrontado na continuação do aconselhamento. Mas, com a abordagem que escolheu, o conselheiro passou a impressão de que não considerava muito grave o pecado do marido, o que levantou imediatamente um muro entre eles por causa da preocupação dela com os atos de seu marido.
5. Evidentemente o conselheiro não pode *obrigar* o aconselhado a vê-lo como amigo ou aliado. Algumas pessoas com quem trabalhamos podem ter uma postura tão contrária a nós, que nada que possamos fazer conseguirá reverter essa atitude. Nossa responsabilidade é simplesmente fazer tudo que podemos para sermos o tipo de pessoa que merece seu respeito e confiança.
6. Veja Mateus 14:14; Lucas 10:33; 15:20.
7. É claro que nem todo aconselhado reagirá com o devido respeito por nós, mesmo quando fazemos tudo que podemos para respeitá-lo. Em alguns casos, podemos estar lidando com alguém que simplesmente não respeita ninguém. Mesmo assim, devemos ser exemplos de uma honra santa e confiar que Deus usará nosso exemplo para convencê-los de seu próprio orgulho.
8. Adaptado de Gerard Egan, *The Skilled Helper: Modell Skills and Methods for Effective Helping* (Monterey: Brooks/Cole, 1986), p. 76-77.
9. Gerald Corey, *Theory and Practice of Counseling and Psychotherapy* (Monterey: Brooks/Cole, 1977), p. 179.
10. Jay Adams, *Handbook of Church Discipline* (Grand Rapids: Zondervan, 1986), p. 30-32. Veja também George Scipione, "The Limits of Confidentiality in Counseling", *Journal of Pastoral Practice* 7, nº 2.
11. Philip E. Hughes, The Second Epistle to the Corinthians, em *The New International Commentary on the New Testament*, org. G. D. Fee (Grand Rapids: Eerdmans, 1962), p. 124.
12. Isso, é claro, não significa que devemos contar ao aconselhado tudo sobre nós mesmos ou tudo que estamos pensando em qualquer momento. No entanto, uma disposição de compartilhar nossos pensamentos e nossas experiências é um bom indicador da santidade de nossa postura em relação a eles, a nós mesmos e a Deus. Uma relutância de nos abrirmos e sermos transparentes, mesmo quando seria apropriado e útil, pode indicar orgulho e medo do homem.
13. Vincent D. Foley, *An Introduction to Family Therapy* (Nova York: Grune and Stratton, 1974), p. 84-85.

Capítulo 9: Injetando esperança no aconselhado

1. Veja o Formulário de Inventário Pessoal na página 281.
2. Dois exemplos clássicos disso são pessoas que abrem a Bíblia e leem o primeiro versículo no qual seus olhos batem ou aquelas que circulam o dedo sobre uma página de olhos fechados e o deixam cair no versículo que Deus quer que elas leiam naquele dia. Frequentemente, as pessoas que fazem isso acabam repetindo essa atitude várias vezes, porque o primeiro versículo que encontram dessa forma é inadequado (por exemplo, Êxodo 16:36: "O jarro é a décima parte de uma arroba").
3. Para uma discussão do significado contextual desse versículo, veja John MacArthur Jr., *Matthew 16-23* (Chicago: Moody, 1988); ou William Hendriksen, *The Gospel of Matthew* (Grand Rapids: Baker, 1973).
4. Colin Brown (org.), *The New International Dictionary of New Testament Theology* (Grand Rapids: Zondervan, 1976), p. 240.
5. A postura de Paulo é especialmente significativa à luz do papel integral que ele exerceu na fundação da igreja. Teria sido fácil para ele focar em fugir da prisão ou da morte, tendo em mente a ideia de que Deus o chamara para o apostolado e que, por isso, precisava dele para cumprir seu plano divino. Mas até mesmo Paulo era substituível, e ele sabia disso. Devemos agir como ele e nunca comprometer a verdade porque achamos que somos importantes demais para sofrer as consequências de agir em nome de Deus.
6. Isso inclui até mesmo as mais maldosas intenções e ações da humanidade. Veja Atos 2:22-23, em que Pedro diz que a crucificação de Cristo foi preordenada por Deus — esse foi certamente o evento mais vil e pecaminoso na história do mundo; no entanto, produziu um bem maior do que qualquer outro evento jamais produzirá.
7. A Ciência Cristã e o movimento Palavra da Fé negam essencialmente a realidade das circunstâncias ruins (como doenças). Para mais informações sobre Ciência Cristã, veja Walter Martin, *The Kingdom of the Cults* (Minneapolis: Bethany, 1985). Para mais informações sobre o erro da Palavra da Fé, veja D. R. McConnell, *A Different Gospel* (Peabody, MA: Hendrickson, 1988); e John F. MacArthur Jr., *Charismatic Chaos* (Grand Rapids: Zondervan, 1992).
8. Tim Stafford, "The Therapeutic Revolution", *Christianity Today* 37, nº 6 (1993), p. 24-32.
9. As implicações dessa citação são assustadoras. Significa que uma pessoa com problemas *precisa* da ajuda de outra pessoa (além de Deus) para escolher o que é certo, e também que a única pessoa que pode ajudar é alguém que tenha um conhecimento que vá além daquilo que as Escrituras revelam. Os conselheiros que convencem as pessoas dessa impotência só conseguirão ser bem-sucedidos em tornar essas pessoas dependentes de seus conselhos.

10. Para mais informações sobre esse assunto, veja Jay Adams, "What To Do When You Counsel An Unbeliever", em *A Theology of Christian Counseling* (Grand Rapids: Zondervan, 1988), p. 309-326.
11. Para uma discussão excelente sobre a natureza da fé verdadeira e o perigo da religião falsa, leia John F. MacArthur Jr., *The Gospel According to Jesus* (Grand Rapids: Zondervan, 1988); e *Faith Works: The Gospel According to the Apostles* (Dallas: Word, 1993).
12. Isso não significa que, quando uma pessoa vacila na fé durante provações, podemos concluir automaticamente que ela não é cristã. Provérbios 24:10 diz: "Se você vacila no dia da dificuldade, como será limitada a sua força!". Podem existir várias razões para os limites das forças de uma pessoa. É possível que a pessoa tenha uma fé autêntica, mas se enfraqueceu mesmo assim (como os evangelhos por vezes falam acerca dos discípulos). Ocasionalmente, Jesus mencionou a "pouca fé" deles. Às vezes a fraqueza na fé se deve ao fato de que o indivíduo é cristão há pouco tempo ou de que a pessoa tem negligenciado as disciplinas espirituais que fortalecem a fé (Romanos 10:17; Efésios 3:16-19; Hebreus 3:12-13; 10:24-25; 2Pedro 1:5-9). Fraqueza na fé ocorre também quando as pessoas desviam seu foco do Senhor e permitem que se tornem espiritualmente insensíveis (Daniel 11:32; Hebreus 12:2; Apocalipse 2:1-7). Ou, em alguns casos, uma pessoa é fraca porque não tem fé verdadeira e, por isso, também não tem força para resistir em tempos difíceis. Visto que a fé fraca pode ser sintoma de várias coisas, os conselheiros bíblicos precisam descobrir o que ela significa e tratar dessa necessidade específica.
13. John MacArthur et al., *Think Biblically!* (Wheaton: Crossway, 2003).
14. Salmos 3:1-6; 4:1-8; 127:2; Provérbios 3:13-16; 19:23; Eclesiastes 5:12.
15. Jerry Bridges, *Trusting God: Even When Life Hurts* (Colorado Springs: NavPress, 1988), p. 175.
16. Para uma discussão excelente sobre a suficiência de nossos recursos espirituais, veja John F. MacArthur Jr., *Our Sufficiency in Christ* (Dallas: Word, 1991).
17. Não só pecado pró-ativo, mas também pecado reativo, i.e., reações não bíblicas às manifestações, expressões ou resultados do pecado em nosso mundo; não necessária ou primariamente atos pecaminosos, mas posturas, desejos, pensamentos, conceitos, ideias não bíblicos (Provérbios 4:23; Tiago 1:13-16); não necessariamente pecados presunçosos ou deliberados, mas pecados da ignorância ou secretos (Salmos 19:12-14; Lucas 12:46-47; 1Timóteo 1:13); não só pecados comportamentais, mas pecados motivacionais ou idólatras, em que o foco primário da vida é agradar e servir a si mesmo ou a outras pessoas: a preocupação, a confiança e o desejo da vida são algo ou alguém diferente de Deus — como diz Romanos 1:25: "adoravam e serviram a coisas e seres criados, em lugar do Criador" (Jeremias 17:5-10; Ezequiel 14:1-9; Romanos 1:18-32; 1Coríntios 10:1-13; Hebreus 4:12). O

pecado pode ser definido como qualquer pensamento, ato, reação, postura, desejo dominante, motivo, escolha, sentimento ou padrão de hábitos que seja contrário à vontade moral revelada de Deus na Bíblia, seja conhecido à pessoa ou não, praticado deliberadamente e conscientemente ou cometido como padrão de reação. (Veja também Êxodo 20:1-17; Salmos 51:5; 58:3; Mateus 5:17-7:28; Marcos 7:21-23; Romanos 7:21-25; 14:23; Gálatas 5:19-21; Efésios 2:1-3; 4:17-22; Hebreus 4:12-13; Tiago 4:17.)

Capítulo 10: Fazendo um inventário do aconselhado: coleta de informações

1. Especialmente os pastores podem ter dificuldades de ouvir o aconselhado. Talentosos na arte de ensinar e acostumados a falar no púlpito, os pastores tendem a optar por uma abordagem unilateral no aconselhamento. Os pastores precisam estar cientes das diferenças entre pregação e aconselhamento e ter o cuidado de não abordar as duas atividades da mesma forma.
2. Jay Adams, *The Christian Counselor's Casebook* (Grand Rapids: Zondervan, 1974), p. 16. Usado com permissão.
3. Esse processo costuma estar ligado ao relacionamento de facilitação que discutimos no capítulo 8. Os aconselhados com muros em torno de si querem saber se podem confiar no conselheiro antes de compartilharem preocupações centrais ao seu problema.
4. Robert Smith, MD, "Sleep", *The Journal of Pastoral Practice* 4, nº 2 (1980), p. 36-43, citando Julius Segal, Ph.D., "Missing Sleep Dangerous", *Family Practice News* 2, nº 17 (1972).
5. Segue aqui um excerto de um artigo escrito pelo médico Arnold Fox, chamado "Caffeine — Unexpected Cause of Fatigue" [Cafeína - Causa inesperada de fadiga]: "Em termos bem simples, a cafeína nada mais é do que um truque cruel que você aplica a si mesmo. Você ingere cafeína para ficar mais esperto. Você fica mais esperto, mas também se prepara para fadiga, ansiedade e depressão. Fadiga seguida por ansiedade e depressão é a queixa mais comum que nós médicos ouvimos de nossos pacientes. Apesar de existirem muitas causas para fadiga, uma das mais comuns e mais ignoradas é o 'cafeinismo' — o consumo excessivo de cafeína" (*Let's Live* [abril de 1982], p. 19-20). Para outras informações sobre os efeitos da cafeína, veja Bob Smith, "Caffeine", *The Journal of Pastoral Practice* 1, nº 1 (1977), p. 95-96.
6. Mas, quando você sugerir que seu aconselhado se exercite, sugira que ele se envolva em atividades físicas não competitivas, caso contrário o exercício pode aumentar o estresse em vez de diminuí-lo. Algumas pessoas são tão competitivas, que não conseguem participar de esportes sem ficar obcecadas com a necessidade de vencer. É importante entender as tendências do indivíduo nessa área para desenvolver com ele um plano de exercícios que seja útil.

7. Para uma discussão útil sobre essa verdade, veja S. I. McMillen, *None of These Diseases* (Old Tappan, NJ: Revell, 1973); Smith, "Caffeine", p. 79-92; e Jay Adams, *Competent to Counsel* (Grand Rapids: Zondervan, 1970), capítulo 7.
8. Muitas vezes o conselheiro que suspeita disso não terá como confirmá-lo sozinho, mas precisará instruir o aconselhado a perguntar a um médico sobre um possível vínculo.
9. Para uma leitura mais aprofundada sobre esse tema, veja Bob Smith, "The Use of Drugs in Counseling", *The Biblical Counselor* (maio de 1992), p. 1, 4.
10. Romanos 8:7-8 diz que "a mentalidade da carne é inimiga de Deus porque não se submete à lei de Deus, nem pode fazê-lo. Quem é dominado pela carne não pode agradar a Deus". E 1Coríntios 2:14 diz que "quem não tem o Espírito não aceita as coisas que vêm do Espírito de Deus, pois lhe são loucura; e não é capaz de entendê-las, porque elas são discernidas espiritualmente".
11. Não cabe a nós julgar o estado espiritual de alguém que professa conhecer Cristo (1Coríntios 4:5; Tiago 4:11-12), por isso precisamos tratá-lo como cristão, a não ser que defenda alguma heresia doutrinal, seja culpado de uma conduta continuadamente ímpia (2João 9-11) ou seja colocado sob a disciplina da igreja (Mateus 18:17). Mas, se suas reações e sua conduta nos levam a questionar a validade de sua profissão de fé, podemos e devemos desafiá-lo a examinar sua condição espiritual (2Coríntios 13:5). Alguns textos úteis nesse processo são a série de gravações de John MacArthur Jr., *Examine Yourself* (Grace to You) e o capítulo 5 de seu livro *Saved Without a Doubt* (Wheaton: Victor Books, 1992).
12. Recursos sociais são muito importantes, pois é possível existirem pessoas no ambiente do aconselhado (como igreja ou família) que podem ser recrutadas para ajudar com seus problemas. Muitos conselheiros perdem essas oportunidades simplesmente porque não reúnem as informações necessárias.
13. A Bíblia não fala somente de pecados de ação, mas também de omissão. Deus quer que exerçamos uma influência positiva sobre as pessoas à nossa volta por meio de bons atos (Mateus 5:13-16; Efésios 4:22-23; Tiago 4:17).
14. 2Coríntios 10:4-5 contém outra referência à mente, muitas vezes ignorada. Aqui, Paulo fala sobre a guerra espiritual intensa com a qual estamos envolvidos, e então diz que nós a travamos levando "cativo todo pensamento, para torná-lo obediente a Cristo". E em Tiago 4:1-6, ao descrever por que as pessoas fazem as coisas ímpias que fazem, Tiago diz que a fonte desses problemas são "as paixões que guerreiam dentro de vocês" (v. 1), aquilo que cobiçamos (v. 2), a nossa idolatria ou adultério espiritual (v. 4) e nosso orgulho (v. 6).
15. Temas que precisam ser discutidos incluem: família de origem, história conjugal, outros relacionamentos significativos, problemas na escola e família e, possivelmente, abuso físico ou sexual. Precisamos nos interessar por cada experiência do

passado que moldou a pessoa, especialmente aquelas que o aconselhado considera importantes.

16. Para uma leitura mais aprofundada sobre erros no passado, veja John Bettler, "Toward A Confession of Faith on the Past", e Steve Viars, "Handling the Past Biblically", ambos em *The Biblical Counselor* (julho de 1993), p. 1-4.
17. Algumas das passagens que se referem ao efeito do passado sobre nossa vida atual são Gênesis 25:27-28; 26:1-5; 2Crônicas 22:1-4; Provérbios 5:22-23; 22:6; Jeremias 13:23; Efésios 6:4; Colossenses 3:21; 2Timóteo 1:5; 3:15; e 1Pedro 1:18.
18. Devemos estar dispostos a ouvir a história daqueles a quem aconselhamos, mesmo se for apenas porque isso é importante para eles. Se concluirmos desde o início que seu passado é irrelevante e não mostrarmos interesse por ele, será extremamente difícil estabelecer um relacionamento de facilitação entre o conselheiro e o aconselhado (veja capítulo 10).
19. Veja Números 11-23; Deuteronômio 24:16; Provérbios 6:30-31; Lucas 6:27-38; Romanos 12:17-21; 14:10-12; Gálatas 6:5; Tiago 1:2-5; e 1Pedro 1-5.
20. Veja Gênesis 3:1-4; 4:1-14; 12:10-20; 14:14-23; 22:1-14; 26:1-7; 2Reis 19:1-28; Salmos 3:1-2; 73:1-28; Provérbios 1:10-19; 13:20; 22:24-25; 30:7-9; 1Coríntios 15:33; 16:10; 2Coríntios 1:8-9; Gálatas 2:11-12; 1Timóteo 2:1-2; 2Timóteo 2:16-18; Hebreus 10:24-25; Apocalipse 2 (v. 2-3,9,13,15,19-20,24); 3:8-9,15-17.
21. Uma exceção à regra seria quando o conselheiro percebe que a discussão está ficando pesada demais e decide aliviá-la permitindo ao aconselhado que responda a algo diferente durante alguns momentos.
22. Adams, *Casebook*, p. 90.
23. Uma análise das perguntas feitas por Jesus nos evangelhos revela que ele fez muito mais perguntas do tipo *o que* do que perguntas do tipo *por quê*. Em Marcos 8-10, por exemplo, Jesus faz vinte perguntas; 17 destas são perguntas do tipo *o quê*.
24. Esse tipo de pergunta pode ser útil em determinadas circunstâncias: por exemplo, quando você quer que o aconselhado assuma um compromisso, quando precisa esclarecer se você entendeu o que ele disse e quando o aconselhado está começando a se sentir incomodado (pois perguntas fechadas costumam ser menos ameaçadoras do que perguntas abertas).
25. As perguntas com asteriscos foram adaptadas das anotações de aula de David Powlison.
26. As entrelinhas podem fornecer também material para perguntas: "Quando fiz aquela pergunta você pareceu agitado. Você poderia me ajudar a entender o que o irritou naquela pergunta?"; "Você parece irritado comigo hoje. Eu fiz algo que o incomodou?"; "Você parece um pouco preocupado. Em que você está pensando?". Em muitos casos, as perguntas inspiradas pelas entrelinhas rendem informações essenciais.

27. Para exemplos desse tipo de tarefas de casa, veja Wayne A. Mack, *A Homework Manual for Biblical Living*, 2 vols. (Phillipsburg, PA: Presbyterian and Reformed, 1979); Wayne A. Mack, *Your Family God's Way* (Phillipsburg, PA: Presbyterian and Reformed, 1991) e Wayne A. Mack, *Preparing for Marriage God's Way* (Tulsa, OK: Hensley, 1987).
28. Sugiro que isso seja feito durante a sessão e de forma restrita — anote frases, afirmações ou ideias importantes para discussão, reflexão e desenvolvimento mais adiante. Após a sessão, o conselheiro deve ter alguns minutos para refletir, avaliar e documentar outras informações relevantes. É também um bom momento para planejar o que será feito na sessão seguinte.

Capítulo 11: Interpretando os dados do aconselhado

1. Jay Adams, *The Christian Counselor's Casebook* (Grand Rapids: Zondervan, 1974), p. 162.
2. Talvez Gus esteja se avaliando de forma errada à luz daquilo que outras pessoas conseguem fazer fisicamente, em vez de reconhecer que elas possam ter outra constituição física. Talvez pense que não pode ser útil ou bem-sucedido porque não tem a força física que têm os outros.
3. Seu envolvimento pode ser útil, até mesmo crucial para que Gus possa reparar o relacionamento danificado com seu pai.
4. Se Gus estiver realizando algumas tarefas na vida, e especialmente se ele está conseguindo cumprir suas responsabilidades em outras áreas, nós podemos questionar sua alegação de ter um "ego fraco". Podemos usar suas conquistas no passado e presente como base para desafiá-lo e encorajá-lo.
5. A razão para perguntar a Gus o que ele acha que Deus diria é encorajá-lo sutilmente a questionar suas pressuposições em vez de esmagá-lo com a verdade (veja Efésios 4:15). Precisamos encorajar Gus a pensar de forma independente e ajudá-lo a chegar à conclusão de que ele está vendo as coisas de modo diferente de Deus.
6. Veja a página 151.
7. Veja 1Coríntios 3:1-2; Hebreus 5:12-14.
8. Outras passagens em Provérbios que falam sobre o tolo são 9:7; 13:20; 14:7; 17:10,12; 22:10; 23:9; 26:3-5,12; e 27:22.
9. Paulo usou o termo para se referir àqueles considerados deficientes, em 1Coríntios 1:27: "Ele escolheu as coisas insignificantes do mundo, as desprezadas e as que nada são, para reduzir a nada as que são".
10. Provérbios 1:33 também revela algo sobre medo (e instabilidade e insegurança). Diz que essas coisas resultam muitas vezes de não ouvir ou de não obedecer à Palavra de Deus.

11. *Paranoia*, uma palavra grega encontrada em 2Pedro 2:16, é traduzida como "loucura" ou "tolice". É uma combinação de duas palavras gregas: uma significa "estar com ou ao lado de" e a outra se refere à mente. Assim, uma pessoa que sofre de paranoia é, literalmente, alguém que está "ao lado de sua mente" ou "fora de sua mente". Essa pessoa não vê as coisas de forma realista, racional, e perdeu o contato com a realidade. Em decorrência disso, o indivíduo pode experimentar ataques de pânico e agir de formas bizarras.
12. Veja Provérbios 5:22; Jeremias 13:23; 22:21; Efésios 4:22.
13. Outro exemplo de conduta bizarra que resultou de pecado e do juízo de Deus se encontra em Deuteronômio 28:28-29.
14. Para uma discussão excelente sobre o papel da disciplina pessoal no processo de crescimento espiritual, veja John MacArthur Jr., "A Balance of Faith and Effort", em: *Our Sufficiency in Christ* (Dallas: Word Publishing, 1991).
15. Provérbios 22:24-25, por exemplo, diz: "Não se associe com quem vive de mau humor, nem ande em companhia de quem facilmente se ira; do contrário você acabará imitando essa conduta e cairá em armadilha mortal". Você pode encontrar um aconselhado que está lutando com a raiva e que vive rodeado de muitas pessoas irritadas. Uma mudança de ambiente e de companheiros pode ser parte importante da solução.
16. Veja H. R. Lewis e M. E. Lewis, *Psychosomatics* (Nova York: Viking, 1972).
17. Remédios podem ser bastante enganadores nessa área. Se a medicação parece estar ajudando a alguém, isso não significa necessariamente que o problema seja de natureza orgânica. Os remédios podem aliviar alguns dos sintomas, mas não resolver o problema fundamental. Portanto, o fato de que o remédio esteja ajudando não prova necessariamente que a causa seja orgânica.
18. Há 72 referências ao "coração" no livro de Provérbios.
19. Outras passagens representativas que indicam a importância crucial do coração são: Gênesis 6:5; 8:21; Deuteronômio 5:29; 6:5; 10:12; 11:13; 26:16; 30:6; 1Samuel 16:7; 2Crônicas 19:3; 30:19; Esdras 7:10; Salmos 27:3; 28:3; 76:5; 101:4; 140:2; Provérbios 3:1-6; 6:14,18,25; 7:24; 11:20; 12:2; 15:13-15; 16:23; 20:9; 21:2; Mateus 5:8; 9:4; 12:33; 23:26; Lucas 16:15; Atos 5:3; 16:14; Romanos 1:21,24; 2:5; 8:7; 10:9-10; Efésios 3:17; 4:17; Hebreus 3:8-15; 8:10; 10:16,22; e Tiago 3:8.
20. Quando Moisés descreve o incidente ao qual Paulo se refere (Números 11), ele também se concentra no coração das pessoas. Os versículos 4 e 34 mencionam "desejos gananciosos" como fonte de seu pecado.
21. 1João 2:14-16 fornece algumas instruções claras e úteis aos conselheiros bíblicos para interpretar as motivações de seus aconselhados. Essa passagem identifica as três áreas primárias da idolatria do coração: o prazer da carne (desejos excessivos e dominantes por prazer sensual, por conforto, por gratificação física; veja Gênesis 3:6; 19:33,35; Números 11:1-34; Provérbios 21:17; 23:20-21,29-35; Eclesiastes 10:16-17;

Lucas 21:34; Romanos 13:11-14); o prazer dos olhos (cobiça e ganância, um desejo dominante de lucro ou coisas materiais: veja Deuteronômio 15:19; 1Samuel 25:11; 1Reis 21; Josué 7; Provérbios 28:22-23; Eclesiastes 4:8; 5:9-11; Mateus 6:18-34; Colossenses 3:5; 1Timóteo 6:9-10); e o orgulho da vida (desejos dominantes de ser grande em si e para si mesmo, de ser aceito e aprovado, de ter poder e estar em controle, de ser reconhecido e respeitado, de ser visto como bem-sucedido; Gênesis 3:16; Juízes 9:1-21; 1Samuel 25:36; Salmos 10:3-4; Provérbios 13:10; 16:5; 25:27; 27:2; 28:25; 29:25; 30:13; Isaías 10:7-11; 37:12-13; Jeremias 45:5; Daniel 4:20-27; Amós 6:1-6; Mateus 23:5; 6:1-6; 21:15; Lucas 18:11; Atos 12:23; Romanos 12:3; 3João 9-10). Muitas vezes vale a pena determinar se um aconselhado está caindo como vítima do prazer da carne, do prazer dos olhos ou do orgulho da vida. Para uma exposição útil dessas áreas de pecado, veja J. Cotton, *An Exposition of 1 John* (Evansville: Sovereign Grace Publishers), p. 190-205.

22. Veja T. Keller, "Puritan Ressources for Biblical Counseling", *The Journal of Pastoral Practice* 9, nº 3 (1999), p. 11-41, para um tratamento excelente sobre desejos idólatras.
23. Sempre informe o aconselhado a respeito de que você pretende fazer isso. Na maioria dos casos, sugiro pedir permissão ao aconselhado.

Capítulo 12: Providenciando instrução por meio do aconselhamento bíblico

1. Veja Provérbios 6:23; Mateus 22:29; Efésios 4:11-12; 1Tessalonicenses 4:13; 1Timóteo 4:6,11,16; 2Timóteo 2:16-18; Tito 1:10-11.
2. Citado em F. S. Mead (org.), *The Encyclopedia of Religious Quotations* (Westwood, NJ: Revell, 1965), p. 24.
3. 2Timóteo 3:16-17 ensina a mesma verdade quando diz que as Escrituras são capazes de tornar-nos "plenamente preparados para *toda* boa obra".
4. A epistemologia é a área da filosofia chamada de "a ciência do conhecimento", que procura responder às perguntas "Como sabemos?" e "O que podemos saber?".
5. R. Pratt Jr. escreveu: "*Tudo* que pode ser propriamente chamado de 'verdade', não apenas a chamada 'verdade religiosa', reside primeiro em Deus, e os homens sabem verdadeiramente apenas quando se voltam para a revelação de Deus sobre si mesmo como fonte da verdade, pois é Deus quem ensina conhecimento ao homem (Salmos 94:10). [...] Essa dependência humana de Deus na área do conhecimento não significa que os homens não tenham uma habilidade verdadeira de pensar e raciocinar, nem que eles sejam 'programados' por Deus em analogia ao que os computadores 'sabem'. Os homens realmente pensam, no entanto, que conhecimento verdadeiro depende e é derivado do conhecimento de Deus na medida que foi revelado ao homem". *Every Thought Captive* (Phillipsburg, NJ: Presbyterian and Reformed Publishing, 1979), p. 17.
6. Veja o capítulo 3 para mais informações sobre questões epistemológicas.

7. Isso certamente se aplica a qualquer coisa escrita por uma pessoa não salva, como, por exemplo, um psicólogo secular, pois, mesmo quando uma pessoa não salva faz uma observação básica sobre o mundo ou reitera uma ideia ensinada pelas Escrituras, aquilo que a pessoa diz ainda contém um pingo de falsidade. Richard Pratt Jr. escreveu: "Podemos dizer que essas afirmações são falsas porque não resultaram da obediência voluntária à revelação de Deus. [...] Além disso, as afirmações são falsificadas pelo quadro de referências não cristãs e, portanto, nos afastam da adoração a Deus. O mero compromisso com a independência humana falsifica as afirmações não cristãs" (ibid.).
8. J. C. Ryle, *Practical Religion* (Cambridge: James Clark, 1959), p. 81.
9. Um livro contemporâneo que contém discussões úteis sobre esses atributos das Escrituras é Noel Weeks, *The Sufficiency of Scripture* (Carlisle, PA: Banner of Truth, 1988). Veja também John MacArthur Jr., *Our Sufficiency in Christ* (Dallas: Word Publishing, 1991).
10. Dois outros versículos que destacam o perigo de usar as Escrituras incorretamente em nosso ministério são 1Timóteo 1:8, em que Paulo diz que "a lei é boa, se alguém a usa de maneira adequada", e Marcos 7:13, em que Jesus fala daqueles que esvaziam a Palavra de Deus acrescentando a ela suas próprias tradições.
11. Veja o capítulo 9, páginas 131-138, para uma discussão aprofundada sobre o tema.
12. Duas outras ferramentas que podem ser úteis são A. T. Robertson, *Word Pictures in the New Testament,* 6 vols. (Nashville: Broadman, 1930) e *The New International Dictionary of New Testament Theology*, 3 vols., org. Colin Brown (Grand Rapids: Zondervan, 1975).
13. Trata-se de um exemplo pertinente, porque o livro de Provérbios é um dos poucos livros da Bíblia que normalmente não precisam suscitar nossa preocupação com o contexto (pois consiste em grande parte de provérbios sucintos e não relacionados uns aos outros). Mas esse exemplo prova que, mesmo ao citar um provérbio, precisamos analisar o contexto para ver se estamos usando a citação corretamente.
14. Quando estudamos uma passagem, precisamos perguntar: "O que o Espírito Santo está tentando comunicar por meio dessa passagem?" e "O que ele pretende realizar por meio dela?". Em vez de mergulharmos no estudo de uma passagem supondo que somos capazes de afirmar seu sentido, devemos orar: "Espírito Santo, este é o teu livro. Tu o deste para nós. Por favor, ajuda-me a entender corretamente esta parte. Ajuda-me a descobrir o que tu queres dizer com ela".
15. A autoridade de um governo é semelhante à autoridade do marido. 1Pedro 2:13 diz: "Sujeitem-se a toda autoridade", mas foi o autor desse mesmo livro que se levantou contra as autoridades em Atos 5. Para uma discussão aprofundada sobre a submissão exigida da esposa, veja *Rediscovering Biblical Manhood ans Womanhood*, org. John Piper e Wayne Grudem (Wheaton: Crossway Books, 1991); e Wayne A. Mack, *Strengthening Your Marriage* (Harmony, PA: Presbyterian and Reformed, 1977).

16. De *Luther's Works*, vol. 54 (Philadelphia: Fortress Press, 1967), p. 45.
17. D. Martyn Lloyd-Jones, *Preaching and Preachers* (Grand Rapids: Zondervan, 1971), p. 76.
18. Veja capítulo 14, anotação 21.
19. Esse método de instrução é tão importante, que, na verdade, não é opcional. As Escrituras ensinam que não podemos aprender de verdade sem prática (veja Tiago 1:22-25), por isso nunca basta bombardear nosso aconselhado com informações. Precisamos oferecer-lhe a oportunidade (na sessão ou por meio de tarefas de casa) de colocar em prática o conhecimento que está adquirindo.
20. Os seguintes versículos podem ser úteis para um estudo aprofundado dos métodos de instrução bíblica: Provérbios 15:1,4; 16:21,24; Atos 20:31; Gálatas 6:1; 1Tessalonicenses 4:9-10; 1Timóteo 3:3; 4:6; 5:1-2; 6:2,13; 2Timóteo 1:6; 2:16-17,23-24; 4:1; Tito 2:6-9,15; 3:1.
21. Sugiro acumular ideias para tarefas de casa de forma semelhante. Faça uma lista de tarefas relacionadas a um problema específico ao lado da informação bíblica sobre aquele problema, para que essas ideias sejam facilmente acessíveis na sessão de aconselhamento.
22. Para entrar em contato com a ACBC e a CCEF, veja o capítulo 18.
23. A ACBC publica o blog *ACBC Essays* e a CCEF publica o *The Journal of Biblical Counseling* (trimestralmente; antigamente chamado de *The Journal of Pastoral Practice*).
24. Veja o capítulo 18 para uma lista mais completa de recursos para o desenvolvimento do conselheiro e de recursos para aconselhados.

Capítulo 13: Aconselhamento bíblico e induzimento

1. Veja Salmos 139:13; 51:17; Jeremias 3:10; 4:4; 29:13; Ezequiel 14:1-9; Joel 2:13; Mateus 5:8; 15:8-9; Atos 8:21; Romanos 2:5,29; 2Timóteo 1:5; Hebreus 4:12; Tiago 4:8.
2. Mateus 19:26; João 15:1-16; 2Coríntios 3:18; 7:1; 9:8; Efésios 4:22-24; Filipenses 4:13; Colossenses 3:1-14; Hebreus 12:1-4; Judas 24-25.
3. Veja 2Crônicas 20:13; Salmos 57:7; Mateus 25:24-28; Lucas 15:11-18; 1Coríntios 6:19-20; Gálatas 5:1; Efésios 4:1-3; 1Pedro 4:1-2.
4. *Indicativo* se refere a afirmações de fatos, o contrário de *imperativo* (ordens) ou *interrogativo* (perguntas).
5. John Murray escreve: "O tempo verbal do futuro, 'viveremos', não se refere exclusivamente ao estado da ressurreição futura, mas, como vemos acima (veja o versículo 5), aponta também para a certeza da participação na vida da ressurreição de Cristo aqui e agora; é a vida da união espiritual, mística". *The New International Commentary on the New Testament - Romans*, org. G. D. Fee (Grand Rapids: Eerdmans, 1990), p. 223.
6. John MacArthur Jr., *The MacArthur New Testament Commentary: Romans 1-8* (Chicago: Moody, 1991), p. 336-337.

7. Outra ilustração útil de motivação bíblica se encontra no livro de Hebreus. Os leitores desse livro incluíam pessoas que estavam pensando em iniciar a vida cristã e pessoas que estavam dispostas a desistir dela, de modo que o autor estava tentando motivá-las a se entregarem a Cristo ou a perseverarem nesse compromisso. Em todo o livro, o autor motiva o leitor: 4:1,11,14,16; 6:1; 10:22-24; 12:1,28; 13:13,15. Cada um desses versículos fornece conhecimentos adicionais sobre os princípios da motivação bíblica.
8. As pessoas que apresentam esse tipo de comportamento devem ter usado essa técnica muitas vezes no passado, e descobriram que ela as protegia e lhes permitia não ser honestas em reconhecer seu pecado.
9. Para mais detalhes, veja o capítulo 9.
10. Para uma discussão útil sobre esse tema, veja o capítulo intitulado "A Balance of Faith and Effort", em John MacArthur Jr., *Our Sufficiency in Christ* (Dallas: Word, 1991).
11. Veja, por exemplo, Cristo no jardim Getsêmani (Mateus 26:36-44). Naquele momento, ele certamente não se sentia com vontade de obedecer a Deus e de enfrentar as agonias na cruz (v. 37-38), mas, a despeito desses sentimentos, orou: "Que seja feita não a minha vontade, mas a tua".
12. Tom Carter, *Spurgeon At His Best* (Grand Rapids: Baker, 1988), p. 263.
13. Essa é a razão para a maioria dos aconselhamentos de casais. Muitos casais tentam em vão resolver seus problemas por conta própria, e então precisam buscar ajuda fora de seu relacionamento. Eles não deveriam hesitar ou sentir vergonha de compartilhar seus problemas com um conselheiro cristão, pois, ao fazê-lo, estarão seguindo a ordem que Jesus deu em Mateus 18:16.
14. Essa é uma razão importante pela qual o aconselhamento bíblico deve ocorrer no contexto de uma igreja local (ou, pelo menos, em cooperação com ela). Quando o aconselhamento ocorre fora desse contexto, falta-lhe certa medida de autoridade, que reside apenas na liderança da igreja (Mateus 18:18; Hebreus 13:17). Veja o capítulo 17 deste livro para uma discussão sobre o papel da igreja no aconselhamento.
15. Richard Baxter, *The Reformed Pastor* (Carlisle, PA: Banner of Truth, 1989), p. 105.
16. Baxter, *The Reformed Pastor*, p. 106.

Capítulo 14: Implementando a instrução bíblica

1. D. Martyn Lloyd-Jones, *Studies in the Sermon on the Mount*, vol. 1 (Grand Rapids: Eerdmans, 1959), p. 243 e 249-250.
2. Muitas vezes as pessoas sofrem com sentimentos de culpa por pecados que cometeram muito tempo atrás, porque percebem que a mudança interior que Deus deseja realizar não ocorreu ainda. Deixaram de praticar aquele pecado, mas seu coração ainda o deseja de vez em quando. Ainda não aprenderam a vê-lo com a aversão santa de Deus.

3. Romanos 13:1-4.
4. Atos 19:17-19.
5. Atos 2:41-47; Hebreus 13:17. Para mais informações sobre o papel da igreja no aconselhamento, veja o capítulo 17.
6. João 5:39; Lucas 24:44-48; Hebreus 10:7. Veja Wayne A. Mack, *A Homework Manual for Biblical Living*, vol. 1 (Phillipsburg: Presbyterian and Reformed, 1979), p. 63-71 para sugestões úteis e planos para tornar suas devoções relevantes.
7. Romanos 12:10,16; 15:14; 1Coríntios 12:25; Gálatas 5:13; 6:2; 1Tessalonicenses 4:18; 5:11,14; Hebreus 3:13-14.
8. 1Coríntios 10:31.
9. Salmos 4:8; Salmos 127:2; Provérbios 3:21,23-24; Eclesiastes 5:12; Mateus 4:1-4; Marcos 4:38; 11:19; Lucas 6:12.
10. Marcos 10:45; João 13:13-17.
11. Romanos 12:3-8; Efésios 4:10-16; 1Coríntios 12:1-7; 1Pedro 4:10-11. Para mais informações sobre dons espirituais e como eles devem ser usados, veja o capítulo 16 deste livro; veja também Mack, *A Homework Manual*, p. 93-99, 161-163, 183-199.
12. João 2:4; 7:6,8,30; 8:20,29; 12:23; 17:3-4.
13. Veja Mack, *Homework Manual*, vol. 1, 132-43, para um estudo útil sobre como planejar o uso santo do tempo.
14. Salmos 50:15; 34:4-6; Isaías 40:31.
15. 1João 2:15-17. A pessoa é tentada pelo desejo da carne — um desejo de prazer; pelo desejo dos olhos — um desejo de posses; ou pelo orgulho da vida — um desejo de poder e/ou prestígio? Identifique o desejo idólatra específico pelo qual a pessoa está sendo tentada a adorar e servir. Veja também o capítulo 13 deste livro para mais detalhes sobre o assunto.
16. Gênesis 39:8-9; Deuteronômio 31:6; Salmos 55:21; Isaías 41:10; 43:1-3; 1Coríntios 10:13; 2Coríntios 9:8; Efésios 3:20-21; 2Pedro 1:3-4; Judas 24-25.
17. 2Coríntios 5:14-15; Gálatas 1:4; Tito 2:11-13; 1Pedro 2:24.
18. Provérbios 15:15-16; 24:16.
19. Para uma discussão útil sobre o que significa "confessar", veja Ken Sande, *The Peacemaker* (Grand Rapids: Baker, 1991), capítulo 6. Nesse capítulo, Sande se refere ao que chama de "Os sete passos da confissão": 1) fale com todos os envolvidos; 2) evite usar as palavras *se*, *mas* ou *talvez*; 3) reconheça atos específicos; 4) peça perdão por ofender ou machucar a outra pessoa; 5) aceite as consequências; 6) mude seu comportamento; e 7) peça perdão.
20. Salmos 32; 103:12; Provérbios 28:13; Isaías 43:25; 44:22; Miqueias 7:19; Efésios 1:7; Filipenses 3:10-14; 1João 1:9.
21. Veja Mack, *Homework Manual*, vol. 1 para outros exemplos de tarefas que facilitam a aplicação de princípios bíblicos. Muitas dessas tarefas foram desenvolvidas para

cumprir os sete elementos-chave do processo de aconselhamento apresentados na terceira parte deste livro. Diferentes partes do estudo sobre raiva, por exemplo, nas páginas 1 a 11, serão úteis para realizar todas as sete fases do processo de aconselhamento. As páginas 1 a 6 se concentram principalmente nos elementos 1 a 5, e as páginas 7 a 11 serão muito úteis nas fases de induzimento e implementação. As páginas 7 a 9 se referem principalmente ao aspecto de planejamento da implementação, enquanto as páginas 10 a 11 destacam a fase prática. Outras tarefas de casa que encorajam o aspecto prático da fase de implementação do aconselhamento podem ser encontradas em Mack, *Homework Manual*, vol. 2; Mack, *Strengthening Your Marriage;* Mack, *Preparing for Marriage*; e Mack, *Your Family God's Way.*

22. Lucas 9:23.
23. S. MacMillan (org.), *Complete Works of the Late Rev. Thomas Boston*, 12 vols. (Wheaton: Richard Owen Roberts, 1980), p. 285.
24. MacMillan, *Complete Works*, p. 287.
25. Para mim, os propósitos do aconselhamento foram cumpridos e implementados quando observo as seguintes coisas: 1) o aconselhado entende o que causou seus problemas e a maneira bíblica de lidar com eles; 2) o aconselhado está mais à vontade com os novos padrões de reação; 3) o aconselhado começa a praticar o novo padrão automaticamente; 4) o aconselhado falhou, consegue diagnosticar a razão de seu fracasso e faz planos para corrigir o problema; 5) o aconselhado consegue dizer especificamente como ele mudou; 6) o aconselhado foi testado e se mostrou vitorioso no teste; 7) outros confirmaram as mudanças no aconselhado; 8) o aconselhado começa a compartilhar com outras pessoas o que ele está aprendendo no aconselhamento; 9) o aconselhado se torna um conselheiro informal e espontâneo para outros.
26. Mateus 12:38-45; 2Pedro 2:20-22.

Capítulo 16: Os dons do Espírito e o aconselhamento bíblico

1. Citado em Jay Adams, *Competent to Counsel* (Grand Rapids: Baker, 1980), p. xvi.
2. João Calvino, *The Epistles of Paul the Apostle to the Romans and to the Thessalonians* (Grand Rapids: Eerdmans, 1960), p. 269.
3. Richard Baxter, *The Reformed Pastor* (Edimburgo: Banner of Truth, 1979), p. 68.
4. Baxter, *The Reformed Pastor*, p. 68.
5. Adams, *Competent to Counsel*, p. 51.
6. Martin e Deidre Bobgan, *How to Counsel from Scripture* (Chicago: Moody, 1985), p. 54-55.

Capítulo 19: Perguntas frequentes sobre o aconselhamento bíblico

1. Jay Adams, *Competent to Counsel* (Grand Rapids: Zondervan, 1970), p. xxi.

2. Jay Adams, *What About Nouthetic Counseling?* (Grand Rapids: Baker, 1979), p. 3-4.
3. No entanto, sempre que as Escrituras falam sobre qualquer um desses assuntos, sua revelação é verdadeira, confiável e sem erro: "Toda a Escritura é inspirada por Deus e útil para o ensino, para a repreensão, para a correção e para a instrução na justiça" (2Timóteo 3:16).
4. Adams, *Nouthetic Counseling*, p. 31.
5. Harvey E. Dana e Julius R. Mantey, *A Manual Grammar of the Greek New Testament* (Nova York: MacMillan, 1957), p. 164-165.
6. David G. Benner (org.), *Baker Encyclopedia of Psychology* (Grand Rapids: Baker 1985), p. 38.
7. William L. Playfair e George Bryson, *The Useful Lie* (Wheaton: Good News/Crossway, 1991), p. 45-47.
8. A citação foi apresentada numa carta enviada por *Focus on the Family*, 9 de novembro de 1989. A carta era assinada por David Tompkins, um assistente pessoal do dr. James Dobson.

Apêndice

1. Esse material foi publicado em Jay Adams, *The Christian Counselor's Manual: The Practice of Nouthetic Counseling* (Grand Rapids: Zondervan, 1986), e é usado com permissão.

Índice temático

Colaboradores

Douglas Bookman, M.Div, Th.M., Th.D.:	Pastor sênior da Trinity Baptist Church em Pasadena, Califórnia.
William Goode, D.D. (falecido):	Ex-pastor sênior da Faith Baptist Church, Lafayette, Indiana.
John MacArthur, D.D., Litt.D.:	Presidente do The Master's College and Seminary; professor de ministérios pastorais.
Wayne A. Mack, D.Min.:	Professor assistente de aconselhamento bíblico no The Master's College.
David Powlison, M.Div., D.Min.:	Membro da equipe na Christian Counseling and Education Foundation em Laverock, Pensilvânia; editor do *The Journal of Biblical Counseling.*
Robert D. Smith, M.D.:	Membro da equipe do Faith Baptist Counseling Ministries; membro e conselheiro da American Academy of Family Physicians.
John D. Street, D.Min.:	Membro do conselho do departamento de aconselhamento bíblico no The Master's College; professor associado de aconselhamento bíblico.
Dennis M. Swanson, M.Div.:	Bibliotecário do The Master's Seminary MLIS.

Este livro foi impresso, em 2023, pela BMF, para a Thomas
Nelson Brasil. A fonte usada no miolo é Minion Pro,
corpo 11/13. O papel do miolo é pólen natural 70g/m^2,
e o da capa é cartão 250g/m^2.